国家社会科学基金项目

经济转轨理论大纲

吕 炜 著

商 务 印 书 馆

2006年·北京

图书在版编目(CIP)数据

经济转轨理论大纲/吕炜著．—北京:商务印书馆，2006
ISBN 7-100-05134-7

Ⅰ.经…　Ⅱ.吕…　Ⅲ.经济体制改革—研究—中国　Ⅳ.F121

中国版本图书馆 CIP 数据核字(2006)第 080394 号

JĪNGJÌZHUǍNGUǏLǏLÙNDÀGĀNG
经济转轨理论大纲
吕　炜　著

商　务　印　书　馆　出　版
(北京王府井大街36号　邮政编码 100710)
商　务　印　书　馆　发　行
北　京　民　族　印　刷　厂　印　刷
ISBN 7-100-05134-7 /F·632

2006年12月第1版　　开本 880×1230 1/32
2006年12月北京第1次印刷　　印张 19 3/8

定价:32.00元

目　录

第三篇 经济转轨的实践过程

The Theory of Economic Transition: A General Outline

Contents

PART TWO THE BASIC CHARACTERISTICS AND THE RESEARCH METHODS OF ECONOMIC TRANSTION

PART THREE THE PRACTICE PROCESS OF ECONOMIC TRANSITION

ABSTRACT

After the "Washington Consensus" which is based on Neo-Liberalism led to the huge deviation of reality from expectation in the performance of transition practice, "Post-Washington Consensus", "Beijing Consensus" and other research ideas arose in succession to investigate the transitional economy as a special economic form. However, the "consensus" that attempts to explain the transitional economy has not been achieved, for more and more special characteristics have appeared in the transition countries such as initial economic basis, transition path selection, patterns of policy implementation, government's abilities dealing with emergencies, the intervention of international society and so on besides the general characteristics of initial system, goal-orientation and other commonness. Perhaps because of this, the research on the transitional economy has been arousing many economists' large interests and widespread discussions that have greatly exceeded the attention to transition itself. Today, as for many economists, the transition economics has become the science to study the development problems in socialist countries in the very great degree. To provide the innovative and persuasive economic explanation based on the practice investigation on transition countries has become a significant content in modern economics.

Perhaps, the neglect of "Washington Consensus" to the process, the particularity and the complex of economic transition should be attributed to the huge disparity between the underdevelopment of the economy in socialist countries and the prosperity of market economy in developed countries. The Neo-Liberalism, as the mainstream economics trend of thoughts in developed countries, absolutely approves of market force, which caused the inversion between the goal and the method of the economy system reform in most transition countries. In other words, when establishing the market economy system is regarded as the goal of economic transition, the importance of economy itself in running would inevitably be disregarded, so as to cause system vacuum and economic disasters. Similarly, the research on economic transition after the "Washington Consensus" apparently has not yet been broken away from the policy suggestion frame of how to design or establish the market economy system. For example, the argumentation of "Post-Washington Consensus" about the path selection and the order design of finance liberalization in developing countries and transition countries is irreproachable from the point of view of practice, while it is almost a dead end from the viewpoint of methodology. Therefore it is urgent to seek the methodology innovation so as to comprehend thoroughly the economic transition on a new angle of view. In fact, the research on transitional economy should not be constrained by the traditional theory or the angle of the existing system, but should be established in the actual road which the transition countries themselves passed through and based on the transition countries' own explorations, and should conclude the regular things and seek the innovation on methodology from the countries' own transitional exploration. So far, China's economic reform and development with the "crossing the river by feeling the stones" policy and the dual tasks of system transition and development transformation are relatively successful, which has provided the best empirical analysis materials to innovate economic transition theory, and has become the important sample in economic transition theory.

The rise of the research on economic transition theory based on the China style gets along with China's 20 years' economic growth. The change from the Washington consensus and the Post-Washington consensus that provided "prescriptions" to central-eastern European transition economies to the "Beijing consensus" that mainly concerned about China's experience shows that the international research in this field has entered the state characterized by interaction of practice mode and theory pattern. Exploring the economic rules behind transition practices has become a main research topic. Roland (2000) briefly concluded the relation between practice mode and theory pattern in transition economic bodies, for example, the countries that initiated the transition earlier, achieved re-growth after output decrease and were expected to join EU (and have been proved afterward) were regarded as successful samples of Washington consensus; Russia's experience was basically identified as the evidence of Washington consensus's defect. The success of China's transition can't be attributed to Washington consensus, but to the gradualism-institution opinion. When Economists pay more and more attention to the academic value, the ascription of the research in economics is also considered naturally. But the rise of new changes and understandings makes the above simple attempts seem uncertain and immature. While the Beijing Consensus which emphasizes that the transition countries should develop on their ways according to their own national conditions is more like an idea than an integrated and systematic analysis method and thus is still lack of universal guiding function in practice. It may become an advisable analysis method to summarize, sublime the "practice process" which is emphasized by "Beijing Consensus" and apply it once more in practice. This book tries to colligate the practical and historical data and the theoretical productions primarily in China, including nearly all the economic transition countries since 1950s, and refine a normative analysis framework. The distinguished characteristic of the book is to avoid dividing the research objects according to the framework of economics textbook, and to analyze the fortuitousness and the inevitability in the process of transition by regarding the economic transition process especially China's transitional process as an integrated and continuous object. We search for the first-hand materials with scene constructing method, and try to bring the transition economy's actual moving and all kinds of theoretical explanation into a unified analysis framework. The book researches "the process of economic transition" in bird's eye, so as to strengthen the argumentation sufficiency of transition process, provide a unique cognitive way, and apply it to further analysis of transition practice.

The book consists of three parts. Part one firstly analyzes the basic cognition of economic transition such as the concept, the research background, the research methods and the research contents generally, and then puts forward "the viewpoint of economic transition" which builds the theoretical basis for the latter analysis of the objective and the subjective characteristic. Part two will comprehensively discuss the general characteristics and the special characteristics of the transition practice, and simultaneously innovate the patterns and methods of research to a certain degree. Part three will emphasize the importance of government's regulation and control in the process of economic transition, and make a theoretical induction of how to accomplish path arrangement, mechanism innovation, system control and performance evaluation.

In part one, we set the starting point of inducing economic transition theory in the cognition of transition process, and consider the economic transition as a dynamic process combined general theories with special practices. The economic transition is the objective economic development phase which obeys the general rule of economic history. It cannot skip the system form in history (jumping from the "old-style commercial time" to the "away from commercialization" form), and needs to make up the missed "historical curriculum" which the economic history is lack of with the "innovative new-style commercial reform". Two transition movements have taken place in transitional countries, the establishment of planned economy system and the shift from a planned economy to a market economy. The two man-made choices led to the break in the process of natural history development, and took on the non-historical system form staggered by contradictions such as the "development phase-economic system", "government-market", "subjective-objective" and so on.

We will make out with the space-time viewpoint that the "the process viewpoint of economic transition" fully considering the process characteristic will provide analysis basis with substantial insights to economic transition problems. From the point of spatial structure, on the one hand, the economy that attempts to move with the new system have to retain the old economic form for quite a long time, which has decided the process attribute of the system newly established. The inconsistentness between economic system evolution belonging to the productive relation category and economy stages reflecting the level of productive force constitutes the "space-time dislocation" characteristic of economic transition, and becomes the foundational barrier to the process of economic transition when feeding back to the system framework. The continuous characteristic of society reproduction requests the succession of production structure in a certain period. Thus it is impossible to rapidly change the present socio-economic structures and the existing organization's functions which incorporate within and between the sectors, and incorporate on the economic running mechanism, on the human resources, on the gradual adjustment of the criterions of social life as well as thoughts and ideas. On the other hand, since the transition countries economic system evolutes in the order of "(planned economy) →(plan-dominated transitional economy) →(market-dominated transitional economy) →(market economy)", as far as the main body of the process is concerned, it may be comprehended as the government's approval of the public (enterprises, individuals and so on) to act with self-interest object under certain premises, as well as the process of government's motions that unceasingly create and improve conditions. But as a result of the complexity and multiplicity of the contradictions between the government and the market, the process of economic running is actually a dynamic game of two sets of mechanisms (government and market). The government usually has the ability of macroscopical control as to the overall situation of economic transition at a subjective position; while the market is relatively passive, but is actually the root of the whole evolution tendency. In the early period of economic transition, the government totalism occupied the absolute superiority; in the middle period, market reformers' ability is evenly matched with the government totalism's after the learning process; in the der stage, the market reformers will occupy the absolute superiority, and the rules related to marketization are almost ready and may come into effect. Certainly, this kind of moving track asks that the government should choose the adaptable path and correspondingly innovate system as well as evaluate the performance. China's reform practices prove that the variation of resource control between the government and market is the unique drive for the process of economic transition.

From the point of time order, the process of economic transition mainly consists of three parts dynamically, namely the starting point, the ending point and the process between the two points which exists in a long run. The motivation at the starting point, the historical inertia and the reality building will inevitably influence the transition process profoundly, and will decide the speed, the order, the time, the content of reform and so on; The ending point of transitional process symbolizes the end of an economic moving state, that is to say, the transition will return from the structure of space-time dislocation to the general rules of economic history development. But it should be admitted that the economic transition countries have obvious differences in ideology and so on except for the common ground of the economic development phase and the economic system goal. Thus three patterns appeared in practice: the economic liberalism ideological trend or the open market economy pattern; the social democracy ideological trend or the social market economy pattern; the market socialism ideological trend or the socialist market economy pattern. To distinguish the two stable states is the beginning and premise to understand economic transition, which decides the task of the whole economic transition process. From the point of forming multi-economic bodies, the tasks of transition include the multiplication of ownership structure, the independence and self-determination of microscopic economic body as well as the decentralization of economic decision-making. From the point of economic operational mechanism, the tasks of transition include the marketization of the prices of products and factors, the establishment of credit relations to improve the currency-finance system, and the establishment of the multi-distribution system dominated by market mechanism and the "distribution according to work" policy. Moreover, there exists the task of evaluating the performance after achieving the goal of economic transition. The book puts forward "the method of median observation" in order to analyze the "transitional states" deeply after realizing the tasks of economic transition through relatively static compare. The method is a new one about process analysis emphasized on the present research and forecasting research that considers the whole process of economic transition in a transitional country as an open and non-balanced system rising spirally, seeks the position that is irreversible and has finished partial qualitative change, sets the observation point on the position and makes the integrated analysis and linear sequence summarization.

The attribute of process of economic transition symbolizes the objectivity of a special economic form, or transitional economy is a special economic form and will definitely show the peculiar connotation. Though the description of objective characteristics about economic transition in this book comes more from the theoretical summarization based on China's transition practice, it considers the applicability in other transitional countries as well. Part two induces the objective characteristics of economic transition as dual-task characteristics, non-equilibrium characteristics, stage characteristics and duality characteristics. Then it puts forward the research method of double visual angles, the non-equilibrium analysis model based on dual connotations and two stages, and the policy suggestion of equity policy. The dual-task characteristic means that there are dual constraints of system and development phase, and the transition countries undertake two important tasks of system transition and development transformation. However, because of problem of the dynamic characteristic of the system and development, the present situation and the environmental conditions of world economy, and the time lag of performance, the two tasks could not correspond to each other perfectly and stably for a long time in the whole extremely complex transitional process, which is the intrinsic and key factor to explain the non-equilibrium characteristic, the stage characteristic and the duality characteristic. The two tasks inevitably appear the "non-equilibrium" state such as the situations of taking apart, deviation, interaction, blending, promoting. The stage characteristic means that the transitional process can be divided into different stages with respective running characteristics according to the turning points. The stage division advances our research from the general "viewpoint of process" to the more subtle research based on stage, which is a great progress from macro-thoughts to microscopic field. Through analyzing the stage division methods of popular economic transition theories of western nations, the book puts forward the research based on turning points, making China and other transitional countries as examples respectively. We divide China's transitional process into two wide stages, the early stage and the middle-later stage. The transition means the stage and thoughts of the reform and development have changed tremendously; the key point of stage characteristic research is to analyze the prominent characteristic of transitional stages. "The duality" refers to the "classics duality" and the "new duality" caused by the non-equilibrium characteristic. The former refers to the obvious growing gap between urban and rural areas, and the disparity in the labor. The latter refers to the differentiation of different communities with unusual speed because of the reversed movement between "more shift income" and "more shift lost" in the process of income shifting caused by the alteration of system. When the dual structure surpasses a certain degree, it will suppress the economic vitality to expand, baffle the economic growth, delay the economic recovery and hinder reform of system and structure, which will drive transition into difficulties. Therefore, the book analyzes the functions of equity policy to eliminate "the dual structure" and promote the sustainable growth on three levels according to the criterions of efficiency and fairness. The three levels are to establish primary distribution institution, to establish the redistribution adjustment mechanism and to eliminate the authority's participation in society resources allocation.

Part 3 analyzes the three interacting and coexisting factors of path arrangement, mechanism innovation and performance evaluation in China and other transitional countries in detail, elaborates the dialectic and integrated relations between the objective and the subjective process in economic transition, illustrates the government's important role and its subjective selection.

Path selection is to design the policy thoughts about transition speed and order as a whole considering the objective characteristics of economic transition. Transition speed and order are the two aspects of transition path, whose difference leads to the difference of instrument and mode propelling economic transition. The difference will consequently lead to the difference in the degree of correspondence between economic transition and development. "Selection—Accordance" idea is the available methodology to search for the optimal transition path and transition order.

Following the policy idea of path arrangement, government devises the concrete mechanism innovation for every social and economic fields and sectors to propel transition process. With the objective constrains of economic transition process, government, as the body and operator of mechanism innovation, must take solving the two basic problems properly as the criterions of its own choice and behavior.

Performance evaluation may judge and identify the actual effect of path arrangement, mechanism innovation and government operation in the earlier stages and sequentially direct and revise the problem of path arrangement in the next stage. The transition performance evaluation with the method of final expense settlement is an improvement of traditional analysis instrument and method, which can be used for the test of China's transition practice and can facilitate illustrating the process characteristic of transition, the completeness characteristic of development and the stage characteristic of evolvement together.

It is the sub-target or the realization of the turning point that the three factors, path arrangement, mechanism innovation and performance evaluation point to. The key for the government to direct and stimulate the public to complete the transition process is to master the selection and implementation of three factors and the tight logic connections between them. The correspondent process in economic transition may be regarded as a spiral process from the beginning to the end, influenced by the three factors. The government designs the target of economic transition and selects the path preliminarily through which to reach the target. Concrete mechanism innovation will launch the transition process and infuse energy into it, and push the transition process forward. When reaching certain turning point in the process, appropriate performance evaluation system or method should be adopted to test the efficiency and outcome of the existing transition process. Then further decision on path selection about the speed and order of transition should be made based on the above. The criterion of policy selection is to maintain social stability to the maximum extend so as to maximize the benefit from transition at a less cost. The entire process which is subjected to the objective characteristics of economic transition can be advanced likewise; that is the whole path arrangement → concrete mechanism innovation → performance evaluation (turning point 1) →the whole path arrangement→concrete mechanism innovation→performance evaluation(turning point 2)→the whole path arrangement…. The accordance of the economic and social development will be realized through the reform of economic mechanism, so as to make the economy advance rapidly and stably. Finally the process of economic transition will be completed from the beginning to the end.

前　言

对转轨经济这一特殊形态的考察，在基于新自由主义提出的"华盛顿共识"指导的转轨实践出现了转轨绩效预期与现实的背离之后，相继出现"后华盛顿共识"、"北京共识"等研究思路。然而，众多转轨经济体除了在初始体制、目标取向等方面有些共性之外，更多呈现的却是在初始经济基础、转轨路径选择、政策实施方式、政府应变能力以及国际社会干预等多方面的差异性。解释转轨经济的"共识"企图在实质意义上尚未达成。也许正因为如此，对转轨经济的研究已经和正在引起众多经济学家的极大兴趣和广泛探讨，并大大超出了对转轨本身的关注。今天，对于许多经济学家而言，转轨经济学在很大程度上已经成为研究社会主义国家甚至发展中国家发展问题的科学。在对转轨经济体实践考察基础上提供具有创新意义和说服力的经济解释已经成为现代经济学的一个重要内容。

或许，华盛顿共识对经济转轨的过程性、特殊性和复杂性的疏忽应该归因于对当时社会主义国家经济的落后与发达国家市场经济的繁荣之间存在的巨大差距，新自由主义作为发达国家主流经济学思潮对市场力量的绝对认可，导致了多数转轨国家经济体制改革过程目的和手段的倒置。换言之，当市场经济体制被看作经济转轨的目的时，不可避免地会无视正在运行中的经济本身的重要性，导致体制真空、经济灾难。类似地，华盛顿共识之后的经济转轨研究似乎仍然没有脱离如何设计或者建立市场经济体制的政策建议框架，例如后华盛顿共识对发展中国家和转轨国家金融自由化的路径选择和次序设计的论证，从实践意义上来讲是无可非议的，但是从方法论意义上讲，基本上是穷途末路了。因此迫切需要从新的视角寻求对经济转轨进行全面透彻认知的方法论创新。事实上，转轨经济的研究从一开始就不能囿于从传统理论或已有体制的视角，不能单纯把经济转轨与某一学科联系起来，而应该立足于转轨经济国家自身已经走过的实际历程，从经济转轨国家自身的探索出发展开研究，归纳可以作为规律性的东西，寻求方法论上的把握。中国目前为止相对成功的经济改革与发展为创新经济转轨理论提供了最好的实证分析素材，从"摸着石头过河"到以体制转轨和发展转型为双重任务的中国式转轨成为经济转轨理论领域的重要范本。

中国式经济转轨理论研究的兴起与中国持续二十几年的经济增长相映成辉，从主要为中东欧转轨经济体提供"药方"的华盛顿共识、后华盛顿共识到以研究中国经验为主的"北京共识"的研究思路的转变，表明该领域的国际研究进入了实践模式与理论范式互动的状态，揭示转轨实践背后的经济学规律成为该领域的主要研究课题。罗兰曾简单归纳过转轨经济体实践模式与理论范式的关系，比如较早开始转型、产量下降以后再度增长以及在当时预计有希望(并且后来被证实)进入欧盟的中欧国家可以概括地看作华盛顿共识的成功；俄罗斯的经验基本上可以看作华盛顿共识缺点的证明；中国转型的成功不能归功于华盛顿共识，而可以看作对渐进—制度观点的肯定等。经济学家在越来越注重这一领域的学术价值的同时，也自然考虑到了这种研究在经济学中的归属问题。但实践层面不断出现的新的变化和认识，似乎使以上的这种稍嫌简单的尝试显得不确定、不成熟。

而强调经济转轨国家要按照自己的国情，走适合自己发展之路的“北京共识”更多的是一种理念，并未成为一种完整、系统的分析方法，因此尚缺乏对实践的普遍指导意义。如何将其强调的“实践过程”总结、升华并再次应用于实践，应是探索总结分析方法的重要途径。本书的目的正是试图以中国式转轨为主、综合包括20世纪50年代以来几乎全部经济转轨国家的实践史料和理论成果，提炼出一个规范的分析框架。本书的最大特色是竭力避免按经济学教科书的框架来分割研究对象，而是始终将经济转轨过程尤其是中国经济转轨过程作为一个完整、连续的对象展开研究，分析归纳过程中的偶然性与必然性。我们采用场景构建的方法查找第一手资料，努力将转轨经济的实际运行和不同的理论解释纳入到一个统一的分析框架中，鸟瞰“经济转轨过程”，以加强对转轨过程论证的充分性，提供对转轨经济的一种独特的认知思考方式，并将这种思考方式运用于进一步经济转轨实践的分析中。

本书分为三篇。在第一篇中，我们首先对经济转轨的概念、研究背景、研究方法和研究内容等基本认知内容进行概要分析，提出“经济转轨过程观”，为后文经济转轨的客观和主观特征分析建立理论基础。第二篇将全面考察转轨实践的共性和特性，同时对经济转轨问题的研究思路和方法进行一定的创新。第三篇将强调经济转轨过程中政府调控和驾驭的重要性，对如何进行路径安排、机制创新、驾驭市场经济体制以及进行转轨绩效评估进行理论层次的归纳。

在第一篇中，我们将经济转轨理论归纳的出发点设在经济转轨的过程认知上，认为经济转轨是一个原理一般性与实践特殊性复合的动态过程。经济转轨是经济史中客观存在的经济发展阶段，服从于经济史的一般规律，不能跨越历史形成的制度范式形态——直接从“旧式商业时期”的发展水平到达“去商业化”形态，决定了需要以“创新的新式商业革命”去“补修”经济史中欠缺的“旧式商业时期向新式商业时期的革命性转变”的“历史课程”。经济转轨国家发生了建立计划经济体制和主动抛弃计划经济体制走向市场经济体制的两次转折运动，这两次人为主动选择导致了历史自然发展过程的断裂，呈现出“发展阶段—经济体制”、“政府—市场”和“主观—客观”等矛盾交错的非历史形成的制度范式形态。

我们将在时空观下揭示，充分考虑了过程性而建立的“经济转轨过程观”将为经济转轨问题提供本质性洞见的分析基础。从空间结构看，一方面，试图以新体制运行的经济必须在相当长的时期内保留旧的经济形式，决定了新体制建立的过程属性。经济转轨国家特有的属于生产关系范畴的经济体制演进与反映着生产力发展水平的经济成长阶段之间的不协调构成了经济转轨的“时空错位”特征，反馈于体制架构就成为了经济转轨过程的基础性障碍；社会再生产的连续性要求在某一时期内对生产结构的继承，不可能迅速地改变已经形成的社会经济结构和现有组织的职能，具体表现在现有的部门内部和部门之间的联系、经济运行机制、人力资源以及人们社会生活准则和思想观念的缓慢调整。另一方面，由于转轨国家的经济体制演进的一般顺序是“(计划)→(计划 > 市场)→(市场 > 计划)→(市场)”，从这个运动过程中的主体而言，可以理解为政府在一定前提下允许公众(企业、个人等)以自身利益增长为目标的行为或活动，以及政府不断为其创造条件和改善条件的行动的过程。但由于政府与市场矛盾的复杂性和多样性，经济运行的过程实际上就是政府与市场这两套机制的动态博弈，政府通常处于主观能动的地位，对经济转轨的全局具有宏观驾驭能力；市场则相对被动，但却是整体演进趋势的根本。在经济转轨初期,政府全能主义者会占据绝对优势,至经济转轨中期,市场化改革者经过一个学习过程,逐渐与政府全能主义者势均力敌,到经济转轨后期,市场化改革者占据绝对优势,与市场化相联系的规则基本健全并开始有效运行。当然,这种运动轨迹要求政府选择适应的路径并进行相应的体制创新和绩效评价。中国的改革实践证明了政府与市场双方在控制资源上的此消彼涨是推进经济转轨过程所特有的动力。

从时间顺序看,经济转轨过程大致是由三部分动态构成,即起点、终点和这两点之间长期存在的过程。起点的思想缘由、历史惯性和现实构造必然会对转轨过程产生深远的影响,决定着改革的速度、顺序、时期、内容等;经济转轨过程的终点标志着一种经济运动状态的结束,即从时空错位的结构重新回归经济史发展的一般规律,但是需要客观承认的是,经济转轨国家除了经济发展阶段和经济体制的目标基本一致外,还存在着非常明显的意识形态等方面的差异,并在实践中出现了三种模式:经济自由主义思潮即自由市场经济模式;社会民主主义思潮即社会市场经济模式;市场社会主义思潮即社会主义市场经济模式。合理地区分起点和终点两个稳定态是认识经济转轨的开始和前提,并决定了整个经济转轨过程的任务:从形成多元的自主的经济主体的角度来看,转轨任务包括所有制结构的多元化、微观经济行为主体的独立性和自主性加强以及经济决策分散化;从经济运行机制的角度来看,转轨任务包括产品价格和要素价格的市场化,建立用以完善货币金融体系的信用关系以及建立以市场机制为主导、以按劳分配为主体的多元分配体制;另外,在实现经济转轨目标后尚存在评价经济转轨绩效的任务。在通过相对静态比较明确经济转轨任务后,为深入分析经济转轨的“过渡态”,本书提出了“中位观察法”，即是将一个经济体的经济转轨总过程视为从低到高的循环上升的开放系统和非平衡系统加以考察，从中寻找已经完成部分质变并具有不可逆性的位置，在此建立观察点，进行整体分析并做出线性序列概括，侧重于当前研究和预测研究的一种关于过程分析的新方法。

经济转轨的“过程”属性标志了它必然是一个过程从而转轨经济是一种特殊的经济形态，必然展现出特有的内涵。本书关于经济转轨客观特征的描述虽然更多的出自于以中国转轨实践为样本所进行的理论性概括，但同样考虑了对其他转轨经济体中的适用性问题。第二篇将经济转轨客观特征归纳为：双重任务性、非平衡性、阶段性和二元性，并提出了对经济转轨问题应采用的双视角研究方法和双内涵、两阶段非均衡模型以及公平性的政策建议。经济转轨的双重任务性是指在转轨经济运行的同时存在体制和发展阶段的双重约束，转轨经济体也因而同时承担着“体制转轨”与“发展转型”两大任务。体制与发展本身各自独特的动态运行特征，发达国家市场经济占据世界经济格局主导地位的现存格局和环境条件，以及任务完成的绩效不是在短时间内就可以凸现、观察出来，可能存在的时滞等问题，致使双重任务不可能在整个极其复杂的转轨过程中完美而长期稳定地契合在一起，这一点成为解释转轨进程中“非平衡性”、“阶段性”和“二元性”的内在的关键因素。双重任务不可避免地出现脱节、背离、磨合、交融、促进的情况，即是“非平衡性”状态。转轨过程的阶段性主要是指转轨过程按照转折点可以划分为具有各自运行特征和标志的不同阶段，阶段性的划分使我们对经济转轨的考察已经从一般意义上的过程观进入到明显要精细得多的各阶段的研究，是宏观思维向微观视野的一大具有重要意义的迈进。通过分析西方国家流行的经济转型理论对转轨过程阶段的划分方法,并分别以中国的经济转轨和其他转轨国家经济转轨为例,本书提出一种基于转折点的研究,将中国经济转轨总过程划分为两个大的阶段:经济转轨前期和经济转轨中后期。转折意味着改革和发展的阶段、思路发生了重大变化,研究阶段性的重点在于分析转折阶段的突出特征。“二元性”是指经济转轨过程的非平衡性产生的“经典二元”和“新二元”现象,前者是指转轨过程中所客观存在的比较明显的城与乡、工与农的差距,后者则是指体制变动导致的利益转移过程中由于“转移性收益偏多”和“转移性损失偏多”的逆向性运动而带来的非正常速度的高低收入群体的分化。超过一定程度的“二元结构”会抑制经济活力扩张,妨碍经济增长,延缓经济恢复,阻碍重要的制度和结构改革,使转轨陷入困境。为此,本书按照效率和公平的要求,从建立健全初次分配的公平制度、建立健全公平有效的再分配调节机制和消除权力参与社会资源配置的过程三个层次分析了政策的公平对于消除“二元结构”、促进可持续增长的作用。

第三篇对中国式转轨和其他国家转轨的路径安排、机制创新和绩效评价三个相互依存、共生的因素进行较为详细的剖析,阐述了经济转轨客观过程与主观过程的辩证统一关系,阐释了政府在经济转轨过程中所担当的重要角色以及面对的主观抉择。

路径选择是在经济转轨的客观特征下设计关于转轨速度和转轨次序的整体方向性的政策思路。转轨速度与转轨次序是转轨路径问题的两个方面,路径安排的不同造成了对推进经济转轨的手段与方式的不同,从而必然导致经济转轨与经济发展契合程度的不同。“选择—契合”思想是可供选择的进行寻找最优转轨路径和转轨次序的方法论。

政府在路径安排的政策思路的指导下设计出针对社会经济运行各个领域和环节的具体机制创新来推动转轨进程。在经济转轨过程的客观特性约束下,政府作为机制创新的主体和驾驭者,必须以合理解决体制转轨和发展转型两个转轨基本问题作为自己选择和行动的准则。

绩效评价可以判断和识别前期路径安排、机制创新和政府驾驭的实际成效并指导和修正下一转轨阶段的路径安排问题。最终费用结算的转轨绩效评价模式是对传统分析工具与方法的改进,将其应用于对中国转轨实践的验证,有利于将转轨的过程性、发展的全面性与演进的阶段性结合起来阐释。

路径安排、机制创新和绩效评价三个因素指向的是转轨途中的分目标,或者转折点的实现,把握好三个因素的选择与实施及它们之间的紧密逻辑关系是政府成功驾驭并激励民众最终完成转轨过程的关键所在。经济转轨主观见之于客观的契合过程可以看作是在三个因素的循环作用下从初始点螺旋上升到终点的过程。政府在转轨初始点拟定经济转轨的目标,初步选择能够达到目标的路径安排;具体的机制创新启动转轨过程并为其注入活力,推动转轨进程向前发展;当达到经济转轨过程中的某个转折点时,通过运用合理的转轨绩效评价体系和方法来检验已有转轨进程的效率与成果。然后,在此基础上做出关于转轨速度与次序的路径选择的进一步决策,政策选择的依据则是最大限度地维持转轨过程中的社会稳定,以较低的转轨成本实现转轨收益的最大化。各个环节都在经济转轨的客观特征约束下如此推进,即整体的路径安排→具体的机制创新→绩效评价(转折点 1)→整体的路径安排→具体的机制创新→绩效评价(转折点 2)→整体的路径安排……,通过改革经济体制来契合现实的经济社会发展状态,以推动经济发展阶段的快速稳步前进,最终完成经济转轨由起点至终点的过程。

第一篇　经济转轨的认知基础

第一章　经济转轨的基本认知

第一节　经济转轨、转轨经济与经济体制转轨

在经济史中，社会主义国家始于20世纪50年代并且延续了半个世纪之多的从计划经济体制向市场经济体制的变革探索带来了经济转轨问题。经济转轨是指经济体制的转轨，即从一种经济体制转变为另一种经济体制，其实质是资源配置方式和经济运行方式的转变。但是，“经济转轨”如何作为经济学关注的一个词汇出现，并有“转轨经济学”的称谓，是一个有待考证的问题，尤其是在这一研究领域中某些基本概念的释义尚不统一，其中“转轨”、“转型”、“改革”三个词就有不同的表述，或者同一表述指称不同的对象。

“转轨”、“转型”、“改革”的不同表述

吴敬琏先生最近出版的论述中国改革的学术著作，例如三联书店2001年出版的《改革，我们正在过大关》、四川人民出版社2002年出版的《转轨中国》、上海远东出版社2004年出版的《当代中国经济改革》等，从书名而言，给人整体的印象是，“改革”与“转轨”指称的是同一研究对象，至少在中国范围内谈论

时，这两个概念是基本一致的。

由纪宝成主编，中国人民大学2003年出版的《转型经济条件下的市场秩序研究》一书中，作者将“改革”（市场化）与“发展”（工业化）分别作为一种转型提出。

萨克斯、胡永泰、杨小凯合著的《经济改革与宪政转轨》（1999）一书认为“改革”与“转轨”是被截然分开的两个概念，至少前者只是后者的一小部分。

热若尔·罗兰（2002）在《转型与经济学》一书中认为“转轨”、“转型”、“改革”似乎具有了同一种定义。“自1989年秋柏林墙倒塌以来，有相当一批经济学家一直在研究前社会主义经济从计划向市场经济的转型过程。这个研究领域叫做转型经济学（Transition Economics，以往国内更多地译为转轨经济学。——编者注），有时又称改革经济学（Transformation Economics）。这批研究者中包括世界一流大学中一些最有名的宏观经济学家和微观经济学家。”

对于从计划经济体制向市场经济体制转换的同一经济现象，出现了耐人寻味的一词多义和多词一义，作为现象，反映的是认识的差异、实践的差异，以及认识和实践的不同步，这些应该是更深层的、值得探究的东西。

20世纪90年代之前，在经济学研究中尚未对“经济转轨”一词出现过概念性的界定。较为引人注意的出现是在柏林墙倒塌、苏维埃社会主义联盟解体、中央集权模式的计划经济体制崩溃等一系列标志社会主义阵营消失之时。笔者认为经济转轨是一个特定的、集合的概念，一般而言与政治取向无关，其基本内涵是旨在改变经济资源的基础配置方式,即将经济运行体制从计划控制为主的轨道转变到由市场调控为主的轨道上去,是一个原理一般性与实践特殊性相结合的从计划向市场体制转换的探索过程,而改革一词,通常是与经济转轨同义的。

经济转轨的特定属性,首先是相对于过渡时期或过渡经济时期而言的。过渡时期是指经济运行从一个社会历史阶段向另一个历史阶段转换的时期,它描述了一般意义上的历史阶段转换过程。从历史上的经济过渡时期来看,过渡的方式大致可以分为两类,即自然演进的过程或叫自然历史过程,和改革演进过程或叫自觉选择过程。在人类历史的演进过程中,前一种方式的推动构成了社会进步从一个阶段过渡到另一个阶段的基础,因此直接体现了社会发展的历史规律。后一种方式是在自觉研究制定的社会改革方案基础上对有明确目标的过渡经济进行调节,但这种调节必须以前一种方式所暗含的规律性为前提和保障,既不可能违背客观发展因素的作用,也不能忽视总体演进的规律,只能在尊重规律的基础上对过渡过程施加相应的影响来加速或减缓演变的进程。

经济转轨是特指发生于20世纪后期的许多国家由传统计划经济体制向市场经济体制的过渡,它的起始制度状态和目标制度模式是既定的,不是随意的,而是在符合历史演进规律的前提下制定各项方案和步骤,从这一点来看,经济转轨实际上属于改革演进过程,包含了自然演进过程的规律性和加速自然演化的路径上的特殊性。同时,经济转轨过程相对于制度变迁而言也是一个具有特殊意义的概念。制度变迁研究认为制度是一种稀缺资源,对经济增长和发展具有决定性作用,进而将制度作为内生变量来考察制度与经济运行的关系。然而,经济转轨更注重的是整体性的制度结构的更替,以及在这种更替过程中一系列相互联系和相互制约的制度安排的变迁,因此是一种更彻底更系统的制度变迁。

经济转轨的集合属性,是指世界上三十多个国家,包括苏维埃社会主义联盟15个国家、“东欧”12个国家,再加上中国、越南、蒙古、柬埔寨、老挝、古巴、朝鲜和前东德等国,约1/4的世界人口卷入了这场变革探索。这场探索涉及国家范围之广、体制变革之深、付出代价之大、延续时间之长都是人类社会发展史上少有的,也是大大出乎人们预料的,即使是被认为已基本完成经济转轨的国家,目前也还不能看出其制度运行的稳定性和经济增长的持续性。东欧和独联体一些国家和地区的不同经济转轨路线演化成了衰退、复苏和成长的各种路径,如亚美尼亚1992年的GDP下降52.6%以上,而土库曼斯坦在2001年GDP增长20.5%(参见表1-1)。33个经济转轨经济体中大多数国家在经济转轨历程中出现了10%左右的GDP下降,只有5个经济体(中国、印度、越南、柬埔寨和老挝)的GDP增长率持续保持正增长,其他经济转轨国家如乌克兰和摩尔多瓦的经济萧条一直持续到1999年,在2000年之后GDP才出现正增长,波兰的情况在中东欧国家看起来好一些,经济从1992年开始复苏,至今仍然保持着乐观的发展态势。从1997年至2004年,这些经济转轨国家的年度GDP增长率平均为4.9%,可以确信,在国民经济最初下滑后,大多数经济转轨国家随着经济转轨进程的推进,GDP增长率和衰退率的波动变小了,并且出现了良好的增长趋势。

转轨国家存在的普遍性以及这些国家的经济运行表现出来的不同于传统计划经济和成熟市场经济,而是具有“双轨”或“体制外”的运行特征,使得它们的经济运行既不能简单地用发达经济、发展中经济来界定,也不适合用市场经济、计划经济来界定,而是体现出特有

表 1-1 转轨经济的衰退和增长:1989—2004 GDP 年变化率(不变价)

国家	1989	1990	1991	1992	1993	1994	1995	1996	1997	1998	1999	2000	2001	2002	2003	2004
阿尔巴尼亚	9.8	-10	-28	-7.2	9.6	9.4	8.9	9.1	-10.2	12.7	10.1	7.3	7.6	4.7	6	6
亚美尼亚				-52.6	-14.1	5.4	6.9	5.9	3.3	7.3	3.3	6	9.6	12.9	12	7
阿塞拜疆				-22.7	-23.1	-19.7	-11.8	1.3	5.8	10	7.4	11.1	9.9	10.6	11.2	8.1
白俄罗斯				-9.6	-7.6	-12.6	-10.4	2.8	11.4	8.4	3.4	5.8	4.7	5	6.8	4.8
保加利亚	-0.5	-9.1	-10.8	-8.4	-11.6	-3.5	-1.8	-8	-5.6	4	2.3	5.4	4.1	4.8	4.3	5
柬埔寨	3.3	1.1	7.6	7.1	4	7.7	5.9	4.6	4.3	3.7	10.8	7	5.7	5.5	4.8	5.9
中国	4.1	3.8	9.2	14.2	13.5	12.6	10.5	9.6	8.8	7.8	7.1	8	7.5	8	9.1	8.5
克罗地亚				-11.7	-8	5.9	6.6	5.9	6.8	2.5	-0.9	2.9	3.8	5.2	4.4	3.4
捷克				-0.5	0.1	2.2	5.9	4.3	-0.8	-1	0.5	3.3	3.1	2	2.9	3
爱沙尼亚				-21.6	-8.2	-2	4.3	3.9	9.8	4.6	-0.6	7.3	6.5	6	4.7	5.5
格鲁吉亚				-44.9	-29.3	-10.4	2.6	10.5	10.6	2.9	3	1.9	4.7	5.5	8.6	6
匈牙利	0.7	-3.5	-11.9	-3.1	-0.6	2.9	1.6	1.3	4.6	4.9	4.2	5.2	3.8	3.5	2.9	3.2
印度	7.2	6	2.1	4.2	5	6.8	7.6	7.5	5	5.8	6.7	5.4	4	4.7	7.4	6.8
哈萨克斯坦				-5.3	-9.2	-12.6	-8.3	0.5	1.6	-1.9	2.7	9.8	13.5	9.5	9.5	8
吉尔吉斯斯坦				-13.9	-13	-19.8	-5.8	7.1	9.9	2.1	3.7	5.3	5.4	0	5.2	4.1
老挝	9.9	6.7	4	7	5.9	8.2	7	6.9	6.9	4	7.3	5.8	5.8	5.9	5.3	5.8
拉脱维亚				-32.1	-11.4	2.2	-0.9	3.7	8.4	4.8	2.8	6.8	7.9	6.1	6.7	6
立陶宛				-21.3	-16.2	-9.8	3.3	4.7	7	7.3	-1.7	3.9	6.4	6.8	9	6.7
马其顿王国				-6.6	-7.5	-1.8	-1.1	1.2	1.4	3.4	4.3	4.5	-4.5	0.9	3.1	4
蒙古	4.2	-5.6	-9.2	-9.5	-2.9	2.3	6.3	2.4	4	3.5	3.2	1.1	1	3.9	5	5.3
波兰	3.8	-7.2	-7	2	4.3	5.2	6.8	6	6.8	4.8	4.1	4	1	1.4	3.7	4.7
罗马尼亚	-5.8	-5.6	-12.9	-8.8	1.5	3.9	8	3.9	-6.1	-4.8	-1.2	2.1	5.7	5	4.9	5
俄罗斯				-14.5	-8.7	-12.7	-4.1	-3.6	1.4	-5.3	6.3	10	5.1	4.7	7.3	6
斯洛伐克				-6.7	-3.7	6.2	5.8	6.1	4.6	4.2	1.5	2	3.8	4.4	4.2	3.9
斯洛文尼亚				-5.5	2.8	5.3	4.1	3.8	4.4	3.7	5.9	4.1	2.9	2.9	2.2	3.5
塔吉克斯坦				-28.9	-11.1	-21.4	-12.5	-4.4	1.7	5.3	3.7	8.3	10.2	9.1	10.2	8
土库曼斯坦				-5.3	-10	-17.3	-7.2	-6.7	-11.3	7	16.5	18	20.5	6	3	3
乌克兰				-9.7	-14.2	-22.9	-12.2	-10	-3	-1.9	-0.2	5.9	9.2	5.2	9.3	6
乌兹别克斯坦				-11.1	-2.3	-4.2	-0.9	1.6	2.5	2.1	3.4	3.2	4.1	3.2	0.3	2
越南	7.8	5	5.8	8.7	8.1	8.8	9.5	9.3	8.2	3.5	4.2	5.5	5	5.8	6	7
摩尔多瓦				-34.6	-1.2	-30.9	-15.3	-5.9	1.6	-6.5	-3.4	2.1	6.1	7.8	6.3	5
南斯拉夫						2.5	6.1	5.8	7.6	1.5	-37.3					
波黑						-5.7	58.9	50.1	19.4	6.6						

资料来源:国际货币基金组织,国研网数据中心。

的转轨经济共性，同时，这种特性与人为设计、本国情况的融合又使这些国家的经济转轨在共性之外都会表现出不同的特点，使得他们成为世界经济中的一个独特集合。经济转轨的集合属性对于世界格局具有深远性的影响，经济转轨国家对原有经济体制的放弃甚至对政治制度的放弃使得原有的国际政治经济格局出现了根本性调整，这方面俄罗斯和东欧的影响尤为明显，如 2004 年 5 月中东欧和波罗的海八个前社会主义国家——波兰、匈牙利、捷克、斯洛伐克、爱沙尼亚、拉脱维亚、立陶宛与斯洛文尼亚加入欧盟，意味着欧盟进一步东扩完成。经济转轨国家的下一步发展模式和发展情况必将使国际政治经济格局处于进一步的变动之中。

经济转轨的过程属性，从哲学范畴说，是基于“过程论”的观点。过程论是辩证唯物主义中国化成果里与矛盾论、实践论并列和一致的三大理论概括。

> 过程的根源在于矛盾的普遍性，过程的本质在于矛盾的特殊性，因而矛盾即过程；过程是受规律支配的，因而历史即过程；通过实践发现真理，又通过实践检验真理，因而真理即过程。
>
> ——杨超(1980)

从逻辑关系看，“过程”在概念上与“状态”相对称，“过程”指事物状态的变化在时间上延续和空间上延伸，状态指对事物特性的量度和描述。事物的状态决定和影响着过程，事物的过程决定和影响着新的状态。一个事物在一个系统内可视为状态(或过程)，在另一个系统内则可作为过程(或状态)。经济转轨必然是一个过程，是由社会发展的客观性，或者更直接地说是由社会再生产的连续性所决定的。相对于经济转轨而言,再生产的连续性的含义是在经济转轨过程中必须在相当长的时期内保留旧的经济形式。这首先体现在某一时期内对生产结构的保留,因为结构改革需要较长的时期,不可能迅速地改变已经形成的社会经济结构和现有组织的职能。同时,还表现在现有的部门内部和部门之间的联系、经济运行机制和人力资源方面。再生产的连续性决定了转轨经济的深刻继承性、经济转轨过程的相对长期性以及人们社会生活准则、思想观念调整的缓慢性,也排除了先将所有旧的生产彻底打碎,然后重新建立所有新的生产原则再开始发展的可能性。因为任何期望中的迅速代替现有体制的做法,都将不可避免地给生产过程带来混乱,使其扭曲并产生衰退。中国二十多年的经济改革实践成功的轨迹,以及其他国家经济转轨不能一蹴而就、延续十多年至今不能恢复国民经济水平的事实,也从另一个角度对经济转轨的过程属性进行了证明。

现有的经济转轨实践主要有两种方式。一种是在坚持社会主义制度的前提下建立市场经济体制的改革,经济建设与经济转轨是改革的核心。这种主张通过价格逐步放开、国有企业逐步转换经营机制来形成市场的主体与客体的转轨方式,又被称为渐进的或双轨模式,中国是实践这种经济转轨模式的代表。一种是将经济转轨与政治体制的变革联系起来,并认为经济转轨的核心是宪政规则的大规模改变,经济转轨只是其中的一部分。在改革的实施上讲求价格贸易自由化、宏观稳定化、产权私有化三位一体的同时推进策略,因此,这种转轨方式又被称为激进的或休克模式,大多数的前社会主义国家都采取了这样的经济转轨模式。我们通过对俄罗斯经济转轨的考察可以发现,它所采取的“休克疗法”不管在当时的社会政治经济与国际条件下是否是唯一的选择,但其实施的结果至少说明:一夜之间完成经济转轨的做法必然使再生产出现倒退，而再生产的巨大损失却并不能换取一夜之间经济转轨目标的实现。俄罗斯经济在休克中经历了七八年的震荡后，从1999年才逐渐恢复了宏观环境的秩序和平稳的状态，经济出现了恢复性增长，1999—2004年GDP年均增长率为6.6%，其增长的动力主要来自于原来因经济危机而闲置的生产力，目前GDP仍比危机前下降了10%。由中国经济转轨与其他国家比较而确立的转轨经济形态，意味着经济转轨无论采取哪种方式都将必定是一个过程，这一过程标志着一个特殊经济形态存在的客观性，或者经济转轨必然是一个过程从而转轨经济是一种特殊的经济形态。

转轨经济是指经济体制转轨过程中的经济，即资源配置与经济运行方式处于变动过程中的经济运行状态，与之相关联的还有过渡经济的提法，同样地，过渡经济是一个更一般意义的概念，而转轨经济是一个特定概念。转轨经济是"过程中经济"的提法，意味着将介于两种体制间的某一经济过程作为经济学的研究对象的可能性。

无论是实行所谓的"激进改革"方案还是"渐进改革"方案，计划经济向市场经济的转轨从总体上说都不可能有"一步到位"的方法，经济学家在这方面对于先前实施休克疗法的国家做过很多反思。波兰经济学家格泽戈尔兹·W.科勒德克指出转轨将由三个平行的步骤组成，即带有稳定的自由化、制度建设和微观经济的重构，这三个步骤必须全面地实施，但是该过程需要时间、资本、新投资以及劳动力的吐故纳新过程。在上述这三个步骤中，只有在第一个步骤中可能会执行比较激进的改革政策，如弗里德曼、萨克斯等经济学家坚持认为私有化要快速推进，推进得越快、越深，转轨的效果越好，所以有些人就把这种情况称作"休克"。但是，这种休克并没有"疗法"的含义——即所实施的一系列政策取得了积极效果——而只有“休克失败”的可能，波兰渐进的私有化效果明显好于激进私有化的捷克的实际经验恰恰验证了经济转轨的本质是一个渐进的过程。

美国经济学家约瑟夫·E.斯蒂格利茨提出把经济转轨看作一个过程有三个方面的优越性：经济结构的轻微调整（在短期内）都要付出相对高昂的代价，人们只有在未来有所收获时才能忍受这种不可避免的牺牲；投资者只有在政府承诺不会中途放弃改革的情况下，才会进行必要的投资；在由社会主义经济转向市场经济的过程中，个人和组织都需要学习。

导致转轨经济形态作为一种“过程中经济”的特殊形态长期存在的深层原因，还在于经济转轨国家不同路径的市场化进程的探索可能遇到了同一种阻力或某种相同或相似的基础性的障碍，即历史形成的经济发展阶段与经济体制的错位。上个世纪两次世界大战中诞生的所有社会主义国家有一个共同的背景，即都没有遵循经典作家设计的变革路径，在高度发达的资本主义国家由于“生产资料的集中和劳动的社会化，达到了同它们的资本主义外壳不能相容的地步”而“炸毁了”“外壳”[①]。

以所谓后社会主义国家放弃国家集权的计划经济向市场经济转轨看，除俄罗斯有些特殊外，几乎都还处在如图 1－1 所示的“为起飞准备条件阶段”。图 1－1 是以美国经济学家 W.W.罗斯托提出的经济成长阶段论为基础，以发达国家经济发展阶段与经济体制演进实践的一致性为参照，制作的发展中国家经济发展阶段与经济体制演进错位的分析模型。

---

① 《马克思恩格斯全集》，第 23 卷，人民出版社，1972 年，第 831—832 页。

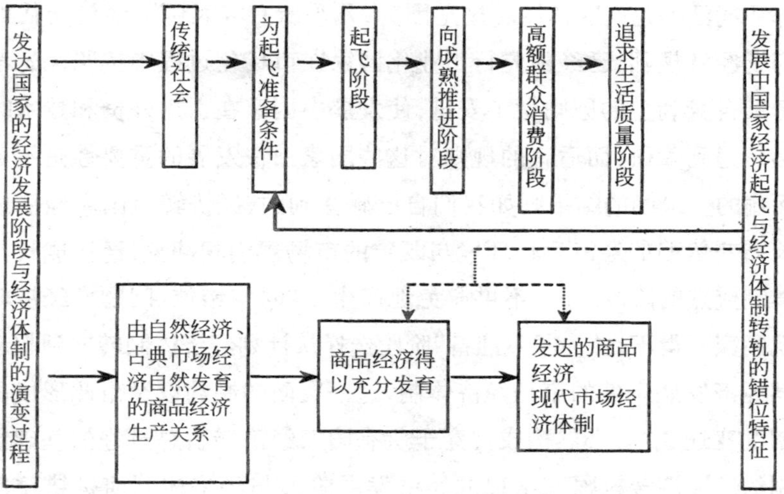

图 1-1　转轨经济的时空错位特征

在以先行工业化和先行市场化为标志，并以此为双重优势在经济全球化竞争中占据主导地位的发达国家，其经济发展阶段先后经历了传统社会、为经济起飞准备阶段、经济起飞阶段、向成熟经济推进阶段、高额群众消费经济阶段和追求生活质量经济阶段。与之相适应的经济体制也随着经济阶段的发展演进，经历了由自然经济和古典市场经济自然发育的商品经济生产关系、商品经济得以充分发育、发达的商品经济生产关系逐渐形成以及现代市场经济体制最终建立的过程。发达国家的经济体制市场化升级是伴随着经济结构逐步升级，一步步走过来的，彼此水乳交融、相辅相成。发展中国家则不同，他们的经济发展几乎都还处在"为起飞准备条件"阶段，工业化过程滞后、自然经济成分还占很大比重，经济运行机制的演化本应有一个使商品经济逐步得以发育的较为有利的制度安排，但此时的外部环境已不允许这样做。这是因为,几乎所有涉及国际经济交往的市场经济规则,已经由先行工业化国家在市场化过程中按照优先考虑其自身利益的原则做了安排,使发展中国家在引进外资和技术时必然遇到障碍,而适宜的规则对这些国家加快发展的重要性是不言而喻的。最终的结果则如我们自己感受到的,经济转轨国家经济成长需要依赖的经济运行环境与既定的市场规则相冲突,经济成长与体制成熟的阶段之间,不可避免地产生了"时空错位"问题。经济转轨国家不得不在"为起飞准备"阶段选择从计划经济体制转向到超越其经济发展条件的市场经济体制,这一层面的制约以及由此形成的制度变迁成本,必然构成贯穿于所有国家经济转轨总过程的基础性制约。经济转轨国家出现的经济发展阶段与经济体制演进错位问题,终究是生产力与生产关系不协调的问题。经济体制演进问题属于生产关系范畴,而经济成长阶段客观地反映着生产力发展水平的差异。经济转轨国家虽然处在较低的经济成长阶段,却又不能只从较低的市场化模式起步,必须要跨越"时空错位",如何"弥合错位"并反馈于体制架构就成为如何排除由二者时空错位所引致的转轨经济中的基础性障碍。如何消除基础性障碍与各国经济转轨中的政治取向并无直接联系,但与政府是否能够恰当处理错位所引致的矛盾困扰,则直接相关。作为手段的经济转轨过程的路径选择、成本支付等有利于弥合"时空错位"的过渡性安排,至少与作为目标的经济转轨后的制度安排同样重要,或者说,将排除基础性障碍的着眼点放在改革政策创新的"技术层面",比所谓的优先考虑政治制度转向要有效。那么对政府的改革政策创新的绩效的判断,则应落脚于政策的总体适应性和分阶段适应性。总体是否适应,应当并可以从一国的基本国情出发加以考虑,分阶段的适应性则比较难以把握。这不仅因为每个阶段的进展都会是动态的，更因为经济转轨总过程中将会出现的阶段性转变与交替的规定性尚无先例可循，而我们事先对其预测又存在很多的困难。正因为如此，研究转轨经济也就有着很强的现实意义和独特性。转轨经济将凭借过程中量的积累带来对这种基础性制约的质的方面的演进，那么转轨经济也就必然具有渐进性和过程性。

既然经济转轨是一个较长的历史时期，就必然要内含一个转轨经济的运行过程，必须要研究经济转轨时期的经济发展问题。从另一个方面来讲，既然经济转轨是特定的，在目标明确的前提下，过程的意义往往显得更为重要。如何在这一过程中保持经济的持续发展、降低经济转轨的成本、减小体制间的摩擦、让公众能不断享受到改革带来的利益等问题，就构成了研究转轨经济的价值。笔者把“经济转轨”定义为经济体制的变革，“发展转型”定义为经济发展阶段的转换，当二者同时出现在经济转轨这样一个特定阶段和特定经济形态中时，将其主要特征概括为“转轨—转型”经济（Transition-Transformation Economy）。这样的定义意味着，这一特定阶段的经济运行既受到经济体制转轨的制约，也受到发展阶段转型的制约；发展层面的转型问题与体制层面的转轨问题构成矛盾运动的复杂关系，正确理解这些关系至关重要；经济转轨制约与经济转型制约在动态过程中，可能存在主要矛盾与次要矛盾的转化；对选择不同路径的经济转轨国家来说，路径差异而导致的效率差异可能与对“转轨—转型”经济矛盾的处理有关。

中国的经济转轨为转轨作为一个特殊的过程以及转轨经济作为一种特殊的经济形态提供了丰富的实践内容；同时，中国自改革开放以来的持续、高速经济增长使其在与其他经济转轨国家的比较研究

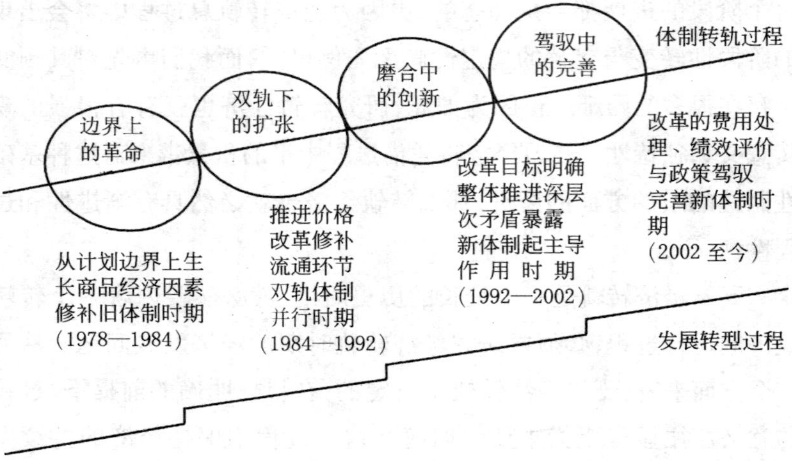

图 1－2　中国经济转轨的过程演进

中具有十分重要的参照价值。图 1－2 是中国经济转轨的过程演进路径。图形主体部分的圆形 1、圆形 2、圆形 3、圆形 4 分别代表经济转轨过程新旧体制相互作用的四个阶段。穿过四个相对独立但又彼此承接的圆形图的斜线，以模拟方式对各个时期和阶段新旧体制比重变化过程进行了示意，从圆形 1 到圆形 4 的演进过程我们明显看到计划经济体制逐步退出、市场经济体制日益增强的过程。圆形连续图的下方，作了一条阶梯形状的折线，对经济转轨的四个阶段中各自的发展特征加以简要说明。经济转轨实际上肩负着生产关系向后调整与向前创新双重意义的经济制度和产业结构重组的使命。中国的经济转轨并没有首先从传统体制最顽固的堡垒——国有企业的体制——这样的核心部位正面接触，为了避免有可能引发的“改革大战”，中国领导人选择的是另外一种前进方法：先从它的“边界”上进行突破，这里的边界即是传统计划体制的边界，可以作不同的细分，如计划边界、所有制边界、产业边界、地域边界，每种边界上都存在传统体制的薄弱环节，也是改革最容易取得突破的试验点。中国的经济转轨首先依靠各散点包括农村家庭联产承包责任制，培育市场和非国有资本的示范效应，为解决核心部位的顽症积累经验和准备条件。当人们在第一阶段改革的实施后，对价值规律有了新的认识，就不再满足于局部发挥经济杠杆的效用，不再满足于政府模拟的市场化环境，而是出现了根除传统、僵硬的价格机制以尽快形成公平的市场竞争环境的需求。由价格改革优先深入到价格“闯关”受挫，转而“治理整顿”，这个阶段的中国的经济体制演进可谓骤起陡落，风云激荡，经历了活与乱交织的关键时期，出现了计划经济体制与市场经济体制并行的特征，在获得巨大成功的同时也在经济、政治、社会等各方面付出巨大代价。这一时期，中国的经济体制演进方向也经历了前苏联及东欧社会主义国家“解体”和“易帜”的域外震荡考验。中共十四大确立的社会主义市场经济体制的改革目标和中共十五大实现的所有制理论创新的重大突破作为两大标志表明：在改革的征途上，中国执政党已告别了“摸着石头过河”的阶段；“经济转轨”正由单项向整体、浅表向深层推进。中共十六大提出的完善社会主义市场经济体制，意味着中国的经济转轨步入如何更好的驾驭市场经济体制阶段，转向全面建设小康和基本实现现代化的经济转轨终点目标。

经济转轨国家群体的形成及其经历的经济转轨探索，使转轨经济成为一个独特的研究对象，它们既有基础条件、目标取向等方面的共性，又有路径选择、实施方式、政府应变能力以及国际社会干预等多方面的特殊性。转轨经济的研究已不能局限于从传统理论或已有体制的视角出发，而应该立足于转轨经济国家已经走过的实际历程，从经济转轨国家自身的探索出发展开研究，归纳可以作为规律性的东西，寻求方法论上的创新。笔者将以整个经济转轨国家为背景，而以中国经济转轨为个案展开这一研究的初步思考。

第二节 经济转轨研究的背景

转轨经济被作为一种独特经济形态加以系统研究是近几年才开始的，这更多地源于经济转轨失败的教训所引发的反思，事实上，其是否可以作为一个独特的经济形态来研究至今为止仍然受到质疑。发生于20世纪后期的集体性经济转轨行动，无论从纵向的过程性和横向的复杂性来看，至今仍是一个谜。从纵向来看，大多数经济转轨国家在一二十年的经济转轨过程中，都形成了对于自身转轨经济的研究价值。例如，中国持续二十余年的超常增长引发了不同角度、不同立场的分析，对中国未来20年甚至50年内的持续超常增长的乐观预测也不断在各种场合的评论中被提及。近年来同时受到关注的还有越南经济的超常增长。一个剧烈变动中的经济为什么能够在10年、20年甚至更长时期内保持持续高速增长的态势？当然，俄罗斯转轨经济也同样受到世界的瞩目，在初期的经济衰退后它是如何步入恢复性经济增长阶段，未来的经济走向又会如何都是悬而未决的研究课题。从横向来看，经济转轨国家当初由于路径、政策等方面差异所导致的短期增长速度的差别和持续差距，已经形成了经济转轨国家在经济发展上的巨大落差，并相应改变着各自在世界格局中的政治、经济地位。在此背景下，经济转轨的研究针对转轨经济的理论基础方面的准备和研究方法的建立就显得十分混乱、粗略和误导。不同政治力量、转轨动因、集团利益、浪漫理想的介入，更使得转轨的最初目的、手段和过程充满冲突和矛盾，无法理出可供比较和借鉴的清晰线索。20世纪90年代中期以后，随着大部分被精心设计的转轨方案(transition-by-design)的失败，和少数不被看好的偶然进行的转轨行动(transition-by-chance)的成功，两种结果同时出现的与预期的巨大背离，迫使各方开始反思自己对目标体制的认知局限、对转轨过程的简单忽略、对转轨经济体的全然漠视。转轨经济的研究开始逐步走出既有理论框架的设定，出现更多关注经济转轨对象个体差异、更多关注制度形成的趋势。这本身意味着转轨经济研究的个性特征正日渐显露，原有理论和认识开始出现以转轨经济为对象进行整合的迹象，也就是说，转轨经济学的研究框架正在形成中。一般而言，这种形成有三大背景：现实背景、理论背景和政策背景。

经济转轨研究的背景之一在于经济转轨国家渴求增长而又具增长不确定和经济转轨国家实践结果与预期目标发生巨大差异甚至背离的现实，更好地解决这些现实问题需要通过深化对经济转轨的研究来实现。从总体上看，各国在经济转轨时期的国民经济运行绩效的差异是经济转轨绩效的一种结果，隐藏其后的是特殊经济形态中的各种约束条件能否被准确的认识、转化和利用。经济增长研究关注的是以生产可能性曲线外移缓解无限需求与稀缺资源之间的矛盾，相对于人口的总产出扩张意味着实际工资、收入和相应生活水平的提高。经济增长条件从约束状态向激励状态的转化是这一切得以实现的关键。经济转轨国家在经济增长方面的现实是，一方面急需通过适宜的制度安排，推动生产可能性曲线外移以消除长期短缺的旧体制后果；另一方面，急需通过适宜的发展战略，推动生产可能性曲线外移以改善二元结构、国际环境等方面长期存在的不利发展地位。如何从穷国变为富国是经济转轨国家的国民经济增长的主要目标之一，经济转轨国家选择了用市场经济制度代替传统计划经济制度的经济增长模式，或者说经济转轨之所以是市场取向的，主要基于以下现实：

首先，从人类社会发展的规律来看，工业文明是在资本主义阶段完成的，与之相适应的经济制度是市场经济体制。也就是说工业革命是在生产资料集中和劳动的社会化基础上实现的，而市场的资源配置方式和经济运行方式是基本的前提。人类社会进入私有制以后形成了以自身利益为目标的生产活动，社会分工不断加深，利益的生产组织与实现都要通过交换即通过市场来完成，从而形成了主要以市场为配置资源方式的经济体制。市场经济体制的运行反过来又为实现自身利益最大化而进行更大规模的资源动员与配置，带动了资本积累的加速，使工业以前所未有的速度得到发展。因此，从历史过程来分析，与工业化社会相适应的运行机制类型是市场机制，物质因素的统治地位决定了生产者与消费者之间联系的物的依赖性，相应地，劳动者的生活保障是与其实现的经济利益联系在一起的，由市场机制事先决定。第二次世界大战以后相继独立的一批民族国家虽然选择了建立社会主义制度，以求得政治经济的独立和人们的自由平等，但在经济发展阶段上并没有超越高度发达的工业化阶段，相反基本都处于落后的半殖民地、半封建的生产力水平上。因此客观地讲，要想真正实现人民富裕、人性解放，首先必须使生产力水平得到大幅度的提升，从农业社会过渡到工业社会，再发展为高度发达的工业化社会。这就决定了在生产力水平较低的状态，人与人之间的关系仍然主要靠物质因素来维系，利益仍然是人们从事一切经济活动的目的和动力所在。传统的计划经济体制人为地在制度安排上超越了这一客观现实，限制了人们对自身利益的追求，并实施了对资源的强制性配置，使人们的生活处于较低水平，经济增长缺乏动力。经济转轨就是要取消这种体制超前的做法，重新建立适应于发展工业化、提高人们物质需求、刺激人们获利动机的市场经济体制，使资源重新流动起来，并以利益增长为核心进行配置。

其次，世界上出现两种经济运行方式并行的格局后，经过几十年的发展比较，传统计划经济体制下的人们一方面逐渐感受到了自己的低效率，有要求变化的内在动力；另一方面在国际比较中发现市场经济体制显得更有效率一些（至少在现阶段是这样），从而有了向市场经济转轨的目标。传统计划体制下的经济运行被定义为资源约束型的，它假定计划安排会使社会资源得到充分合理的利用，避免出现资本主义制度下资源配置浪费和供求的矛盾，因此实践中，各级部门都会尽可能地做出超预算的安排，以求达到资源的最大占用。但是实际执行的结果是，由于生产由政府计划安排，以政府需求为供给对象，而政府的需求目标是很难用效应来测定的，这就必然会带来公众需求的被忽视、抑制和牺牲。因此资源约束型的经济带来一个最突出的特征就是公众需求远远大于供给，短缺成为经济运行的基本特征，并且在这样一种体制运行下，短缺被不断地再生产出来。而市场经济体制下的需求约束型的经济运行则表现出了对公众需求的更大的满足，正是在这样的比较中各国开始了对传统体制进行松动和变革的尝试。1978 年我国推行经济体制改革以后，开始逐步打破原来的经济运行体制，其中主要的手段是通过计划放权、财政让利使政府的计划权力受到限制和分解，国家财力向企业和家庭部门转移。原有资源配置格局的打破，一方面使原体制下供给的低效率受到遏制，一方面使民间资本增大，储蓄的增加和企业的自主权的扩大促成市场化的储蓄—投资转化机制逐渐形成，加上原体制下大量闲置的各种设备、短缺矛盾形成的巨大的无差别的需求，经济增长在短期内被迅速地拉动起来,从而使体制经济转轨具备了持续推进的动力。当然除了这种经济转轨与经济增长、公众受益相配合的所谓渐进方式的情况外,也还有像俄罗斯这样的"休克疗法"的方式,这样的变革动力则基本是在现有体制运行已到了底线、无法生存,而国际上市场经济体制的优势又被高度评价的双向挤压的状态下发生的。

最后,国际经济运行的基本规则使得传统计划经济体制国家必须通过经济转轨才有可能融入其中,分享更大的利益。世界经济格局中虽然一度出现过两种运行制度、两种经济运行方式并存的状态,但市场经济体制国家在比较发展中具有越来越明显的优势和越来越强的经济控制力和影响力。经济学规律告诉我们,随着市场经济的高度发达,资本积累会逐步超越一国的限制,寻求更大地区、更大规模资源配置合理性所带来的利益增长,带来总体效率的进一步提高,同时使进出口成为各国经济增长的重要组成力量。这样的国际化过程会对非市场规则、非市场经济地区参与国际活动形成个点的排斥力和同化力。由于国际经济交往的基本规则和国际分工的原则都是以市场经济体制为基础建立的,一国经济要想加大对外开放,并在开放中享受到更大的好处,减少不平等竞争和体制歧视,就必须使本国的经济制度向市场经济转轨,逐步符合国际规则;否则就可能成为国际经济中的一个孤岛,并且因为缺乏开放型的资源流动而最终变为一个荒岛。

经济转轨国家在寻求更合理的经济增长过程中,大部分的实践一开始就表现为增长无法实现。无论出于何种动因的何种预先设计,大衰退和长期低迷成为经济运行的常态,迫使设计者们不得不重新审视经济转轨过程的复杂性,重新认识市场制度的内涵和经济增长的原理。与中东欧有意识设计的经济转轨模式不同,中国经济转轨的实践动因或者设计主要源于如何更好地解决民生问题。中国样本一直是主流转轨设计与实践中的一个例外,也因此引发了设计者们的最大反思。中国迄今为止的巨大成功无疑是革命性的,仅就增长而言,其速度和稳定性都是经济史上的奇迹。这样的绩效显然是短期政策或一般性的制度变迁所无法解释的。同时,大部分转轨国家在经历了大衰退和大反思之后,从休克转向治疗的实践行动似乎正在使经济运行呈现趋好的迹象。随着认知条件的趋同,这是否意味着经济转轨过程中的共性因素开始越来越多地发挥作用,经济转轨最终将在大致相同的期间内获得大致相同的结果,人们对未来应该有更为乐观的预期,这同样形成了经济转轨过程中的一层迷雾。转轨国家的体制转轨与成长转型形成了基本的双重约束,其复杂性决定了经济转轨与转型由制约走向变革的复杂性,并导致了经济增长条件从约束状态向激励状态转化过程中太多的不确定、无秩序和不可控特征,研究经济转轨从而就更具有现实意义。

经济转轨研究的背景之二是基于对经济转轨过程中成功和失败经验的解释以及理论创新是对现有经济理论发展的契机。对于经济转轨理论的挖掘,必然有助于形成对经济转轨合理性和前瞻性的判断,为经济转轨的最终胜利完成提供理论支持,进一步地,有利于人类认知基础的完善和深化人类发展的经济史分析,其本身必将作为对经济史的贡献而成为其中的一个亮点。经济转轨的研究主要基于以下理论背景:

一是发展经济学和转轨经济学的理论背景。对于经济转轨的研究虽然目前尚处在还称不上"转轨经济学"时期,但并非就不能一边观察经济转轨过程,一边创立某些符合转轨经济运行规律的思维框架。从计划向市场的经济体制转轨探索是一个原理一般性与实践特殊性相结合的过程，在没有现成理论指导的情况下，除去实践成果对于认识深化的重要性之外，把经济学的发展经济学科和当前的经济转轨理论放到经济转轨的背景下研究，针对（基于体制创新）新的经济特征作用于（基于发展约束）旧的经济特征时的特殊经济形态，是一种更加适合实际的研究。

发展经济学兴起于第二次世界大战之后，一直以发达经济为参照研究欠发达经济结构方面的约束问题，并已经有相当成熟的理论模式，这里选取1983、1985年刘易斯和布鲁顿的观点进行概括（见表1-2）。华盛顿共识和制度—演进观点代表了目前经济转轨理论的重要概括，大体上可以代表主流的转轨经济学发展，其中，以热若尔·罗兰的研究较具综合性。认识转轨经济学的另一条线索，是根源于经济转轨国家内部长期形成的偏离命令经济的思想，其中以科尔奈的观点较具代表性。

对经济转轨时期经济增长的研究是以"计划→市场"特殊变迁过程中的经济转轨国家为研究对象，并将变迁背景下的经济形态定义为一个既有起点也有终点的过程中经济——探讨空间和时间均加以限定的特殊经济形态的增长原理。转轨经济最大的特点，就是它只是一个"过渡形态的经济"、"阶段性经济"。所谓转轨经济学，它与我们考虑中的那个最终成为替代传统政治经济学的中国特色的政治经济学并不同义。因此，只要遵循着"计划化"→"计划>市场"→"市场>计划"→"市场化"这样一个配置经济资源的基础方式改变的经济制度变革发展过程去思考，适合于分析转轨经济现象的模型，并非就无处可寻。例如将经济学视野纳入"计划→市场"的系统运动的观察中，同时又将观察的立足点建立在总揽"市场/非市场"的更高的视点上。

表 1－2　经济转轨研究的理论背景之一

	发展经济学		转轨经济学		
	刘易斯观点（1983）	布鲁顿观点（1985）	科尔奈模型来源与演变		罗兰结构
主要理论概括或分析框架简述	1.两缺口模式； 2.不平衡增长； 3.剩余劳动力转移； 4.荷兰病； 5.二元经济； 6.隐藏性失业； 7.结构性通货膨胀； 8.经济依附； 9.适用技术； 10.指导性计划； 11.大推进； 12.增长极（增长点）； 13.上升的储蓄率； 14.低水平均衡陷阱。	1.二元经济； 2.劳动剩余； 3.低水平均衡陷阱； 4.平衡增长； 5.贫困恶性循环； 6.临界最低限度努力； 7.大推进； 8.依附； 9.中心和外围。	1921（前苏联列宁实行新经济政策）； 1952（南斯拉夫实行劳动者自治）； 1965（前苏联试图扩大企业自主权）； 1968（匈牙利全部废除了年度的指令性计划）…… 卡德尔社会所有制、自治制度及双重分配模式论（南斯拉夫）； 奥塔·锡克第三条道路理论（捷克斯洛伐克）； 弗洛德希米尔·布鲁斯社会主义经济运行四模式论（波兰）； 叶·格·利别尔曼国家与企业利润分配关系论（前苏联）； 理斯卡社会所有财产承包个人经营的个人社会所有制模式论；科尔奈的父爱主义和短缺经济论（匈牙利）……。	【前期】短缺经济学 【近年来】体制品性理论 1.政治力量与产权和市场亲和力的比较； 2.占支配地位的所有制比较； 3.协调市场机制比较； 4.预算约束比较； 5.短缺，失业，周期波动比较。	【A】一般层面，处理大规模制度变迁问题： 1.政治约束对改革速度和顺序的影响； 2.补偿受损害者的效率与成本之间的动态权衡取舍； 3.改革方案的可接受性与不可逆转性之间的权衡取舍。 【B】变化的一般均衡与宏观经济影响： 1.不同的自由化政策的影响； 2.部门再配置的动态变化； 3.大规模改革和制度变迁引起的巨大资源配置变化的宏观经济影响。 【C】企业对变化的反映： 1.激励机制和经济行为的变化； 2.政府组织和公有企业的治理结构的变化； 3.不同的私有化政策和金融改革的影响。
学科历史	二次世界大战后出现的新兴学科，从一般思路到理论模式已有成熟概括		20世纪末由“华盛顿共识”切入西方经济学主流派研究领域，近年来新出现制度—演进学派观点。		
适应范围	发展中经济及经济发展问题		计划—集权体制向市场—自由化体制变革问题		
空间概念	普遍性		局限性		
时间概念	长期性		过程性		

资料来源：本表依据以下文献提供的资料汇编而成：（1）谭崇台主编：《发展经济学的新发展》，武汉大学出版社，2002 年，第 1—2 页；（2）张卓元主编：《政治经济学百科全书》，经济科学出版社，1998 年，第 994—996 页；（3）陈甬军：《过渡经济的本质与中国经济改革的走向》，《中国经济问题》2000 年第 6 期；（4）［比］热若尔·罗兰：《转型与经济学》（中译本），北京大学出版社，2002 年，第 14 页。

二是基于经济增长理论对于不同国家经济增长绩效的巨大不同的无力解释而提出以制度为核心，为解决激励问题的诸如产权、契约的理论背景。经济增长理论一直是为寻找国家之间经济发展差异的原因服务的，尤其是在前苏联、中东欧以及中国等经济转轨国家的经济绩效在较短的时间内（从历史长河来看）发生了急剧的变化，解释力度降低之后，制度因素被认为是解决或者改善激励问题的关键，这在一定程度上为解释转轨经济体的经济增长提供了分析框架，也构成了经济转轨理论分析框架的背景之一。

经典经济增长理论主要是指哈罗德—多马模型（Harrod-Domar model）和索洛—斯旺模型。哈罗德—多马模型通过假定生产函数中劳动按固定比例同资本相结合，提出经济增长取决于投资的规模和资本产出率的大小，储蓄率与资本的投资效率是国家之间出现贫困和富裕的主要原因。索洛（Solow，1956）①和斯旺（Swan，1956）②提出的索洛—斯旺增长模型则以生产函数中资本与劳动能以可变的比例组合为基础，认为经济增长不仅取决于资本增长率、劳动增长率，还取决于技术进步。20 世纪 80 年代中期罗默（Romer，1986）和卢卡斯（Lucas 1988）等人发展了把例如人力资本的积累、研究与开发活动的活跃、技术的扩散以及创新等技术进步要素内生化的经济增长理论。经济增长理论从整体来说，是寻找长期经济增长率的决定因素的研究，但是，经典经济增长理论主要在两方面对于解释贫穷和富裕的作用大大降低。一方面由于过于技术化而缺乏与经验应用的联系，另

① Solow，R.M.，1956，“A Contribution to the Theory of Economic Growth.” Quarterly Journal of Economics，(70)，November，65－94.

② T.W.Swan，1956，“Economic Growth and Capital Accumulation”，Economic Record，(66)，November，334－61.

一方面，在强调知识技术和人力资本的同时，忽略了制度对于经济增长的作用。或者说，将生产函数中的所谓的 TFP（全要素生产率）全部归于技术似乎是偏颇的，至少还应该包括制度以及我们无知的因素。从本质上说，TFP 中包含的技术、制度或者其他我们未知的因素的主要作用在于对经济中的激励问题的改进。因而衍生了把经济增长的差异归因于市场失灵或者政府失灵所导致的激励欠缺，从而把制度作为经济增长的内生变量加以考虑，作为改善激励问题，解释国家之间经济发展的巨大差异的经济理论。

对于哪种制度对解决激励问题更重要的不同看法导致了不同的理论观点和经验研究（见表 1－3）。经济转轨的理论研究需要纳入激励问题或者制度因素主要基于以下考虑：2005 年美国克拉克奖[①]得主阿克摩格鲁等（Daron Acemoglu，2003）运用殖民者在殖民地居住的死亡率数据，实证分析了宗主国采取的不同的殖民地制度安排与如今前殖民地国家的现行制度和经济发展之间的因果关系，对制度因素导致的各国之间的贫富差距假说进行了验证，认为前英属殖民地和前法属殖民地国家目前的经济发展迥然不同，前者在殖民地建立保障法律实施与鼓励投资的制度，而后者则是建立掠夺性的政府；以科斯定理和张五常的佃农理论为代表的产权理论；钱颖一和许成

---

① 除诺贝尔经济学奖外，经济学界的另一项重要殊荣就是美国经济学会评选的克拉克奖章，约翰·贝茨·克拉克奖（John Bates Clark Medal）俗称“小诺贝尔经济学奖”，是由美国经济协会于 1947 年在美国经济协会创始人、协会第三任会长、著名经济学家约翰·贝茨·克拉克诞辰 100 周年之际所设立的。目的在于纪念提出边际生产力概念与生产耗竭理论、并研究出根植于边际效用的需求理论的经济学家克拉克（1847—1938）。这个奖项 1947 年设立，每两年评选一次，入选的基本资格为在美国大学任教、40 岁以下的学者。克拉克奖章被视为诺贝尔奖的重要指针，获得此奖章的学者，通常会引起瑞典皇家科学院诺贝尔奖评选委员会的注意。（http://www.cenet.org.cn/cn/readnews.asp? newsid = 6238）。

表1-3 经济转轨研究的理论背景之二

核心问题	决定因素	制度类型	流行观点、经验分析或者实践案例
经济体制中市场失灵和政府失灵的存在，凸显了激励问题对经济发展的作用	制度	政治制度（包含社会稳定性、司法制度之间的关系等，例如产权保护、法律制定、法律执行）	Daron Acemoglu, Simon Johnson 实证分析了对殖民地的产权保护程度形成了各国如今经济发展的差异
		产权制度，解决道德风险、委托—代理问题的最优契约制定或者机制设计	科斯定理；张五常的佃农理论；诺斯认为产权制度的进步是经济发展的一个重要原因
		教育和卫生制度（包含人力资本、健康的劳动力等）	日本明治维新依赖对教育制度的改革与经济起飞之间的因果关系，东南亚的经济发展与劳动力素质的因果关系等
		竞争制度	钱颖一、许成钢（1993）对 M-form 和 U-form 的层级组织理论；中国的五小工业促进了产业竞争
		金融制度（资本市场的完善程度、借贷制度的难易程度等）	有效的金融制度通过降低融资、投资的交易成本（例如金融交易的信息成本、发展风险管理和企业控制等金融服务）促进经济增长；英国、美国的市场主导型金融制度；日本、德国的银行主导型金融制度
		促进平等的制度	中国 1978 年末家庭联产承包责任制对于土地的相对公平分配；印度 20 世纪 90 年代的土地改革

资料来源：Eric Maskin, Yingyi Qian, Chenggang Xu, "Incentives, Information, and Organizational Form", The Review of Economic Studies, Vol.67, No.2(Apr., 2000), 359-378; Yingyi Qian and Chenggang Xu, "Why China's Economic Reforms Differ: The M-Form Hierarchy and Entry/Expansion of the Non-state Sector", The Economics of Transition, 1(2): 135 – 170, June, 1993; Daron Acemoglu and Simon Johnson(2003), "Unbundling Institutions", NBER Working Paper 9934; 道格拉斯·C. 诺斯:《经济史中的结构与变迁》,中译本,上海三联书店、上海人民出版社,2002 年。

钢(1993)认为前苏联和中国经济转轨之前分别具有 M-form 和 U-form 的层级(hierarchy)组织结构为经济发展提供了不同的竞争制度,而竞争是改善激励问题的有效手段,也由此导致了经济转轨在两国之间的不同绩效,他们认为中国的五小工业为地方经济的竞争创造了条件;中国 1978 年末开始的家庭联产承包责任制以及印度 20 世纪 90 年代的土地改革从某种程度而言,是一种促进土地资源公平分配的制度,也相应地构成了两国经济增长的原因之一。

在这里,经济发展的根本原因追溯到市场失灵或者政府失灵导致的激励问题。诺斯指出以往所认为的经济发展的原因,如技术进步、投资增加、专业化和分工的发展等等,并不是经济发展的原因,而是发展本身。经济发展的原因要到引起这些现象的制度因素中去寻找(诺斯,1994)。如果市场完备或者政府完备,从理论上可以证明这两种体制的效率是相同的。如果制度是作为激励问题的最佳解决方式,例如委托人用激励机制来设计合理的契约保证效用最大化,那么转轨国家经济体制改革的关键就转移到产权、竞争、公平、金融、宪政等改革孰先孰后、孰优孰劣问题上,从本质而言,也就是转轨过程中的改革和建立制度的次序和效率问题,更进一步地,制度的重建和改善,并不是单纯的选择哪种制度,更重要的是在主观选择与服从客观经济条件之间进行协调,或者是主观见之于客观的操作层面上的问题。前苏联的"休克疗法"试图对产权制度的重新建立所导致的经济灾难,从反面验证了经济转轨并不单单是建立或完善一种制度的问题 ,往往是各种制度包括历史上制度之间的交织、配套的合力作用,

表 1-4 经济转轨研究的理论背景之三

项目	人口资源角度 A	制度变迁角度 B	技术革命角度 C	经济成长角度 D	发达经济背景 E	转轨经济背景 F
经济史的区位	100 万年前:年人口增长率 0.0007% 至 0.0015%	100 万年前—1 万年前:原始群落,公有产权导致的对公共资源无节制开采、狩猎、采集为主	公元前 4000 年:钻木取火—高温加工技术	前牛顿时代:传统社会(中国的王朝;中东、地中海的文明;中古欧洲社会)	农业社会、自然经济	农业社会、自然经济
	1 万年前:农业出现,年人口增长率 0.036%	500—1500 年:民族国家;行会;贸易、商业受到严格限制;劳役、农奴制作为排斥市场的组织形式	17 世纪至 1830 年:蒸汽机改变世界	17 世纪末—18 世纪初:起飞前提条件	1450—1800 年:欧洲早期现代,商业社会,商品经济	17—19 世纪末:自然半自然经济,殖民地半殖民地经济,从宗主国延伸出来的制度、产权以及贸易格局、要素流动决定了这些国家地区的经济社会模式
	公元 1—1750 年:年人口增长率 0.056%	1450—1650 年:探险、开发、贸易带来市场扩大;组织方式从家庭手工业的纵向一体化走向专业化	1851—1900 年:化工技术革命	18 世纪晚期—20 世纪初:起飞(英国 1783 至 1803 年;法国、美国 1860 年前;德国 1850 至 1875 年;日本 1875 至 1900 年;俄国、加拿大 1914 年前)	18 世纪晚期—20 世纪中期:工厂制度,制造业;工业社会,市场经济	
	1750—1800 年:年人口增长率 0.44%	18 世纪后半叶:专利法、商业秘密法所带来私人收益率的提高;专业化、劳动分工;从手工——分料到户——工厂制的演变	1879—1930 年:电力革命			
	19 世纪:年人口增长率 0.53%		20 世纪后期:信息技术为标志——综合创新时代	19 世纪末:走向成熟(德国、英国、法国、美国)		
	20 世纪上半叶:年人口增长率 0.79%			20 世纪上半叶:大众高消费时代(美国、西欧、日本)	20 世纪后期:后工业社会,高度发达的市场经济;服务业	20 世纪上半叶:计划经济,农业—工业社会;国家工业化
	1950 年起:年人口增长率 1.7%			20 世纪中后期:消费阶段以后(美国)		

资料来源:道格拉斯·C.诺斯:《经济史中的结构与变迁》,中译本,上海三联书店、上海人民出版社,2002 年;宋健主编:《现代科学技术基础知识》,科学出版社、中共中央党校出版社,1994 年;W.W.罗斯托:《经济成长的阶段——非共产党宣言》,中译本,中国社会科学出版社,2001 年;罗伯特·杜普莱西斯:《早期欧洲现代资本主义的形成过程》(中译本),辽宁教育出版社,2001 年;安格斯·麦迪森:《世界经济千年史》,中译本,北京大学出版社,2003 年;丹尼尔·贝尔:《后工业社会的来临——对社会预测的一项探索》,中译本,新华出版社,1997 年。笔者进行了整理、归纳和对应的分析。

这也是经济转轨不同于一般制度分析的特殊所在。

三是经济史一般原理的理论背景。无论经济转轨过程表现出怎样的特殊性和多样性，经济转轨是符合经济史一般原理的客观过程，其发生和结果都将符合于经济史的一般性原理。

表1-4列出了不同发展线索在经济史上的对应关系。把经济转轨置于经济史中的研究至少涉及以下领域和基本关系：(1)人口资源角度是经济史的核心问题，人口—资源关系的变动形成了经济史的一般线索和不同区位；(2)经济成长角度是研究者归纳的经济史的另一条线索，它通过人类发展不同阶段的划分形成了经济史的另一种区位标准；(3)制度进步与技术进步是人类发展的两种基本力量，二者的发展状况及契合关系一方面决定了 A 和 D 的纵向演进结果，一方面也形成了 E 和 F 的个体演进结果与差异，形成了经济史区位上的多样性；(4)与一般性制度变迁或技术进步仅仅考虑 B—C 之间的关系不同，经济转轨作为一种整体性、自觉的制度选择过程，还必须考虑总体性的制约因素，即 B—D 之间的关系；(5)发达经济体与转轨经济体比较的意义在于，由于处在经济史的不同区位所形成的落差，二者之间的动态关系决定了后进国家快速实施转轨、推动经济成长的可能性与制约性；(6)综合评价来看，转轨经济的研究既要把握人类发展的基本力量因素及关系，又必须现实地考虑其所处世界的基本格局，在实践中利用和处理好基本力量。即如何清醒地认识和把握自己的国情和处境，如何抓住国际关系变动中的机遇，从发达经济体嫁接、引进先进的技术、体制，并恰当地应用于本国。这就是研究转轨经济的基本思想和实践路径。

在经济史的分析上，商业功能和交易机制的建立是一个自然演进的制度变迁过程，也是生产方式、社会制度转换(从封建社会的自然经济到资本主义社会的市场经济)的重要标志。资本主义生产方式是从商业开始的,早期资本主义就是一部商业发展史。因为这样的历史背景,商业功能的建立是在市场经济成熟以前就解决了的问题,一直被视为市场制度天赋的基础性功能,成为以后西方经济理论与实践的隐含前提。从计划体制向市场体制转换的首要任务,必然应该是重建商业功能,这也正是经济转轨不同于一般制度变迁的特殊性所在。

> "从大约1400年开始,世界商业的发展和变化非常之大,作家们有时用'商业革命'一词来概述以后三个半世纪的经济进步。"
>
> ——(戴尔·古德,2001)
>
> "资本主义世界经济在欧洲延长的16世纪(1450—1620或1640年)便已产生了,它促进了一种特殊的再分配或纳贡式的生产方式,即欧洲的封建生产方式(布罗代尔所说的经济上的旧制度)向一种性质极不相同的社会制度的转化。
>
> ——(伊曼纽尔·沃勒斯坦,2000)

经济体制和经济发展阶段之间的"时空错位"引发经济转轨,进而实现经济增长的实质是商业功能的重建。表1-5是对自然演进、自觉选择—计划体制和自觉选择—经济转轨三种制度安排的演进过程中经济成长方式、经济制度和社会特征的对应关系与演进线索的简要概括。在自然演进的制度安排下,农业社会→商业社会→工业社会是一个正常演进的过程,商业的发展和交易制度的建立,意味着传统社会的解体,同时也为工业的发展提供了基础,这是经济发展史的一般线索。在自觉选择—计划体制的制度安排下,前社会主义国家试图通过选择计划经济体制加速实现工业化,尤其是优先发展重工业,实际上是试图通过超越商业发展过程,人为推进经济成长阶段的升级。但是,以制度安排人为超越经济发展阶段,注定了增长的不可持续,社会主义国家短期高增长后的工业进程受阻就是证明。前社会主义国家普遍发生的经济转轨成为经济史发展中的一个“意外”,其实质却是对经济史一般规律的遵循。

表1-5 经济转轨符合于经济史一般规律的增长原理

制度安排	演进过程
自然演进	广泛性成长→斯密型成长→库兹涅茨型成长 自然经济→商品经济→市场经济 农业社会→商业社会→工业社会
自觉选择—计划体制	广泛性成长→增长进程受阻(广泛型成长与强制工业成长) 自然经济→计划经济低效率(强制资源配置) 农业社会→工业化进程受阻(农业—工业社会)
自觉选择—经济转轨	广泛性成长→斯密—库兹涅茨型成长(分工、专业化推动)→库兹涅茨型成长 自然经济→转轨经济(计划向市场转换)→市场经济 农业社会→商业—工业社会(贸易推动)→继续工业化

转轨时期的经济增长需要通过一次商业革命重建经济体的商业功能。这种建立以市场作为配置资源的基础方式明显带有“逆生”的特征,即旧的超前的生产关系所形成的环境、观念、行为方式对市场化运行机制进入的本能排斥,因此启动生产关系向后调整以催生市场环境推动生产力向前发展的过程,带来的社会经济生活的震荡是可想而知的。当国民经济发展受到既有经济运行环境的“掣肘”时,

十分需要政府通过有计划、分步骤地来进行政策安排和政策创新，发展起一个温和的商品化阶段来过渡，逐步构建起现代市场经济体制的框架。这也就引出进行经济转轨研究的第三个背景。

经济转轨的研究背景之三在于政府为推进经济转轨所进行的一系列公共政策安排。从公共政策角度看，经济转轨是一个公共政策安排过程，对于更好地、快速地弥合自然演进的经济发展阶段和可以自主选择的经济运行体制之间的错位，需要政府运用适宜的改革与发展战略来推进转轨，其中政府的政策驾驭能力起关键作用。政府从主动地设计、推进转轨，到逐渐退出资源配置领域，培育市场竞争环境，让位于市场的资源配置方式，再到保护市场机制正常运行和纠正市场失灵，这一政府职能转变过程在转轨经济中是通过对公共政策系统性的安排和连续实施实现的。把经济转轨置于政策背景下研究，是因为经济转轨可以作为一种公共政策安排来考察：

首先，经济转轨具有公共政策的一般性特征。公共政策是政府制定并付诸实施的旨在解决某一问题的具有权威性的行动准则，其一般性特征主要包括：(1)权威性。一般来说，公共政策是公共意志的体现，它要求公共政策客体① 同政策制定者、政策实施者具有行为一致性，这是公共政策具有权威性的行为特征。(2)工具性。公共政策是政府处理社会问题，进行社会控制，鼓励目标群体产生期望行为，以及调整人们之间的关系特别是利益关系的工具或手段，这也是公共政策的价值和导向特征。(3)周期性。公共政策主体、公共政策

---

① 公共政策主体是政策制定者，包括直接或间接地参与、影响公共政策的过程，并对公共政策过程有直接或间接决定作用的组织或个人；公共政策客体是指政策所发生作用的对象，包括政策所要解决的问题与政策所影响到的目标群体。

客体及其与公共政策环境[①] 的相互联系和相互作用,使得公共政策有其自身的发展周期,呈现为一个由公共政策问题的形成、公共政策制定、公共政策执行、公共政策评估、公共政策调整和公共政策终结等功能环节组成的动态的运行过程。(4)过程性。公共政策的过程特征体现为:政策环境首先把种种要求传导给政策主体,包括政府对整体经济的考虑和个人、团体为了满足自身的利益而向政府提出采取行动的主张;这些要求通过政治体系内部转换,变成公共政策方案输出,作用于环境,引起环境变化,产生新的公共政策安排要求;新的公共政策安排要求又反馈到政治体系,进一步导致政策输出。在这种循环往复中,政策源源不断地产生,公共政策过程的运行得以持续进行。

经济转轨旨在改变经济资源的基础配置方式,将经济运行机制从计划控制为主的轨道转变到由市场调控为主的轨道上去,是政府为促进国民经济增长和社会发展所采取的行动准则集合。经济转轨符合公共政策所具有的一般性特征:(1)转轨由于其非均衡性必须由政府主导,政策的权威性是政府设计、推动和驾驭这一过程并确保其顺利实现的保证。(2)经济转轨是政府促进经济社会发展的一种工具或手段,其相关的政策安排要求公众与政府在重要问题上保持行为的一致性,通过政策的制定、执行鼓励目标群体产生预期和行动,从而实现利益关系的调整和体制结构的转换。例如,政府通过放弃传统计划经济体制下自己作为单一利益主体组织和主导经济运行的格局的政策安排,放权让利于公众,承认公众利益的合理性,并在一

---

① 所谓政策环境,是影响政策产生、存在和发展的一切因素的总和,如社会经济状况、制度或体制条件、政治文化等。

定条件下鼓励和引导公众以追逐自身利益为目标来调整自己的行为,此时转轨的工具性效果是经济活力的增加,经济效率的提高,市场的扩大和功能的完善。(3)转轨政策运行的环境是新旧体制交织、市场与计划共同作用的过渡区间。转轨经济的深刻继承性、新经济规律发挥作用的环境欠缺性和人们社会生活准则、思想观念调整的缓慢性,决定了转轨政策安排的长期性、复杂性和不稳定性。因此在转轨过程中,当转轨政策的执行引起经济运行变化之后,正确认识和及时评估转轨政策的绩效,评估具体政策、阶段性政策与转轨的全局性、战略性和根本性政策的适应程度,及时调整下一阶段的公共政策制定、执行就成为动态地重复运作的事情。只要转轨没有完成,确定转轨中出现的新问题、制定转轨政策、执行转轨政策、评估和调整转轨政策的行动就会进行。(4)从公共政策角度考虑,转轨过程以转轨国家以放弃旧制度、建立新的市场经济体制的目标确立为开端,根据各自的历史背景和国情选择了不同的公共政策方案。经济转轨的公共政策执行的过程比较复杂,问题的多样性、复合性和解决方案的不确定性都使得转轨经济的运行状况变化万千,制度变迁所具有的路径依赖特性也使得各国转轨的执行和绩效差异很大。因而,经济转轨的公共政策评估为进一步转轨提供政策的变化、改进和创新依据。转轨终结是转轨过程的最后一环,但也被认为是承上启下的一环,需要在此基础上决定转轨之后的公共政策取向。

其次,经济转轨的特殊性使得转轨异于一般性的公共政策安排,呈现出特殊的政策内涵。(1)转轨特定的政策目标和区间导致政府承担了公共政策主体和客体的两种角色。转轨的公共政策的研究重点,在于从理论和实践上探索政府通过公共政策安排成功实现转轨的规律性内容,例如,探寻转轨时期的经济增长原理;如何通过公共政策进行适宜的制度安排，消除计划经济条件下的制度均衡，以产生向市场经济变迁的动力；制度约束向激励转化所进行的经济市场化次序、路径选择和政策搭配、创新；宏观调控和社会稳定的公共政策方案制定等。但是，与既定的市场经济体制下的公共政策分析和成熟的公共政策理论不同，政府所应该做的事情，并不是简单地弥补市场失灵，提供公共产品和服务，其政策目标的特殊性在于它还包括政府本身的转轨。由于缺乏稳定、成型的市场体制这一基本前提，政府在大多数时候并不具备按照成熟市场条件界定自身职能、选择公共政策的目标、实现公共部门发展的环境。政府在转轨的区间内，其自身也参与了对公共政策的反应，也成为了公共政策的对象。也就是说，政府不仅制定出一系列的公共政策，同时，其政府本身也成为公共政策的客体，要参与对自己制定的公共政策进行反应的过程。特别是在“计划 > 市场”时期，政府的许多公共政策安排是为了迫使自己将所掌握的资源逐渐移交给公众，以发展市场的力量。但这种主客体的错位很容易形成公共政策与政策对象的价值冲突，也使转轨过程变得更为复杂。

(2)转轨特殊的政策运行环境意味着转轨政策应立足于非均衡状态分析。经济转轨的公共政策实施的环境十分特殊，即主要运行于两种体制之间，并通过其作用使经济的运行与组织从区间的一端向另一端逼近。转轨经济作为两种经济制度或运行机制的中间状态，其基本特征就是制度的不稳定性，导致在整个运动过程中一直发生着量变与部分的质变，其基本特征是运动的非平衡性。这种非平衡性的动力机制是两种体制的相互作用。一般的公共政策理论通常是研究既定制度条件下的相关问题，转轨的突出特点在于制度的不断变化，制度被作为一种内生变量来处理。因此既有理论常常不能把握转轨的内在规律,现实操作性也变得很弱。一般的公共政策理论主要强调均衡状态的分析,即在几个变量的基础上加上一定的条件"求解"一种均衡状态。在转轨中,非均衡成为常态,对政策的效果常常不能简单地用对错与否来评价,而应该立足于如何使由于制度的内生化所导致的非均衡的点、非平衡的力量向一个期望的均衡状态移动,通过程度和方向等矢量来把握。因此转轨的公共政策的求解是一个方向,即考察制度演进中的不可逆因素平衡、持续、快速推进发展的方向。

(3)转轨特殊的政策运行周期凸显了政府驾驭能力在经济转轨过程中尤为重要。从转轨的过程和公共政策的一般周期出发,一个转轨的公共政策周期可以描述为"增长的目标→新的制度安排的需要→进行转轨的需要(新的公共政策安排的需要)→新的公共政策安排→新制度框架形成→人们对绩效的考核(对增长目标的认可)……"的过程。旧的经济体制阻碍了人们对潜在的获利机会的把握,影响了经济系统的活动,人们预期通过转轨将要建立起来的新体制所能带来的预期收益将高于旧体制带给人们实际收益,也就是实现经济的增长。这个起点引发了"新的制度安排的需要→进行转轨的需要(新的公共政策安排的需要)"。这种"需要"的初始动机潜在于民众之中,但是由于市场不可能在计划体制下自发产生,不可能自发地设定转轨的路径,也不可能自发地推动转轨向前演进,政府就必须始终对体制转轨的秩序进行控制和调节。在转轨经济中,市场经济体制的不完善、市场失灵和政府失灵会同时存在,既得利益偏好、信息不对称、"寻租",以及不能完全预测转轨经济实施情况的有限理性,都需要对转轨经济的公共政策的制定、执行、评估等环节中进行全程监督和控制,以保证转轨经济的目标实现。要提高转轨经济的绩效,此时,政府对于公共政策安排的驾驭能力也就显得尤为重要。这种能力包括对经济运行的基本判断、对转轨进程的把握、对利益冲突的协调、对各项改革的政策统筹与配套,以及对社会经济稳定局面的基本控制能力等。政府的驾驭能力体现了转轨政策安排的三个层次的问题:一是政府制定公共政策时必须考虑从"起点"到"终点"的路径选择,这个问题处理实质上决定了制度安排集合的大小、内容,也就是说,直接或间接地孕育新的制度框架,并且通过连续运动形成制度变迁,这必然直接决定着经济社会的增长与稳定,从而影响到转轨的成败;二是政府对转轨总政策[①]的宏观把握,体现的是一定阶段公共政策安排的总体原则和思路。例如,中国改革过程中不同时期出台的《中共中央关于经济体制改革的决定》、《关于建立社会主义市场经济体制若干问题的决定》、《中共中央关于完善社会主义市场经济体制若干问题的决定》等重要纲领性政策便主导了随后一个阶段一系列的公共政策的取向。三是转轨作为一个过程,还决定了政府需要对公共政策的进程进行把握。政府不仅要负责制定政策,还要负责对整个政策执行过程中的监督,防止政策效果的扭曲;对释放出来的"资源"的活力进行引导,保证经济发展的实现;负责对政策绩效的考核,与改革的参照系或标准进行比较。如果政府发现政策执行上存在扭曲,或选择的政策安排导致了转轨过程出现远离参照系的趋势,必须随时通过新的公共政策安排进行矫正。

最后,将经济转轨置于公共政策背景下并加以研究是一个具有应用价值的研究领域。透过种种公共政策安排研究经济转轨,可以

---

① 公共政策可以划分为总政策和具体政策。总政策形成了对具体公共政策的统揽,是纲领性的公共政策安排。

考察经济转轨所具有的公共政策特征,分析转轨政策的实践背景及其演进的逻辑,发挥政策分析工具的长处,纠正制定转轨政策中形而上学的、片面的部分,提高政策系统运行的效率,使政府更好地驾驭转轨,为尚在中途的转轨国家提供切实有益的思考和指导。中国经济转轨实践对此已经提供了丰富的案例,简单考察中国在1992年前后的公共政策安排思路,以政府为主提出的从以经济建设为中心、效率优先、兼顾公平的改革战略到科学发展观、全面建设小康社会改革战略的转变,体现了经济转轨政策背景的变迁。转轨前期是一个探索的过程,决策层以一种谨慎的或称为"摸着石头过河"的态度,遵循由次要矛盾到主要矛盾,从外围到中心,从简单到复杂的路径,在新旧体制的摩擦中走过了这个过程,认识上的不断调整导致了表现出来的行为上不断校正;转轨中后期是一个总方向明确,进一步发现问题、调整政策、逐步完善的过程,决策层的指导思想是明确的,所考虑是对市场经济体制的驾驭的问题,即这个过程应该以怎样的速度展开、如何保证过程中的质量等等。

第三节　经济转轨的研究方法

本部分尝试用单视角和双视角的分类对现有的经济转轨研究方法进行归纳和评述,在此基础上提出以"转轨—转型"的双视角思路对转轨经济这一特殊形态进行研究,并建立一般理论的框架。

一、单视角研究思路的评述

经济转轨的单视角研究思路是指基本上将从计划—集权化体制

向市场—自由化体制的制度变迁作为经济转轨过程中的唯一任务，以制度变迁作为唯一评价标准的研究思路。这种思路将经济转轨既作为手段，也作为目的，其基本出发点是基于市场体制效率 > 计划体制效率、迅速经济转轨导致的收益不确定性 < 缓慢经济转轨导致的收益不确定性等假定，因此属于旧体制的特征消失得越快、越干净越好，属于新体制的预设指标生成得越快、越全面越好。由单视角研究思路衍生出来的具体研究方法有四种[①]。

（一）由新古典理论到制度—演进学派的研究方法

由新古典理论推导的"华盛顿共识"（Washington Consensus）以及不断修正中的制度—演进学派的"后华盛顿共识"（Post-Washington Consensus）一直是主流的研究方法。"华盛顿共识"最初是针对20世纪80年代拉美金融危机的解决方案（Stiglitz, 1998），是针对市场机制已经建立但市场关系扭曲的解决方案，强调通过价格自由化、紧缩货币政策和平衡预算以稳定宏观经济、国有企业私有化等主要经济指标的变动来观察市场体系被矫正的情况，威廉姆森（Williamson, 1990）将其归纳为10个要素。在改革之前，拉丁美洲国家经济以每年5%的增长率稳步增长。但是到了20世纪80年代，经济平均增长率跌至每年1.3%；20世纪90年代虽然平均增长率有所回升至3.3%，但在2000到2003年又跌至1.5%。社会发展同样也不令人满意，根据拉美经济委员会的统计，2004年拉美国家有42.9%的贫困人口，超出了1980年的贫困人口比例（40.5%）。从1980至2005年间，贫困人口数量不断增加，社会财富分配更加集中在少数人手中。在20世

① 四种方法归纳的角度不同，有的是现象角度，有的是理论角度，因此会有重迭的因素，但不影响对其单视角性质的判定。

纪70—90年代期间，基尼系数从0.48升至0.52并保持居高不下[①]。其隐含逻辑是只要这些指标好转，市场机制的效率就能得到发挥。应用于经济转轨设计时，这种基于新古典经济学理论的经济转轨思路是希望通过大规模、迅速、全面地建立一套西方式的游戏规则体系，实现经济的长期稳定增长。在应用于东欧和前苏联经济转轨实践并遭遇失败后，其研究的背景调整为针对市场体系缺失条件下的建设，着眼于描述市场制度的构成要素。“共识”的内容也在不断丰富和修正中，威廉姆森（Williamson，1997）曾在原来的基础上新增了10条内容；科勒德克（Kolodko，1998）在指责“华盛顿共识”必然导致的“制度真空”（institutional vacuum）后[②]，提出了8个要素在经济转轨中的作用，着重强调了制度建设在经济转轨中的重要性。斯蒂格利茨（Stiglitz，1998）指出“后华盛顿共识”必须采用更加广泛的工具以实现更加宽泛的目标，即不能仅以GDP的增长来衡量经济转轨，而应该寻求包括健康与教育在内的生活标准的提高；寻求包括自然资源和环境保护在内的持续发展；寻求社会上所有集团分享成果的均衡发展；寻求使居民能够以多种方式参与和影响政策决策过程的民主

---

① 来源于阿尔瓦罗·加西亚：《1980—2005年拉美国家的社会分配制度、经济增长与贫困问题》，《转轨通讯》，2005(4)。

② 良好的财政状况，低通货膨胀、稳定的汇率以及金融市场的平稳只是经济政策的手段，经济的持续增长和生活标准的提高才是它们的目标。但是在执行这些政策的几年后，经济转轨国家并没有获得经济的持续增长和人民生活标准的提高。一些重要的改变，如私有化和自由化都仅仅是工具，而不是目标。时常将这些工具的变化过程作为经济政策的核心，即使不是最终的目标，也是十分奇怪的。过多地将注意力集中到了假设中能够提高经济运行效率和竞争力的手段上，而不是它们实施的结果，这种偏见导致了政策的扭曲，使工具变成了目标本身，忽视了最终目标对于实际经济的影响。（Grzegorz W. Kolodko, Ten Years of Postsocialist Transition: the Lessons for Policy Reforms, The world Bank Development Economics Research Group, 1998, p.13.）

的发展。

从"华盛顿共识"到"后华盛顿共识"虽然体现着转轨经济研究框架的逐步完善和理论支撑的逐步综合,但总体来说研究视角并没有发生大的改变,其中主要的局限表现在两个方面:一是新古典理论及制度—演进学派理论自身对市场制度认知的不足,成为转轨经济研究的直接制约条件;二是经济转轨过程和目标的总和不确定性决定了这种设计思路潜在的极大风险[①]。经济转轨的一般性目标虽然是市场经济制度,但具体到一个转轨经济体未来发展成为怎样一种市场经济制度,则难以有统一的模式,更没有完整的设计;而且即使可以做到这些,比如以美国模式为终极目标,如何保证这一目标模式的建立必然会给特定的转轨经济体带来美国那样的效率,本身又是不确定的[②];再退一步讲,即使上述条件都能做到,如何通过设定的程序完成这一过程,其不确定性将会更大[③]。而当这些因素都能够恰

---

① "在总和的和个别的层面上,结果的不确定性都是转型的关键特征。……我们必须承认转型经济走向并将收敛于其中的资本主义模型并不一定是清晰的。经济学家对政府在市场经济中的作用的争论很自然地转变为对转型的争论。更重要的是,即使转型有一个明确的目标,也没有公认的理论说明如何达到这个目标。……转型结果存在着巨大的总和不确定性,迄今为止这些国家的经验并没减少人们所感到的不确定性。""由于总体不确定性的存在,转型从来就没有路线图。"(热若尔·罗兰:《转型与经济学》,中译本,北京大学出版社,2002年,第25、27页)

② "实际上,没有人确切知道这个转型会转多久,也没有人确切知道已经开始的国家是否最终能够转化为成功的资本主义经济。……其他国家的制度不能轻而易举地照搬或模仿。生搬硬套可能产生预想不到的后果。……并不一定存在把成功的资本主义制度简单照搬的制度上的捷径。"(热若尔·罗兰:《转型与经济学》,中译本,北京大学出版社,2002年,第7页)

③ 最具挑战性的问题并不是为新的组织和制度发现目标设计,而是经济转轨的过程将实现这些目标。因此,这一最难问题的回答并不是应该如何寻找和致力于真正的目标,而是如何作到由此及彼。(Grzegorz W. Kolodko, Ten Years of Postsocialist Transition: the Lessons for Policy Reforms, The world Bank Development Economics Research Group, 1998, p.20.)

当满足的时候，适用的研究方法必然早已不是“共识”所能设定的内容。

随着中国的经济转轨实践逐渐成为关注的重点，出现了各种关于中国经济转轨的特殊路径、政府在经济转轨过程中的驾驭能力、经济转轨绩效产生的源泉等问题的尝试性的归纳研究。2004年5月国际主流媒体对“中国模式”和“北京共识”（Beijing Consensus）做出了正面肯定（Ramo，2004），这似乎预示着反思经济转轨设计与实践绩效之间出现的巨大偏差的分析方法上的某种重要突破。如强调在保持独立的同时实现增长；强调自由贸易等思想要通过极其慎重的途径来达成；强调创新和实验；主张基于多边主义、维护国家主权和平衡发展的模式；为第三世界国家提供了有益的探索等。但是到目前为止，“北京共识”还只是作为一种理念提出，并未成为一种完整、系统的分析方法，因此尚缺乏对实践的普遍指导意义。但是，“北京共识”的价值在于强调经济转轨国家要按照自己的国情，走适合自己的发展之路，其思想精髓是实践性。也就是说，“北京共识”的内核是成功的经济转轨实践过程，如果能将这一内核总结、升华并再次应用于指导实践，即可成为一种可供借鉴的分析方法。

“中国模式”与“北京共识”

“北京共识”由乔舒亚·库珀在其论文中最先提出，也是西方研究中国问题的学者所总结的中国的发展模式。按照中国内地说法，早前作为改革开放总设计师邓小平称之为“建设有中国特色的社会主义”。中共总书记、国家主席胡锦涛最新提法是：解决中国的发展问题，必须牢固树立和认真落实科学发展观。核心是：中国按照自己的国情，走自己发展之路。或许中国有一些经验可供其他国家参考,但是各国必须按其实际情况解决问题。以上理念的体现就是中国经济"协调发展"和"和平崛起",而"北京共识"是实现这种崛起的手段。慎重原则、主动创新和试验是理解"北京共识"的关键所在。在"华盛顿共识"分崩离析、世贸组织会谈中断、阿根廷经济脆弱不堪,以及世界大多数地区不知新的发展范例为何模样的情况下,基于多边主义、维护国家主权和平衡发展模式的"北京共识"为世界带来了希望。

"北京共识"发展途径的驱动力,是在于对公平和高质量增长更基本的要求。从策略上来说,"北京共识"要求自由贸易等思想要通过极其慎重的途径来达成。其定义包括三方面内容:其一,坚决进行革新和实验,如设立深圳等经济特区;其二,积极维护国家版图完整和利益,如坚持台湾统一;其三,不断精心积累具有不对称力量的工具,如拥有4000多亿美元外汇储备。在三大定义下,"北京共识"的目标是:在保持独立的同时实现增长。创新和实验是其灵魂;既务实,又理想,解决问题灵活应对,因事而异,不强求划一是其准则。

首先,不论中国的改革成功与否,"北京共识"已经形成了与"华盛顿共识"完全不同的新主张;其次,"北京共识"的出现对中国而言意义重大,标志着从年轻、易受外部影响的改革阶段到具有自我实现连锁效应的转变,并且其发展更加倚重于本国的情势,而不主要依赖于诸如入世、核武器问题和流行性疾病等诸多外部问题的影响。

"北京共识"简单地说就是如何使一个发展中国家在世界立足的三个原理。

其一,把创新的价值重新定位,创新是中国经济发展的发动机和持续进步的手段。创新和技术给一些部门带来超快速的变化,使中国发展速度足以解决改革中所带来的各种问题。创新带来的变化之快,以致这种变化造成的问题还没来得及出现,新的变化又发生了。用物理学术语表达就是,用创新减少改革中的摩擦损耗。其二,由于不可能从顶端实现对"动乱"的控制,就需要一整套新的工具。把眼光超越诸如人均国内生产总值的衡量尺度,集中于人们的生活质量。这是处理中国发展过程中出现的大量矛盾的唯一途径。第二个原理需要一个发展模型把持续发展和平等作为首要考虑的问题。因为中国社会目前充斥着希望、雄心、恐惧、不对称的信息和诸多政治问题,只有混乱管理能解决这一问题,因此,中国发展的新路线强调混乱管理。这也是社会学和危机管理学科成为目前流行的学科的原因之一。其三,"北京共识"包含着一项自主理论,这一理论强调"使用影响力把想要踩踏自己脚趾的霸权大国挪开",这是一种重要的安全理论。

与"华盛顿共识"一样,"北京共识"的理念并不仅仅限于经济领域,它还包括政治、生活方式以及国际力量平衡等方面。乔舒亚认为,中国一向采取睦邻友好政策,主张通过广泛接触创造稳定的发展环境。例如,中国当前参与了四十多个亚洲区域性安全与经济论坛,北有上海合作组织,南有东盟"10+3"等。

从"华盛顿共识"到"北京共识"的研究思路转变,事实上,是一种经济转轨领域中实践模式与理论范式的互动。比如,萨克斯等人在《经济改革与宪政转轨》所持观点和罗兰在《转型与经济学》中所持观点相比较,前者坚守"华盛顿共识"立场,面对"大爆炸—休克疗法"中的不乐观局面，试图寻找新的范式进行解释；后者抓住存在成功的案例这一点来切入，强调非主流观点的实践价值。

经济转轨时间延伸和空间扩展的能力，似乎是一直在沿着并非如大多数经济学家预想的轨道运行。在不同路径选择的经济转轨国家的决策者之间、持不同原创观点为学术背景的经济转轨学者之间，以及存在这样那样差异的实践者与研究者之间，变化中的互动与互动中的变化交织地作用在一起，它们又反过来推动着经济转轨的时间因素和空间因素发生更为神秘莫测的变化。

关于实践模式与理论范式的关系，罗兰曾作过简单的分类，比如较早开始转型、产量下降以后再度增长、当时预计有希望（并且后来被证实）进入欧盟的中欧国家可以概括地看作华盛顿共识的成功；俄罗斯的经验基本上可以看作华盛顿共识缺点的证明；中国转型的成功不能归功于华盛顿共识，而可以看作对渐进—制度观点的肯定等。表1－6是对截至20世纪末，经济转轨领域变化中的互动与互动中的变化所解构出来的真实场景的归纳。

表1－6　经济转轨领域的实践和理论的互动

经济转轨实践方面	经济转轨理论方面
柏林墙倒塌之前 【A模式】以社会主义商品经济为总的概念，确认了包括要素市场在内的完整市场体系的中国改革就已经存在 【B模式】早已试图摆脱斯大林时代创制的中央集权模式的东欧地区的原社会主义国家，仍然在“半市场”状态中徘徊不前	柏林墙倒塌之前 针对【A模式】和【B模式】的市场化程度，西方经济学主流范式方面对原社会主义国家体制问题并未产生新的研究热情，也未对这些国家体制改革提出新的评判标准

柏林墙倒塌之后 【A模式】以社会主义商品经济为总的概念,进一步明确改革的目标模式是建立社会主义市场经济体制 【C模式】B模式地区在放弃原来社会主义政治制度后,彻底打破了在“半市场”理念约束下的徘徊状态	柏林墙倒塌之后初始评价阶段 【C模式】与“建设主义者”学派迅速明朗地实现成功对接 【A模式】与“悲观主义者”学派的某些因素悄然接近 柏林墙倒塌之后延迟评价阶段 实践演进推动着“泛建设主义者”阵营的修正:简单的经济转轨公式化(稳定化、自由化、私有化)分析向制度建设分析的范式转换,在实现“华盛顿共识”向“后华盛顿共识”这一步骤中,提出了“宪政经济转轨”预期效率确定性与渐进经济转轨现实价值相比较的思考方式 实践演进推动着“泛悲观主义者”阵营的修正:建立起“渐进—制度观点”理论范式,基于经济转轨研究的若干教训阐述“以正确的方式提出问题”、避免犯与“天真的社会主义改革者”相类似的“天真的资本主义者”的错误,以及从“次优”的角度研判渐进经济转轨理论含义的务实思考方式

2005年以来的理论与实践变化似乎是更为显著的。以经济转轨为背景的研究得到极大的拓展,经济体之间关系、一体化、新秩序等的研究,都更多地考虑到了全球规则和关系中的影响因素。原来针锋相对的理论范式、实践模式,不仅出现了前面所说的“你中有我,我中有你”的修正现象,而且进一步呈现出不断泛化的趋势。表1－7是对理论范式和实践模式的泛化现象的简要概括。

无论从经济转轨实践模式的泛化现象还是从经济转轨理论范式的泛化现象来看，经济转轨的进展都远未停留在柏林墙倒塌之初的

表 1-7 理论范式和实践模式的泛化现象

理论范式的泛化现象	实践模式的泛化现象
"北京共识" 针对"华盛顿共识"的批评比"渐进—制度观点"更直接 针对"中国模式"的肯定比"渐进—制度观点"更宽泛	"古怪伙伴" 俄罗斯面临"融入西方"或"保持特色"的选择性难题 受各自推行不同含义冒险性经济政策的复杂结构影响中美关系微妙 "BRICs 崛起" 两个经济转轨国家和另外两个发展中大国构成一个新的世界财团 四大成长中巨人与七大工业国建构未来世界经济蓝图

注：BRICs，是自 2003 年 10 月以来国际学术界和媒体经常提到的一个概念，认为中国、印度、巴西、俄罗斯的发展将改变未来世界。

认识起点上，也未被约束在当初预设的那种变化范围之内。经济转轨按照应当遵循的轨迹和可能得到的机会，持续而非线性地扩展着它的活动边界。不管是大体上属于意识形态倾向特别激扬的那一类型的政论家，或者大体上属于钟情于理性保持纯然经济学兴趣的观察家，波澜壮阔的后社会主义经济转轨进程，正如它从哪里来自有它的相似却不尽相同的缘由，它将归结到哪里去，大致相似、不尽相同甚至差异甚大？显然任何人也还不能说现在就已经可以完全判定了。

（二）激进与渐进的研究方法

由于前述的基本假定，经济转轨被认为越快实现效果越好，速度成为评价经济转轨效果的主要指标。这种方法由于过于现象化，其实际应用具有相当高的不稳定性和不适用性。更重要的是由于这种方法是基于新古典理论对现实的简单抽象得出的，新古典方法的失败本身就是对速度原则的否定。从研究的分化来看，萨克斯等大爆炸方式的支持者认为应当同时、迅速地推进所有改革，钱颖一、麦金农、罗兰等渐进主义方式的支持者强调改革的循序渐进，另外还有科尔内等人强调在某些领域实施大爆炸、某些领域推行渐进主义的重要性(罗兰,2002)。从实践的多样性来看，中国、越南、匈牙利等国的经济转轨具有渐进特征，其他国家则在总体上遵循了激进的策略。但具体的情况又并非完全如此。比如波兰的大规模私有化在1991—1995年政治上受阻后事实上采取了渐进的方式进行；捷克、俄罗斯在初期实施大爆炸后，其结构重组和稳定化政策也采取了相对渐进的方式；中国的经济转轨总体上以渐进的方式推进，但在局部领域和特定阶段也有激进的措施和策略[①]。在经历了第一阶段经济转轨的实践检验后，关于激进与渐进的判断更有了较大的变化。由于制度建设(institution building)是一个基于新的组织、法律建设和经济主体行为变化的渐进过程，经济转轨已逐渐被认为只能是一个渐进的过程(Kolodko,1998)。但是在局部领域可以有渐进与激进的划分，如大部分经济转轨国家的自由化是以激进方式实施的，而所有经济转轨国家的企业重组大都安排在经济转轨的中后期，且都以渐进的方式来实施。这样的实践与认识实际上意味着激进、渐进的二分法

---

① 邓小平在谈到1984—1988年经济快速发展与1989—1991年治理整顿的关系时，有这样一段评价："但是，怎样全面地来看那五年的加速发展？那五年的加速发展，也可以称作一种飞跃，但与'大跃进'不同，没有伤害整个发展的机体、机制。那五年的加速发展功劳不小，这是我的评价。治理整顿有成绩，但评价功劳，只算稳的功劳，还是那五年加速发展也算一功？或者至少算是一个方面的功？如果不是那几年跳跃一下，整个经济上了一个台阶，后来三年治理整顿不可能顺利进行。看起来我们的发展，总是要在某一个阶段，抓住时机，加速搞几年，发现问题及时加以治理，尔后继续前进"。(《邓小平文选》第三卷，人民出版社，1993年，第376—377页。着重号为笔者所加)

本身已不能再作为评价经济转轨效果的标准。

(三)宪政与非宪政的研究方法

将经济转轨与政治体制的变革联系起来,认为经济转轨的核心是宪政规则的大规模改变(Sachs and Pistor,1997),经济转轨只是其中的一部分。这种模式一直是西方经济理论研究的主流和经济转轨国家实践的主流,他们对"经济转轨"(Transition)、"改革"(Reform)和"转型"(Transformation)的概念进行了严格区别,并在国际通行的统计口径上作了区分。所谓"经济转轨"(Transition),是指以前的传统模式完全被另外一个不同性质的模式所取代的社会经济性质发生变化的过程,其显著特点不仅在于大规模的市场化,而且在于压倒一切的私有化、自由民主和全面的世界经济一体化。"改革"(Reform)只被认为是不改变以前传统模式性质的前提下对其体制的某些不当之处进行的改动;"转型"(Transformation)只被看作是一个相对短期的更侧重于经济体制或制度迅速转变的概念(见表1-8)。

在此基础上,科尔奈(Kornai,2000)提出了"体制的特殊品性"的概念,这一概念以"政治力量特征"为首的五要素组成,认定只有政治转轨方面的"基础性特征"变革成功了,属于经济机制变革方面的"非基础性特征"才有实现的可能性。这是一个典型的政治转轨决定经济转轨的研究模式。他认为中国的改革是一场"真正的改革"。

中国实行的是一种社会主义的政治、社会和经济制度。这种政治结构的特征是中国共产党领导政权。国民经济的许多关键部门都控制在国家手中,经济调节活动大部分是由中央统一进行。从这方面说,中国与苏联、东欧、亚洲、非洲和拉丁美洲的许多社会主义国家一样,同属于一种"体制"大家庭。

表 1-8　经济转轨相关概念的基本看法①

项目	分类	观点与主张
概念及定义	经济转轨（Transition）	指以前的传统模式完全被另外一个不同性质的模式所取代的社会经济性质发生变化的过程，其显著特点不仅在于大规模的市场化，而且在于压倒一切的私有化、自由民主和全面的世界经济一体化。
	改革（Reform）	被认为保持了传统模式的某些关键因素，如国家所有制、行政命令、寡头组织体制和集权式的世界市场体系，是在不改变以前模式的前提下，对其体制的不适当之处进行的改动。
	转型（Transformation）	被看作是一个相对短期的概念，更侧重于经济体制或制度的迅速转变。
经济转轨的路径主张	学派 1：建设主义者（Constructivists）	希望迅速建立资本主义并且有一个清楚的资本主义模式，包括私有产权和自由市场；在实现这一计划的过程中出现的问题，被认为是将会导致每个人都会受益的健康发展过程的暂时阵痛。
	学派 2：悲观主义者（Pessimists）	运用昨天的悲观主义者批评企图急速实现乌托邦的态度来对待新的形势；强调长远的、无形的社会转变的时间性，并指出应考虑不同国家的具体情况和政策产生的不确定效应；那种计划在 500 天内引入资本主义的做法近乎荒唐；更倾向于社会政治经济转型的长期性和复杂性。
经济转轨时期三大问题	经济稳定	主要指货币和宏观经济的稳定，包括预算的平衡、建立稳定的货币、消除短缺和阻止生活的猛烈下滑。
	制度改变	主要指通过改变经济制度实现消除旧的传统计划模式和引入混合经济模式。
	结构转变	意在降低经济中的过度污染和军事、航天工业以及相关工业的重要性，扩大向市场经济国家出口和服务业在国民收入中的份额，增加有效率的制造业和降低垄断及实行分散化生产等。

人们往往在不同意义上使用“改革”一词。我们希望对下面

① 根据剧锦文：“世界经济大转轨中的转轨经济学”（《经济学消息报》，1997 年 1 月 31 日）主要论点整理、归纳。

两种情况加以区别:一是对传统的旧体制或多或少地进行一些修正,一是进行彻底的变革,从而深刻地影响各种社会条件、财产权和经济当事人之间的权力关系,并且极大地缩小行政机构的职权范围,从根本上增加市场的作用。我们只把后一种彻底的变革称为"改革"。中国正是在这个意义上进行着一场真正的改革。继南斯拉夫、匈牙利之后,中国作为第三个国家踏上了改革的历程。

——科尔奈(1986)

科勒德克(2000)则将原实行计划体制的社会主义国家向市场体制的变革实践划分为两大类型。一类是由"有限的经济变化/严格限制的政治变革"为特征的市场改革,是有意设计(有组织)、渐进主义的;一类是由"经济/政治发生根本性变化"为特征的向市场经济转轨,是合乎规范的、以偶然所为(无序的)实现自由化和宏观经济稳定的。有学者(Qian,1999)则认为中国成功的经济改革已经向将宪政秩序经济转轨作为经济改革的根本的观点提出了挑战。

(四)成本—收益的研究方法

中国学者对这一方面的研究具有代表性。有意思的是,这种研究在贡献于成本—收益方法的同时,也对其局限性提出了质疑。

中国的实践首先使传统的成本—收益分析由没有过程的时点概念转向针对转轨经济过程中累积效应的研究,从而证明至少在短期内适宜的路径选择与次序优化是存在的。"休克疗法"的理论基础是只要新制度带来的收益超过旧制度的收益,经济转轨就会发生,是关于时点 A 与时点 B 的制度收益的静态描述。这种观点也被中国学者称为"利益分配无关论"(盛洪,1994)。但是中国的改革实践表明,一个能够带来资源配置改善的新的制度安排,未必能使每个当事人的福利状况都有所改善,至少在短期是这样,利益冲突是不可避免的。实际的制度变迁在本质上具有利益冲突的内涵。盛洪等人提出了经济转轨过程中的成本最小化原则,以此探讨路径选择的合理性。在此基础上有学者进一步提出,经济转轨过程中除了成本外,应该还有收益的存在,经济转轨路径的选择应该取决于过渡性制度安排在各个时点所带来的收益累积与成本累积的差额(冯舜华等,2001)。这样的分析仍可根据经济转轨的实践提出进一步细化和修正。

但是就经济转轨全过程来考察,是否存在长期的成本—收益分析和路径优劣问题,目前的成本—收益方法还难以做出解答。以中国的经济转轨过程来看,改革的前20年政府的主要目标是下放传统计划经济体制下被集中控制的权力和利益,一部分权力下放到地方各级,一部分则下放给市场中各个利益主体,随着权力配置资源模式的被突破,相应的利益分配和索取的权利也分解到更多的主体身上。这个过程即前面所分析的"放权让利"。市场化的运作机制随着利益主体经营权和剩余索取权的落实而逐步形成,微观经济获得了少有的活力,经济增长与经济体制转轨也因此而获得了持续的推动。在这之后而至今的过程中,政府改革的主要目标开始转向集中下放传统计划经济体制下的各种责任。比如包括职工下岗、养老、医疗在内的社会保障的责任,比如职工住房、子女教育的责任。这些责任不放下去,国有企业的问题就无法解决,银行的不良资产还会增加,一些竞争性商品与服务就仍然要靠公共部门以较低的效率来提供。而下放责任的政策取向对经济增长和体制经济转轨而言,意味着政府、企业、家庭三者之间一次新的利益关系的调整。与前一阶段相比,这种利益调整的方向可能会是逆向的,至少是复杂的。一些学者因此认为中国的经济转轨进程尚未结束,还不能就此断言中国的经济转轨就是正确的模式。与此对应的是"转型性衰退"(transformational recession)(Kornai,1993)的说法,即认为俄罗斯等国在经济转轨初期的衰退是难免的,一旦新制度建立,效率会立即显现出来,长期绩效孰优孰劣还很难判定。

中国经济转轨实践本身似乎也对成本—收益方法提出了质疑。已有的实践表明,经济转轨并不总是通过成本—收益的比较决定。中国的经济体制改革首先是从总结自身在建国后前30年经验教训的基础上迈出第一步的,经济转轨过程中特别是经济转轨初期的很多创新都是根植于本土的,有的在过去都有过思索、争论和实践,有着其内在的延续性和继承性。农村大包干根源于1962年的"包产到户",价格双轨制也曾在"一五"公私合营期间和20世纪60年代初两次推行。经济转轨最根本的动力应该来自于政府在一定前提下允许企业、个人等以自身利益增长为目标的行为或活动,以及政府不断为其创造条件和改善条件的行动。除此之外,经济转轨的具体路径是因各经济体的差异而多样化的。

总体来看转轨经济的单视角研究思路,主要是基于市场是导致资源配置最大化和社会福利最大化的最有效机制的判断。这种判断被先入为主的设计观点主导后容易导致三个认识上的误区:(1)目的与手段的倒置[①],即只要建立了市场机制,经济增长与社会发展的目标就会自动实现;(2)不需要过程的变革,即越迅速地完成经济转轨

① 尽管宏观稳定很重要,例如,通货膨胀并不总是其最重要的组成部分。贸易自由化和私有化是稳健的宏观经济政策的关键部分,但它们并不是目标本身。它们是手段,以最终实现一个较少扭曲、富有竞争力和效率的市场,并以有效的监管和竞争性的政策作为辅助。(Koseph Stiglitz, More Instrument and Broader Goals: Moving Toward the Post-Washington Consensus, *The 1998 WIDER Annual Lecture* (*Helsinki*, *Finland*), p.21.)

越有利于减小成本,过程是没有意义的反复;(3)以政治制度变革主导经济转轨进程,即私有制是与市场机制最适合的效率组织形式。这三个误区程度不同地形成和影响了上述4种研究方法中的3种。中国学者对经济转轨研究的可贵之处在于其重视过程的研究,认识到经济转轨过程中的两种制度安排除了对立的一面以外,还有可兼容的一面,对立与兼容都是经济转轨可以利用的方面,也是成本—收益分析方法的基础和实践路径的依赖。经济转轨所追求的效率改进和必然带来的利益调整是过程中的两个侧面。把改革过程中的利益冲突作为改革成本的度量,用新的制度安排替代旧的制度安排所带来的资源配置的改善则是这一改革的收益。由于有绩效概念,这种研究方法使得过程的选择与评价成为经济转轨可以持续进行的依据,并在一定程度上保证了手段与目的的正确定位。这种研究已远远超出了新古典理论对两种制度简单的价值判断,因此与实际更为贴近,也更具指导性。

二、经济转轨研究的双视角思路

经济转轨研究的双视角思路将经济体制的转轨与经济发展阶段的转型同时作为这一特殊经济形态中两个互动的考察对象,研究二者之间的互动关系,以此寻求对经济运行的总体评价。这种研究思路的形成是基于如下判断:制度选择和发展阶段之间存在契合关系。几乎所有的前社会主义国家(或称计划经济国家)在经济转轨前都处于较低的经济社会发展水平,计划体制无法通过效率带来发展水平的迅速、持续提高。经济转轨也就因此具有了通过制度选择改善发展的激励条件的含义,发展也同时对制度形成反作用。然而在制度模式与发展模式的契合没有完成、定型时,经济转轨过程中的二者就处于动态和不确定的状态，二者同时受到重视并匹配得当时，经济运行绩效就比较明显、全面；反之则可能带来矛盾的累积和结构性失衡。

（一）双视角研究思路的摸索

迄今为止关于双视角的研究都还处在由实践感受引致的自发摸索中，没有成形的体系，甚至没有准确的界定。比如对“经济转轨”和“发展转型”概念的混用，“转型”经常既被用作经济体制转轨的含义，也被用作发展阶段转型的含义。这种混用表明我们对两个视角的界定和相互关系的认识还是模糊不清的，误用、替代、简单化和以偏概全的观点时常出现。

双视角的最初摸索似乎始于单视角研究受挫和深化过程中的自然演化。证据之一是在西方学者都固守于新古典理论原则时，斯蒂格利茨对转轨经济的研究则是从更多理解中国经济转轨实践的合理性和更深理解市场制度内涵的角度展开，其中隐含了关注经济转轨、关注发展的内容。比如，他将成功市场制度的特征概括为产权和竞争，从一般化意义上对中国样本与其他样本之间的差异进行区分，即大多数国家强调产权，而中国强调竞争。大多数国家不重视经济组织机构即“组织与社会资本”，中国采取逐步发展的过渡在改革中转变了经济组织机构。斯蒂格利茨还指出原社会主义国家终结变革过程的前提，是以新的福利契约机制替代旧的福利机制，最终把过去政府与全体公民之间事实上存在的社会契约“转化”掉，而这一过程的完成必须考虑到发展方面的制约（斯蒂格利茨，1998）。证据之二是中国学者关于成本—收益研究方法的深化，当这种方法被用于经济转轨过程的绩效考察时，节约成本和扩大收益都必然会受到发展因素的制约，都不得不考虑经济发展的阶段和条件。比如20世纪80

年代末90年代初，随着中国改革的深入特别是价格"闯关"的受挫和经济层面的问题引发政治风波后，理论和政策部门都开始更加重视经济转轨过程中的利益冲突，寻求有利于降低成本的经济转轨路径（盛洪，1994）。这种路径探索也被描述为从"非帕累托改进"向"帕累托改进"的转化过程（樊纲，1991），其中隐含的就有发展水平对经济转轨速度、路径制约的考虑。

具有比较明显的双视角特征的是"转型发展"的研究方法。其主要观点是强调不能够孤立地设计经济体制改革目标模式，也不能够按照常规实施对变革中经济的宏观调控，必须考虑二者的相互制约关系。较早系统阐述这一见解的代表性著作是厉以宁的《转型发展理论》。这里的"转型"与经济转轨同义，发展则指经济发展阶段。他认为中国是一个转型的发展中国家，转型是指中国正在从计划经济体制转变到市场经济体制，发展是指中国正在从不发达状态迈向现代化。正是由于转型与发展这两项任务结合在一起，中国所遇到的问题，尤其错综复杂，这里既有转型中的问题，又有发展中的问题（厉以宁，1996）。这样的认识是开拓性的。从学科背景来讲，他不仅指出了发展经济学较少涉及经济转轨特征的发展问题，还同时批评了以经济转轨解释一切现象的单视角研究方法，间接地指出了一些经济转轨实践与预期背离而又得不到解释的根源。从理论主张上来看，他似乎倾向于将转型发展作为一个特定的发展阶段，在发展经济学的框架内补入经济转轨的条件以求完善理论①，这实际上反映了

① 厉以宁是从"迄今为止，发展经济学还没有把转型发展问题作为重点研究的课题"和"有些著作中涉及到类似问题，但大都比较肤浅"的现状引出这一番阐述的。所谓两个研究领域和两个学科，是指研究发展问题被看成是发展经济学的任务；研究转型问题被看成是比较经济学或比较体制经济学的任务。厉以宁指出，从转型发展中国家具有明显

当时转轨研究还比较零散、简单的历史背景。周振华对“增长转型”的研究则是以体制转轨为约束条件，研究狭义的发展问题，只是这里的“转型”指的是增长方式或发展方式的转换[①]。这种研究以进入90年代以后中国体制改革与经济发展开始登上了一个“新台阶”为背景，依次分析转变经济增长方式问题的紧迫性、宏观有利条件、制约因素，最后阐明了实施增长转型的路径选择。以后的研究中“经济转轨”与“发展转型”逐渐成为可接受的共识，经常被用于对同一问题的解释。但是转型发展的研究方法主要是分别强调两个方面，或者更多地将发展作为一个背景，强调经济转轨中重大问题的解决次序，或者更多地将经济转轨作为一个背景，强调发展战略必须考虑的特殊条件，缺乏关于二者内在联系的研究，更没有考虑从这一类特殊经济体、特殊经济形态的角度来考察约束条件下的体制转轨与发展转型的动态过程，创立和形成转轨经济的一般理论。在实践和对策研究中，二者的使用更显随意，有时甚至被用作对难以解释的问题或政策进行搪塞的借口。

国外研究中一个值得重视的研究方法，是加藤弘之(2003)提出的“双重转型”思路。他定义的双重转型是指从计划经济体制向市场

特点的方面看，至少有四个问题对转型发展研究十分必要而在一般经济学著作中并没有仔细分析的：(1)资本形成；(2)人力资本形成；(3)市场化；(4)企业家的成长。(厉以宁：《转型发展理论》，同心出版社，1996年，前言第1—2页，第18—77页)

① 他在导论中对转型的描述是，“在现实经济生活中，实际增长方式的差异构成了不同总体特征反映的类型。但从理论上讲，增长方式可以从不同的角度进行划分，没有统一的格式。例如从需求的角度，可以划分为以内需为主导的增长方式或外向型增长方式；从供给的角度，可以划分为外延增长方式与内涵型增长方式；从投入产出的角度，则可以划分为粗放型增长方式与集约型增长方式。而选择哪种角度来划分增长方式的类型，完全取决于其研究的内容及其需要。”(周振华：《增长转型》，上海人民出版社，1997年，第3—4页)

经济转型,从传统经济向市场经济转型并存的状态。从计划经济体制向市场经济转型可以理解为经济体制转轨,从传统经济向市场经济转型是指从“市场未发达”阶段向发达的市场阶段转变,可以理解为发展转型。加藤弘之认为中国经济转轨面对的任务并不单纯,体制经济转轨并非是纯而又纯的体制形态转变,还要受到别的转变条件的制约,多种制约将使经济转轨不能按照改革方案预先设计的路线前进,由此引起了将发展指标与改革指标结合起来进行分析的思考,这是很有创新意义的。但在接下来的分析中,加藤弘之基本上将双重转型研究局限于市场培育和市场化程度的刻画上,他对“双重转型”的定量分析指标有两类,一类是用产业结构的变化考察传统经济向市场经济转型的进展,将第一次产业视为传统部门的代表,第二、第三次产业视为现代部门的代表。一类是用所有制结构的变化考察计划经济向市场经济的进展,将现代部门分为计划部门与市场部门,再将国有企业、集体所有制企业归为计划部门,城市其他所有制企业(私营企业、外资企业)、自营业、从事农业劳动以外的农村劳力(包括乡镇企业职工)归为市场部门。这样的分析方法显得粗略和狭隘,把双重转型问题局限于简单的市场化进展的解释中,缺乏科学性。

双视角研究思路摸索过程中的这种混用和随意性反映出其作为方法论还很不成熟:第一,我们很难从以上的研究中看到清晰、稳定的理论基础和学科背景作支撑;第二,转轨经济还没有形成以理论和学科为背景的关于转轨经济研究的一般性方法;第三,在经济转轨、转型的混用中,研究者还没有在特定历史阶段中考察二者之间的内在关系、作用与反作用,也还没有自觉地将现实经济运行中的问题纳入经济转轨、转型的双视角框架下来进行解释。

(二)建立以“转轨—转型”为框架的双视角研究思路

"转轨—转型"研究框架的建立必须考虑在"转轨—转型"经济的特定条件下研究二者的互动关系,以及由此带来的对绩效的影响。一个直观的判断是,"转轨—转型"经济从经济体制转轨角度而言,已经远远超出了诺斯等新制度经济学派关于制度变迁的一般概括,它既不是一个自然演进的过程,也不是同一经济制度下的体现为规则、行为规范等关系的变化(诺斯,2002),而是一个经济运行系统的彻底改变。从经济发展转型角度而言,虽然在发展阶段的演进上同样存在着罗斯托(2001)所描述的类似特征,大多数经济转轨国家都还处在为经济起飞创造条件或起飞初期的阶段,但形成这些阶段的制度背景并不是他从资本主义发展史顺序理出的线索,而是有社会主义特定历史阶段的作用。因此在中国、前苏联的资源配置和工业化过程中,都有着独特的实现方式,形成了独特的固化结构。而当这两方面的特异性共存于"转轨—转型"经济中时,如何通过经济转轨推动转型、如何通过发展转型推动经济转轨就成了特定条件下的特定问题。这样的特异性实际上是由"转轨—转型"经济居于"计划—转型"经济与"市场—转型"经济的中间阶段所决定的。"计划—转型"经济在过去的实践中已经证明无法实现预期的持续的效率增长,在体制选择和发展阶段之间难以形成良好的匹配关系;"市场—转型"经济在已有的实践中已经证明其效率优于"计划—转型"经济,这也是经济转轨的动因所在。但在两种模式转换的中间状态,即"转轨—转型"经济中,最大的难点在于要通过尚不确定、尚不完善的体制推动转型,要通过发展转型为经济转轨提供外部环境和动力。这一过程用我们习惯的思维方式解释,就是要通过对过去超前的体制的"后退"行动、逆向生成市场体制,以推动发展阶段有效率地顺向演进(吕炜,2000a)。这样的分析表明,体制与发展之间的关系不可能是一元线性的，其契合的过程也不可能一蹴而就，因此既不能像新古典理论那样简单地设计对应关系，也不能将转换过程的重要性简单地忽略。“转轨—转型”双视角研究的创新意义至少包括：(1)有利于在过程中校正目标与手段错位或倒置的问题；(2)有利于降低对目标模式简单设定所带来的总和不确定性；(3)有利于降低经济转轨过程中路径选择的不确定性。

目前中国经济运行中的“二元结构”问题显然已经不是发展经济学中的一般理解，而是在特定体制背景下变异后的多“二元”构成，它至少包括城市与城市之间的、农村与农村之间的，以及经济转轨过程中同一区域内部因改革次序与进度不同而出现的职业之间、所有制之间、产业之间等多种情况的利益分化导致的“二元”，反映了改革过程中的结构性变动特征和结构性矛盾，是特定的改革与发展战略的伴生品。与此相关的还有分配不公、社会保障体系缺位、生态环境恶化、公共卫生制度欠缺等问题，都属于发展转型的范畴。虽然20世纪90年代中期以后中国经济增长仍然保持了较快的速度，但增长已无法自动解决这些发展问题，而是形成了速度与矛盾累积相伴随的局面。这些方面上升到理论层面就需要运用“转轨—转型”的分析方法，研究二者之间的互动关系。

第四节 经济转轨的主要研究内容

从总体上讲，经济转轨的主要研究内容仍然是人们在经济活动中的经济关系问题，但是在具体内容和研究方式上又与一般制度下的研究有明显的区别，这种区别主要表现在三个方面：

一是经济转轨是一个经济体制转轨与发展阶段转型二重复合的

过程。经济转轨的困难在于要将结构复杂的市场机制作为外生变量系统性、集束性地注入传统计划体制管理下的国民经济肌体中，冲突与磨合交替，收益与成本消长。而更为困难之处在于经济转轨虽然是经济转轨时期的主要任务，但其本身并不是最终目的，而是作用于经济社会发展的手段。体制转换要在经济一刻不停的运行中进行，并在经济运行的效果中检验、校正甚至推倒重来。经济转轨不是目的，经济转轨又不得不是目的，这是经济转轨这个特定阶段中的悖论。既然经济转轨过程中的经济运行既受到经济体制转轨的制约，也受到发展阶段转型的制约，这两个层面的问题所构成的矛盾运动及其复杂关系，就需要建立“转轨—转型”双视角研究思路并将其运用于现实问题的研究，以推进现有理论的融合、创新和一般性方法的归纳，这是经济转轨研究的关键。

中国2002年下半年以来经济增长提速和消费矛盾突出的现象同时出现、经济一冷一热的现象并存，尽管有人用总量增长与结构性矛盾突出来解释，但总量与结构的一般性划分不利于对矛盾的性质进行清晰的判断。用“转轨—转型”双视角思路来分析，单纯以经济转轨绩效为目标的经济增长过程并不必然带来发展问题的自动解决，经济转轨评价的单一思路会导致发展问题的激化，而发展方面的问题又会反过来明显制约增长的效果和经济转轨的继续推进。同时，十六大以来对统筹发展的全面强调、对经济运行绩效考察指标的矫正都反映了对现实情况认识的深化、对实践观的重新把握。这些方面上升到理论层面就应该是重新构建“转轨—转型”的分析方法，研究二者之间的内在关系。

二是由于经济转轨特征而使各种经济关系所表现出来的非纯粹性或叫过渡性，同一种经济关系中可能既包含传统体制的因素又包含市场体制的因素，并导致经济行为的复杂性和多重性，表现出原理一般性与实践特殊性的结合。这使得我们往往不能简单地用对错来评价人们的经济活动和经济行为，而只能通过程度和方向等量的尺度来把握，或者考察其不可逆因素。既定制度下的规律在转轨经济中运用时会发生偏离现象，即出现规律的不适用性和不可解释性。这种情况的根源仍然是经济关系的复杂性，实践中经常碰到这样的情况，一项符合原理一般性的政策出台后，其结果是对一部分经济关系不适用，对一部分经济关系的调节有用但不如预期的好，对一部分经济关系则是出现了背离规律的负面反应，这就是我们说的政策变形，即政策很难落到实处，上有政策下有对策等。而一些看似不符合规律的政策执行后，收到的效果却出人意料。考察经济转轨时期的路径安排、政策应对可以通过"选择—契合"思想进行选取，即充分考虑变革对象适应能力与政策措施搭配之间的关系。

比如中国的价格双轨制在国外主流经济学家的观点里是绝不可能的，因为他们认为人不可能分两步跨过悬崖，只能一步，分两步必然要摔死，必然带来经济运行的一片混乱。但实际执行中，虽然企业既会有计划价格部分的行为，又会有市场化价格部分的行为，还会有价格双轨间的寻租行为，中国经济在双轨并行中经历了活与乱交织的运行过程，在微观上出现了对企业如何评价的问题，在宏观上涉及如何判断从双轨演进到市场价格机制的趋势问题，但是实践的结果是中国经济保持了改革与增长的同步进行，并且平稳过渡到了市场价格体系。对此，斯蒂格利茨评价说，"中国成功了，采用的是一个天才的解决办法"①。这也从另一个角度说明，经济转轨是存在自身的

---

① 斯蒂格利茨："中国第二步改革战略"，《人民日报》1998年11月13日。

发展规律的。

三是经济转轨表现出经济史一般原理的客观过程与经济转轨国家和民众参与的主观过程的结合。如前所述，经济转轨虽然是体制演进次序中的一个“意外”，但这种“意外”符合经济史一般原理的客观过程；同时，经济转轨也是一个特殊的体制变迁过程，体现在经济转轨时期政府对经济转轨行动的推进、驾驭和完成。中国将对经济转轨主观能动性的考察通过十六届四中全会《决定》界定为驾驭社会主义市场经济的能力、发展社会主义民主政治的能力、建设社会主义先进文化的能力、构建社会主义和谐社会的能力、应对国际局势和处理国际事务的能力五个方面。这也意味着中国经济转轨的绩效评价问题将建立在对经济转轨路径、政策应对、民众福利三者关系的选择和调整的基础上。

上面所述的转轨经济的三个特殊性反映了经济转轨过程非平衡运动的根本特征。经济转轨研究的好像是“制度之外”的人们的经济活动和经济关系的状态与变革，确切地说是由传统计划经济体制向现代市场经济体制变革的过渡期中的经济行为与经济关系。当然，转轨经济的不稳定调整和非平衡运动特征并不意味着对其进行的研究也是不确定的；相反，我们要通过一些稳定的因素和关系来描述这一不可逆转的变革过程，这些稳定的因素和关系就是符合转轨经济特征的规律性的东西。这种研究的前提是将经济转轨的过程性、发展的全面性与演进的阶段性结合起来，研究内容的构成大致应该包括：有关经济转轨过程的预测与经济转轨的阶段划分，有关新旧体制相对格局的变动与判断，经济转轨的基本线索与动力问题，转轨经济的一般特点，有关经济转轨研究方法的探讨，有关政府与公众关系的变动与政府行为的调整，经济转轨的路径选择与政策驾驭，有关经济转轨的阶段性与绩效评价的标准等。

在下面展开的论述中，笔者将经济转轨研究的基点设定在经济转轨的过程属性上，在第二章从时空错位的矛盾、政府与市场的矛盾和主观与客观的矛盾三个层面分别论证转轨的过程观，重点讨论经济转轨过程的起点和终点，并提出对起点与终点间的过渡态的认知方法。在第二篇，对经济转轨过程中的客观特征和研究方法进行了详细论述，主要有经济转轨的特性与共性、双重任务性及双视角研究方法、非均衡性及双内涵、两阶段非均衡分析模型、阶段性及划分标准和“多二元性”与政策公平。在第三篇对于经济转轨的路径选择、机制创新和绩效评价进行了详细分析，主要从客观约束与主观驾驭、选择与契合、绩效评价三个方面展开。最后，对经济转轨的进一步研究进行了展望。

第二章　经济转轨过程观

经济转轨涉及世界上为数不少的国家、地区和人口，使人们很容易获得相关的感性认识，但是，如果要在经济转轨的“从何处来”→“到何处去”之间，预测未来、解释现在或评价过去，则需要有一个系统的理论层次的认知，即“经济转轨过程观”，这是本部分所关注和试图解决的问题。笔者认为，经济转轨实践尽管在各个国家有着不同的形式，但都应该被视为一个特定阶段的经济社会发展史的组成部分和人类经济发展史上最重要的实践之一，值得经济学人从非意识形态层面去发现共同之点。

本书对经济转轨的研究是基于经济转轨是一个原理一般性与实践特殊性复合的动态过程。这个基本命题不仅是研究经济转轨的逻辑起点，也是各国经济转轨实践总结出的客观事实。我们知道，过程是指任何事物都具有的成与毁、生与亡的历史和各个阶段，任何事物都是以或久或暂的过程而存在的，过程是运动的表现形式，而矛盾是运动的根本原因。因此对经济转轨这一基本命题进行研究的切入视角从回答“运动为什么会产生”这一问题开始，并通过对这个基础层面的剖析来建立一个可以贯穿整个经济转轨的理论框架，用来回答“从何处来”和“到何处去”这两个相对静态的问题，为本书第二篇和第三篇研究“从何处来”→“到何处去”之间的过程特征、绩效考核等问题提供一个认知的基础。

本部分从时空观,即从横向(空间)和纵向(时间)两个视角来展开论述。经济转轨客观存在于一定的空间和时间中,从空间结构看,经济转轨是由多组矛盾复合而成,因此对经济转轨过程中某个状态的静态分析可以从“发展阶段—经济体制”、“政府—市场”和“主观—客观”等矛盾的有机构成入手;从时间顺序看,经济转轨过程大致是由三部分动态构成,即起点、终点和这两点之间长期存在的过程。这种立体视角有利于把握导致经济转轨运动的矛盾,并在经济转轨纵向的演进过程中,从横向的视角跟踪矛盾的纵向演进和变化,从而认识经济转轨显现出来的特殊性和一般性,形成多层次、多视角的经济转轨过程观,即经济转轨是符合经济史一般规律的一个特殊的阶段或过程。

第一节　经济转轨是经济史中的一个特殊过程

一、经济发展阶段的一般考察

经济学不可能是脱离历史经验的科学。因此,经济史是经济学最基本的知识体系。美国经济史学家诺斯从两个方面曾对新古典经济学提出批评[①]:一方面,新古典经济理论没有时间概念,它所研究的是某一时点的资源配置;另一方面,没有交易费用概念,没有制度分析。究其根源,就在于缺乏历史感。关于这个问题,熊彼特早就一针见血地指出:“如果一个人不掌握历史事实,不具备适当的历史感

① 诺斯:《制度、制度变迁与经济绩效》,上海三联书店出版社,1994年,第177页。

或所谓历史经验，他就不可能指望理解任何时代（包括当前）的经济现象。”“我相信目前经济分析中所犯的根本性错误，大部分是缺乏历史的经验，而经济学家在其他条件方面的欠缺倒是次要的”。[①] 二战后，经济学的进展，特别是增长经济学和发展经济学的进展，不少都与经济史研究有关。美国经济学家库兹涅茨认为，整理知识最重要的目的是用过去一代人的经验来丰富当今一代人的直接经验，用其他民族的经验来开阔本民族的经验。所以他始终致力于收集各国经济发展的统计资料，进行整理、比较、分析，并在此基础上形成经济增长理论体系。美国经济学家罗斯托利用历史分析和理论分析相结合的方法，对主要资本主义国家的工业革命过程进行实证研究，提出经济成长的阶段理论、经济起飞理论、从起飞到持续增长等理论假说。诺斯则通过经济史研究，提出制度变迁理论。因此，本部分试图对经济转轨进行一种具有“历史感”的分析，是将转轨置于经济史背景中的一种尝试性研究。其基本观点是：从经济史的规律来看，经济转轨国家与近代落后国家的一个共同特征是在发展过程中缺失了某个重要阶段。这种缺失正是落后与变革的根源。经济转轨作为对这种缺失的纠正和调整，是经济史中的一个特殊的过程。下面，我们首先对经济史发展的基本社会形态加以阐释。

众所周知，人类社会发展的基本形态应是：原始社会、奴隶制社会、封建社会、资本主义社会、殖民地或半殖民地社会、社会主义社会。在这些社会经济形态演变过程中，不同民族的历史代表了不同的典型社会形态。如希腊和罗马发展了典型的奴隶社会经济，中国发展了典型的封建地主经济，而西欧国家则最早进入资本主义社会

---

① 熊彼特：《经济分析史》（第三卷），商务印书馆，1994年，第92页。

等等。不同民族在人类经济形态演变过程中存在着“竞争—趋同—创新—分化”的逻辑演进模式。这种逻辑演进使得划分和分析经济发展历史成为可能。在近代经济理论工作者中，李斯特、希尔德布兰德、施穆勒、罗斯托等人的理论最为著名。

德国历史学派李斯特的划分：狩猎或野蛮时期——畜牧时期——农业时期——农工业时期——农工商业时期。李斯特的划分，是以社会分工形成的经济部门为基础的。他看到了主导部门的更替及部门间的联系对社会经济发展的作用与影响。诚然，部门在国民经济中的主导作用是与生产力发展水平相联系的。如果科学地分析生产力的性质和发展水平，继而透过社会分工所形成的部门及其地位来看经济发展阶段，也不失为对社会主体进行透视的一个视角。但在李斯特看来，最基本的生产力概念是混乱并被极大曲解了的。同时，我们还应在国别分析时注意，国民经济中某部门的主导作用，会因一国具体的地理环境、自然资源、传统风俗等方面的不同而有所不同。

德国历史学派希尔德布兰德的三阶段划分：自然经济——货币经济——信用经济。以交换方式来判别社会发展进程意义重大，但是逻辑上的混乱也是显而易见的。信用经济是商品货币经济的发达形式，它包含在商品货币经济之中而不是互相并列、对等的阶段。马克思曾在《资本论》中指出过他的错误。

施穆勒提出了五阶段论：农业自给经济和氏族时代——城市经济和城市经济区域时代——中小国家经济和地区经济时代——大国经济和国民经济时代——世界的国家和世界经济时代。应该指出，在社会发展上，经济活动空间确有一个从狭窄到广阔，从封闭走向开放的过程。施穆勒隐约地看到了经济活动空间的扩展是与交换、交往关系的扩展及深化相联系着的，但是，即使在经济活动空间这一层次上划分，上述理论有着明显的缺陷。首先，所表述的阶段不科学也不完整；第二，未深究经济活动域际扩展的真实根源及内在原理；第三，其分析中从未提到经济制度使这种域际联系具有的不同特点。

与上述三种成长阶段论相比，影响更大的当推罗斯托的经济发展阶段理论。罗斯托吸收德国历史学派的经济发展阶段划分法、熊彼特“创新”学说、凯恩斯宏观经济分析、哈罗德—多马模型等理论和方法，从世界经济发展史的角度，在 1960 年《经济成长过程》一书中，把人类社会发展划分为“传统社会阶段”、“为起飞创造前提条件阶段”、“起飞阶段”、“向成熟推进阶段”、“大规模高消费阶段”五个阶段，1971 年又特别增加了“追求生活质量阶段”，从而把所有国家从不发达向发达的过渡概括为六个阶段(见专栏 2－1)。罗斯托认为，上述六个经济成长的阶段中，第三、四个阶段是指在人类经济成长中两个关键性的阶段。所谓“起飞”，是指在工业化初期的较短时间(20—30 年)内实现基本经济结构和生产方式上的剧烈的转变，这是一个“剧变”的过程，是突破经济的传统的停滞状态的过程。起飞，作为从长期停滞到持续增长的转折点，是经济成长的关键阶段，它需要三个条件：一是 10％以上的投资率；二是建立起飞的主导部门；三是要有制度上的变革。从第五个阶段向第六个阶段的过程，即从高额群众消费阶段向追求生活质量阶段过渡，是人类社会发展中又一个重大的“突变”，这一转变的意义在于，从此人类历史上将第一次不再以有形产品的多少来衡量社会的成就，而要以劳务的形式反映的“生活质量”的程度作为衡量成就的新标志。罗斯托断言，只此一端就已经是新阶段不同于以往任何社会的特点。

专栏2-1

罗斯托的经济发展理论的六个阶段

一、传统社会阶段

这一阶段包括英国科学家牛顿以前的各种类型的社会,该阶段的特点是生产率低下,明显存在着农业社会特有的地主佃农的关系和等级制度,社会组织是以家庭、氏族、种族为社会单位的。在制度方面,尚未建立统一巩固的中央集权政府,还不具备法律、金融、教育、社会基础设施等现代化产业必须的各种条件。由于生产力水平低下,出生率很高,死亡率亦高。古埃及文明、地中海文明、王朝时代的中国、中世纪欧洲等传统社会,今天的亚洲、非洲、中南美洲、北极圈等不发达地区仍处在传统社会阶段。

二、为起飞创造前提条件阶段

罗斯托认为过渡时期的本质特征是:“把投资提高到经常地、大量地和明显地超过人口增长的水平。”他还特别强调农业和开采业生产力的迅速提高对过渡阶段的意义,他提出迅速发展农业在过渡时期有三方面作用:一是为急剧增加的工业人口、城市人口提供口粮;二是为现代工业提供市场;三是为政府提供税收和为现代部门提供资金。罗斯托认为除了农业和开采业之外,作为过渡时期特征的还有社会经营资本或基础资本的迅速积累。罗斯托宣称:农业或开采业和社会经营资本这两个部门在过渡时期发生革命性变化的全部意义,就是为现代工业结构准备一个可以持续存在的基础。罗斯托认为,在过渡阶段,政府必须建立全国统一市场以使经济摆脱自给自足的区域性质;它必须建立现代财政制度以筹集现代化所需要的资金;它必须制定现代化政策。

三、起飞阶段

罗斯托把起飞定义为一种工业革命。它在较短时期内,生产方法、经济和社会的结构发生重大的性质上的而非程度上的变化,过渡阶段的变化是缓慢的,而在起飞阶段,成长成为社会的正常情况,各种束缚经济成长的传统力量最终被消除了,于是经济就像飞机一样,可以起飞并持续航行了。罗斯托认为,确定一个经济是否处于起飞阶段需要三个相互关联缺一不可的条件:(1)生产性投资率由国民收入的5%或不到5%增加到10%以上;(2)有一种或多种重要制造业部门成为主导部门;(3)迅速出现一个有助于国内筹集资金的政治、社会和制度结构,以保证成长的持续性。罗斯托认为尽管各国在起飞阶段的主导部门不一样,但有4个因素是不可缺少的:(1)社会对主导部门的有效需求必须有所扩大;(2)主导部门要开始具有新的生产作用,并扩大它们的生产设备;(3)必须有足够的资金使主导部门得以起飞,并以很大部分利润重新投资;(4)主导部门必须能通过扩充和技术改进,来促成其他部门的同样行动。

四、向成熟推进阶段

罗斯托认为,在经济起飞60年后,经济将进入成熟阶段,其特征是:(1)投资率经常保持在占国民收入的10%到20%,使生产的增长经济超过人口的增长;(2)由于技术的改进,新工业的加速发展和旧工业的停滞,经济结构不断发生变化,工业向多元化发展,新主导部门代替旧主导部门;(3)经济在国际经济中得到了它应有的地位,即与它的资源潜力相适应的地位。

五、大规模高消费阶段

罗斯托指出这一阶段有两个特征:一是人均实际收入的提高已经使为数众多的人可以在基本的衣食住行之外享用其他消费项目,如各种耐用消费品、家用电器与各种服务;二是劳动力结构的改变使城市居民、在办公室工作和从事工厂熟练工种的人在总人口中比重增加。与耐用品消费有关的部门将成为经济主导部门。

六、追求生活质量阶段

罗斯托指出在这个阶段主导部门不再是生产有形产品的工业部门,而是提供劳务和改善生活质量的服务业,人类社会将不再以物质产品数量的多少来衡量社会的成就,而以劳务形式所反映的"生活质量"的高低程度,作为衡量社会发展的标志。

资料来源:根据W.W.罗斯托著:《经济成长的阶段》,中译本,商务印书馆,1962年,第47—55页,第62—69页相关内容编写。

落后国家和先进国家之间的巨大差距,纵向看是历史留下的时间线索的痕迹;横向看是通向未来的竞争与合作相交织的若干可能性和不可能性的结构关系。美国杰出的地理学家爱德华·W.苏贾(Edward W. Soja)的主张,是"将历史叙事空间化,赋予持续的时间以一种经久不衰的批判",即采取擅长"扭结时序"的方式,把思维从时间的过分约束中解脱出来,建立更具批判性的能说明问题的方式。这样观察时间与空间、历史与地理、时段与区域、序列与同存性等的集合体,可以具有更强的解读力。苏贾把19世纪中叶称为充满竞争的工业资本主义的古典时代,认为那算是一个历史性与空间性保持大致平衡的时代。但在19世纪最后几十年,资本主义第二次现代化以及帝国和公司寡头卖主垄断时代的肇始,造成了对空间的堵塞,即便是解放空间的实践的可能性,也销声匿迹了将近一个世纪。随后伴随资本主义第三次现代化,以福特主义和官僚国家管理为标志的

时代接踵来临。再后是20世纪60年代后期出现的新危机，并引发

表2-1　苏贾的城市形式演进线索

时间进程		空间构形		
年代	社会形态特征	经济发展层次特征	人口及职业结构	土地使用分配
1820	商业的	小商品生产、国际贸易和有限工业化	80%城市人口是个体自由职业者	主要围绕小资产阶级的各种活动和以港口为聚集点
1870	竞争性的/工业的	竞争性工业资本主义城市(城市工业化吞并了各种小型的商业城市)金融资本的扩张性国际化及广泛范围的普遍化	起初主要集中于硬矿业和铁路小城镇的劳工逐渐向各大城市中心蔓延,工厂和工人阶级社区成为传统工业资本主义城市的典型特征	具有新环境适应能力的技术使市中心土地使用加剧,相关聚集性经济形成中央商务区和就业核心地带
1920	公司的/垄断的	“公司—垄断资本主义城市”,更大规模的公司中心化,进一步将劳动力分成垄断和竞争性的各个部分、各种新的生产技术以及管理与生产功能的分离	最高收入家庭居住在受保护的居住楔形地,管理人员、监工人员和专业人员加入老的资产阶级行列,劳动大军在被分解到多中心的各个区域	工厂生产蔓延到原先居住区的内圈和延伸到各卫星社会区工业中心,旧的城市核心日益次要化,取代没落产业而兴起的是数量激增的各公司总部、政府办事处、金融机构及各种服务和监督活动
1970	国家管理的/福特主义的	通过对生产过程的不断变化的组织,加强公司资本的中心化、集中化和国际化,汽车制造、航空运输、石油产业、住房建设及消费耐用品引领经济扩张性繁荣	80%的城市人口是挣工资或薪水的工人的情况稳定地被保持下来,和一个世纪前80%的城市人口是非受雇于人的情况发生了根本改变	扩张性的大都市伴随政治管辖权更广泛地零散化,去中心化加速,助长了城市内部核心的有选择的遗弃;为了维系实质性公司(和管理性的)在场,通过城市重建,中产阶级又向新建的市区移居

资料来源:在图形转换为表格时,根据其文字叙述适当增添了一些内容说明。读者如对这里引用的材料有兴趣,可查阅爱德华·W.苏贾:《后现代地理学》中译本,第1—7,274—278页,商务印书馆,2004年。

了资本主义的第四次现代化的开始。关于上述四个段落时间进程中的空间变化轨迹，苏贾绘制了一幅幅城市变化的构形路线图。表2-1是笔者根据他的"城市形式的演变：1820—1970年北美城市典型"的描述所作的概括。

苏贾的路线图，实际上提出了一个认识西方发达经济体伴随时间进程，空间结构不断发生改变的事实及大致的规律性。即"社会转型"如何在上一次改变的基础上，继续下一次的改变。苏贾分析的时间下落点是1970年，在这之后，西欧和北美发达经济体社会转型向前递进和向上提升的空间变化，显然在持续性地进行着。按照丹尼尔·贝尔的观点，美国从1956年就已进入"后工业社会"，因为美国白领工人已超过蓝领工人的人数，伴随着新的基础结构和新的基本原则的出现，意味着生产商品的社会转变为信息社会或知识社会。[①]另一种更新的观点，是德国学者乌尔里希·贝克以全球化趋势为背景所进行的"第一次现代性"和"第二次现代性"研究。他认为，目前人类无一例外地都生活在"原来的游戏已经行不通了"的世界风险社会的时空环境中；"在世界风险社会中，非西方社会与西方社会不仅共享相同的空间和时间——更重要的是——也共同分享第二现代性的基本挑战(在不同的地方和以不同的文化认识)。强调二者的共同性——而不是差异——已成为纠正困扰当代许多西方社会科学发展过程中的偏见的一个重要步骤。"[②]

① 丹尼尔·贝尔：《后工业社会的来临——对社会预测的一项探索》，中译本，新华出版社，1997年。

② "这种偏见把当代非西方社会贬为'传统的'或者'前现代化的'范畴，因而不是以其本身的术语来定义它，而是把它们定义为现代性的对立或者认为它们缺少现代性。"贝克用"第一现代性"来描述以民族—国家社会为基础的现代性，其中社会关系、网络和社区主要是从地域意义上去理解的。而"第二现代性"特征显示的是，集体生活方式、进步和控

有关经济转轨性质的论题,立足今天的世界时间和空间来谈论,理所当然应当与当代时空相适应,即把立足点确定在与“后工业社会”相对照,并将其置于“世界风险社会”影响的背景之下。但是就落后国家而言,“非历史—人为形态”从最初的时间点和空间点位置上,就开始落后于“历史—自然形态”的社会转型进度。①这也是它成为“非历史”的制度范式形态成因的起点。

此外,同构于“近代落后国家社会转型难题”范围中,同时又具有后社会主义转轨背景,与不含这一背景因素的其他近代落后国家相比,似乎又多了一重特殊的“近代落后性”,即是多了一段或被称为试验或被称为弯路的经历。因为不是从原生的“非历史—人为形态”一直走来,而是经由原生的“非历史—人为形态”→一次试验的社会主义计划经济体制的“非历史—人为形态”→二次试验的资本主义市场经济的或社会主义市场经济的“非历史—人为形态”。乐观地看,交了“学费”没有经验有教训,仍然保持继续向前探索的热情;悲观地看,仓促地把过去认为对的一律判为错,可能形成为改而改的思维定势。基于多方面的考虑,针对“近代落后国家社会转型难题”建立的时空坐标系,更适宜在“较晚的近代”与“较早的现代”之间的一个区域建立若干观察点。

“较晚的近代”:是指在诺斯定义的人类发展经历(定居农业出现

制能力、充分就业和对自然的开发这些典型的第一现代性东西,如今已被全球化、个体化、性别革命、不充分就业和全球风险(如生态危机和全球金融市场崩溃)5个相互关联的过程暗中破坏了,原来在第一现代性的、简单的、线性的、基于民族国家的工业现代化的成就预测结果的游戏规则,到第二现代性的时空环境里,已经过时不再适用了。参见乌尔里希·贝克:《世界风险社会》中译本,南京大学出版社,2004年。

① 为论述方便,本文把“历史形成的制度范式形态”与“非历史形成的制度范式形态”简称为制度范式分析中的【历史—自然形态】与【非历史—人为形态】。

和产业革命）两次经济革命之间，西欧还经历了一个大约长达450年的漫长过渡时期的旧式商业时期向新式商业时期的革命性转变，恰恰是在这一革命性转变阶段，非西欧国家被甩到世界进程的后面去了。其后新独立的社会主义国家，原本处在“旧式商业时期”的发展水平之上，迫于国际形势不得已又选择了计划经济体制，实质是以“指标传递功能”替代“商业传递功能”的“去商业化”。因此，无论抛弃计划体制后的政治制度取向如何，都需要以“创新的新式商业革命”去“补修”经济史中欠缺的，这仍然属于“旧式商业时期向新式商业时期的革命性转变”性质的“课程”。

“较早的现代”：是以工业革命背景下初现西欧各国超过以往任何时期的增长趋势，作为考察的时间标志。指出这一点的经济学家有其共同点（前后出现的著名理论有W.W.罗斯托的经济增长阶段论和S.库兹涅茨的现代经济增长理论①），即以发达经济超常并持续性的经济增长现象为参照，关注不发达国家未来如何必然性地跟上其前进步伐。

---

① 库兹涅茨把一个国家的经济增长，定义为一个长时期内提高为其居民提供种类越来越多的经济产品的能力。按他的解释，这一定义中包含三个重要组成部分并构成特定关系：第一，作为经济增长的结果，产品供应的持续上升是必然的。第二和第三相互关联，即技术作为经济增长的缘由是一个潜在必要条件，而制度和意识形态必须进行调整使其得到有效和广泛的利用。即经济增长的一般规律，总是要建立在第二和第三相互关联所引致的一个提升产品供应能力的过程。之所以有必要从一般经济增长中划分出一个“现代经济增长”的单独概念来，是因为库兹涅茨从当时对发达国家经济增长的许多观察中，发现它们与各个较早时代经济增长的特征已经有所不同，无论增长规模和增长能力，都大为扩展了。于是，以国民经济产值及其组成部分、人口、劳动力等常规衡量为基础，得出了有关现代经济增长六个特征的观点。他称，“第一个最明显的特征是发达国家的人均产值增长率和人口增长率很高，近十年或二十年内，可以观察到这些国家与世界上其他国家的增长率比过去的增长率要提高数倍”。

二、经济转轨是经济史中的一个特殊过程

以下的讨论,将聚集于"转轨"缘何是"经济史中的一个特殊过程"。

科尔奈《制度范式》中有两点值得提及:一是,他认为试图将现实资本主义制度对现实的社会主义的胜利误解成主流经济学对其他全部的、可替代的范式的胜利的观点,有些勉强。实际上现实的资本主义制度,是由于多种原因而获得了胜利。它的胜利是由于一些在其他事情之中的优良的特性,而这些特性并没有得到主流范式充分的分析和解释。二是,他把 1989 年剧变之后不甘于被置于局外,已来了、看了、得到了(或迷惑了)、然后离开了的暂时热情表现的一些西方学术界人士,称之为扮演了"客座明星"(guest star)的角色。"对于大约四分之一,甚至三分之一的全世界人口,制度变迁是一种像腹泻一样的经历"。而长期生活在经济转轨国家环境中的本土经济学家,尽管很少受到现代经济学的教育,却有来源于崩溃之前许多年的改革争论中训练其思想辨识能力的机会,恰好由于这一经历,使他们具备了善于根据同时变化的制度的各种成分来思考的优势。

科尔奈讲的前一点引申的思想路线是,在"现实的资本主义制度,是由于多种原因而获得了胜利"的这些原因之中,或许就有某些对另一制度的迅速失败产生过一定程度的影响。如果有,那就意味着,它们对"非历史—人为形态"经济转轨的阻力大小和速度存在影响。单就转轨阻力增大这一方面看,那样一些因素不是使"非历史—人为形态"选择靠近"历史—自然形态"路线,去修正偏离的方位,而是变得更加疏远、扭曲。针对经济转轨的分析,既要从历史角度察看这一欠缺的根源,也要从历史深度把未来与当前联系起来。即使是

注定仍然要在受约束的时空中继续沿着“非历史—人为形态”的路线运动，也要尽量避免再发生过多的差错。

科尔奈讲的后一点引申的思想路线是，“非历史形成的制度范式形态”也是可以当作一个课堂，参照对方经验来提高自己的学习效率的。但“非历史—人为形态”向“历史—自然形态”在制度范式方面的学习，应予以避免以下情形：(1)理论性的知识的重要性是显而易见的，但是，实践性的知识，尤其是“根据同时变化的制度的各种成分来思考”可能得到的知识，往往被人轻视；(2)对方的理论性知识往往因成功而被认为重要，自身的理论性知识往往因失败而被认为不重要；(3)对方的知识，无论是理论性的或实践性的，往往被认为离“现在时”越近则越具有先进性，从而把当前的可研究价值与当前的可借鉴价值等同起来。

在将“历史—自然形态”和“非历史—人为形态”进行比较研究时，应该具备理论的逻辑和历史的逻辑两种眼光。避免忽略或漠视时空坐标系上的位置差异，对现成模型不加修改随意比照、妄下结论。两种形态的制度范式探索轨迹，既有差异点，也有相似点。对方的理论与实践和己方的理论与实践，均一样地存在成与败的经验二分性。己方成功的经验少更应珍惜，因为它具有亲缘性，比较好用；对方失败的经验少也应珍惜，因为它可能对己方更有警示意义。

以下我们来比较两个图形：第一图形是按照诺斯“横断面”与“纵切面”交互影响，理解经济史中的结构与变迁如何采取了时空一致的方式，即制度范式分析中被典型地划归到“历史—自然形态”的那一类。第二图形是后社会主义转轨进程还原到经济史结构与变迁中的路线模拟，它一直在时空不一致的环境中迂回曲折地前进，即制度范式分析中被典型地划归到“非历史—人为形态”的那一类。

图 2－1 实际上是一个经典模型。它的社会转型与经济体制选择，在没有突发事件影响或虽有突发事件影响，但既有制度框架或变更中的制度框架能够吸收其影响力的情况下，是完全基于内在动力机制的，“自动”地进行和完成其重大转变。“统治者——政府”与“选民——企业与家庭”对制度的稳定或变动，及它应该向哪一方向变动，包括某一时刻在多大程度和多大范围变动，是由双方相互博弈决定的一个能够带来正效率的选择集。假如说，某个历史段落上，曾经发生过一次两次引致负效率的制度变动的情况，根据经典模型的解释，也一定是由于“选民——企业与家庭”一方的正常诉求太弱，从而导致“统治者——政府”一方的任意作为。换言之，只要“选民——企业与家庭”一方的力量起到足够的制衡作用，“统治者——政府”一方的决定通常是有效的。这就是“历史—自然形态”的制度范式总是把“经济自由”与“民主政治”理解为不可两分的缘由。

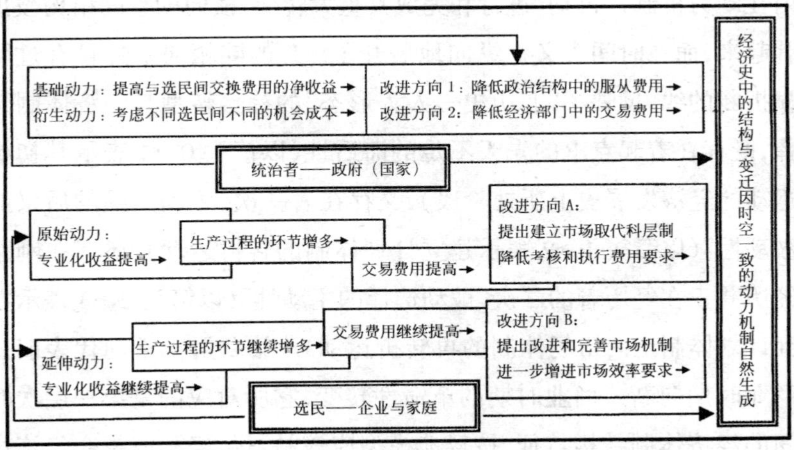

图 2－1　按诺斯理论理解的“历史—自然形态”过程

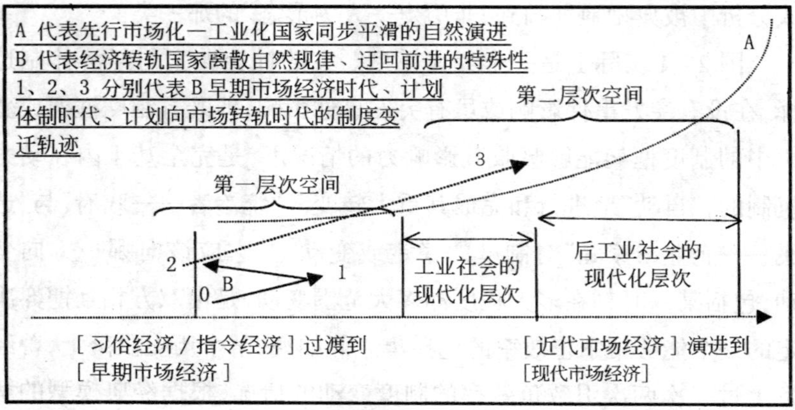

图 2-2 本书所理解的"非历史—人为形态"过程

图 2-2 是以经典模型为参照,针对后社会主义转轨国家迂回前进路线的制度变迁及其结构变异的分析。A 的倾斜向上曲线,代表"历史—自然形态"的轨迹。它的社会转型与经济体制选择完全基于内在动力机制,"自动"进行和完成其重大转变,横向的空间结构被折叠起来,而在时间含义上纵向地展开了。B 的陡峭向上并且有过明显折断的线,反映了"非历史—人为形态"的社会转型与经济体制选择,既存在着起点上的先天不足的滞后性(以箭头 0→1 表示其初始运动的经济发展史上所处阶段),又存在着一次"主动选择的后果的被动性"(以箭头 1→2 表示建立计划体制的转折运动),还存在刚刚经历并正在经历着的二次"被动选择的主动性"(以箭头 2→3 表示抛弃计划体制走向市场体制的再转折运动)。第一层次空间代表旧式商业时期向新式商业时期的革命性转变,它所对应的是第一层次时间的经济体制结构特征,按经典模型应该是习俗经济或指令经济过渡到早期市场经济。第二层次空间代表产业革命,与该层次空间内

含工业社会和后工业社会两个亚空间发展层次相对应，经典模型在时间层次上，则表现为由近代市场经济向现代市场经济的演进。但是，不能简单地将 0→1 向 1→2 的变动判定为一次历史性倒退的异常运动；将 1→2 向 2→3 的变动判定为一次历史性进步的正常运动。笔者在上面分析中采取了递进与并列相结合的特殊表达方式：既存在着起点上的先天不足的滞后性，又存在着一次"主动选择的后果的被动性"；还存在刚刚经历并正在经历着的二次"被动选择的主动性"。其含义是：前一个违背经典模型的结果，形成了后一个违背经典模型的原因。"非历史—人为形态"的社会转型和经济体制选择缺乏正常内在动力机制的情形，会在很长一个历史阶段内，不仅内部一直隐藏着互相冲突的机制，并在外部也一直难以融入到"历史—自然形态"约定的规则中去。还需注意到，对 1→2 建立计划体制的转折运动做出抉择时，是否还有外部因素的促成或内部因素取得了某些即使是偶然性的一致？对 2→3 抛弃计划体制走向市场体制的再转折运动做出抉择时，是否也有外部因素与内部因素结合上的不一致？假如对前一个提问的回答是彻底否定的，那么，前社会主义制度和计划体制竟然存在了半个世纪，就不好解释。相应地，假如对后一个提问的回答也是彻底否定的，那么，后社会主义转轨进程开始以来，大多数国家的经济体制运行效率和社会秩序并不乐观，也不好解释。为更深一步理解，以下就挑选几个看起来不那么重要的事例来说明。先看二次"被动选择的主动性"（即 2→3 抛弃计划体制走向市场体制的再转折运动）中的事例：

在现代社会里，即使受到自然灾害、当地军事冲突的打击，也没有哪一个国家的产量像东欧和前苏联各共和国那样下降得如此剧烈。整个地区在转轨的前 7 年已整整丧失了 1/3 的国内生产总值，在另一个7年里也不可能恢复到转轨前的水平。20世纪后半期最坏的情况：乍得在1960—1990年间国内生产总值下降了50%，而俄罗斯仅用了7年时间它的国内生产总值下降了一半，在同一期间，与扎伊尔相似，每一年衰退8%。俄罗斯不是最坏的例子，因为还有另外8个国家国内生产总值降幅超过50%。转轨国家2→3运动中包含异常因素，已是事实并且短期难以扭转。前不久，科勒德克还指出：2003年波兰的人均GDP大约等于1989年的130%，但这显然属于最好的那一类。而俄罗斯和乌克兰的人均GDP，分别只相当于1989年的75%和50%左右。再看“主动选择的后果的被动性”（以1→2建立计划体制的转折运动）中的事例。西欧16国包括奥地利、比利时、丹麦、芬兰、法国、德国、意大利、荷兰、挪威、瑞典、瑞士、英国12国，加上爱尔兰、希腊、葡萄牙、西班牙4国。西欧13小国包括冰岛、卢森堡、塞浦路斯、马耳他及其他几个更小的国家。东欧在政治体系未发生变动前指阿尔巴尼亚、保加利亚、捷克斯洛伐克、匈牙利、波兰、罗马尼亚、南斯拉夫，是7国的概念；政治体系变动后，捷克斯洛伐克成为捷克共和国和斯洛伐克，前南斯拉夫成为波斯尼亚、克罗地亚、马其顿、斯洛文尼亚、塞尔维亚—黑山5个国家，是12国的概念。

从人均GDP考虑，1951—1990年的近半个世纪里，东欧只在4个年份（1980、1981、1985和1987年）出现过当年增长低于上年的情况，前苏联也只出现过4个年份（1959、1963、1980和1990年）。从20世纪各个时代比较来看，东欧国家在70年代末人均GDP增长显著低于西欧国家，也低于前苏联，80年代似乎又赶了上来，苏联却掉下去了。东欧前社会主义国家和前苏联在90年代末人均GDP指标均已呈现衰退迹象，当时经济情况的糟糕程度，似乎并不比转轨开始以后更糟糕多少。

根据经济转轨提示的社会主义运动受到挫折的事实引起的思辨，已经深入到体察特定历史处境所困惑、敏感领域，而这些领域，过去是很少有人敢于涉及，或者看到、想到过，但有意识地采取了回避的态度。但是，这样一些敏感地方正是某些或者是（或者不是）社会主义（或资本主义）纠缠不清的论题容易藏身的地方。解释清楚这些问题，显然对处于同一制度范式分析框架中的"非历史—人为形态"如何与"历史—自然形态"进行有益的沟通意义重大。

后社会主义转轨进程是一条陡峭向上并且有过明显折断的线，社会转型与经济体制衔接上存在着种种人为断裂开来的痕迹，短暂而急促的阶段性变化，便于人们在"浓缩的时空"环境里近距离观察。"非历史—人为形态"非转轨发展中国家，也存在着起点上先天不足滞后性（0→1 表示的经济发展史上所处阶段），但既不存在一次"主动选择的后果的被动性"（1→2 表示的建立计划体制的转折运动），也不存在二次"被动选择的主动性"（2→3 表示的抛弃计划体制走向市场体制的再转折运动）。可见，经济转轨是世界经济史中的一个特殊过程，对其实践性和政策性的研究对于转轨经济体具有重要的借鉴意义。

第二节　经济转轨是社会主义实践中的一个特殊过程

一、经济转轨的基础性原因——时空错位

如前所述，今天所有的转轨经济体都是从落后国家里基于摆脱

贫困和屈辱的强烈愿望,通过反对殖民剥削和民族压迫的解放斗争而诞生。也就是说它们没有遵循人类历史演进的一般规律,从一个阶段自然过渡到另一个更高一级的阶段,而是在生产力基础并不发达的条件下人为将超前的资源配置方式,即社会主义附带的计划经济体制强行植入,从而忽略了商品经济的一个长期的自然发展过程。我们将社会主义实践中,经济发展水平与经济体制在各转轨经济体中表现出的这种明显的冲突定义为"时空错位"。当然,主义之争或许也是研究经济转轨的重要视角,但基于本书的研究范式,并不作进一步论证。

专栏 2－2

对经济体要素划分的争鸣

樊纲(1997)认为一个社会的经济实际和现存的各种经济问题,可归结为以下五个方面的基本因素:

一是由科学技术的性质所决定的物质生产力,即人类利用物质资源将其转化为自己所需要的有用商品的能力。一个社会拥有的物质资源当然也属于生产力的范畴。但是,给定自然界的状态,究竟有多少自然物质能够被算作人们的生产资源,进入人们能够利用的范围,则取决于科学技术的发展水平。

二是经济信息,包括各种与经济活动有关的知识和对未来事实的预期。经济信息主要是指人们对于已经有的科学知识的了解,对人们的消费需求偏好和行为方式的了解,包括对经济中的赢利机会、市场结构和交易伙伴可依赖程度等情况的了解,还包括根据已经有的知识和经验,对未知事件的推测和对未来事迹的预期与判断。

三是经济制度或经济体制。广义地说,经济体制包括一切与生产、交换和收入分配相关的社会关系和社会制度。

四是道德、价值标准、消费偏好、传统习惯、文化、意识形态等通常所说的非经济因素。在理论上,这方面的因素可以视为一种无形的或非正式的制度,在经济理论中也被处理为经济体制或经济制度的一个组成部分。

五是一个经济的资源禀赋。

按本书的划分方法,上述的第一、第五个因素可以划归为发展阶段,第二、三和第四个因素可以划归为经济体制。其中经济信息归纳为经济体制的主要原因是,一个经济体制是决定信息的关键的可变因素,如对于垄断体制信息通常传递速度慢,信息量少。第四个因素是非经济因素,很可能将争论引向"主义"上去。但可以肯定的是,这些非经济的因素对经济体制的变迁通常起着举足轻重的影响。如许多转轨经济体当初选择计划经济而不是市场经济可能当时曾受到两个阵营的斗争、对殖民主义的反抗等因素的影响。

资料来源:樊纲:《渐进改革的政治经济学分析》,上海远东出版社,1997年,第14页。

从空间结构看,经济转轨的"要素"以不同的标准认知可以有不同的分类(参见专栏2-2),但究其本质可概括为发展阶段和经济制度。人类的经济史是在发展阶段和经济制度这一矛盾运动中产生、发展、变化的,经济转轨作为人类经济史中的特殊部分,同样可以认为是发展阶段和经济制度的复合系统。经济发展阶段是生产力的表现形式,其演进顺序为"传统社会阶段→为起飞创造前提条件阶段→

起飞阶段→向成熟推进阶段→大规模高消费阶段→追求生活质量阶段”。经济体制是经济史中较活跃的因素,通常也是经济转轨研究和驾驭的重点。但是,由于经济转轨本身并没有严格遵循经济史的一般发展规律,是人类经济史中的特殊部分,所以经济体制的决定机制将更加动态化和复杂。

经济体制在经济转轨中起着重要而特殊的作用,从静态的角度重点剖析经济制度这一要素既是科学观察经济转轨过程的基础,也是认识时空错位这一矛盾的根本。经济体制是指借助于经济机制实现资源配置的一整套经济系统,或者说经济体制是对资源配置作出决策和执行这一决策的一整套组织安排。经济体制不仅是经济制度的具体形式,还是生产力的组织形式。通常可以把经济体制大致区分为计划经济体制、市场经济体制等。人类历史已经证明,经济发展的快慢、社会生产力进步的速度,很大程度上取决于社会经济体制,更进一步说,取决于经济体制与经济体本身有着怎样的契合性。

但是从经济转轨实践看,仅以这种静态角度分析转轨经济仍然存在着许多天然的弊病。尽管将经济转轨作为一个系统来研究能提升对经济转轨的认识,并且在系统最基本特征上体现得尤为突出,但如果不能将各个静态的点还原到一种动态的过程中,并在动态的过程考察中加入时间序列,将使我们无法判断经济转轨中许多问题的优劣得失。如1986—1987年间,中国经济界和决策层在改革的次序上曾发生过一场重要并影响久远的争论:究竟是产权改革优先还是价格改革优先?前者如有学者直接指出,“先改价格还是先改所有制,我认为所有制改革的根本思路,是关键。”并对立论提出十大理由,如价格改革的心理负效应问题,价格改革不能试点、有不可逆的问题,企业和地方对价格改革被动接受的问题,价格改革产生社会承受力受阻妨碍其他改革推进的问题；产权改革与此相反则有心理正效应、可试点、企业和地方积极接受、效果有把握、其他改革可以快速跟上等优势。后者如有的学者认为，价格改革绕不过去，也推迟不得。认为所有制改革了，价格就会自然放开，就会自然形成，只能是一厢情愿。这些学者也提出了诸多持论理由，例如，指出定价权是企业经营自主权的重要组成部分，企业无定价权很难参与市场竞争的问题，价格环境是企业经营决策的重要参数即最重要的外部条件的问题，价格作为经济参数系统的重要要素的形成机制的变革会带动税率、工资、信贷、利率等其他经济参数形成机制做出相应配套的绩效问题，价格改革虽有物价总水平大幅度上涨引起经济秩序混乱和社会生活震荡的风险，但这种风险并不会因为企业改革而减少的问题等。实际发生在中国经济改革进程中的经济转轨步骤选择了价格改革优先的路径，与波兰突然放开价格曾使1989年最后4个月通货膨胀率超过2000%、前苏联1991年通货膨胀率为91%、1992年约为2000%相比，中国在推动经济转轨进程的第一个十年（1978—1987年）发生的通货膨胀相对要温和得多。据国家统计局1988年在年鉴上发布的数据：与居民日常生活密切相关的消费品价格指数，食品类仅仅上涨了67.7%、食品类的副食品上涨了94.9%、副食品类的新鲜蔬菜上涨了128.3%。但是，按照一般系统论和经济论的观点，这样的路径选择是不是最好的？尤其是在做出某项改革作为突破来带动相关改革或延后某些改革的决策时，以及在随后实施过程中动态的调整其相互关系时，是否恰当地把握了"系统整体的特性和功能在原则上不能归结为组成它的要素的特性和功能的总和，以及处于系统整体中的组成要素的特性和功能"呢？如果对中国改革路径选择不是止于线性地回顾性的观察而机械地遵从业已定型的阶段划分的结论,而是先将其置于系统论的框架下进行时间上持续、空间上延伸的开放的研究,得到的启示肯定比业已定型的结论要丰富得多,对预测未来趋势和对改革政策创新阶段性转移的系统整体效率的把握,也许会有用得多。特别是将上述对于产权与竞争的争论从整个转轨经济的系统来看,即放在"经济体制—发展阶段"的动态框架中,也许将得到更好的有利于推动经济发展,实现绩效目标的政策组合,因此需要将时空错位的矛盾向动态的方向推进。

时空错位的矛盾启动了经济体制和发展阶段出现既相互依赖性地增长,又相对磨合性地倒退,从而经济史的一般规律演化为经济体制转轨和经济发展转型两条相互依存但又迥然不同的脉络。发展阶段与经济体制是经济转轨横截面上相互依存、不可分割的两个基本"要素",其任何一方的存在和发展都必须以另一方的存在和某种发展为条件,在这两个基本"要素"保持同一的基础上还存在着制约和推动经济转轨进程的矛盾,这一方面是经济转轨得以持续运动的本质动力,同时也是经济转轨如此之难的根本原因。

经济转轨成为运动过程的本质"源泉"就在于经济转轨内部存在着的时空错位,当经济体制和发展阶段分别进入自身特殊的运动轨迹后,形成了经济体制转轨和经济发展转型两条运动轨迹。这两条轨迹不仅诞生于经济体制和发展阶段的相互作用,也取决于经济体制和发展阶段在运动过程中的契合情况。以图 2-3 的比较静态分析为例,"时点一"处转轨经济体的经济系统为"经济体制^1—发展阶段^2",当经济体制^1 = 发展阶段^1 时,经济系统是均衡的,其发展规律符合经济史的一般规律,即经济体制按照体制变迁的自然惯性演进,发展阶段按照发展规律的正常惯性推动,这个过程符合经济史的一般性,也符合大多数发达国家已经走过的发展历程。但对于经济转轨国家而言，上述假设需要进行修正，即经济体制$^1 \neq$ 发展阶段^1，表现为经济体制$^1 >$ 发展阶段^1，即体制的安排超越了现实的经济发展水平。那么在“时点一”的经济系统是非均衡的，存在着时空错位，这种非均衡性使体制变迁和发展规律的自然惯性发生了扭曲或者说经济体制和发展阶段的演进过程除了受到其各自自然惯性的影响之外，还受到其他外力的影响。这种外力在本书中称为弥合时空错位这一矛盾的相互作用力。在这种情况下出现许多新的变化：经济史过程演化为经济转轨过程；经济体制的发展过程演化为经济体制转轨；发展阶段的演进过程演化为发展转型。作用机理的变化最终反映到运动过程中，经济体制和发展阶段的运动状态开始出现复杂的加速或减速。具体地讲，当经济体制^1 与发展阶段^1 之间的冲突逐步缓解，经济体制水平与经济发展水平趋于吻合，经济体制转轨的进程和经济发展的进程就处于加速和明显改善的状态。如果在转轨过程中经济体制^1 与发展阶段^1 之间的冲突更为激化，则意味着转轨的体制性安排在目标或步骤上可能并不适合经济发展水平的要求，尽管转轨的行动可能是迅速的、目标体制可能是先进的。这样的结果必然是体制转轨和发展转型都处于不佳的状态，经济运行出现剧烈震荡或大幅下滑。因此，在从时点一向时点二的运动过程中，经济系统新的状态不仅取决于经济系统自身的惯性，即经济体制遵循经济转轨的惯性和发展阶段遵循发展转型的惯性，更取决于经济体制与发展阶段相互契合而产生的相互作用力。

经济领域中的发展过程表现为经济发展。发展在时间上的特征不是匀质的，而是连续性与非连续性统一的过程，因而，本身存在着渐变（以量为主）和激变（以质为主）的不同演化阶段。美国经济学家罗斯托发表的线性发展阶段理论所揭示的发达国家经济现代化的一

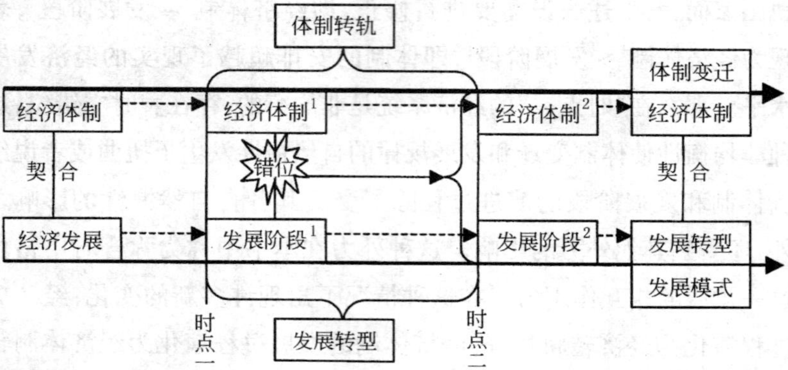

图 2-3　经济转轨过程中的时空错位

般规律性，特别是经济发展的各个阶段的划分及其特征，对于发展中国家而言无疑具有十分重要的借鉴和参考作用，罗斯托所提出的政策建议也不无可取之处，并对当代的研究进程产生了深远的影响。正如马克思所说的："工业较发达的国家向工业较不发达的国家所显示的，只是后者未来的景象。"① 但是，该理论的局限性也是显而易见的：一是仅仅以欧美发达国家经验为依据建立的理论模式，又自认为其具有普遍性，难免存在以偏概全的弊病。由于所处社会经济历史条件不同，文化传统不同，发展中国家的经济现代化必然具有自己的特殊性。该理论模式对此显然重视不够。二是对起飞理论科学性的质疑。有的学者提供大量资料质疑。他们认为工业化初期的成长是一个渐进的历史过程，并不像罗斯托所描述的那样是一个剧变过程。三是主导部门缺乏准确、科学的定义，无法预测一个社会未来的主导部门。四是由其所处的历史背景所决定，未能对信息化和信息

① 《马克思恩格斯全集》，第 44 卷，人民出版社，2001 年，第 8 页。

社会给以足够的重视,因而对经济发展阶段,特别是起飞以后经济发展阶段及其特征的分析难免带有不成熟性,不能解释20世纪中后期以来出现的信息化浪潮,更不能适应发展中国家工业化与信息化相结合的实践要求。

专栏2-3

从“秘密行政”到“阳光政府”

信息公开是对一个现代民主政府的基本要求,知情权是现代社会公民的最基本权利之一。据说,目前我国80%以上的有用信息都掌握在政府手中。但在过去相当长的时间里,政府对信息的基本原则是保密而不是公开。长而久之,就养成了一种定式:能不公开的就不公开。更有的部门,以保密之名垄断和封锁信息,并将之作为“寻租”的手段。于是,一种“秘密行政”的工作方式就形成了。可以说,这次大力推进的政府信息公开化的举措,是由过去的“秘密行政”走向“阳光政府”的一个重要开端。尽管没有一种轰轰烈烈的气势,但却是改革政治和行政体制的一个扎扎实实的步骤。

经济体制演变具有其天生的惯性,即体制变迁的一般规律。从中国的改革实践可以清楚地看到这种惯性的存在。中国现实的社会经济生活中计划经济固然已经瓦解,但来自政府和垄断性国有机构的对经济活动的干预不仅没有减少,而且变得更加随意化,中国目前的经济体制并非由市场机制主导,而是一种半市场交换、半“随意化”行政性干预的“双轨制”。中国计划经济的经济管理方式消失以后,它的两个基础仍然存在。一是从中央政权到乡政权的、过去行使集权式管理的庞大的党政部门和垄断性国有机构的组织架构并未解体,只是作了某些合并或换一些名称,其潜在的可以随时插手日常经济活动的权力从未被取消或否定过。二是党政干部和垄断性事业机构的员工依然享有相当高的社会政治地位,他们的活动能量比改革前只有过之而无不及。随着经济体制改革的任务从破除传统计划经济体制转入完善社会主义市场经济体制的新阶段,经济体制改革的主要内容也将发生阶段性变化:从建立消费品、生产资料市场转向促进各种要素市场的发展;从促进非国有经济发展、形成多种所有制经济成分共同发展的局面转向调整国有经济布局和深化国有企业改革;从建立宏观调控体系转向改革宏观管理体制和转变政府职能;从打破"大锅饭"、平均主义分配制度转向建立与市场经济体制相适应的分配制度和调节收入分配差距的扩大;对外经济关系从封闭半封闭状态、局部地区和领域对外开放转向全方位与国际经济接轨。

经济体制转轨会对经济发展转型产生影响,这种影响又将通过经济发展转型的内部扩散反馈回经济体制转轨本身,这种循环使经济转轨成为一个复杂的运动过程,但究其根本,经济体制转轨与经济发展转型矛盾双方的此消彼涨是经济转轨所特有的本质动力。发展阶段相对于经济体制而言是一个更为动态的因素,随着经济转型的深入会对经济体制转轨的速度和方式提出新的要求,经济体制会在政府的安排下通过路径选择、制度创新等手段进行重新契合。在这个契合过程中,发展转型本身并不是静止的,而是有着其自然的运行轨迹。这种情况相当于经济体制转轨本身是在对一个动态的对象进行契合,使契合增加了难度,加上政府行为本身的主观性必然出现契合上不完美,从而对经济转型产生一种异于其自身发展规律的反作用力,使经济转型的运动出现不同于其自然轨迹的波动。这种波动自然又会重新反馈到经济体制中去,从而使体制转轨也相应地出现波动。但从历史发展规律来看,这种互相传递的波动不会是逐渐放大的趋势,而是应该呈收敛状。无论这种影响有多么复杂,传递这种影响的本质性的矛盾还是在于时空错位,是经济体制转轨与经济发展转型的矛盾运动,这也是动态分析经济转轨的基础。

二、中国经济转轨的经济史分析

中国商品经济的发展经历了一段漫长的时期,先后在秦汉、唐宋及明清就出现过三次经济发展的兴盛时期。近代中国社会的商品经济发展更快,实际上已经渗透到社会经济生活的每一个角落。新中国成立以后,虽然曾一度扼制商品经济的发展,但商品经济始终没有在中国大地上消失。商品经济与市场相伴而生。从这个意义上说,商品经济就是市场经济。但是,就一个完整的市场经济概念来说,它不仅包括商品经济的实质内容,而且还包括与内容相适应的经济组织、运行和调整形式等。可以说,市场经济是商品经济的高级、发达的形式。以下我们将结合经济转轨的实践,以中国经济发展的历程为脉络来说明经济转轨实际上是社会主义实践中的一个特殊过程。

(一)以鸦片战争为起点的中国现代化及资本主义的发展(1840—1949年)

对所有的落后国家来说,现代化的启动都来自外部的挑战。1840年的中英第一次鸦片战争,就是在19世纪中叶清王朝开始衰落的过程中发生的。19世纪中叶是东亚历史发展的大转折时期,这个大转折不是内部因素而是外部因素造成的。但必须指出,中国在1840年以前的衰败现象主要是内部因素的作用,这与1840年以后西方冲击下引起的社会变迁大不相同。

19世纪下半叶到20世纪初是在旧王朝体制下探索资本主义发

展取向的自上而下的改革时期。在这一时期,西方资本主义对中国的渗透还非常有限,清朝皇权结构主要是受到太平天国的沉重打击而松弛化。在内忧外患双重压力下,清廷改革派与新兴地方实权派结合,兴办了一批官办的军工企业,后期扩大成为官办、官督商办、民办的资本主义型企业。但这一发展势头不幸被1894—1895年第一次中日战争打断,中国由于在此次战争中的失败而丧失了一个难得的历史机遇。

从1911年辛亥革命到1949年新民主主义革命胜利,这40年是中国内忧外患同时加深、半边缘化与革命化同步发展的时期。这一时期的中国现代化面临的主要问题不是经济发展,而是共和体制下的国家重建。20世纪上半叶第一次世界资本主义经济危机严重影响了这一任务的完成。第一次世界大战导致了俄国脱离资本主义世界体系,选择了社会主义现代化的新道路。世界性经济危机导致了法西斯主义的兴起,德、日、意转向法西斯资本主义道路。这两次大分裂直接影响了中国内部两条发展道路的斗争。1927年,国共两党反对帝国主义和封建军阀的统一战线破裂。国民党的南京政府以城市为据点,代表城乡地主资产阶级利益,仿效德国模式的发展道路;共产党则以农村为据点,代表工农利益,仿效俄国模式的发展道路。

在这一时期,国内政治分裂造成的内部混乱,与世界资本主义从1914年世界大战以来的发展危机引起的外部混乱碰撞在一起,是鸦片战争以来中国面临的最严重的民族危机。但是,辛亥革命引发的政治发展断裂没有对经济发展造成严重的影响,由于内外控制的放松反而对民间资本主义的发展提供了机会。20世纪初期(1914—1924年),中国出现了一次小的工业化浪潮,由于缺乏全面、准确而可靠的统计基础,对抗战前中国近代工业增长速度的估计也大不相同。按照张约翰的估计,1912—1936年工业增长率为9.4%(表2-2是张约翰对1912—1942年间若干时期工业增长率的估计)。资本主义商业化、都市化、农业专业化都有明显的推进,如果不是日本帝国主义发动侵华战争再次打断了中国的半工业化,中国可能会沿着准资本主义道路缓慢地走下去。

表2-2　1912—1942年的中国近代工业增长率

年份	年均增长率(%)	年份	年均增长率(%)
1912—1920	13.4	1926—1936	8.3
1912—1936	9.4	1928—1936	8.4
1912—1949	5.6	1928—1942	6.7
1912—1942	8.4	1931—1936	9.3
1923—1936	8.7	1931—1942	6.7
1923—1942	7.4	1936—1942	4.5

资料来源:转引自王询、于秋华编著《中国近现代经济史》,东北财经大学出版社,2004年,第147页。

(二)第一次转轨——从准市场经济到计划经济体制(1949—1956年)

1949年革命的胜利带来了发展模式的全面转换。这次模式大转换是在第二次世界大战后两个体系对立特殊条件下进行的,我们将本次转变称为从准市场经济到计划经济体制的转轨(第一次转轨)。新中国建立后,面对帝国主义掠夺和战争造成的衰败,新中国进行了国民经济的恢复工作(见专栏2-4)。从1949年10月到1956年基本完成对生产资料私有制的社会主义改造,是由新民主主义向社会主义转变的过渡时期,在短短的七年间,中国战胜了经济危机,迅速恢复了国民经济,有计划地开展了经济建设,抗美援朝、保家卫国,在农村开展了土地改革,发动社会主义合作化运动,在城市大规模开展了国有化运动,成功地发动了国家工业化,初步建立了社会主义经济制度和政治制度。

值得注意的是,建国初期中国领导人要建立的是新的人民共和国,即新民主主义社会,而不是一个新的传统王朝,并系统地提出了

专栏 2－4

恢复国民经济工作的主要内容

1. 没收官僚资本,掌握国民经济命脉。首先是全部没收国民党反动政权的官僚资本企业,对帝国主义在华的1000多家企业实行管制、征购、征用、代管等措施,逐步将其转变为中国财产。然后又对没收的官僚资本企业进行了民主改革和生产改造。

2. 打击投机资本,稳定市场物价。首先是打击投机势力,稳定市场物价。主要是通过加强金融管理,打击金银、外币投机;加强市场管理;控制主要商品,通过集中抛售,打击投机资本等措施来掌握市场的主动权,抵住了投机资本的冲击,刹住了物价的猛涨风。其次是统一财经工作。政务院先后通过和颁布了《关于统一国家财政经济工作的决定》和其他一系列决定,从财政、贸易、金融等方面来统一管理全国的财经工作。

3. 争取财政经济状况的根本好转,恢复国民经济作为建国后头三年的中心任务,并提出要取得财政经济状况的根本好转,需要三个条件:即土地改革的完成、现有工商业的合理调整和国家机构所需经费的大量节减。

1952年底基本上完成了各项任务。

资料来源:马洪、孙尚清主编《市场经济300年》,中国发展出版社,1995年,第400页。

新民主主义的政治、经济、文化三大纲领①。在这里，毛泽东的建国构想，既不是欧美式的私有制的资本主义经济，也不是苏联式的公有制的社会主义经济，而是第三条道路，即中国的新民主主义经济，确切地讲它是一个混合经济，既有资本主义经济，也有社会主义经济。这反映了毛泽东根据中国经济十分落后的基本国情，创造性地、务实地提出了这一新的建国构想。当然，这一建国构想更多的是受到了孙中山国民党一大宣言的民主主义纲领的影响，还看不出苏联社会主义经济理论与模式的明显影响。

作为中国共产党主要领导人之一的刘少奇在建国前后也提出，要从中国国情出发，民主革命胜利后，不要学苏联的做法，不能马上直接采取社会主义实际步骤。他说："过早地采取社会主义的政策是要不得的。"过早地消灭资本主义的办法，则要犯"左"倾的错误。他的主要理由：一是条件不成熟，国营经济比重是很小的，顶多占10%—20%。二是搞社会主义就意味着实行公有制，在这方面不能照搬俄国在资产阶级民主革命成功后立即就开始进行社会主义革命的经验。三是客观上还要利用资本主义商业来发展经济，"它的适当发展，对于国民经济也是有利的"。他提出了与民族资产阶级的"搭伙论"至少可以搭伙 10 至 15 年，如果过早消灭了，消灭了以后你还

---

① 早在 1940 年，毛泽东在《新民主主义论》中就提出了在中国建设新民主主义社会的建国设想。一是实行新民主主义政治纲领，在国体上建立各革命阶级联合专政；在政体上实行民主集中制；国家是建立新民主主义的共和国。二是实行新民主主义经济纲领，大银行、大工业、大商业归国家所有，由国家经营管理，国营经济是社会主义性质，是整个国家经济的领导力量；不禁止"不能操纵国民生计"的资本主义生产的发展；在农村没收地主的土地，分配给无地和少地的农民，实行孙中山先生"耕者有其田"的口号，把土地变为农民的私产。他也强调中国的经济，一定要走"节制资本"和"平均地权"的路，绝不能是"少数人所得而私"，绝不能让少数资本家少数地主"操纵国民生计"，绝不能建立欧美式的资本主义社会，也绝不能是旧的半封建社会。

要把他请来的。从政治上看,革命胜利后,我们的政权性质是新民主主义的,还要请民族资产阶级代表人物参加。他主张通过"经济竞争"来解决资本主义经济成分与社会主义经济成分之间的矛盾。对农业小生产者给予土地,还需进一步使他们成为"小康之家"。合作社是劳动人民的集体经济,与国家经济相结合,建立同盟,走向社会主义。在中国领导人中刘少奇是最早提出来中国不要学苏联搞公有制做法,还要利用私人资本主义,不要搞单一的公有制,要搞多元化经济成分。

专栏 2-5

"一化""三改造"

"一化"的核心是国家工业化。它有两大特点:一是国家发动工业化,领导工业化,推动工业化,政府就成为工业化的主要发动者、推动者和实施者,基本排斥了民间资本(主要是指民族资本和私人资本)和社会参与工业化。例如 1949 年全国工业总产值中(不包括手工业)私人企业占 56.2%,国营企业占 43.8%;到 1952 年时已经发生了相当大的变化,分别为 32.7%和 67.3%。这表明尽管在整个国民经济中国营经济比重并不大,但在现代工业经济中已占 2/3。1952 年 10 月刘少奇还提出在工业部门中进一步国有化的设想,五年之后使私人资本主义经济比重降至 20%以下,再过十年缩小至 10%以下,而国有经济在 90%以上。二是选择了以优先发展重工业为目标的工业化战略。1953 年 9 月周恩来就提出了"重轻农"的发展次序,他明确"一五"计划的基本任务"首先集中主要力量发展重工业,建立国家工业化和国防现代化的基础;

相应地培养技术人才,发展交通运输业、轻工业、农业和扩大商业。同样这也是苏联式工业化模式,在《政治经济学教科书》中把优先发展重工业视为社会主义工业化的方法,而把优先发展轻工业视为资本主义工业化的方法。

"三改"的核心是在农村实行集体化和在城市实行国有化,将个体经济、私人经济改造为全民所有制和集体所有制两种公有制经济,试图使国有经济成为整个经济的主体。"三改"于1956年底基本完成,只用了3年时间而不是几个五年计划的时间,是一场急风暴雨激进式的社会革命。

但是,毛泽东的看法与刘少奇等人的看法还是有所不同,他对民族资产阶级的政策更多从策略上考虑,而不是基于对中国发展状况的战略上的考虑。很快《共同纲领》的第二十六条就变成了"一纸空文",毛泽东转为进行极其激烈的、排他性的又是激进主义的"三大改造运动"。他自己放弃了由他在1949年所确立的新民主主义的建国纲领,提出了旨在向社会主义过渡的党在过渡时期的总路线和总任务,选择了苏联式的社会主义国家工业化道路。

笔者认为,第一次转轨过程的推动因素可以从内部因素和外部因素两个方面来分析:

中国人口众多、经济落后、发展不平衡的国情制约因素的现实性与领导人发展目标与战略的主观性之间的矛盾,影响和决定了他们对中国工业化模式的初始选择和不断调整,其主题一直是探索适合中国国情的、旨在摆脱贫困落后、追赶发达国家,但又不同于资本主义的社会主义现代化之路。蔡昉、林毅夫认为,中国传统经济体制的形成,是从选择重工业优先发展作为起点的,这也是内部推动因素之一。传统经济体制是为推行重工业优先发展战略,以实现赶超发达国家的目标服务的。然而，没有自主权的微观经营体制造成劳动激励不足，排斥市场机制的资源计划配置制度造成经济效率低下，扭曲的宏观政策环境造成了扭曲的经济结构。

第二个内部推动因素是经济体制的制度选择。这是一个制度与体制选择、形成、确立、调整、改革、创新的连续的变迁过程。它不同于欧美等国社会诱致性、民间自发性的制度变迁，而是一个基于国家强制性、中央政府主导型的制度变迁，在很大程度上取决于中国领导人的选择，特别是毛泽东的选择。

外部推动因素主要表现为对外关系的政策选择。二次大战之后，全球不仅划分了东西方对峙的两大阵营，而且还出现了南北方发展差距日益扩大的趋势。作为世界人口大国，与世界的关系直接影响了中国的经济发展和社会变迁，建国前中国共产党只能选择"一边倒"的对外政策，建国后也首先与苏联结盟。朝鲜战争爆发前后，以美国为首的西方世界对新中国实行经济封锁和禁运，大大地限制了中国从西方世界获得资金与技术的能力，也大大影响了中国对外开放的进程，中国被迫选择了"自力更生"的经济方针、"闭关自守"的经济政策和"进口替代"的经济战略，同时也形成了中国选择优先发展重工业的经济战略。

（三）第二次转轨——从计划经济体制到市场经济体制（1978年至今）

传统的社会主义制度是对传统的资本主义制度的一次否定。但在经历建国之初的经济跃升之后，中国的计划经济体制日益暴露出效率低下的问题。事实上，经济学家们目前普遍认为计划经济体制先天就有着致命的缺陷（见专栏2－6）。计划经济体制在其初期因为有效地抑制了"分利集团"的活动而实现了不同寻常的高速经济增长[①],同时建国初期阶段人民的生产热情也大大强化了这种增长势头。但是,随着计划经济体制的积极作用的减弱以至逐渐消失,第一次转轨的社会矛盾和利益冲突爆发出来,需要对制度进行向后的调整。这些社会矛盾和利益冲突主要表现为:

首先,中国人均收入极其低下,仍然是世界最贫穷的国家之一。根据世界银行按实际购买力平价计算,1978 年中国人均总国民收入(GNI)仅为 340 美元(现价),相当于低收入组平均数(660 美元)的 52%,相当于下中等收入组平均数(1290 美元)的 26%,中国人均 GNI 居世界后列。根据麦迪森按 1990 年国际美元计算,1978 年中国人均国民生产总值为 979 美元,相当于世界人均 GNP(4382 美元)的 22.3%。而在 1952 年中国人均 GNP 相当于世界人均 GNP 的23.7%,这表明在 1952—1978 年期间,中国始终处在低收入水平上,与世界人均收入水平的相对差距没有缩小,还略有扩大。

其次,城乡居民实际人均收入增长幅度不大,贫困人口及低收入人口约占总人口的一半。从居民消费结构看,城乡居民分别属于温饱型和绝对贫困型。1978 年全国城镇居民人均可支配收入为 343 元,恩格尔系数为 57.5%,属于温饱型;农村居民家庭人均收入为 134 元,恩格尔系数高达 67.7%,属于绝对贫困型。尽管当时的中国领导人还没有使用经济指标详细分析中国的经济发展和人民生活状况,但是他们都能实事求是地承认人民生活水平改善不太大,生活水平还相当低下。在城市无论是国有企业还是集体企业经济效率低下问题十分突出。1979 年初李先念尖锐地指出了经济运行中存在的效率低下的问题:全国有 1/3 的企业管理比较混乱,生产秩序不正

① 何帆:“传统计划体制的起源、演进和衰落”,《经济学家》,1998 年第 2 期。

常;国营企业每百元工业产值提供的利润比历史最好水平还低1/3;24.3%的国有企业出现亏损;基本建设战线长,投资效果差,浪费惊人;流通领域中环节多,周转缓慢,物品严重积压;普遍追求产值、产量而忽视提高质量、增加品种、降低消耗;产品质量低劣,品种规格不对路,物质消耗高;需要的产品生产不出来,不需要的产品又盲目生产,大量积压。其实在毛泽东时代李先念作为中央政治局委员、国务院副总理兼财政部长早就对中国计划经济体制弊端有深切的感受和认识,但是连续的周期性的阶级斗争和政治运动不仅无法改革这一体制,而且连正常的生产和经济秩序都保证不了。直到1978年才开始对这一体制作"大手术"。

专栏2-6

计划经济走向解体的思考

计划经济……由于内在的弱点必然最终走向解体:

1. 经济核算的不可行性

计划经济体制是以"社会理性"作为假定前提的。这种假定包括两个方面:一是社会能够准确无误地了解社会需求、社会资源、生产者的生产函数以及每一个劳动者的劳动贡献;二是中央当局具有超常的收集和及时处理各种有关经济信息的能力。……计划经济体制失败的一个重要原因就在于试图集中全部知识,而实际上这些知识分散于社会体制的各个方面,若允许单个行为者在总法则的范围内追求各自的目标时,这些分散的知识才能有效地利用。……在社会科学领域里,不存在可以直接观察到的规律性,因此试图按照理性原则重建社会是行不通的。

2. 利益一致的非现实性

计划经济的一个重要假定前提就是该社会各个主体之间存在着完全的利益一致性。事实上,迄今为止,世界上任何一个国家,包括西方发达的国家都没有达到这一程度,从而无论是个人还是团体都存在着各自独立的物质利益并且成为他们各自追求的目标。……在计划经济条件下,人们对利益的直接追求虽然受到压抑,但却总是以变相或扭曲的形式间接表现出来,最终会伤害社会经济的发展。

3. 体制运行的低效率

计划经济体制下,社会经济系统的运行效率的高低取决于计划的科学性,而这种科学性在该体制下是根本无法实现的。无所不包的计划必然造成计划失灵,这似乎是一个逻辑悖论。然而,计划体制运行却证明这种悖论是现实存在的。首先,计划经济体制下,从中央到企业需要相应建立各级各类信息收集和处理以及计划的管理和实施等方面的庞大的行政机构,社会为此要支付巨额成本。……其次,计划的作出必然依据各方面信息的汇总,而在汇总的传递过程中,信息逐渐变得粗略和简单,从而必然造成信息的失真和滞后,信息的失真乃是由于各经济主体出于自身利益的考虑,他们只选择对自己有利的信息,对自己不利的信息则尽量隐瞒。……最后,社会经济生活千变万化,具有不确定性,由于不确定性存在,人们永远也不能用计划的方法对社会经济进行完全的事先控制,或者说,制定无所不包的计划,实际上是不可能的。这不是计划技术问题,而是一个基本的、哲学意义上的方法论问题。

资料来源:景维民:《过渡经济论:目标、道路与制度》,天津人民出版社,2000年,第31页。

在农村实行的人民公社制度,也是一个经济效率低下的经济组织。中国的农业特征是:一方面农业劳动生产率一直处于增长性波动,甚至下降;另一方面土地生产率不断上升。根据麦迪森按 1987 年价格计算,农业劳动生产率在 1957—1978 年期间年平均增长率为 -0.19%,每个农民的农业增加值比 1933 年还低 15%,其中 1961 年的农业劳动生产率仅相当于 1933 年的 60%;每公顷农业增加值 1978 年比 1957 年提高了 65%。

第三,中国的经济危机是经济转轨的重要原因。中国的经济转轨起源于经济调整,而经济调整就是对经济危机的调整。当时主管经济工作的党中央副主席和国务院副总理李先念解释为什么党的十一届三中全会提出三年经济调整?主要原因是,重大比例严重失调,如农业和工业的比例严重失调,轻、重工业的比例严重失调,燃料动力工业同其他工业的比例严重失调,积累和消费的比例严重失调。国民经济比例失调的状况越来越严重,在许多方面比 1961—1962 年还要严重。此外劳动就业问题十分突出,全国大约有两千万人要求安排就业,这已经成为一个突出的社会问题,如果处理不当,就会一触即发,严重影响安定团结。他还特别指出,“文化大革命”之后的中国经济“濒于崩溃,这实质上就是一种经济危机”。

这一系列的矛盾和问题的出现促使我们对原有经济理论进行更深层次的思考,正如我们前面所论述的那样,经济发展阶段和经济体制的时空错位导致了以上矛盾和问题的产生,我们必须对经济体制进行向后的调整,使其与经济发展阶段相契合,才能继续沿着社会主义的道路稳步前进。从这个意义上说,经济转轨也是社会主义实践的一个特殊的过程,其特殊性表现为它不是社会主义自然历史演进的必然过程,而是对经济制度的向后调整的特殊过程。

计划经济体制与市场经济体制

1.计划经济的特征①

(1)国家所有制居主导地位。从法律上看,公有制存在着国家所有制和集体所有制两种形式,但实际上国家所有制居主导地位。

(2)经济决策高层集中。国家不仅负责宏观的资源分配,而且也控制着微观资源的配置。不存在真正的企业。

(3)国家通过自上而下的命令协调经济活动。中央计划当局对于企业以指标、计划参数、实绩评价及报偿实行全面控制,企业的激励是与完成和满足计划当局的偏好相联系的。严格的计划活动与经济的直接行政管理密不可分。

(4)市场机制在经济发展中的作用小到可以忽略不计的程度。在那里基本上不存在竞争性的商品市场,更没有生产要素市场。物价、利率、汇率等生产要素的价格基本上不反映其成本和供求状况及其变化,因而不具有传播市场信息的功能,而只是一种消极的记账和核算工具。

2.苏联和其他社会主义国家实行的高度集中的计划经济管理体制是在社会主义公有制的基础上建立的,它排斥市场调节,实行指令性计划,由国家机关通过行政手段直接对各地区、各单位下达指标,进行统一管理。这种计划经济体制的主要特征

① 参考景维民:《过渡经济论:目标、道路与制度》,第26页,天津人民出版社,2000年。

是[①]：

(1)计划经济是建立在单一的公有制基础上的。城市和工业中全民所有制经济占绝对统治地位,采取国家所有制的形式。……中国的计划体制也是在1956年基本实现生产资料所有制的社会主义改造,社会主义公有制在国民经济中占绝对优势的基础上建立起来的。在公有制经济中,农村主要实行集中所有制,城市工业主要实行全民所有制。国家所有制是全民所有制的惟一形式,国家既是所有者又是经营者,由政府统一管理、统一经营。在计划经济体制下,不允许多种经济成分同时存在。集体所有制经济作为公有制的一种形式,虽然不同于国有经济,但是它们的独立经济利益也受到限制和干预,必须服从国家的统一计划。

(2)靠国家的指令性计划来调节资源的分配和指挥经济活动,排斥市场的调节作用。指令性计划是国家机关通过行政命令下达计划指标来实现的。计划即法律,地方、企业对计划指标必须严格执行,不能根据市场的实际变化灵活改变,如果不能完成计划任务要承担法律和行政的责任。生产需要的物资采取统一分配,财政收入和企业利润采取统收统支,劳动用工统一调配,工资制度和工资分配采取统一管理,商品价格由国家统一规定。市场供求和工资分配采取统一管理,商品价格由国家统一规定。市场供求变动不能直接影响生产要素的流向,生产与市场需要脱节,价格与商品的劳动耗费和市场供需脱离,劳动者的

---

① 苏星:《邓小平社会主义市场经济理论与中国经济体制经济转轨》,人民出版社,2002年。

收入与劳动贡献脱节。计划指标是经济活动的惟一根据,行政手段是惟一的实施方式。

(3)国家实行集中的直接管理、直接经营,排斥企业、单位的自主经营和独立利益。企业只是国家机关的附属物,没有独立自主的经营权,也没有独立的经济利益。企业的投资由计划统一安排,生产要素由计划统一分配,生产任务统一下达,产品由国家统一调拨,劳动力统一招工,工资分配统一规定,企业利润统一上缴,无论盈亏都由国家一概包揽。

……

什么是市场经济?西方经济学家一般从市场经济运行机制和资源配置方式的角度为之下定义。如美国《现代经济辞典》的定义是:“一种经济组织方式,在这种方式下,生产什么样的商品,采用什么方式生产以及生产出来以后由谁将得到它们等问题,都依靠供求力量来解决。”日本学者所著的《经济政策学》认为:“从总体上来说,价值调节只有两种方式。一个是中央当局者从整体上实行的计划调节方式;另一个是依据供求的自由汇合而形成的市场价格进行调节的市场调节方式。前者被叫做管理经济(或计划经济),后者被称为市场经济(或流通经济)。”萨缪尔森和诺德豪斯合著的《经济学》认为:“市场经济是一种主要由个人和私人企业决定生产和消费的经济制度。价格、市场、盈亏、刺激与奖励的一整套系统解决了生产什么、如何生产和为谁生产的问题。”“市场经济是一部复杂而精良的机器,它通过价格和市场体系对个人和企业的各种经济活动进行协调。”《麦克米兰现代经济学辞典》说:“市场经济是一种以价格为基础来做出关于资源配置和生产的决策的经济体制,而价格是在生产者、消费者和生产要素的所有者之间自愿形成的。”这些定义表明，市场经济是由市场供求变化调节的经济。供求变化表现为价格的升降，也可以说是价格调节的经济。我们知道，价格是围绕价值波动的，因此，市场经济实际上是价值规律这只“看不见的手”调节的经济。

……

市场经济与计划经济不同，经济的运行不是靠计划手段来调节，而是由市场机制来调节。计划调节是通过国家行政的手段，预先制定和下达指令性指标来实现的。这种调节难以符合多变、复杂的经济实际，不能调动市场主体的积极性，缺乏敏感性和灵活性，因此，不能激起经济活力。市场机制是通过供求变化、价格信号和竞争功能来调节经济运行的。在市场上，商品生产者和所有者根据自身的经济利益参考市场交易活动。市场上繁多的商品供给和需求变化频繁，这种变化通过价格信号灵敏地反映出来，供大于求，价格就会下跌；供不应求，价格就会上涨。市场主体随时根据价格信号，调节自己的生产，价格上升了，就要增产；价格下跌了，就要减产，还要改善产品结构，提高产品质量。商品生产者不仅是被动地适应价格的变动，还能运用价格这个工具在市场上与对手竞争，或是降价出售，扩大销售，或是抬价买进，扩大收购。为了增强竞争力，就要提高技术水平，扩大生产规模。这种市场调节的机制比较及时准确地反映了供求的实际变化；能及时有效地调节生产和供求的矛盾，使社会生产正常进行；能充分调动市场主体的积极性，以他们内在的经济利益为动力，推动扩大生产规模和提高生产技术、改进产品结构、提高产品质量。

第三节　经济转轨是主观见之于客观的过程

前面主要是讨论经济转轨这一客体的本质和其存在的问题，但其中并没有考虑在经济转轨过程中发挥主观能动性的人，即没有考虑主观见之客观的一般规律性。如第一章所述，从历史上的经济过渡来看，过渡的方式大致可以划分为两类，即自然演进的过程或叫自然历史过程，和改革演进过程或者自觉选择过程。也就是说，如果改革不是随意的，而是在符合历史演进规律的前提下制定各项方案和步骤，那么加速过渡进程的成功就是有保障的。经济转轨显然应该属于改革演进的类型，因此对其研究必须考虑“自觉”（主观）能否符合客观发展规律，以及能从多大程度上符合客观发展规律。

对于经济转轨过程而言，主观是可能见之于客观的。首先，经济转轨的客观存在性是主观见之客观的基础。经济转轨不仅客观存在，而且如前所述是有结构的和有规律的。从静态上看，经济转轨是由某些特定要素（经济体制和发展阶段）构成并表现出某些特征的结构性存在物，从动态上看，经济转轨处于有规律的运动、变化之中。当然这里所说的结构和规律都是通过主观认识来表述的，但这种由主观来表述的对象都是独立客观存在着的。其次，经济转轨主体也是有足够能力来认识经济转轨的客观性的。关于主观能力的争论可以上升为哲学中的不可知论与可知论的范畴，但从经济转轨实践中可以看出，经济转轨的主体表现出了极强的认识客观规律的能力。主体在经济转轨实践中不断地以一定的必要条件来创造设想的社会发展过程，以对其认识结果进行证实或证伪，并通过这种证明的过程不断提高其认识客观规律的能力。

本章第二节中指出经济体制很大程度上决定了经济发展的快慢、社会生产力进步的速度。那么经济体制有没有主观的、能动的因素呢？或仅仅是经济体内部自生的和客观的呢？关于这个问题有过许多争论。樊纲(1997)指出："政府本身也是经济中诸多行为主体的一个，而并不是一个'外生'的、超然的行为主体；它也是根据政治经济形势的内部变化，根据自己的特殊利益最大化原则进行选择，做出决定。把由政府推进的改革说成为'外生'的改革，相当于把政府说成为外在于整个社会的存在。就变量关系而言，我们可以说政府政策对于市场变量体系来说是'外生'变量，但在制度改革的问题上，由于我们是在谈论制度，这时政府本身就在所考察的范围之内，不定政府行为的'内生'性，实际上就变换了论题，并且无法解释制度变化本身。"大野健一(2004)提出相反的观点，"我们要记着的第一件事是市场经济不会自发地在发展中国家或经济转轨国家经济中产生。在那些国家，市场机制是被政府有意识地引进以提高生产力和生活水平的。现存的社会结构中没有内在动力提供支持市场经济的制度和文化。这样，政府的作用就非常关键了，启动市场化必须只能由政府来做。积极的政府是绝对必要的，没有它，社会基础就不会转向市场经济。"笔者认为政府在经济体中的确不是完全超自然的行为主体，但是在讨论这个问题时，需要认识到组成政府或称为政府代理人的政府官员却是具有自主性、主观性、创造性的行为主体。按照公共选择理论的解释，由于个人偏好或者主体性的不同很可能使得政府行为方式并不是完全客观的或理性的。但是，在经济转轨国家中，由于体制僵化性的影响，力量薄弱的市场自身根本无法形成推动"计划→市场"的内在动力，必须依靠政府主动的行为，作为经济转轨的启动和推进力量。当然在市场逐渐完善并成为推动经济发展的根本力量的经济转轨中后期,政府所起到的作用更多是在于驾驭、规范和保障市场运行方面,其“外生性”的方面逐渐会转化为“内生性”。至于这种转化会不会是彻底的,本书认为必须基于过程论的观点进行认识,因为在许多发达的市场经济国家,政府的行为也表现出了许多自主性的方面。但如果仅仅关注这一方面的属性,那么对问题的认识又必然会陷入完全超自然论的怪圈中,也就无法解释政府一些行为特点,例如,政府的更迭。因此本书认为,经济转轨国家,特别是在经济转轨前期,政府是推动经济体制运动的重要力量,即经济体制的运动一方面体现出其自身的规律性,另一方面必然体现出主观性。在讨论这个命题时必须注意三方面:一是认可政府会依照自身的内在要求去反映和变革,尽管会受到自然规律的束缚或约束,但其必然存在着一个可供主观选择的范围;二是经济体制的演进存在着其内在的规律,因此政府行为也必须存在着一定的“内生性”,因此不能任意夸大主观选择的范围;三是主观选择的范围虽然有其存在的客观性,但是这个范围的边界却是时间等变量的函数。从经济转轨前期的实践来看主观选择的范围较大,但并不能认为在经济转轨中后期,或在完成经济转轨之后,这个范围的边界仍然是固化的保持这样大,按“市场—政府”的动态关系去认知,这个范围的边界应该是动态的。

一、政府与市场的矛盾是主观见之于客观的内在机理

经济转轨是“(计划)→(计划 > 市场)→(市场 > 计划)→(市场)”的过程。就这个运动过程中的主体而言,可以理解为政府在一定前提下允许公众(企业、个人等)以自身利益增长为目标的行为或活动,以及政府不断为其创造条件和改善条件的行动的过程,即可以从政

府与市场这对矛盾的角度来论证经济转轨的过程观(参见专栏2-7)。政府与市场的关系在经济转轨过程中是一个容易感知并且在学术界经常引起争论的问题,就其能动性而言可以称为经济转轨的主体,因此本部分姑且称其为主体原因。资本运动是市场的"内生"机制,使社会化大生产的广泛分工与有效率协作在有利于优化资源配置的环境中进行,"外生"的政府通过遵循这种动力机制推动了经济体制转轨过程。但由于政府与市场矛盾的复杂性和多样性,政府需要选择适当的路径并进行相应的体制创新和绩效评价。政府的行为会对市场的运行(资本化运动)产生影响,这种影响又将反馈政府行为本身,这种循环影响使经济转轨成为一个复杂的运动过程,但究其根本,政府与市场矛盾双方在控制资源上的此消彼涨是经济转轨所特有的动力。这个特有的动力可以通过中国的改革实践予以证明。

相对于计划—市场的概念而言,政府—公众的概念可能更具基础性和理解性,公众主体因对利益的追求和公众之间的关系仍以物的形式存在,就需要交换形成市场及其规则;政府主体因对利益的追求(不论是自身利益还是其所代表的利益)就需要用计划行政的方式作出安排,因此计划与市场分别代表了一种生产的组织方式或资源的配置方式,是一种更具表象的概念。传统体制的实质可能是:政府在不适宜的经济发展阶段干了许多公众能干也愿意干的事情,而这种事情政府是干不好的;公众干了许多政府应当干也愿意干的事情,而这种事情公众也是干不好的。这就形成了政府—公众之间扭曲的替代关系,导致了政府—公众间的行为冲突和经济运行的低效率,其根源是制度安排上的错位。因此经济转轨的实质是,政府放弃了传统计划经济体制下自己作为单一利益主体组织和主导经济运行的格局,放权让利于公众,承认了公众的利益合理性,并在一定条件下鼓

专栏 2－7

经济转轨中政府与市场的关系

政府和市场都是现代经济发展不可或缺的内生要素，动态地看洁白无瑕的政府或完美无缺的市场均无法企及，从某种意义上说，经济运行的过程实际上就是政府与市场这两套机制相互博弈，从而使经济发展沿着“不均衡—均衡—新的不均衡—新的均衡”的轨迹不断发展的历程，并以博弈论的视野探求政府与市场的运作规律，指出在经济转轨初期，政府全能主义者会占据绝对优势，至经济转轨中期，市场化改革者经过一个学习过程，逐渐与政府全能主义者势均力敌，到经济转轨后期，市场化改革者占据绝对优势，与市场化相联系的规则基本健全并开始有效运行。

资料来源：刘为民、洪望云：“转轨期政府与市场的博弈及制度创新”，《湖北大学学报》，1999(2)。

励公众以追逐自身利益为目标的行为。这种行为的结果是经济活力的增加，经济效率的提高，市场的扩大和功能的完善，也就是说经济转轨是市场体制取向的。公众的行为过程及经济影响可简单描述为“公众利益主体→赢利动机→供求与价格→市场配置资源→商品生产→商品交换→利益实现……”。

本书认为中国改革成功的原因在于借助资本的功能渐进而有序地发育商品经济因素和社会化大生产的演进过程；如果用后者来反馈前者，则又可以概括为渐进市场化改革背景下的资本活动渐进有序的范围广泛化和影响深远化。中国高层领导核心的主要决策者对这一重大问题的思考和探索，无一不是呕心沥血、备尝艰辛的。正是他们的承前启后，坚持不懈的实践、认识、再实践、再认识，才在经过了漫长而曲折的积累之后，初步完成了这三道“防线”上的实质性突破，实现了社会主义初级阶段在抛弃计划体制的过程中对于所有制和分配方式如何既坚持社会主义基本制度同时又实行灵活政策——这样一个由必然王国到自由王国的历史性飞跃。三代领导人对经济学思想革命的一步一步向前发展的线索是十分明晰可见的，这便是由“毛泽东时代”对所有制和分配方式过急变革一段又向后回调一段的矛盾性决策及实践，发展为“邓小平时代”提出以公有制经济为主体、其他经济为补充的所有制结构，以按劳分配为主体、其他分配形式为补充的分配结构模式，再进一步发展到“江泽民时代”，提出“公有制为主体、多种所有制共同发展，是我国社会主义初级阶段的一项基本经济制度”；“公有制不仅包括国有经济和集体经济，还包括混合所有制经济中的国有成分和集体成分”；“国有经济起主导作用，主要体现在控制力上”；“公有制实现形式可以而且应当多样化”；“劳动者的劳动联合和劳动者的资本联合为主的集体经济，尤其要提倡和鼓励”；“坚持按劳分配为主体、多种分配形式并存的制度”；“坚持效率优先、兼顾公平”；“允许和鼓励资本、技术等生产要素参与收益分配”等界定清晰，便于操作的制度化的完备体系。在最终找到这一符合经济学规律的答案之前，以及按照这一规律实践的过程中，我们曾经在生产力方面付出过怎样的代价，是不言而喻的。

资本运动的复杂性很大程度上根源于政府具有的“外生性”。通过政策创新尽可能使明显带有“逆生”特征而出现在经济体制转轨过程中的市场化运行机制转化为“顺向生长方式”，是有理由作为有中国特色的创造性存在，并引起经济学家们的注意的。由于作为根本性矛盾的时空错位本身存在着多样性，政府推动经济体制转轨的路径并不是单一的，也就是说，存在着一个政府可以主动选择的路径集合。正如前文所述,政府的行为是主观选择和客观规律的对立统一体,并且对立统一的边界会随着客观环境而发生变化,因此政府最终选择的路径可能并不是最优的,或者说在选择之初并不能判断是否是最优的,但在路径得到确认之后,政府就会采取相应的行为。这种在经济体制转轨中启动市场化运行机制由逆生转化为顺向生长的政府行为,笔者定义为“改革中的机制创新,并最终通过绩效的评价反馈到体制本身”。

图 2-4 可以形象描述政府主动选择的总过程。其中阴影部分表示社会资源,虚线表示时间的演进顺序。阶段 1 表示经济转轨最初“政府—市场”的关系,很明显政府控制了大部分社会资源,市场本身还基本不具备存在的条件。阶段 2 为市场的“修补式渗入”,主要是体制改革发动之初及随后的一个时期,虽然政府开始培育市场化因素、允许少量资源进行市场化配置,但由于政府并没有清晰的改革目标,甚至对市场这个“笼中虎”还存在着一定的猜忌,因此还保留着主要资源的控制权,仅以市场作为辅助。1978 年 12 月 22 日通过的中共十一届三中全会公报是这样归纳的:“充分发挥中央部门、地方、

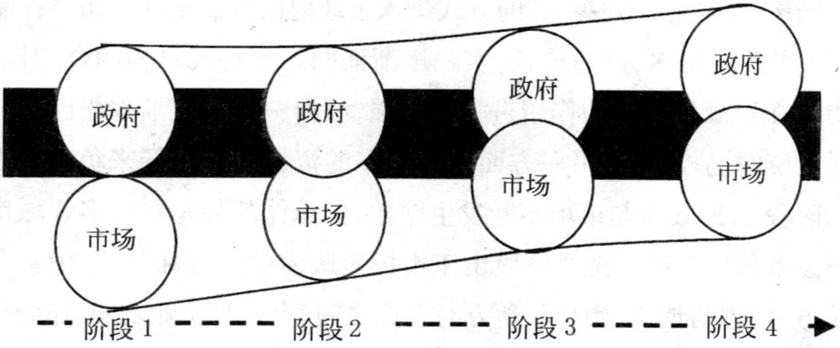

图 2-4 经济转轨中政府—市场关系的总过程

企业和劳动者个人四个方面的主动性、积极性、创造性，使社会主义经济的各个部门各个环节普遍地蓬蓬勃勃的发展起来”；1982 年 9 月 1 日胡耀邦在中共第十二次全国代表大会上作题为《全面开创社会主义现代化建设的新局面》的报告时又指出：“我国在公有制基础上实行计划经济。有计划的生产和流通，是我国国民经济的主体”。值得注意的是接下来的话比中共十一届三中全会上的表述有了进步：“同时，允许对于部分产品的生产和流通不作计划，由市场来调节，也就是说，根据不同时期的具体情况，由国家统一计划划出一定的范围，由价值规律自发地发挥作用。”但是，紧接着又作了限定：“这一部分是有计划生产和流通的补充，是从属的、是次要的，但又是必须的、有益的。国家通过经济计划的综合平衡和市场调节的辅助作用，保证国民经济按比例地协调发展。”这一阶段决策者的总体思路和制定政策的出发点，只限于在引入若干市场经济的因素对计划经济体制的漏洞进行修补，即弥补传统体制的缺陷、在传统体制框架下增强活力。即便如此，从中国经济体制改革的总过程来看，这一时期的政策变动仍然具有打破“坚冰”，催生新体制幼芽萌发的意义——市场毕竟以“修补式渗入”的方式进入了政府的控制范围。市场控制资源的逐渐增多，迅速成长，实践逐渐证明这个替代过程的合理性，市场在资源配置中的作用进一步加强，政府一方面逐渐放松已经让渡的资源的控制权，另一方面也将更多的资源交由市场来负责。进入阶段 3，即政府与市场不断发生摩擦，但总体趋势是在许多领域市场逐渐替代政府。这个阶段由于市场对政府的渗透和替代，中央与地方、地方与地方、中央和地方与企业之间、企业与企业之间，作为权力或利益的主体都已经有了各自守护的“利益边界”，“谈判”难度也相对较大。各种社会矛盾交织，经济运行状态失稳，几乎随时都在检验着决策者对于改革取向的决心、判断力和运筹指挥的能量。阶段4是经济转轨进入中后期并逐渐结束的阶段，此时政府将进一步退出对传统性资源的控制，但由于经济转轨结束并不意味着经济运行的无政府主义，合理的决策还是政府与市场共同配置社会资源，因此市场控制资源的内容比例逐步向着优化的方向靠拢，政府的活动更多地表现为对市场的规范、保障和驾驭。上述的描述主要是以渐进式的经济转轨为样本，激进式的改革可能会跳跃某个阶段，但从总体来看，其演进的逻辑和面临的任务应该是一致的。从俄罗斯的激进改革实践我们也可以看出，这四个阶段并不可能是瞬间完成的，至少在认识和思路上应该保证上述过程的连续性。

本书用下面的模型来解释政府与市场之间关系的决定问题，即在推动经济转轨运动过程中两者矛盾的演进问题。当某一新结构的收益超过制度变迁的成本时，就会产生新的制度；如果制度不发生变迁，那么就说明变迁的成本超过了收益。因此对过程的选择可以从市场控制资源的边际收益与政府控制资源的边际收益进行对比来判断。这种原理客观上决定了过程的选择问题。当然要使这种解释对现实的实证作用非常精确，那么必须扩展变迁的成本和收益的概念，并使解释模型尽可能的客观科学。本部分在上述原理的指导下试图建立一个数理模型来解释经济转轨过程的变动趋势，即求解理论上的最优点，也就是对经济转轨终点的判断。

通过上面的分析可知，经济转轨是政府将自己控制的资源转交给市场控制的过程，即政府的逐渐退出、市场的逐渐形成的过程。即经济转轨可以理解为政府与市场两种制度体系之间的动态博弈过程，当然，政府通常处于主观能动的地位，对经济转轨的全局具有宏观驾驭能力；市场则相对被动，但却是整体演进趋势的根本。为了能刻画这两种不同制度体系对资源控制所带来的绩效影响，本书假设生产函数为：

$$Y = F(r_1K, r_2K)$$

其中 K 表示一个社会的所有资源总量，包括资本、劳动和土地等。r_1 表示政府对资源的控制比例，r_2 表示市场对资源的控制比例，且 $r_1 + r_2 = 1$。因此经济转轨过程的最优点可以描述为：

$$\max Y = F(r_1K, r_2K)$$

$$sit\begin{cases}0 \leqslant r_1, r_2 \leqslant 1 \\ r_1 + r_2 = 1 \\ F'_1, F'_2 \geqslant 0 \\ F''_1, F''_2 \leqslant 0\end{cases}$$

根据拉格朗日一阶最大化条件可以得到最优状态是：$F'_1 = F'_2$。即政府控制的资源的边际收益等于市场控制的资源的边际收益时，社会生产达到最大化。

这种思想也可以从图 2－5 看出。图中的线 A 代表市场对资源控制的边际收益，线 B 代表政府对资源控制的边际收益。横轴分别表示市场和政府控制资源的比重，纵轴代表市场与政府之间讨价还价的结果，这一结果表明市场与政府在共同占有一定数量的资源时，他们所支付的价格是不等的。只有在 A 点 $MR_{11} = MR_{21}$ 时，即市场控制资源的边际收益等于政府控制资源的边际收益时，社会生产达到最大化。

经济转轨过程是从 $MR_{11} \neq MR_{21}$ 到 $MR_{11} = MR_{21}$ 的过程。当市场控制资源的边际收益与政府控制资源的收益不对等时，资源配置存在着调整在市场和政府之间的比重的余地和可能。如图中市场和政府对资源的控制处于 R_{22}（或 R_{12}）状态时，市场控制资源的边际收益

MR_{22}大于政府控制资源的边际收益 MR_{12},此时提高整个资源的收益水平的可能方法是,减少政府对资源的控制力度,将部分资源转移给市场控制,在使政府控制资源的边际收益增加的同时,降低市场控制资源的边际收益,使 R_{22} 逐渐趋向 R_{21},从而实现 $MR_{11} \neq MR_{21}$ 到 $MR_{11} = MR_{21}$的过程。

经济转轨过程并不是如此简单的比较静态变化,通常其路径、速度等决定线 A 和线 B 的形式,即线 A 和线 B 是经济转轨过程特性的函数,那么上述问题也就不是简单地进行边际上的比较,而更加具有动态性。把握这种动态性的关键是认识线 A 和线 B 的具体函数形式及其一阶条件和二阶条件的情况,但实践中这些认识的复杂性决定了研究的有限性。在无法给出比较准确的答案时,可选择的研究思路是给出定性的判断。在图 2－5 至少可以判断 R_{22}(或 R_{12})变动的趋势是朝向 R_{21},即可以判断政府在主观见之于客观的过程中,将主动地逐渐退出,市场将逐渐进入,并占据主要地位。

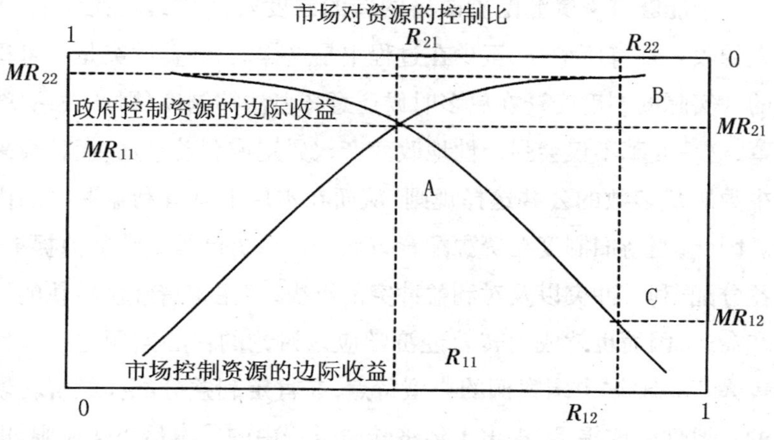

图 2－5　资源的政府控制与市场控制

上述经济转轨过程的复杂性使经济转轨成本和收益的假设和研究需要进一步扩大。比如，旧体制收益的大小是否要作为一个经济转轨的重要初始条件，并以此决定改革路径的选择。从长期看，假定经济转轨都能成功，各种路径改革的总成本最终是否是接近的？也就是说就经济转轨过程而言，假定存在一条简化的等成本—收益线，那么是否存在着路径优劣的选择？中国经济转轨的实践首先是丰富了成本—收益分析的内涵，使这种分析由没有过程的时点概念转向针对转轨经济过程中累积效应的研究。西方“休克疗法”的理论基础是只要新制度带来的收益超过旧制度的收益，经济转轨就会发生。因此它是关于时点A与时点B的制度收益的静态描述，不涉及变革过程中的成本问题，不存在转轨经济形态，变革可以一步到位，休克是最佳的路径。如前文所述，这种观点也被中国学者称为“利益分配无关论”。但是在中国的改革实践中，我们逐渐发现变革必然会带来利益分配关系的调整，资源配置的改善并不能自动解决利益分配问题。一个能够带来资源配置改善的新的制度安排，未必能使每个当事人的收入都有所增长，至少在过程中是这样的，利益冲突是不可避免的。实际的制度变迁在更多时候还意味着法律制度(财产关系)的变革，这一变革不仅会强制性地改变产权界定或利益格局，而且会采取少数服从多数的公共选择规则，从而在本质上具有利益冲突的内涵。因此，当新旧制度在资源配置方面孰优孰劣已被确认的前提下，利益分配、利益冲突以及对利益冲突的解决，将主宰着经济转轨的过程和命运，因而也就成为转轨经济学应该讨论的核心问题之一。盛洪等人正是根据中国案例的典型特点，在肯定利益分配在经济转轨中的重要性的前提下，提出了经济转轨过程中的成本最小化原则，即把改革过程中的利益冲突作为改革成本来进行度量，进一步探讨路径选择的合理性。

但是也有人对盛洪的观点提出了质疑和补充，即认为目标体制收益与经济转轨过程中的成本一个是时点的概念，一个是时段的概念，不具可比性。并且在经济转轨过程中除了成本外，应该还有收益的存在，这一点在中国渐进改革下最为明显。这种观点最终认为经济转轨路径的选择取决于过程中过渡性制度安排在各个时点所带来的收益累积与成本累积的差额。这虽然是一个更为精致的分析构架，但笔者以为仍可根据中国经济转轨实践的感受进行商榷。如累积收益中包含了旧体制在消亡过程中带来的收益和经济转轨过程中过渡性制度安排带来的收益两部分，但相对于经济转轨过程而言，旧体制的收益究竟应该计入当期收益还是下期成本？这种性质转变的临界点又应该如何确定？因为改革往往是在被迫下进行的，即在最适宜进行改革时往往因为旧体制收益的存在而无法实施改革，有学者曾将此解释为“摩擦成本”。这一实验室式观察本身的意义虽然有待讨论，但是从这一递推的分析中却可以看到更为重要的一面，即至少在短期内适宜的路径选择与次序优化的确是存在的。如我们在进行增量改革、体制外改革时，在相当长时期里保持了体制内的活力和支撑作用，这至少在当时和其后的一段时期带来了总收益的最大化倾向，虽然到现在这些存量的体制内活力已经衰减，并形成越来越大的阻力。

上述的模型由于深受西方经济学、福利经济学等影响，倾向于将体制改革的问题当作一个社会计划者的问题，即根据社会福利最大化的原则，选择一个最优方案的过程。如林毅夫在《中国的奇迹：发展战略与经济改革》一书中也使用了同样的思想。他首先把体制改革的原因归结为政府“发展战略”的改变；由于过去的发展战略不正确，所以“体制设计”不正确；为了“最优”的发展，政府改变发展“战略”，从而开始以一种特定的、最优的（由最优“发展战略”所决定的）方式与程序进行体制改革，以实现最优的体制。这种由理论上的设想所产生的最优化模型在一定程度上或从某种角度对现实情况做出一些解释。但更接近实际的思路可能是在上述模型进行的简单利益分配中加入利益摩擦的考虑，至少在短期将经济转轨过程理解为政府与市场之间利益平衡的产物，即需要考虑经济转轨方案或经济转轨路径的问题。经济体制转轨的路径选择有着许多深入研究的意义，其中最为实际的是全面性改革与局部性改革的争论。全面性改革指同时、同步的改革相互联系各个部门。其主要的理由是，如果仅改革其中的某个部门，则会出现发展的不协调，而造成发展的瓶颈，但这种“大推进”通常需要社会有较大的承受力，并且在短期内要准备足够的资源。而结合转轨国家发展水平通常较低的现实、社会矛盾较复杂的特点，这种路径选择很容易使其陷入僵局。另一种路径是局部性改革，其指优先改革其中的某一部分，并通过这一局部的改革推动全面的改革。如中国在改革中通常使用的试点方法。需要强调的是这两种改革的路径选择并不是如表面那样完全对立的，主张局部性改革的学者认为，这种局部的不全面的改革会自发产生一种动力，使经济转轨向全面性平衡性发展，出现局部与全面的交替，但并不强调政府在推动改革时一定要自觉地来维持这种平衡性。如图2-6所示，以波浪线条表示局部性改革的前进路径，另一条代表全面性改革，很明显地看出，局部性改革是围绕全面性改革波动的。a和b分别代表两个经济转轨的进程，对a和b进行相对比较，全面性改革线路较短，而局部性改革线路较长，但这种线路的长短并不一定代表着时间和绩效的问题，因为有些学者认为，局部性改革虽然路径较远,但由于其回避了许多既得利益和垄断势力的阻力,可能在速度和绩效上更具有优势。并且这种观点可以从许多经济转轨国家的实践中得到证明。笔者认为,路径的选择并不是如此简单的比较问题,而需要在各种路径之中根据经济转轨的特殊情况进行不断的交替,综合各种路径在不同情况下的优势,扬长避短。

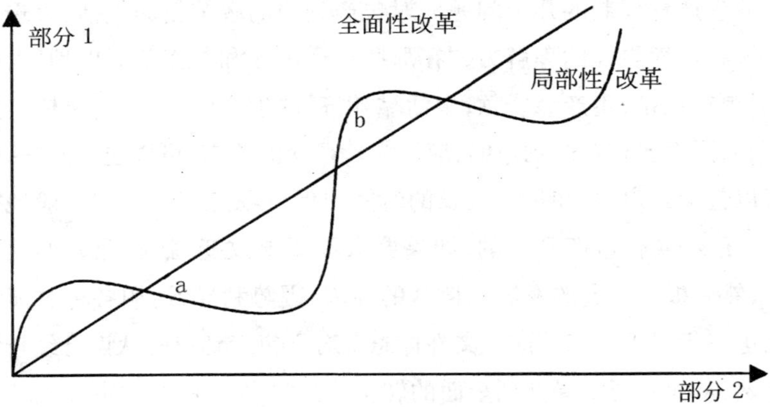

图 2-6 经济转轨路径的选择

尽管笔者认为经济转轨过程中主观是可能见之于客观的,但这并不等于说我们已经自动知道了经济转轨的一切。实践已经证明,人们对于转轨经济的这样一个复杂体的认识不可能一次完成,而要经过由经济转轨实践到主观认识、由主观认识到经济转轨实践的多次反复才可能完成。这种反复性是由经济转轨的客观条件和主观条件的限制所导致的。中国经济转轨过程中对农村家庭联产承包责任制改革的认识就经历了渐进的过程,从“不许搞”到多数地方“不要搞”再到“新发展”,是认识的不断成熟完善的演变轨迹。1979 年 4 月中共中央批准国家农委党组报送的《关于农村工作问题座谈纪要》,对农民的包产到户行动采取完全否定的态度,明确提出"不许包产到户"。1979年9月,党的十一届四中全会通过的《中共中央关于加快农业发展若干问题的决定》中对该问题的认识逐渐提高,"除某些副业生产的特殊需要和边远山区、交通不便的单家独户外,也不要包产到户"。1980年9月下发的《中共中央关于进一步加强和完善农业生产责任制的几个问题》,对包产到户的政策更为灵活,表现出对该种规律更强的理解力,"在那些边远山区和贫困落后的地区,长期'粮靠返销,生产靠贷款,生活靠救济'的生产队,群众对集体丧失信心,因而要求包产到户的,应当支持群众的要求,可以包产到户,也可以包干到户,并在一个较长的时间内保持稳定。……在一般地区……已经实行包产到户的,如果群众不要求改变,就应允许继续实行,然后根据情况的发展和群众的要求,因势利导,运用各种过渡形式进一步组织起来。"这个文件标志着对于包产到户的认识已经较为成熟,从而实现了局部到全面的转折。1982年1月中共中央批转的《全国农村工作会议纪要》进一步作出包产到户是社会主义性质的结论。1983年的中共中央1号文件,对包产到户的性质和地位给予了高度的评价,指出,"联产承包责任制采取了统一经营与分散经营相结合的原则,使集体优越性和个人积极性同时得到发挥。……这是在党的领导下,我国农民的伟大创造,是马克思主义合作制理论在我国实践中的新发展。"尽管主观与客观随着实践的发展而在不断地契合,但在一个相当长的时期内,特别是在经济转轨的初期,主观与客观的契合程度差是一种常态。

从客观条件讲,转轨经济体的各个侧面,只有在事物的各种联系和相互作用中才能逐步地暴露;经济转轨的本质只有从事物多个方面的现象中才能逐步被揭示出来。而经济转轨的现象和其本质的暴露程度取决于经济转轨实践推进过程的深度和广度，深度和广度这两个概念本身就意味着一个量的积累和升华的过程。

从主观条件上讲，如列宁所说，“如果要考察逻辑中主体对客体的关系，那就应当注意具体的主体（=人的生命）在客观环境中存在的一般前提”，人的认识受思维者本身的条件所限制，如生理结构、知识储量与经验背景、心理因素和情感状态、抽象能力和思维水平等。以上主观原因，既限制着人们取得丰富而合于实际的感性材料，又限制着人们进行思维加工的能力。所以，对于经济转轨的认识往往不容易在短期内达到主观与客观的统一。很可能会走弯路、犯一些错误，因而对原有的方针、方案、计划和办法部分地修改或全部修改都是常有的事，是符合认识规律的。那种认为对经济转轨的认识一次可以完成的观点是把认识过程的主观与客观的矛盾运动简单化了。许多东欧国家的休克疗法可以说在很大程度上受到了主观因素的影响。1989年，波兰团结工会经过民主选举替代了原波兰共产党而成为非共产党执政的社会主义国家。这对于波兰共和国下一步的改革产生了意义深远的影响。瓦文萨当上波兰总统后，主观上急需西方国家在政治、经济和文化上的帮助，特别是在改革方面需要西方的策略。在这种情况下，在“玻利维亚奇迹”[①] 中一举成名的美国哈佛年轻经济学教授杰弗里·萨克斯到华沙向团结工会政府推销其经济政策建议并顺利地被聘为波兰政府经济顾问。当时波兰经济相当危险，通货膨胀率持续上升，失业率不断增长，外债额不断增加，商品严

---

① 1985年萨克斯在担任玻利维亚政府经济顾问期间制定了一系列激进的反通货膨胀的经济政策，成功地遏制了该国的恶性通货膨胀，使该国通货膨胀率由1985年的40000%降至1987年的15%。参考景维民：《过渡经济论：目标、道路与制度》，天津人民出版社，2000年。

重短缺。面对如此的环境,波兰政府的心情自然是迫切的,萨克斯在这种背景下给波兰开了一个类似于玻利维亚的“休克疗法”,并很快将其建议具体化为巴尔采罗维奇纲领。但这个政策方案在实践中被认为只有休克并没有疗效,1990 年波兰的国内生产总值增长率为 -12.1%,通货膨胀率高达 585.8%,失业率高达两位数。

如前所述,经济转轨从客观上讲是一个动态的过程,多次认识的反复可以完成对于一个相对静态的过程局部和阶段的认识,但对于经济转轨整个过程而言,这种反复的次数并不能简单地给出,从某种意义上讲是无限的,这样无数次的认识反复导致经济转轨必然是一个过程。具体而言,人们的认识经由实践到认识、认识到实践的多次反复,可以达到主观认识和客观过程的规律性相一致,即主观见之于客观,但这种一致仅是在一个局部或者说一个阶段成立,要想通过有限几次的反复就对整个经济转轨实现主观见之于客观并不可能。主要原因是经济转轨并不是凝固不变、静止不动的。经济转轨客观上是动态的向前发展的,与此相适应,人们的认识也应该随着客观过程的发展而发展。事物不停变化,人们也必须随着变化了的情况而改变自己的认识,使认识不断向纵深发展。人的认识总是从特殊到一般,又从一般到特殊,由认识事物的特殊本质,进而概括事物的共同本质,又以共同本质为指导,进而认识事物的特殊本质。在经济转轨实践中,这种由浅入深、由低级到高级、由片面到全面的认识过程不会在几次的反复中结束,所以经济转轨本身纵横两方面的无限发展和无限联系,决定了经济转轨的实践和认识也必然是一个不断发展、不断深化的过程。各国的经济转轨实践中可以发现许多类似的例子。

国有企业改革的主客观矛盾的变化

中国的国有企业改革较之农村改革，无论是在方向寻找上，或者在取得绩效的进展上，都困难了许多，可以说，对于国有企业改革的适当供给形式，决策层和研究机构都一直在寻找之中，主观见之客观形成的是一个过程。

1979—1986年，这一时期的特征是，浅表施治、修补应对、多点尝试、频繁变动。1979年7月，国务院下达了扩大企业自主试点、改革国营工业管理体制的5个文件，执行不到半年，因1979年、1980年财政收支连续出现赤字，为落实财政上交任务于1981年4月召开全国工交会议，提出改为试行工业生产经营责任制。随后，为了进一步强化对企业上交国家利润部分的征管，分别在1983年4月和1984年10月由国务院批转财政部报告，先后实行了第一步和第二步的“利改税”。

在这一时期，由于主观上并没有认识到价格改革和税收体系改革远未形成配套环境，先后推出的国有企业管理体制改革措施在许多指标上遇到了麻烦。当时对国有企业实行高达55%的所得税率，对部分效益好的企业，还要另外加收“一厂一率”的调节税，这无异于使“利改税”名义上的规范，变成了实际上的极不规范。显然，对国有企业主体地位的认识和利益分配格局的调控都在试探摸索中，从而客观上造成了国有企业改革必将是一个长期过程。

1987年3月六届人大五次会议提出：国有企业改革要根据所有权与经营权相分离的原则，实行多种形式的承包经营责任制之后，尽管1993年11月中共十四届三中全会通过《关于建立社会主义市场经济体制若干问题的决定》,已经明确建立现代企业制度是解决国有企业深层次矛盾的主攻方向,但承包经营责任制一直坚持到1995年末第二轮承包合同到期,才完全落下帷幕。同利润分成制、经济责任制、利改税相比,承包经营制持续时间跨度长达9年。它的最大进步是体现了一种产权意识的觉醒。即认识了用新的原则来处理国家与企业的关系,以替代传统计划体制下按行政管辖原则处理国家与企业关系的可能性。按照新的原则缔结契约之后,国家代表所有者将属于全民所有的资产有代价的委托给企业经营和使用;企业作为经营权的合法获得者,在保障所有者权益的前提下,获得自主从事生产和经营活动的自由。这样的认识无疑是可贵的。但是,在其认识的最初阶段,它所采取的制度形式几乎与农村联产承包的经验极其相似,即所谓的"包"字进城,又确实显得过于质朴和简约了。理所当然的,它会与工业部门的社会化大生产条件下的复杂环境相冲突。于是,适应现代化、集约化生产和高效率经济活动的现代企业制度,随社会主义市场经济体制改革目标模式的确立将其取而代之,就成为顺理成章的一个结果。

这种认识虽然有一定的局限性,但主观与客观之间的矛盾毕竟是减弱了。这一时期,国有企业所潜伏的新老弊病虽然有一定积累,但是由于传统计划体制仍然在一定范围起作用,由于生产资料和消费品仍然处在供应偏紧的状态,国有企业一方面继续享有一部分资金供应和原材料供应的优待,另一方面产品又不愁销路。所以表面上看,各地区的国有企业都在"抓机遇、搞引进、上规模",一幅红红火火的局面。但主观见之于客观的矛盾并没有消失,如产生的大量重复引进、结构失调等问题不断积累。

1997年,这是中国国有企业改革进入攻坚阶段的开始。中共十五大对传统公有制概念的重大突破,以及把国有企业改革同改组、改造、加强管理结合起来,着眼于搞好整个国有企业,对国有企业实施战略改组等一系列新的重要论述,在思想上完成了一个质的飞跃。人们不再用孤立的、静止的、封闭的观念和方法去观察一个一个的国有企业,去研究这些企业既有的资产如何不流失,而是改用全面的、发展的、开放的观念和方法,从整体上来审视国有企业经济的何去何从。这一破除旧的思维定势,建立新的思维定势正是体现着主观与客观之间矛盾的演进,可以说,观念层次的更新使人们大开眼界,不断地引导正确的实践,但这绝对不可能一蹴而就。

二、经济转轨绩效是主观见之于客观实践过程的结果

经济转轨作为一特殊经济形态的研究命题缘于转轨经济体在各自改革过程中提供了丰富的实践内容。之所以丰富,是因为各个经济转轨国家目前为止的转轨过程可以说有相似之处但没有完全相同的,纵然它们在经济转轨的起点都处于传统计划经济体制状态下,但是原有体制的路径依赖、政府市场临界点的不同方案、客观环境的进一步变化以及国际因素等非确定性因素的影响,尤其是转轨主体的主观行为见之于客观的实践在一定程度上决定了经济转轨绩效。

可以假设一个转轨经济体的客观经济体制为计划体制和市场体制的混合,或者:

$$system = \alpha \times plan + \beta \times market \quad s.t. \quad 0 \leqslant \alpha \leqslant 1, 0 \leqslant \beta \leqslant 1, \alpha + \beta = 1$$

当 $\alpha=1,\beta=0$ 时,客观经济体制为传统计划经济体制,表示转轨的起点;当 $\alpha=0,\beta=1$ 时,客观经济体制为成熟市场经济体制,表示转轨的终结;当 $0<\alpha<1,0<\beta<1$,客观经济体制为双轨并行经济体制,表示转轨途中。转轨经济体的政府、利益集团以及民众等作为转轨的决策者、推动者、接受者通过主观能动性使得 α,β 发生变化,从而使得转轨经济体的经济绩效发生变化,进而假设经济转轨过程中,主观作用于客观的函数为 $performance=F(\alpha\, plan,\beta\, market,\varepsilon)$,其中 *performance* 为转轨过程的绩效,ε 为经济社会发展中的扰动因素,主要为国际、国内相关的政治因素、自然条件等其他不可知或者转轨主体无法预测的影响经济社会发展的因素。进一步考虑到 *plan*,*market* 是作为系统存在的,其中包含了例如司法制度、政治制度、金融制度等分量,那么客观的经济体制 $system=\alpha\times plan+\beta\times market$ 中 $\alpha,\beta,plan,market$ 皆为向量,即 $\alpha=\alpha(\alpha_1,\alpha_2,\cdots,\alpha_n)$,$\beta=\beta(\beta_1,\beta_2,\cdots,\beta_n)$,$plan(system_1,system_2,\cdots,system_n)$,$market=market(system_1,system_2,\cdots,system_n)$,$\alpha_i,\beta_i$ 为针对体制的转轨程度,$system_i$ 为经济中的 i 体制。那么,俄罗斯的转轨实际上是一种“离散型”函数,试图把经济体制中的所有计划成分完全消除,用市场成分来替代;相应地,中国的转轨可被看成一种“连续型”函数,逐步改变经济体制的计划成分,“双轨制”是最好的例证,由此产生的经济转轨绩效的不同是有目共睹的。但是,所谓的激进和渐进的划分还只是第一层面的讨论,深入研究可以看到主观见之于客观的作用力不同,或者由于我们无法探知 $F(\alpha\, plan,\beta\, market)$ 的具体作用形式,所以试图直接把 $\alpha(1,1,\cdots,1)$ 变为 $\alpha(0,0,\cdots,0)$,以及 $\beta(0,0,\cdots,0)$ 变为 $\beta(1,1,\cdots,1)$,忽视主观见之于客观的契合程度、主观能动性的发挥作用形式、客观经济体制本应逐渐发展起来的微观基础,其结果是灾难性的。

对各个国家经济转轨实践的比较分析提供了驾驭主观见之于客观过程的重要的参照资料。可以归纳的研究思路至少有以下几点：

(一)经济转轨所针对的是体制问题,属生产关系范畴。经济成长阶段则是客观地反映着生产力发展水平的差异。经济转轨国家虽然处在较低的经济成长阶段,却又不能只从较低的市场化模式起步。这里出现的困难,终究是生产力与生产关系不协调的问题,反馈到体制架构就成为基础性障碍。消除由二者错位所引致的基础性障碍,需要由政府进行改革政策的创新。

(二)始于1978年的中国经济改革,已经连续实现了超过二十年的持续经济增长,而被认为是最合乎经济转轨标准的一些国家的制度性变革,在十多年的实践后仍没能摆脱衰退的困扰。由此对比说明,因为必将存在的经济发展阶段与经济体制错位的制约,即使是认为完成了"经济—政治根本性变化"的国家也无法获得经济运行的预期效率。或者说,将排除基础性障碍的着眼点放在改革政策创新的"技术层面",比所谓优先考虑政治制度转变更有效,至少与作为目标的经济转轨后的制度安排同样重要。

(三)由于经济转轨过程对于弥合错位可能具备的有效性和渐进性,即过程中量的积累可能带来的基础性制约方面质的演进,那么对改革政策创新的绩效的判断,则应落脚于政策的总体适应性和分阶段适应性。总体是否适应,应当并可以从一国的基本国情出发加以考虑,分阶段的适应性则比较难以把握。这不仅因为每个阶段的进展都是动态的,更因为经济转轨总过程中将会出现的阶段性转变与交替的规定性尚无先例可循,而我们事先对其预测又存在很多的困难。正因为如此,研究转轨经济也就有着很强的现实意义和独特性。

(四)经济转轨国家群体的形成及其已经经历的经济转轨探索,

事实上已经使经济转轨成为一个独特的研究对象。它们既有基础条件、目标取向等方面的共性，又有路径选择、实施方式、政府应变能力以及国际社会干预等多方面的特殊性。就目前来看，不管各自进展如何，都还处在经济转轨的途中。就经济学理论建设而言，我们有必要也有可能以这样一个群体作为相对独立的研究对象，从经济转轨国家自身的实践探索出规律并加以研究，而不是局限于用既有的理论去解释。

除了转轨经济形态存在的客观性之外，进一步的研究价值还体现在多层次的比较中。一是转轨经济国家存在的普遍性。20 世纪 80 年代末的经济转轨潮流，其涉及国家范围之广、体制变革之深、付出代价之大、持续时间之长都是人类社会发展史上少有的，也是大大出乎人们预料的，即使是被认为已经基本完成经济转轨的国家，目前也还不能看出其制度运行的稳定性和经济增长的持续性。有学者认为经济转轨不仅事关这些国家的命运，而且也关系到整个世界的前途①。二是转轨经济运行的独特性，因为制度的变革不可能推倒重来，必须通过体制并行和更替来完成，所以转轨经济的运行既不同于传统计划经济，又不同于成熟市场经济，而是具有“双轨”或“体制外”的运行特征。而且由于这种经济转轨是改革演进型的，在人为设计和与本国情况的融合上都会表现出不同的特点，使转轨经济成为世界经济的一个独特部分。三是对世界格局影响的深远性。经济转轨

---

① 科勒德克研究的可贵之处，在于将原社会主义国家所展开的这场体制变革探索置于全球经济背景中，进行了整体的描述：“21 世纪的前夕，全球经济一个最重要的特点是广泛的后社会主义经济转轨进程。在欧洲和亚洲一共有 30 多个国家——其人口多达 15 亿或占全人类的 1/4，卷入了这场急剧而壮观的变革。”参见格泽戈尔兹·W.科勒德克：《从休克到治疗——后社会主义经济转轨的政治经济》，第 1 页。

国家对原经济体制的放弃甚至对政治制度的放弃使原有的国际政治经济格局出现了根本性调整。这方面苏东的影响尤为明显。在世界经济格局方面，向市场经济体制转轨的必然结果是社会主义国家的开放及其与全球经济的一体化。经济转轨国家延续了二十多年的改革为发达国家提供了广阔的市场，支撑了这些国家的商品与资本输出，带动了世界经济特别是美国经济在20世纪末的持续繁荣。人们在研究经济全球化对世界不同类型国家的不同影响时，已经不能忽视经济转轨国家这类“特殊群体”参考经济全球化进程的特殊性及联动效应①。而经济转轨国家下一步的发展模式和发展情况又使国际政治经济格局处于进一步的变动之中。

第四节　经济转轨过程的起点和终点

经济转轨是两个较固化或较稳定的体制间的过程，即从一个稳态到另一个稳态之间的跃迁构成了经济转轨的全过程。经济转轨总过程是指一国经济资源基础配置方式从计划机制到市场机制变化的状态在时间上持续、空间上延伸的系统集合。合理的区分这两个稳定态是认识经济转轨的开始和前提。经济转轨可以是从计划经济体制向市场经济体制的演化过程，其中不仅包含着计划经济体制的“遗留基因”，还包含着市场经济体制的“新生力量”，因而其必然是这两者的混合产物，或者说是“资本挑战体制”→“体制驾驭资本”的过程。但如果开始就从这种混合状态来认识经济转轨过程，很容易使我们

---

① 郭连成：“经济全球化与转轨国家经济联动效应论”，《新华文摘》，2002年第3期。

陷入认识上的误区。以计划经济体制和市场经济体制两个稳态作为基准点，先通过相对静态比较来认识经济转轨，则可以回避许多复杂的问题。只有随着从稳态到过渡态的研究深化，认识才可能不断深化。

从比较静态来看，经济转轨作为经济史的一个子过程是相对于特定起点和终点而言的。过程和状态一样在时空上是有限的，过程在有限的时空范围经历产生、发展、稳定、衰落与消亡五个阶段。所谓过程产生是以状态产生为端点的，事物从无到有；过程发展伴随量的增大和事物质的改进；过程稳定即各种关系保持均衡，量与质基本不变是动态中的均衡；过程衰落伴随量的减少、质的退化；过程消亡事物从有到无，然后开始一种新的状态、一种新的过程。一切过程都是从最小单位“状态”开始，“状态”组成“阶段”，“阶段”又组成“过程”，“过程”的性质取决于时空尺度的选择及相应质。过程的性质还决定于状态间的关系。状态间的不同关系构成了确定、随机与混沌以及三种情况交叉的混合过程。从历时态结构看，过程与状态虽然是局部与整体，但二者有历时态的分形关系，状态内部的结构与过程结构相似，状态在历时态上也经历产生、发展与消亡三段式或五段式。

经济转轨是一个有着特殊历史任务的子过程。改革的目标在于通过一些改进而不是根本制度的变化来对现存制度进行完善，与此相反，经济转轨则意味着放弃社会主义，对原有体制进行实质性的改变和引入全新的制度安排。

一、经济转轨过程的起点

对转轨经济完整、系统的研究不能缺少对经济转轨起点包括的思想缘由、现实情况和其蕴含的变革必然性的研究。经济转轨国家最初选择计划经济体制有其历史合理性。大多数经济转轨国家，如前苏联和中国，在建国初期都处在一个百废待兴的状态，当务之急都是建立一个比较成型的经济基础。特别是结合这些国家所处的国际环境而言，单纯依靠市场机制下市场主体分散的决策，赶超发展阶段的可能性非常小，因此集中全国资源，牺牲某些局部利益（如第一产业）来获得重点方面（如城市）的快速发展是当时可采取的一条可行途径。而这种途径也只有用计划经济体制才可能在较短和较小摩擦的情况下完成。毋庸置疑，这样的体制和优先发展重工业的战略在前苏联和20世纪50年代的中国都曾发挥了重要作用。但问题在于，当有关领导人将这种体制等同于社会主义应有的体制，并试图使其长期化、理想化时，其弊端开始暴露出来，发展阶段与体制之间的“时空错位”成为经济转轨的逻辑起点，迫使政府开始启动经济转轨。

苏联和中国计划经济体制的成就

计划经济体制曾经在历史上发挥过积极作用，引导社会主义国家取得了社会主义建设的辉煌成就，苏联1928年开始实行的第一个五年计划，用四年三个月的时间提前完成，这一期间工业生产增长一倍多。第二个五年计划期间，实现了苏联社会主义工业化。第三个五年计划，由于希特勒德国对苏联发动突然袭击而中断。计划经济建设形成的工业基础为卫国战争中战胜德国法西斯打下物质基础。在战后恢复经济的过程中，计划经济也发挥了明显的优势。苏联的经济实力跃居欧洲第一，世界第二。1975年苏联工业总产值已达到美国工业总产值的80%

以上,农业总产值则达到美国的85%。在宇航技术和军事工业上,成为与美国称霸世界的竞争对手。

……

我国从1953年开始实行第一个五年计划,建立起计划经济体制。从1953年到1978年,曾经编制和执行了五个"五年计划"。在十一届三中全会以前,我国经济建设虽走过不少弯路,但是在计划经济体制下社会主义建设取得了巨大成就。在旧中国"一穷二白"的废墟上,建立起了独立的比较完整的工业体系和国民经济体系。

第一,农业生产条件改善,农业生产水平提高。在30年间,主要依靠劳动积累,进行了大规模的农田水利建设,水利建设和排灌系统大大增加,化肥、农药、农村用电、农业机械等也有较大增加,农业的生产条件有了显著的改善,耕作制度和耕作方法有了不少改进,全国粮食产量1978年比1949年增长1.7培,棉花产量增长3.9倍。

第二,进行大规模投资建设,工业生产有很大增加。在30年间,国家投入大约7000多亿元资金,建设3000多个大中型项目,使我国机械、电力、钢铁、石油、煤炭、化工、轻纺等工业部门的经济实力大大增强,技术水平明显提高,汽车、国防军工等许多新的工业部门从无到有、从小到大发展起来。在辽阔的内地和少数民族地区,解放前几乎没有什么工业,到1978年已经建立了一大批新的工业基地,到1978年全国工业企业达到35万个,全民所有制企业固定资产达到3200亿元左右,相当于旧中国近百年积累起来的工业固定资产的25倍。初步奠定了现代工业基础。

第三，改善了产业结构，国家经济实力有了很大增强。在30年间，除了农业和工业有较大发展外，我国交通运输和邮电事业也都有了新的发展，改变了许多地方原来交通闭塞的落后局面；随着生产的增长，我国国内贸易和对外贸易不断扩大。这样，基本改变了旧中国遗留下的不合理的产业结构。1978年在我国国民收入生产额中，工业的比重已经上升到49.4%，农业下降到32.8%。长期以来，国民经济以较高的速度向前发展，1953—1979年，国民收入每年递增6%，工业总产值平均每年递增11.4%，农业总产值平均每年递增2.7%。在生产发展的基础上，人民生活水平也有了明显提高，1980年与1952年相比，全国城乡人均消费水平，扣除物价因素，提高近一倍。这就为保障我国经济、政治和国防的独立，为我国自立于世界民族之林、不做超级大国的附庸，创造了必要的条件。

第四，文化教育、科学技术等事业有了很大发展。对旧中国遗留下的文化教育事业进行了必要的改造，发展了为人民服务的科学、教育、文化、新闻、出版、卫生、体育等事业。建立了一支具有相当规模的社会主义的知识分子队伍。到1978年，我国高等学校、中等学校和小学的在校学生已经达到2.1亿人，超过了解放前最高年份的7倍。虽然我国当时的科学技术水平同世界发达国家的差距还很大，但是毕竟从无到有地初步建立了一系列新兴科学技术部门，原子弹、氢弹、导弹的试验成功，人造地球卫星的发射和回收，牛胰岛素的人工合成，集中地标志着我国科学技术的成就。

资料来源：内部资料

(一)起点的思想缘由

20世纪出现了两次在走向和形态上迥然不同的过渡。第一次是从市场经济或准市场经济向计划经济过渡,出现了以布哈林(1981)的《过渡时期经济学》为代表的过渡经济理论。第二次是从计划经济向市场经济过渡,其理论学说被称为转型经济学。第一次过渡是历史性存在的事实,第二次过渡是正在展开还未完结的历史事实,这两次过渡是有着内在联系的。从逻辑上讲,前一个过渡的逻辑结果是后一个过渡的逻辑起点,无论后一个过渡的出现情况如何复杂,都是缘于前一个过渡所形成的经济形态的内在结构及其内涵的多种变动可能性。因此需先理清经济转轨起点的缘由,即经济转轨国家为什么会出现如此强烈的时空错位,以对经济转轨的逻辑前提有一个正确的认识。

许多学者对经济转轨起点的原因进行了论证。如林毅夫(1994)提出一种对中国计划经济体制起源颇具代表的看法:建国初期,领导人富国强民的愿望促使其追求重工业优先发展的战略,但这种战略的实施又不得不面对资本稀缺的农业经济基础的约束,于是新中国领导人被迫取消采取一系列经济政策来强制实施这一战略,即通过低利率、低工资、低投入品价格及低生活必需品价格等政策,强行把其他行业的剩余集中到重工业,以求重工业的发展。这种发展战略及其相应经济政策的实施,客观上抑制了市场的发育,因为要确保扭曲的经济政策的顺利实施,必须人为地排斥竞争,用各种管理、歧视政策、替代市场机制的作用。作为这种战略和政策保障的高度集权体制一旦建立,就会最终消灭了市场本身,从而完成了向计划经济体制的过渡。

总体来看,苏联、中国和东欧等一系列社会主义国家相继实行计划经济有着历史必然性(见专栏 2-8)。首先,从经济转轨的要素分析,社会主义制度都产生在经济比较落后的国家,这些国家一般都经历了战争的破坏,处于较低的发展阶段。俄国十月革命前的 1914 年,资本主义工商业较为集中的城市居民只占总人口的 17.9%,国民经济中农业占 53.6%。中国是在半封建、半殖民地的基础上产生的,经过战火的破坏,工农业生产严重落后。东欧社会主义国家有的经济基础较好,但较发达的西方国家相对而言还是较低的,加上第二次世界大战主要发生在这些地区,经济也非常困难。可以看出,这些国家都需要把有限的人力、物力高度集中起来,尽快地从战争中恢复,争取更高的发展速度。按照本书提出的经济转轨过程观,这种在较低的经济发展阶段强制植入计划体制可能并不是很科学的,或者说并不能取得长期的绩效,但从当时各国内部的要求来看,短期的快速发展被置于首位,有着广泛的群众基础,得到了群众的支持。其次,当时的外部环境也迫使这些国家选择了计划经济。第一,马克思主义经典作家对社会主义经济发展提出的理论原则成功地指导了第一个社会主义国家苏联的实践,苏联的计划经济模式成为后来欧亚社会主义国家唯一可以借鉴、学习的示范,另外苏联对这些国家的支持援助,也使得这些国家要依靠和模仿苏联。第二,社会主义在产生之初,内外都受到强烈的威胁(一方面是外来帝国主义国家的包围和威胁,另一方面是国内阶级敌人的破坏),需要通过高度集中的经济体制来调动有限的资源,快速作出应急的决策。可见,高度集中的计划经济体制能在这么多国家建立起来,一方面是内部的迫切要求,另一方面也是历史的必然产物。

毋庸置疑,这些国家的计划经济体制对当时的经济起到了重要作用,但是随着经济的逐渐恢复,发展问题成为了这些国家的首要矛

专栏 2-8

计划经济体制在苏联的形成

1917年十月革命的胜利诞生了世界上第一个社会主义国家——俄罗斯苏维埃社会主义共和国。在1922年12月召开的全苏维埃第一次代表大会上成立了苏维埃社会主义共和国联盟,简称苏联。在形成高度集中的计划经济体制之前,苏联经历了战时共产主义和新经济政策两个阶段。

实行新经济政策取得了成功,使苏联的经济恢复到战前水平。当时,摆在苏联面前的问题是,继续实行新经济政策,允许非公有制经济发展,继续发展商品市场,还是实行单一的公有制,加速实行工业化,建立高度集中的计划经济。对此,在联共党内展开了一场激烈的争论,并发展为党内的严重政治斗争。争论是在斯大林和布哈林之间进行的……以斯大林的胜利和布哈林的失败而结束。这场斗争带来了苏联农村的全盘集体化和以第一个五年计划的实行而开始的计划经济时代。

苏联的第一个五年计划是1929年5月全苏第五次苏维埃代表大会批准通过的。其制订工作1925年已经开始。这个五年计划从1928年开始,用四年三个月的时间提前完成。第二个五年计划是从1933年到1937年。第三个五年计划从1938年开始,到1941年6月因卫国战争而中断,进行了三年半时间。……苏联执行第一个五年计划的同时,资本主义世界陷入1929—1933年的大危机之中。苏联计划经济的成就和资本主义的严重危机形成了强烈的对比,使得高度集中的计划经济体制更加稳固地确立下来,这种计划体制的弊病一时还没有为人们所觉察。

资料来源：苏星：《邓小平社会主义市场经济理论与中国经济体系转轨》，人民出版社，2002年。

盾，这些客观问题引发了对改革理论的思考。正如哈耶克提出的那样："如果计划的意思是以权威指示的手段对生产活动进行实际控制，不仅要控制生产数量和所使用的生产方式，也要控制价格的固定，那么我们就能很容易地看出，这不仅是不可能的，而且上述做法中任何一种方法都将引起背弃它自身目的的反应。"① 传统的改革理论认为，只要建立了公有制，实行了计划经济，就必定促进生产力发展，克服生产无政府状态造成的巨大浪费，由此还引申出了所有制越大越公、计划越全越细，就更能体现"优越性"的论点；再如，之所以要通过改革以市场取代计划，是因为市场机制是一种廉价的经济机制（张克难，1996）。诚然，马克思的计划经济理论并不存在着重大的逻辑错误，在其假设情况下，社会的确无需给产品规定价值，市场经济的消亡是自然的。但在这些经济转轨国家的实践中并没有关注这个结论的假设前提，即发展阶段的高度。张克难（1996）对此有一段论述：

……打个比方说，马车好还是汽车好？单从"收益"看，无疑汽车"优于"马车。……一般说来，汽车的"效率"也高于马车，故总趋势是汽车替代马车。……许多人明明知道汽车的"效率"要"优越"于马车，为什么还坚持用马车？为什么在经济高度发达

① 弗里德里希·奥古斯特冯·哈耶克：《个人主义与经济秩序》，北京经济学院出版社，1989年，第123页。

的大城市郊区，仍有马车与汽车各行其道？答案是清楚的，决定性的因素不是知不知道汽车更好，而在于能否"买得起，用得起"。汽车普及，不仅决定于公众的实际购买力，即"私人成本"的支付能力，更取决于"社会成本"的实际支付能力，即"私人成本"的实际支付能力，即能否形成汽车的规模生产、销售、维修能力、能否建造出发达的公路网、形成完善的交通规则等等。这些费用的支付能力又是由生产力水平决定的。只有当经济发展足以支付这些费用时，汽车对马车的优越性和实际替代才是现实的，从社会角度看，只有投入巨资建成发达道路网之后，新增一人使用汽车才是廉价高效、近似于免费的。不同制度的比较又何尝不是如此。"优越"的、"高级"的制度比之被它替代的制度往往不是更"便宜"，而是更"贵"！只不过收益更大，从而相对"廉价"、"高效率"罢了。如果脱离了客观生产力条件，即制度成本的经济支付能力，仅通过主观的成本—收益分析进行"优越性"的比较，结果必如一些学者所言，是"模糊的、特例的、同义反复的"。……

（二）起点的现实构造

时空错位是经济转轨国家在初期面临的本质性矛盾，但是由于在经济转轨启动之前各国的资源禀赋、改革路径等各不相同，其现实情况也就不可能是纯粹的、完全的计划经济（见专栏 2－9），而是存在着多样的结构。这可以从具有代表性的经济转轨大国如前苏联、中国等的实践中明显感知。经济转轨国家初期都建立了社会主义经济制度，又顺理成章地选择了计划经济体制，从而导致了"时空错位"及其派生的系列矛盾的存在。一方面很容易忽视由传统农业经济向现代工业经济转变的问题,因为这种从生产力角度来看的经济转型,是要通过发展市场经济这一基本途径来实现的;另一方面则使本来能够产生和存在的社会主义公有制失去了扎根生长的根基,找不到它焕发生命力的合理、有效的实现形式。另外对经济体制定位的偏差,产生了畸形的价值、市场状态,再加上高度集权的产权制度,形成了经济的非经济化的根本问题和矛盾,出现了与现代经济发展的基本趋势相违背的经济的行政化和经济的政治化的奇特现象。这些矛盾必然要得到历史性的校正,并决定了经济转轨发生的历史必然性和基本的、共同的趋势。但各国经济转轨的现实起点和条件是不同的,这种不同也将影响着各个国家的经济转轨过程,形成经济转轨的特性。正如王振中(2002)提到“传统社会主义计划经济体制变革和经济转轨必然要向着市场化方向发展已经逻辑地决定了。但各个国家会怎样进行变革和转型则是多种因素共同作用的结果……这些要素总体可分为客观要素和主观要素两大类,客观要素又可以由远期历史背景、中期经济发展阶段和现实基本状况构成;主观要素包含文化传统和现实的社会追求和影响人们选择的社会思潮”。大体来看,经济转轨起点的现实结构可以从内部和外部两方面分析。

从经济转轨国家内部看,任何一个经济转轨国家在启动改革时拥有的由旧体制留下的资源性遗产贫富不齐(表2-3),且时空错位矛盾的表现形式也不尽相同。例如,匈牙利在第二次世界大战前是比较发达的农业国家,被苏军解放以后,靠前苏联扶植起来的拉科西等亲苏派,紧跟苏联的指挥棒转,在匈牙利实行“全盘苏化”。他们不顾自己自然资源贫乏,基本原材料和能源全部依赖进口的实际情况,大搞“钢铁国家”,实行“重重轻轻”(重视重工业,轻视轻工业),“两高一低”(高投资、高积累和低消费)。结果使国民经济比例失调,国民

专栏 2－9

经济转轨起点现实结构的多样性

典型状态下的单一全民所有制基础上的完全计划经济，是一种理论抽象，现实中存在过的原计划经济体制的结构，与这种抽象的理论模型是有一定的差距的。其中，原苏联和东德、捷克、保加利亚等国的体制与这种理论预测模型则有比较大的差距。为了便于分析这两类国家原计划经济体制结构的区别，我们把前一类国家的体制结构，称为结构“完备”的计划经济体制；把后一类与抽象的理论模型存在较大差距国家的体制结构，称为存在结构“破缺”的计划经济体制。

中国原计划经济体制存在着两方面的结构“破缺”：一是在原计划经济体制下存在着一块“计划外”经济；二是在原计划经济体制的外部存在着中国台湾、香港、澳门以及可资利用的海外华人经济。前者使中国在改革前有不同于典型的原计划体制下的利益关系和行为主体，使地方政府在改革和一般经济决策中具有相对重要的地位；后者则影响着中国领导人对重大决策问题的排列顺序，使其行为目标和行为方式与其他转型国家不尽相同。

资料来源：周冰等：“经济体制转型方式及其决定”，《中国社会科学》，2005(1)。

收入下滑，人民生活长期得不到改善。以其第一个五年计划为例，工业每年以 18%的速度递增，而职工工资却连续三年大幅度下降（幅度分别为－17.7%、－13%和－10.3%）。职工人均收入 1955 年比 1949 年下降了 22%，积累率由 5%—6%快速增加到 30%，投资从原来占国民生产总值的 15%提高到 50%—55%，其中基础设施投资比例从50%下降到30%,农业投资只占总投资的13%。这种状况引起人们的强烈不满,要求改变现状,变革现有经济体制的呼声高涨,从而出现了1956年的匈牙利事件。但仅靠苏联的坦克并不能阻止经济转轨。1962—1965年,匈牙利利用苏联经济学界展开对利别尔曼有关企业放权和经济自由观点的公开讨论之际,开始了初级市场化试验,取消了国家下达给企业的主要指令性指标,取消物资统包统拨统配,建立社会主义生产资料市场,扩大企业的经营自主权;发挥各种经济杠杆的调节作用,加强企业内部的民主管理、经营决策,实行厂长负责制等。从1968年起,通过在计划经济的框架中引入市场调节,匈牙利成为东欧第一个开始经济转轨的国家。

表2-3　俄罗斯与中国改革初期的情况

指标	俄罗斯	中国
经济成长类型	(主要是)工业化国家	农业和工业国家
具体描述1	人均GNP不低于5000美元	人均GDP不超过250美元
具体描述2	农村居民比例为26%;农业在GNP中所占比重为17%—18%,在出口额中占40%	农村居民超过80%;农业创造GNP占35%以上
具体描述3	工业和建筑业的比重为45%—50%	工业和建筑业占GNP的40%—45%
总体评价	已经属于发达国家行列	属于贫穷的发展中国家

资料来源:吕炜:"变革时期的经济增长原理研究——基于转轨实践和中国样本的经济史分析",载《经济社会体制比较》,2004年第3期。

再来看看中国的情况。新民主主义革命的成功宣告了中国自1840年鸦片战争以来"屈辱的世纪"的结束。独立统一的新中国的成立,为中国实现现代化奠定了基础。经过一个世纪的发展变化,历史也对多次失去机遇的中国现代化提出了更高的要求。具备了主权独立、国家统一这种现代化基本前提的新中国,使第一代领导人充满了胜利后的豪情,怀有一种强烈的赶超先进国家的愿望。在建国后的前30年,充分发挥了传统计划经济体制的高度动员能力,调动和利用了新社会制度诞生使全体劳动人民地位改变的巨大政治效应和政治热情,迅速动员和集中使用了全国的资源。借助前苏联的援助,以社会主义现代化为目标,以苏联模式为样本,在旧中国极其落后的基础上,以外延扩展型经济增长方式和高积累、低消费的赶超发展并重,使现代工业体系初步建立,使现代教育和科研体系基本形成。但我们看到,在主要以行政动员为手段和以政治热情为动力取得令世人惊奇的成绩同时,我国并没有寻找到一个有利于现代化的长期、稳定体制,而是出现了两种不同形式的对社会主义现代化道路的偏离。例如,"大跃进"这种不顾客观规律的蛮干,是"唯意志论"导致的一种失误;而以"阶级斗争为纲"到"文化大革命"这种抛弃以经济建设为中心的重大失误,则是"左"倾思潮对现代化追求的冲击。这些重大挫折延缓了我国经济建设的发展速度,使我国的现代化建设发生了曲折。以至于到"文化大革命"结束时,已经经过近三十年发展的中国所面临的国情,仍然如邓小平所言,还是"几亿人口搞饭吃,粮食问题还没有真正过关。我们钢铁工业的劳动生产只有国外先进水平的几十分之一。新兴工业的差距就更大了"。"同发达国家相比,我们的科学技术和教育整整落后了二十年。"我们仍然是世界上最贫穷的国家之一。经过了这样漫长而艰难的现代化追求的中国,到20世纪70年代末,重新审视和总结了全部历史经验后,才又全面调整了现代化的路径。

前苏东国家也存在类似的情况。据官方公布的资料,第二次世界大战后，从总体上看，前苏东国家经济虽然仍在持续增长，但增长速度却呈现不断下降的趋势，到20世纪80年代初，转为低速增长，并逐渐趋向停滞。问题严重的是：统计表反映的经济发展缓慢和停滞趋势是表面的，统计表后面隐藏的真实的停滞趋势，却是真正令人震惊的。实际上这种官方公布的数字包含很大的水分。据前苏联后来公布的材料，所谓20世纪70年代5%的增长率可以说是虚假的。……1987年苏共中央认为从70年代下半期开始，苏联经济已进入停滞时期。在传统体制内修修补补，或部分引进市场机制的改革，再加上改革思路的不清晰导致改革摇摇摆摆、进进退退，导致了长期拖延不决和成效甚微，已经使经济体制内部的矛盾和危机日益严重。实行彻底的市场化改革并解决经济危机已经成为前苏联必须作出的抉择①。

从经济转轨国家的外部来看，中央计划经济国家与市场经济国家的差距越来越大。从人均国民生产总值看，1937年捷克斯洛伐克与奥地利、匈牙利与意大利、波兰与西班牙，南斯拉夫与希腊相差不大，到了1980年差距则大大扩大了(参见表2-4)。根据美国中央情报局的估计，1960年前苏联的人均国民生产总值为3532美元，而美国、日本分别为8799和2508美元，到了1985年前苏联人均国民生产总值增长到了6863美元，美国、日本则分别为15511美元与11864美元。捷克斯洛伐克在第二次世界大战前属于10个工业最发达的国家之一，人均国民生产总值占世界第6位，1988年人均国民生产总值已降至世界第40位。中央计划经济国家与市场经济国家在劳动

---

① 资料来源：王振中：《中国转型经济的政治经济学分析》，中国物价出版社，2002年，第28页。

生产率上的差距也在扩大,国际货币基金组织1990年公布的《世界经济展望》承认,1975年苏联、匈牙利和波兰非服务业部门的劳动生产率仅为联邦德国的49%。苏联、东欧经济的国际竞争力不断下降,苏联在出口工业品方面已从1973年的世界第11位降至1985年的第15位,而同期中国台湾、韩国、中国香港、瑞士则后来居上,超过了苏联。20世纪80年代中期只有二百多万人口的新加坡向西方出口的机械比整个东欧还多20%。东欧向发达的市场经济国家的出口呈下降趋势。根据西方专家的估计,东欧的科技水平落后西方发达国家15年,落后亚洲新型工业化国家与地区10年。总之,中央计划经济国家尽管在经济建设上取得了巨大的成就,但从总体上看中央计划经济实绩不佳,这一体制不是一个运作良好的有效的经济体制。

表2-4 东西欧人均国民生产总值的比较

项目	1937年	1960年	1970年	1980年
东德/西德	100	70	71	64
捷克/奥地利	90	91	78	70
南斯拉夫/希腊	87	97	83	81
匈牙利/意大利	89	86	70	74
波兰/西班牙	105	125	88	77
罗马尼亚/西班牙	85	85	58	60

资料来源:M. G. Roskin, The Rebirth of East Europe, Prentice-Hall, Inc. 1991, p. 111。

(三)起点对过程的影响

虽然中央计划经济的特点在不同的计划经济国家都是相似的,但各国经济转轨的初始条件却存在很大差异,因此在设计经济改革计划时需根据国情制定适当的经济转轨计划,实行适合本国条件的经济转轨战略。市场体制是经济转轨的目标模式,但是走向市场经济的道路可以存在差异,基于市场体制的市场经济状态可以是多种多样的。最重要的是经济转轨要从本国国情出发,选择适当的改革之路。

在经济转轨起点对经济转轨过程影响的认识上存在着不同的观点。有些学者特别强调初始条件对经济转轨过程的影响,其中以萨克斯和胡永泰为代表。他们分别提出,改革前中国是一个以农业为基础的发展中国家,而前苏联早已完成了工业化和城市化进程,正是这种结构差异造成了改革过程的差异。因为中国的改革是一个劳动力由低效率向高效率部门转移的过程,这也是一个经济发展的过程;而俄罗斯改革面临结构性调整困难问题,即只能减少低效率和受补贴部门的就业,而不能或很少能增加高效率的工业和服务业部门的新的就业机会。正是这一差异结构造成俄罗斯市场化改革比中国困难得多。钱颖一(1993)等人把中国改革的成功归结为传统体制的 M 型结构的作用,认为中国以区域原则为基础、多层次的块块"M 型结构",比前苏联的单一形式的条状"U 型经济"更有利于削弱行政控制,刺激非国有经济的发展。世界银行编写的《1996 年世界发展报告:从计划到市场》非常强调初始条件的作用,指出"为什么中国有能力在进行部分和分阶段的改革时仍保持了迅速的增长,而 CEE[①] 国家和 CIS[②] 更果敢的国家却遭到了产出的大幅度下降?中国有利的初始条件是解开这个谜团的第一步"。经济转轨是从计划经济向市场经济的过渡,现实中各国计划经济作为这一特殊历史过程的现实

---

① CEE, Central and Eastern Europe, 中东欧国家,笔者注。

② CIS, Commonwealth of Independent States, 独联体国家,笔者注。

起点,其自身的特征必然会对这个过程的状态产生深远的影响,即决定着改革的速度、顺序、时期、内容等。

经济转轨起点的整体性和复杂性决定了从计划经济转向市场经济需要进行全面、配套的改革,是一项长期的任务。无论经济转轨国家采取何种经济转轨战略(激进或渐进)都必须在设计经济改革计划上统筹兼顾,全面考虑,充分认识到经济体制改革中各个环节之间的联系,以便在改革的实际操作中既保持各项改革的合理顺序,又注意各项改革的相互协调、相互配合。另外从各国的经济转轨实践可以看出,计划经济向市场经济过渡没有捷径可走,西方市场经济从产生到成熟经历了数百年,中央计划经济国家由于经济转轨目标明确而且有政府的有意识直接推动,经济转轨不一定需要那么长的时间,但是也不可能在短期内完成,毕其功于一役。宏观经济的稳定、价格及外贸的自由化、国有企业的改造以及制度的重建等都是不能回避的重要内容。从长远看,经济转轨的预期收益将大于成本,但从短期看经济转轨的成本可能会大于收益。社会需要付出一定的代价,并承担改革带来的阵痛,因为经济转轨涉及资源的合理配置即资源从低效率部门向高效率部门的转移,国有企业的改造会造成该部门经济的下降和失业的增加。虽然在改革进程中,政策制定者可以某种方式或多或少缓和社会阵痛,减少社会代价,但是在经济转轨过程中期望不付代价是不现实的。

经济转轨起点的历史惯性决定了经济转轨过程的路径选择(参见专栏 2-10)。经济转轨是在过去历史基础上的延伸。各个转轨国家在经济转轨前的改革过程尽管没有跳出计划经济的框架,但都从不同程度上证明了计划经济体制不合理的一面,并且这个证明过程所积累的经验和使计划经济体制发生扭曲的程度是不同的,这种差异性导致了现实的经济转轨在各个转轨国家的区别。匈牙利从20世纪50年代开始就在经济领域进行了不断的改革，并成功地改变了计划经济体制中僵化的部分，如减少计划指标的数量；对农民采取较为宽松的政策，允许其自营土地、并在自愿的基础上同国家签订合同，由国家以较高的价格收购农民生产的粮食，鼓励农民耕作私人的土地等。这一系列的改革历史自然延伸到了经济转轨过程，可以说，经济转轨只是匈牙利改革历史的继续。但苏联的经济转轨却显得并不那么自然。在戈尔巴乔夫之前，凡是将市场的某些因素引入改革中的行动甚至构想几乎都被认为是叛国行为①。因此其改革只可能完全地僵化在计划经济体制的框架中，自上而下的并且较大程度的改革根本无法贯彻。另外，市场观念根本没有深入到苏联人民心中，存在着对社会主义极端的歪曲理解，修修补补的改革根本不可能企望在短期内取得成效，反而会引起社会经济的波动。

专栏2－10

中国没有接受激进式改革的原因

一国经济是否接受渐进的改革方式，首先取决于其经济、社会状态是否进入危机的状态，人们是否已完全丧失了对原有体制的信心，是否不再希望在原有体制下其既得利益能够得到保护，能够继续增长并保持相对较高的水平。从这个角度看，我国在70年代末改革开始的时候，显然不具备接受激进改革方式的条件。

樊纲：《渐进改革的政治经济学分析》，上海远东出版社，1997年，第175页。

---

① 参见冯舜华等：《经济转轨的国际比较》，经济科学出版社，2001年，第463页。

二、经济转轨过程的终点

经济转轨过程的终点标志着一种经济运动状态的结束,即从时空错位的结构重新回归经济史发展的一般规律。纵观实践中的经济转轨国家可以发现,承认商品(市场)经济的基础性作用是经济转轨完成的客观要求。在这一客观强制力的作用下,经济转轨国家通过"试错"改革总结出许多经验,深化了对商品(市场)经济属性的认识。总体来看,尽管这些经济体制改革计划的方案不尽相同,但经济改革的目标基本上是一致的,即市场化改革。迪瓦特里邦特和罗兰德(1996)认为,经济学家广泛地认同下列经济改革目标:

1.稳定经济,它为自由价格制度发挥功能提供有利条件。

2.通过价格的自由化和营造一个面对世界经济的竞争性的市场环境来纠正计划经济体制下的价格扭曲,改善资源的配置效率。

3.实行公司治理结构,改善企业的激励机制,让企业能对市场信号作出正确的反应。

这些改革目标又可表述为:

1.从制度上改革微观机制,或生产的制度结构,改善生产者的激励,提供个人的努力程度。

2.从价格体制和计划分配体制上改革资源的配置机制,通过改变原有的部门结构提高资源配置的效率。

3.发展产品市场和生产要素市场,促进要素的流动,引进市场的竞争。

4.改变原来的单一进口替代战略,改变贸易模式,通过与世界市场的接轨实现贸易的利益。

(一)经济转轨终点的模式

传统的计划经济体制在发展经济、提高经济效率方面是不成功的，经济改革的方向只能是逐步地从这种体制向市场经济体制过渡。体制层面的传统计划经济必然是转向市场经济，生产力发展阶段也是相应地进行错位的弥合，但要全面地认识经济转轨终点的模式，不可避免地要引出对意识形态等要素的趋势判断。这些层面的安排有着不同的特点，并不是唯一的，但又是不可回避的。因此需要客观承认的是，经济转轨国家除了经济发展阶段和经济体制的目标基本一致外，还存在着非常明显的意识形态等方面的差异，并在实践中出现了三种模式：即经济自由主义思潮即自由市场经济模式、社会民主主义思潮即社会市场经济模式、市场社会主义思潮即社会主义市场经济模式。

1.以资本主义为基本经济制度的自由市场经济模式

自由市场经济模式的理论基础是以亚当·斯密为代表的古典经济自由主义。如米塞斯称“要把市场和它的价格形成的功能同生产资料私有制分离是不可能的：市场是资本主义社会制度的核心，是资本主义的本质，只有在资本主义条件下，它才是可行的；在社会主义条件下，它是不可能被‘人为地’仿制的”。经济转轨中的新保守主义市场经济模式和新自由市场经济模式就是这种思潮的典型代表。

新保守主义市场经济模式，也被称为完全的自由市场经济模式，是政局变化初期前苏联和东欧国家右翼主张采取的经济模式。在推翻共产党政权和反对社会主义浪潮中，该模型提出的目标是“全盘西化”，主张建立完全由市场调节的自由市场经济；在所有制结构上主张实行单一的私有制形式，提出“全面私有化”和“彻底私有化”的主张；主张把解放后没收的私人不动产彻底归还原财物所有者；提出不惜通过大量失业和加深社会分化促使社会走向资本主义。因为他们主张的单一私有制形式、完全由市场调节和完全排斥国家在经济生活中的作用的理念是18世纪末和19世纪实行的古典经济自由主义,所以西方和中东欧国家的学者把这种模式称为新保守主义市场经济模型。但由于经济转轨初期这种模型带来了许多问题,因此后来改向新自由市场经济模式。

新自由主义市场经济模式是苏东国家右翼政党选择的经济模型。例如,波兰团结工会、保加利亚民主力量联盟、罗马尼亚民主协议会等。他们主张的自由市场经济模式以自由资本主义思想理论为基础:在国家和市场关系上,以自由主义程度很高的美国自由市场经济为目标模式,经济基本由市场自发调节、国家实行最低程度的干预;尽快消除对市场经济运行的各种限制,政府从国家经济生活中"脱身"。在所有制结构及其改造方面,建立以私有制为基础或私有制占主导地位的所有制结构;排斥国家所有制;实现"最大限度"的私有化;把大规模私有化计划集中在所有权的分配上。要把不动产彻底归还原财产所有者,或者实行"财产补偿"政策;大量吸收西方资本参与私有化;把土地归还给土改前的土地所有者,解散农业生产合作社,把农业社的机器、农具和牲畜分配给社员。这种新自由市场经济模式选择的基本社会制度是资本主义。

俄罗斯和波兰经济转轨的目标

俄罗斯的改革深受美国萨克斯和沙塔林等新自由主义经济学家的影响,并在叶利钦和盖达尔等领导下推行自由市场化和私有化。萨克斯强调"长痛不如短痛","尽可能快地创造自由市场经济体制,让它开始运作,深渊不能分两步跨过"。沙塔林坚信市场经济"所特有的自我调节机制可以保证最出色地协调所有经济体的活动，合理利用人力、物力和财力资源，保证国民经济平衡”。布尼奇以“文明世界的市场都是可调节的”为由，反对在“市场经济”概念上加“可调节的”的限定词。叶利钦强调，假如“不迅速确认土地私有制，农业的振兴就没有希望”。他们均主张国家干预越少越好，私有化越快越好，从而陷入一种浪漫主义的自由市场经济幻想之中，并由此形成了独特的改革路径和经济大衰退。俄罗斯经济改革的实质是在向市场经济的过渡中根本舍弃社会主义经济制度，复归现代资本主义的自由市场经济形态。详细的分析包括下列四个层面：

一是追求私有制为主体的混合产权形态

俄罗斯的主流经济理论认为，生产要素的迅速私有化是市场化的前提和基础。因而俄罗斯出台了一整套有关私有化的法律文件，其中包括 1991 年 7 月批准的《关于国有企业和地方企业私有化法》，1992 年 6 月批准的《俄联邦 1992 年国有企业和地方企业私有化的国家纲要》和 1993 年 10 月发布的《关于调节俄罗斯土地关系和发展土地改革的命令》。依据这些法律，俄罗斯在城乡各个产业部门普遍推行生产要素私有化。尽管俄罗斯还存在政府所有制经济和合作制经济，但目标和前提是不让其占支配地位，以便确保私有制为主体的混合所有制结构。仅以 1996 年非国有工业企业的发展为例，它占整个工业企业总数的 95.6%，占工业产品总量的 89.6%，占工业生产职工总数的 84.7%。

二是追求按资分配为主体的两极分化形态

生产要素的全面私有化，意味着财富和收入的分配上侧重于资本这一要素。俄罗斯的主流经济理论强调，按劳分配同市场经济和私有化是冲突的，而西方经济学所主张的按生产要素分配是正确的；为了保证企业的经济效率，必须尽快形成一个掌握大量资本的所有者阶层和经营者阶层；至于在私有化进程中出现的种种不合理和不公平现象，是迅速推进市场化的代价，难以避免。1990年在居民货币收入总额中（单位：10亿卢布），劳动报酬为284.1，占74.1%；经营收入为33.1，占8.7%；财产收入为9.6，占2.5%；社会转移支付56.4%，占14.7%。而到了1996年，劳动报酬只占40.5%，经营收入升为40.3%，财产收入升为5.2%，社会转移支付占14%。可见，按劳分配与按资分配的比例和作用发生重大变化。

三是追求新自由主义的市场经济形态

俄罗斯从计划经济向市场经济转轨的提法和目标有一个变化过程。1990年2月苏共中央提出了"计划—市场经济"模式；同年4月又改为"可调节的市场经济"模式；同年9月苏共二十八大正式宣布"向市场经济过渡"，取消了"可调节的"这个定语，同时也提出"国家对市场实行调节"；但同年7月，俄罗斯政府制定了向市场经济过渡的"500天纲领"，在广泛私有化和价格自由化的基础上实行迅速彻底的改革；1991年10月俄罗斯第五次人代会批准了叶利钦的经济改革原则，其中包括"休克疗法"（放开价格、实行私有化和实现宏观财政稳定）。1994年2月叶利钦部分放弃"休克疗法"，提出以"温和"的方式向市场经济过渡。综观俄罗斯迄今为止的改革，在整个叶利钦执政时代，尽管总统、总理和议会等之间有斗争和反复，但基本上贯穿着"休克疗法"等新自由主义市场经济的思路和精神。

四是追求依赖西方的开放经济形态

俄罗斯的一些政治家和理论家认为,只要抛弃社会主义制度和意识形态以后,便同西方发达资本主义国家没有根本的分歧和利益冲突,就可以无所顾忌地对外开放,平等互惠地合作,结成“伙伴”乃至盟国关系。在这种思潮指导下,1991年12月俄罗斯颁布了《在俄罗斯领土上外国经济活动自由化》的法令,并实行以美、日、欧为重点的全面对外开放,在经营方式、管理制度和支付手段等方面试图迅速同西方接轨。由于经互会和苏联的解体而导致的经济分割,西方发达国家及其控制的国际经济组织施展“胡萝卜加大棒”的政策效应,以及国内持续的经济危机和社会危机,使俄罗斯失去了昔日经济强国的地位,主动和被动地过度依附西方大国,在资本、技术和外贸等领域等待和依赖西方的支援。

……

1989年波兰的社会主义道路陷入了严峻的困境。1989年6月议会举行大选,波兰政坛上以瓦文萨为首的“团结工会”推翻了长期执政的共产党政权。同年9月,波兰组成苏联东欧国家第一个非共产党执政的政府,将波兰人民共和国更名为波兰共和国。1990年1月,波兰统一工人党正式宣告解散,从此波兰的发展道路发生了根本性的改变,施政纲领明确了波兰发展道路的目标模式是向自由主义市场经济转轨,“建立一个向高度工业化国家中业已经过验证的经济制度相类似的市场经济、采取坚决果断的措施遏制通货膨胀,建立一套能够保证从社会主义管理制度过渡到资本主义管理制度的机制。”

1989年9月波兰国会批准了巴尔采罗维奇提出的根治波兰经济危机和以最快的速度向市场经济过渡的计划,即《巴尔采罗维奇计划》(又称《稳定经济纲领》)。1990年波兰众议院通过了《国有企业私有化法》,1991年波兰颁布了《波兰合资企业法》等等。这些纲领性文件和法规确定了波兰经济体制经济转轨的战略目标和基本框架。

一是推行私有化。通过私有化扩大私有制成分,改变国家所有制占主导地位的所有制结构,建立以私有制为基础的市场经济。《巴尔采罗维奇计划》指出:"改造所有制结构,使其接近于高度发达国家中现有的所有制结构。外国投资者可以购买波兰企业的股份,也可建立独资公司。"《国有企业私有化法》规定"国有企业私有化的含义是,允许第三者购买已由国营企业改造或国家独资的股份公司的股份和股票,允许第三者购买国有企业的资产或出售的企业"。按照1990年颁布的《国有企业私有化法》和1991年波兰提交给国际货币基金组织的备忘录的规定,波兰从1990年起3年内把5%的国有企业私有化,即1991年把15%的国有企业私有化;1992和1993年各有20%的国有企业私有化,五年内使所有制结构接近或类似于西欧国家。

二是主张自由化。一是放开物价。取消国家对价格的调节予以各种补贴。当时的近期目标是,除对面粉、谷物、水、电、煤气等13种商品和劳务实行国家定价外,对绝大多数商品和劳务价格放松了控制,国家只控制11%的商品价格;二是放开市场:实行"市场准入"和外贸自由化,参加国际市场的竞争,鼓励出口,放开绝大部分出口,取消国家对外贸的垄断;三是放松限制:打破国家在一些领域里的限制,增加市场有效供应,对盈利企业、出口企业和技术更新项目予以贷款;四是改革币制;波兰将兹罗提大幅度贬值,使币值与美元挂钩。允许用本国货币自由兑换美元。

三是“回归欧洲”。波兰剧变之后，波兰政府提出“回归欧洲”的战略目标，在政治、军事和经济方面都向西欧靠拢，力争早日“融入欧洲”，“加入欧盟”。曾任波兰共和国社会民主党第一届主席的亚·克瓦希涅夫斯基在宣誓就任总统时保证“要尽最大努力使波兰与欧洲结为一体”，“我准备亲自承担带领波兰进入欧洲体制的责任”。波兰文化传统属于西方范畴，加之本来就地处欧洲中部，“所以‘回归欧洲’纯粹是一个政治概念，是对原来与苏联结盟和参加华沙条约及经互会的‘反动’”。

资料来源：郭增麟：“加紧向西方靠拢的波兰、捷克、匈牙利”，《欧亚社会发展研究》，1999(1)；张颖：“关于东欧国家私有化问题的探讨：概念、目的和形式”，《东欧中亚研究》，1995(6)。

2.“第三条道路”的社会民主主义经济模式

社会民主主义经济模式的思想理论基础是社会民主主义思潮。欧洲是社会民主主义的发源地，二战后虽然在东欧实现了工人运动的统一，建立了由共产党执政的高度集权的政治经济体制，但社会民主主义的暗流从来没有静止过。在面临经济转型的时候，在社会民主主义的各种流派影响下形成的各种经济体制模式，如北欧的斯堪的纳维亚模式、德国的社会市场经济模式等，都对某些经济转轨国家产生了很大的影响。

俄罗斯主张选择“第三条道路”经济转轨模式的思潮开始于20世纪90年代中期。此前，俄罗斯在新自由主义指导下实施的浪漫主义“大爆炸”、“休克疗法”，不仅没有取得预期的结果，反而造成了经济的急剧混乱和下降。在新自由主义指导下的经济转轨困境之时，

1996年12月，以尤里彼得罗夫为代表的“俄罗斯争取新社会主义运动”的成立为起点，“第三条道路”兴起。普京时代，俄罗斯政府正式宣布走“第三条道路”的主张。“第三条道路”指“摸索自己的改革道路和寻找自己的模式”，“将市场经济和民主原则与俄罗斯的现实有机地结合起来”，“采取渐进的、逐步的和审慎的办法。”但是俄罗斯的“第三条道路”的前景并不乐观。客观看，民主社会主义的存在、发展和演变将在很大程度上影响东欧各国的走势。

3.选择社会主义作为基本社会制度的社会主义市场经济模式

社会主义市场经济理论既是经济学说史上的崭新课题，也是马克思主义发展史上的崭新课题，是紧密结合时代的社会主义理论和实践的前沿问题。有中国特色的社会主义理论，在理论方面的主要贡献就是对社会主义和市场经济关系作出了合理的解答，提出了新内涵的社会主义市场经济模式并付诸实践。

社会主义市场经济模式必须建立在对社会主义和市场经济关系问题认识的重大突破上。实践证明，只要不能实现市场经济与特定所有制，尤其是与资本主义私有制在理论上的剥离，社会主义改革中理论上的局限和困惑，实践中的徘徊和犹豫将是不可避免的。中国经济体制改革能比原苏联改革具有更好的绩效，并取得如此大的成就，最根本的一点就在于理论上彻底实现了市场经济和特定所有制关系的剥离。这一层面的突破，使实践和改革中的全部命题都发生了根本的变化，即变为在市场经济基础上如何建立和发展社会主义的问题，也就是社会主义基本制度如何与市场经济相结合的问题。进而提出了社会主义市场经济模式的目标，即依据社会生产力和现代市场经济发展的内在要求，重构和完善社会主义初级阶段的基本经济形态——公有主体型产权形态、劳动主体型分配形态、国家主导型市场形态和自力主导型开放形态。

中国经济转轨终点的明确体现着实践到理论的渐进性，即终点并没有事先设计好理论上一步到位的系统方案，遵循的是“摸着石头过河”的方法进行经验探索。在中国经济转轨的相当长的时期内，并不清楚经济体制改革到什么程度才算基本走到终点，直到进入经济转轨的中后期对于这个问题的认识才逐渐清晰起来。

中国经济转轨的目标

实践层面的目标

十四大报告明确提出改革的目标模式是建立“社会主义市场经济体制”。社会主义市场经济就是市场经济的一般特征加上社会主义的本质要求，社会主义的本质特征在于以公有制为主体和共同富裕。从这个意义上讲，经济转轨过程终点的评判标准是：建立适应市场要求，产权清晰、权责明确、政企分开、管理科学的现代企业制度；建立全国统一开放的市场体系，这个体系不是部门分割的、地区分割的，而是与国际市场接轨的统一大市场；建立完善的宏观调控体系，应以间接调控为主；建立以按劳分配为主，多种分配方式并存的收入分配制度；建立多层次的社会主义保障制度。

1.建立和完善公有主体型的多种类产权形态

中国经济改革的目标之一，是从过去完全公有制的单一经济形态向以公有制为主体、多种所有制经济共同发展的经济形态转变。由于中国现阶段社会生产力发展的不平衡和多样性，以及人口和就业问题十分突出等缘故，不宜维持单一的、纯而又纯的公有制结构。改革已经逐渐打破和扭转了传统的社会所有制格局，这是非常必要的。

不过，中国要建立的是社会主义的市场经济体制，即以公有制为主体的市场经济模式，而不是以私有制为主体的市场经济模式。这就是说，在迈向市场经济的改革中，绝不放弃包含国有经济和集体经济及合作经济在内的公有制主体地位，而是要将公有产权与市场经济有效地融合在一起，实现一种以公有法人型联合劳动为基础的"市场社会主义"。这种具有中国特色的社会主义，鼓励个体、私营和外资等其他非公有制成分的适度发展，作为市场经济的重要组成部分和初级社会主义社会基本经济制度的有机组成部分，但公有制资产在社会总资产和经营性资产中要占大多数或优势，国有经济要控制国家的经济命脉，并体现对整个国民经济发展的主导作用。它要通过所占资本比例、国民生产总值比例和就业人数比例等来体现(英国学者帕里斯曾指出)，并具体表现为基础产业服务功能、支柱产业构筑功能、流通领域调节功能、科学技术示范功能、社会整体创利功能和产权变迁导向功能。

2.建立和完善劳动主体型的多要素分配形态

中国的经济改革摈弃了带有平均主义色彩的计划型按劳分配的模式，从单一的按劳分配形态向以市场型按劳分配为主体、多种生产要素所有权共同参与分配的经济形态转变。鼓励一部分人和一部分地区先富起来，同时确保绝大多数城乡居民的生活质量都有不同程度的提高，积极地消灭贫困现象，把共同富裕作为一个长期的动态过程和结果来对待。

中国实行以按劳分配为主体的"先富—共富"的社会分配结构，既强调资本、土地、技术、信息等生产要素凭借所有权可以参与分配，又强调市场型按劳分配的机制和原则，这就清晰地勾画了现阶段适合生产力和市场经济发展的基本分配形态，是改革中处理经济公平与经济效益二者关系的重要方针。在分配领域中，政府重视运用工资、奖金、税收、公共福利、社会保障等手段和机制，事先主动防止某些分配不公的产生，事后积极纠正某些分配不公的现象，使个人之间、单位之间、产业之间、地区之间、民族之间、群体之间、阶层（阶级）之间及各自内部的分配差距日趋合理化，以改进和确保市场经济条件下按劳分配主体型的多元分配形态。

3.建立和完善国家主导型的多结构市场形态

中国经济体制改革的一个重要目标，就是从传统的官僚主义计划经济形态向以国家调节为主导、多种市场结构共同发展的经济形态转变。在这个转变过程中，要确立以各种商品和生产要素为交换对象的市场客体结构，以各种市场客体占有者或交换活动当事人为内涵的市场主体结构，以市场主体和客体活动地方和范围为基础的市场空间结构，以交换的持续性和顺序性为特征的市场时间结构，以便最终形成结构完整、层次合理、机制灵活和偏向买方的社会主义市场体系。

改革中中国既注重建立计划、金融和财政为核心的国家宏观调控系统，维护全局利益的统一性，又注重在集中指导下赋予基层、地方和部门必要的权力，形成统一领导下的兼顾局部利益的灵活性。在存有个人选择、法人选择、市场选择和社会选择的复杂条件下，国家调控逐渐在“博弈”中完善各项政策和机制，树立应有的领导权威。参考历史上成功的经验及日本、德国和韩国等“跳跃式”发展的做法，中国试图在廉洁和科学管理的前提下确立“小而强的政府”主导地位或主脑地位(萨缪尔森认为市场没有心脏和大脑),建立强市场和强政府的“双强”格局,使国家的经济职能和作用略大于资本主义国家。这是因为,中国是一个相对落后的社会,要迅速赶超最发达的西方国家;中国是一个经济转型的社会,要尽快实现向市场体制的有序过渡;中国是一个公有主体的社会,要充分发挥国有经济的主导功能。

4.建立和完善自力主导型的多方位开放形态

中国经济体制改革的理论模式和现实特征,就是从以往过度突出自力更生的较封闭经济形态向以自力更生为主导、多方位开放共同发展的经济形态转变。中国在依靠本国自己力量的基础上,先后对发达国家、发展中国家和港台澳地区实行多方位开放,在第三产业、第二产业和第一产业实行多方位开放,在资本、技术、商品和服务等项目实行多方位开放,并实行内外开放和双向开放,力图促使贸易依存度、贸易结构水平、关税总水平、资本依存度和投资结构水平等层面发生重大变化,迅速扩大整个国民经济的内外开放度,积极参与国际合作和国际竞争。

但是中国既强调积极利用外国的资金和技术及对外开放,又强调独立自主和自力更生,主张“自力更生为主、争取外援为辅”(邓小平语),并使之成为经济体制改革和现代化建设的一个基本方针,因而在整个改革和发展中注意处理开放、保护和超越之间的关系,努力提高对外开放的素质和水平。其中包括精心调控引进技术和资本的战略与策略,增强自主创新的程度。

理论层面的目标

高尚全认为,要从现代市场经济的内在规定研究社会主义市场经济体制,社会主义市场经济新体制要以公有制经济为主体多种经济成分并存;国有资产产权明晰化,真正实现两权分离;一切生产要素商品化,进入市场;以市场机制作为配置社会资源的基本形式;按公平与效率相结合的原则进行分配,初次分配坚持效率原则,鼓励先富,再分配坚持公平原则,实现共同富裕;实现市场调节与计划调节相结合。

厉以宁认为,社会主义市场经济体制就是以政企分开、自主经营、自负盈亏的企业为微观基础的、以市场调节为第一次调节、以政府调节为第二次调节的经济体制。

尹文书提出,宏观总量由国家计划控制,微观经济活动由市场直接调节,宏观结构关系发挥市场机制和计划双重作用,实现社会主义宏观经济运行的双重目标,即总量均衡与结构均衡。

资料来源:张问敏、钟培华:"社会主义市场经济理论",载于《中国经济理论问题争鸣》,中国财政经济出版社,2002 年。

(二)经济转轨终点要完成和待完成的任务

作为历史的一个子过程,经济转轨必然是位于起点与终点之间的一个过渡态。从整体上认识这个过渡态必须同时从起点和终点两个角度考虑,这种方式也称为比较静态分析。因为这种认识涉及两个"静态"均衡的比较,而不需要特别关心是怎样从一种均衡到另一种均衡的。从一种均衡向另一种均衡的移动要花较长的时间,了解这样的移动过程是非常重要的,但是这个动态问题的研究不可能一蹴而就。比较静态分析只涉及均衡的比较,其中比较重要的问题之一就是对经济转轨任务的界定。经济转轨的特殊历史任务是什么?在子过程终点基本确定的前提下,能影响这个任务的变量只可能是起点。实践中,经济转轨国家特殊的起点状态决定了整个经济转轨过程的任务。

20世纪两次世界大战中诞生的所有社会主义国家,除俄罗斯有些特殊外,几乎都还处在“为起飞准备条件阶段”。与此相适应,对工业化过程滞后、自然经济成分占很大比重的国家来说,在经济运行机制上本应有一个使商品经济逐步得以发育的较为有利的制度安排,但外部环境的变化并不允许这样做。因为几乎所有涉及国际经济交往的市场经济规则,已经由先行工业化国家在市场化过程中按照优先考虑其自身利益的原则做了安排。最终的结果则如我们自己所感受到的,经济转轨国家经济成长需要依赖的经济运行环境与既定的市场规则相冲突,经济成长与体制成熟的阶段之间,不可避免地产生了错位的问题。这一层面的制约以及由此形成的制度变迁成本,可能是贯穿于所有经济转轨国家经济转轨总过程的基础性制约,它与各国经济转轨中的政治取向并无直接联系,但与政府是否能够恰当处理错位所引致的矛盾困扰,则直接相关。从计划经济体制向市场经济体制转化的过程中,原来经济体制的各种结构都要发生根本的变化,其任务也是多层面的。

从形成多元的自主的经济主体的角度来看,有以下几方面的任务:一是所有制结构的多元化。市场化改革必然要求所有制结构发生相应的变化,产权结构发生裂变,从单一的公有制向多元化的混合所有制转变。要改变原来排斥、压抑非公有制经济的状况,允许多种经济成分共同发展。由于要允许和鼓励各种非公有经济的发展,形成企业联合、兼并、收购和重组的市场运行规则,就必然会形成产权主体的多元化、经济活动主体多元化、经济成分多元化和同一企业中资本构成多元化的局面,这几种类型的多元化并存或混合的状态是市场经济的要求和正常状态。二是微观经济行为主体的独立性、自主性加强。微观经济主体由原行政体系的附属物向真正的商品生产者转化,需要改变传统计划经济体制下国家集所有权和经营权于一身,通过行政部门进行统一决策和统一管理这种产权高度集中统一的状况;同时还要改变由这种高度集中统一的产权造成的经济活动主体单一的状况,即整个全民所有制都是一个统一的活动主体,工厂和生产单位由于没有经营自主权和利益分配权而不能称之为企业,还是一个有自主权力和利益的活动主体;在产权分化和产权下移的基本趋势下,在经济主体和产权主体多元化发展的状况下,必须对原来的国有经济进行战略改组,并且进行规范的公司制改造,使其成为真正的企业。三是经济决策分散化,政府只在宏观决策和其他一些必要的领域里发挥作用,而从微观决策领域中逐步退出。从计划统管的体制到市场自由调节的变革,一定会表现为政府在某些领域的退出和决策权向各个经济主体的让渡、转化和分散。

从经济运行机制的角度来看,有以下几方面的任务:一是产品价格和要素价格的市场化,包括消费资料生产要素的价格由供求决定,尤其是要素价格由供求双方自主决定的程度,反映了市场经济成熟的程度。二是市场取向的改革是一个货币化的过程,市场经济的组织依赖于以货币为基础的信用关系。要建立完善的货币金融体系必须有以资产抵押为基础的信用关系,这种信用关系的建立是与企业的预算约束分不开的。从某种角度讲企业和银行是联系在一起的,二者共同构成特定的货币金融体系。三是分配制度方面要打破传统的以行政权力和计划安排为主的统包统配的分配体制,建立以市场机制为主导、以按劳分配为主体的多元分配体制,充分发挥市场机制对分配的调节作用,认可基于资源稀缺必须对生产要素投入的保护和其贡献的激励。这样原来的福利型配给机制就要被市场型报酬机制所代替。

处于途中的经济转轨国家在实现经济转轨目标后还可能存在尚待解决的问题。经济转轨绩效的评价是经济转轨结束时必须处理的问题，这不仅关系到对经济转轨总过程的客观评判，也是对未来发展道路的一个重新认知和调整。经济转轨的最终费用结算是指以经济转轨过程为存续期间，对期间内各种未偿费用的最终清算。未偿费用是指一个经济转轨阶段结束时已发生的应付而未付的费用。这些定义与经济转轨过程的绩效评价相对应，是对经济转轨的阶段性绩效评价和最终绩效评价的扣除。经济体制转轨与经济发展转型是经济转轨时期的双重任务，但经济转轨时期以经济转轨的开始与完成为区间，是一个特定的过程，经济社会发展则是人类生活的一个一般过程，不会因经济转轨完成而结束。在经济转轨时期，经济转轨会发生成本，经济转型会发生成本，二者之间关系的处理也会产生成本。经济转轨时期的总成本可以因经济转轨路径、政策安排的不同而得到控制，但成本一旦发生就具有客观性，不会因为经济转轨阶段的转换而消失，期间内被推迟、忽略、隐藏的成本都会以累积、转移的方式在后续的经济转轨过程中或经济转轨结束时反映出来，成为必须最终结清的费用，从而对经济转轨的最终绩效评价产生矫正作用，或者直接在过程中对经济转轨的效率产生影响。

不同的经济转轨思路使得经济转轨过程中发生的收益、费用在时间、空间、主体上并不完全对应，导致费用发生时间与收益期间的不对应。会计学通过确定不同的会计基础来反映这种不对应，以准确记录和核算企业的经营状况，比如在权责发生制下通过递延、待摊、预提等方式来处理已发生费用和未偿费用的问题，以正确评价当期的盈利，并用于指导和调整下期的经营思路。对经济转轨过程的评价，也需要以一定的绩效评价思想和模式为基础，处理各种跨期的费用、历史欠账以及其他待处理事项。不同的绩效评价思想和模式形成对经济转轨过程及其阶段的不同评价结果，并且极大地影响着决策者在经济转轨过程中的判断、政策和行动，影响其对发展道路的设计，对经济转轨目标与结果的预见，因此是十分重要的事情。

中国学者根据本国国情和渐进改革的实践反馈，在经济转轨绩效评价思想的研究方面，有两大理论贡献值得关注。一是注重经济转轨过程中控制成本与扩大收益的研究，即绩效评价的方法创新。中国学者的可贵之处在于强调经济转轨的过程研究，认识到经济转轨过程中两种制度的安排除了对立的一面以外，还有可兼容的一面，对立与兼容都是经济转轨可以利用的方面，也是成本—收益分析方法的基础和实践路径的依赖。中国的实践使传统的成本—收益分析由没有过程的时点概念转向针对经济转轨经济过程中累积效应的研究，从而证明至少在短期内适宜的路径选择与次序优化是存在的。经济转轨过程中实施成本与摩擦成本的区分①、转轨过程中的成本最小化原则②、转轨过程中收益的存在③ 都体现了这种研究的深化。二是注重经济转轨过程中改革与发展关系的研究，即绩效评价的思路创新。成本—收益方法被用于经济转轨过程的绩效考察时，研究者发现节约成本和扩大收益的原因并不仅仅来自于经济转轨，同时还受到传统社会经济结构的约束。转轨过程中的利益冲突，都隐含着发展水平对转轨速度、路径的制约。将改革与发展结合起来，不孤

---

① 樊纲："两种改革成本与两种改革方式"，《经济研究》，1993年第11期。

② 盛洪："中国的过渡经济学"，收录于盛洪主编《中国的过渡经济学》，上海三联书店、上海人民出版社，第8—9页。

③ 冯舜华等：《经济转轨的国际比较》，经济科学出版社，2001年，第10—12页。

立地设计经济体制改革的目标模式，不按照常规实施对变革中经济的宏观调控，而是同时考虑到经济发展的阶段和条件，成为转轨时期绩效评价思想的重大创新。转轨过程“非均衡经济”① 的定义、“转型发展理论”② 的提出，以及以体制转轨为约束条件对增长方式转型的研究③，都体现了这方面的贡献。

三、总过程的认知方法

在通过相对静态比较明确经济转轨任务后，可进一步对经济转轨的过渡态展开深入分析。过渡态是指事物发展过程中由量变到质变的转折点，其特点是具有非典型性和不确定性。事物在质变发展中呈现出过渡态，使我们既可以在动态过程中进行观察和测定其特征，也可以在稳定状态下进行静态观察和测定其特征；前者可以测定事物发展趋势及其规律，后者可以揭示动态的发展过程及其规律。

首先，经济转轨中连续的重大变化是由时空错位这一最大的矛盾所引起的，并在运动中引起一系列矛盾，使该类经济明显具有非平衡系统经济运行特征。国民经济本身就是一个非平衡系统。转轨经济的非平衡特征尤甚于非经济转轨过程中的经济是由两类原因导致的：一是几乎所有转轨经济都是不发达经济即发展中经济，其现代产业部门与传统部门(集中表现为工农、城乡之间)呈现出二元结构；二是不论是激进主义或渐进主义的改革，经济转轨中的市场化推进都会出现因体制变动导致利益转移的两极分化或泛两极分化现象，“转移性收益”的偏多、偏少在不同部门或领域造成“畸低收入阶层”与

① 厉以宁：《非均衡的中国经济》，广东经济出版社，1999年，第1页、第6页。

② 厉以宁：《转型发展理论》，同心出版社，1996年，第1—2页。

③ 周振华：《增长转型》，上海人民出版社，1997年，第3—4页。

"畸高收入阶层"的"逆向分离",构成新的多二元结构。这里的"转移性收益"和"转移性损失"是指在体制转变过程中,因政策变动而发生的既有财富的体制性变动,因各人所处地域、产业、岗位、人际关系等可利用性和受约束性的机遇不同,改革的步骤与方式、避免社会震荡的保障机制和缓冲机制不同,在改革的各个阶段里,处在不同位置的家庭部门之间,有的轻易就获得了转移性收益,有的没有获得这种收益的机会,甚至失去了既有的收益,也就负担了体制变革转嫁的损失。类似的变动过程中,显然还会产生大量由于法律不完善、监督缺位、运作不规范、体制性资源滥用所导致的"衍生性"收益畸高者与损失畸高者。这种非均衡性都与时空错位所构成的基础性障碍发生联系。

其次,鉴于经济转轨的阶段性,本书试图建立一种虽处于经济转轨中途,却有助于对转轨经济和经济转轨总过程进行认知的方法,这就是"中位观察法"。中位观察法是指将一个经济体的经济转轨总过程视为从低到高的循环上升的开放系统和非平衡系统加以考察,从中寻找已经完成部分质变并具有不可逆性的位置,即转轨过程中的位置,在此建立观察点,进行整体分析并做出线性序列概括,侧重于当前研究和预测研究的一种关于过程分析的新方法。

把握经济转轨过程主要有两种观点[①]:一是完全按照西方发达资本主义国家的市场经济模式来仿制所谓后社会主义国家由社会主义计划体制过渡到资本主义市场体制的制度变迁总过程。其中代表性的观点是由 Kornai Janos(2000)提出的由五特征制度性变迁所构造的经济转轨总过程模型。该模型认为,判定经济社会制度的重要标

---

① 吕炜:"经济转轨经济的时空分析与中位观察法的研究",《经济研究参考》,2002年第84期。

准,是一种被称之为 The System-Specific Attributes(体制的特殊品性)的东西。世界上之所以有不同的经济社会制度存在,就是因为有此"品性"存在,不同的经济社会制度也正是由它来支撑和发展的。因此,经济转轨意味着"品性"的改变。"体制的特殊品性"其实也就是作者所说的制度性特征,它具体表现为:(1)政治力量特征;(2)产权的分配特征;(3)协调机制特征;(4)经济行为者的典型特征;(5)经济运行特征这样5个特征。五特征之间既存在顺序决定的关系:(1)→(2)→(3)→(4)→(5),更存在"基础性特征"决定"非基础性特征"的关系:(1)—(3)决定(4)—(5)。判定一个经济转轨的总过程是否真正开始了?是否可以结束了?按照该文作者所持的观点,(4)—(5)转轨是否到位并不是主要的衡量标准,(1)—(3)是否转轨到位才是关键。(1)—(3)转轨到位还将自动引导(4)—(5)转轨到位,可简单地理解为政治转轨决定并引导经济转轨。依据上述核心观点,Kornai认为转轨经济的运行具体表现为这样5个特征的转变过程(见图2-7)。

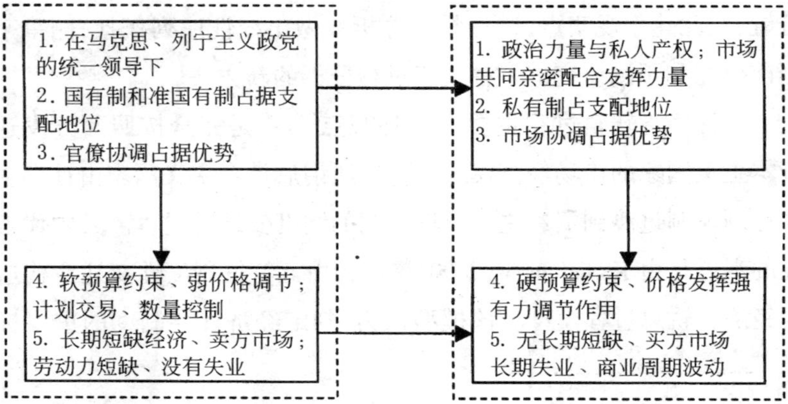

图2-7 五特征制度变迁为标准的经济转轨总过程

另一种把握经济转轨过程的观点是着眼于从计划到市场的经济运行机制变化的实践主线，将经济转轨国家政府做出放弃国家集权的计划经济、采取市场化的重大政策性决定的年份作为经济转轨总过程启动的基准年；考察改革政策的推进过程与对应的国民经济运行中的主要矛盾演变过程的关联性，从中找出各阶段的经济转轨点。例如，将迄今为止的中国改革进程分为三个阶段，即"边界上革命"(1978—1984/以修补旧体制，从计划边界上培育商品经济因素为特征的改革启动阶段)；"双轨下扩张"(1984—1992/以双轨制价格、修补缺损的流通环节、经济总量迅速扩大、同时经济环境活与乱交织为特征的双轨摩擦阶段)；"磨合中替代"(1992年至今/以确立社会主义市场经济改革目标，改革整体推进深层次矛盾集中显露、市场机制起主导作用的趋势日益明显为特征的体制置换阶段)(吕炜，2000)。

从上面两种观点把握经济转轨的过程，出现许多基本面与实际情况的差异，这种差异甚至出现在"质"的范畴。笔者认为出现问题的原因主要有：其一，我们正处于尚未建成市场经济体制的环境中，却引入了来自并适合成熟的现代市场经济环境的西方经济学理论为基础的分析框架和计量模型；其二，我们对转轨经济运行中的一般规律和对中国转轨经济特殊的运行规律——尤其对经济转轨总过程及其转折点的认识，研究深度不够而且在方法上出了问题。如果这样的判断合理，我们就需要寻求方法论上的改进。

不只在中国，就是在全球范围看，目前还没有一个经济转轨国家宣布转轨目标已经达到，事实上大家都还处在中途。因此要从整体上把握转轨总过程、判断当前所处阶段和进行趋势预测，逐渐脱离原有的理论前提和分析框架，着眼于从转轨经济国家自身的探索去寻求规律性的东西，并预见未来可能到达的目标，是方法论创新的立足点。

转轨经济不是一种体制稳定下的经济，而是一种特殊的经济形态。从过程角度看，经济转轨是一个从"计划→计划＞市场→市场＞计划→市场"的过程，质量互变规律决定着这个过程的质变必将是由量变积累到质的规定性改变以后才能完成。新体制置换旧体制的路径上，必须要经过漫长的"量变阶段"，在这个量变积累的路径上脱离"部分质变"的过渡态而直接与质变并轨是不可能的。"部分质变"的过渡态起着促进和推动事物发展或者过程完成的中介作用。事物在质变发展中呈现过渡态，使我们既可以在动态过程中进行观察和测定其特征，也可以在稳定状态下进行静态观察和测定其特征；前者可以测定事物发展趋势及其规律，后者可以揭示动态的发展过程及其规律。

本书所提出的中位观察法与传统阶段分析的区别在于：(1)它是一种全程的研究，具备考察对象的完整性；(2)它是一种系统的研究，强调考察对象之间的相互联系；(3)它是一种开放视角的研究，重视系统的环境因素；(4)它是一种强调考察对象非平衡运动为一种常态的研究；它是将研究目的明确定位于指导当前实践和提高预测能力的研究。

显然"中位"不是时间过半的那种意义上的"当中"、"中间"，也不能机械地理解为任务过半的"中线"。从程序上看，中位观察法与以往的阶段划分的研究方法的明显不同点是将研究分为两个阶段进行，即寻找中位的研究和以中位为观察点的过程分析以及阶段表述的研究。这里有必要引入中介论来剖析其经济学含义。

中介理论的正确性和"过渡态"存在的客观性，在若干重大问题特别是人们认识社会主义发展阶段的探索中，已得到深刻的验证。

首先是科学社会主义的创始人马克思、恩格斯对社会主义取代资本主义后的未来社会的基本特征做出了初步预测，然后是列宁在十月革命胜利后根据这一设想，试图利用战时共产主义政策直接向社会主义过渡。这样的做法显然忽略了“过渡态”这一阶段的存在，而试图实行直接的非“中介”性政策。在从实践中得出“现实生活说明我们错了”的判断之后，列宁果断地改之而实行“根据经验来谈论社会主义”的新经济政策。新经济政策是基于对俄国经济两个最显著特点的判断：小农经济犹如汪洋大海；资本主义经济相对落后。即当时的俄国经济尚未为新政权奠定直接从资本主义经济到社会主义经济转变的物质基础，而是处在特征明显的“过渡态”阶段。新经济政策从路径上看就是划出并重视了社会主义发展过程中的“中介”阶段，即在当时的俄国需要通过市场和商品交换使小农经济和资本主义经济活跃起来，再通过国家资本主义把它们引向社会主义道路。后来，对新经济政策所作的“一个中心、两个中介、三项措施”的概括里，甚至在表述语言上也明确将中介二字纳入其中。在有中国特色社会主义理论框架下所确立的现阶段基本经济制度，也同样可以以中介理论来解析，即说明这一基本经济制度是建立在对社会主义初级阶段这一“过渡态”性质的阶段性判断基础之上的。

国内一些经济学者也在不同程度上表达了对中国转轨经济“过渡态”的思考。萧灼基在 1999 年的一次以如何化解中国经济深层矛盾的宏观经济问题研讨会上，曾以主持人身份提出了 8 个值得关注的话题，其中的前两个问题，实际上已经表达出一定程度的过渡态范畴的思考倾向。他指出：“第一，中国经济正从计划型周期转变为市场型周期。应当承认，我们对解决周期，或者说反周期的措施还没有跟上周期形态的变化，往往有一些反周期的措施还具有计划经济的烙印;第二,中国经济正在从短缺经济转向过剩经济。而在这种全新的转变之中,宏观经济政策还没有及时从解决短缺经济问题转向解决过剩经济问题。"由这种思考的启发,以下建立了中位观察法的分析模型:

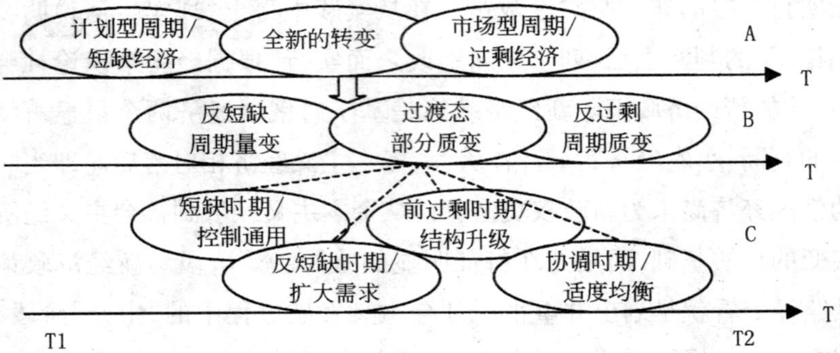

图 2-8 中位观察法的分析模型

图 2-8 是由三个部分组成的中位观察法的解析模型。T 代表制度演进的时间轨迹,T1—T2 为我们研究的特定的经济转轨时间区间。现在依照逻辑过程分析如下:

先看 A 图。它所解析的是萧灼基关于中国经济所处时期的判断:其一,"正从计划型周期转变为市场型周期"、"正在从短缺经济转向过剩经济";其二,"全新的转变"。笔者理解,前者是着眼于动态观察所作的过程性描述,后者是对过程性描述的象征意义所作的静态定义。这里所说的"市场型周期",是指普遍存在于工业社会和大生产条件下的"商业周期"。只要是搞市场经济,过剩问题就会成为宏观经济运行中的焦点,繁荣、低落、萧条、复苏这样一个因宏观经济非线性均衡而呈现的周而复始的循环波动的特征,就难以完全避免。而"计划型周期",则是指改革启动前的计划体制下的宏观经济波动特征,突出地表现为大起大落的频繁波动。这种波动是因权力过分集中的纵向直接干预经济所引致,突发式扩张与紧急刹车相互交替,形成一种以投资量的增加或缩减而引发扩张或收缩、表现为单纯数量运动的周而复始、循环往复的波动。国内学者陈东琪先生对这一系统研究后,将其界定为“强周期波动”。

A图的分析视角和周期命名的方法,显然是从宏观经济运行层面切入,而只以改革为观察背景,经济转轨发展进程层面并不是它的评判对象。同时,它是以“经济转轨前”与“经济转轨发生重大转折中”(所谓“全新的转变”)为对应时期进行比较的,不是完全意义的对经济转轨从开始到结束的将其视为系统总体的全程考察。这是目前比较通行的评价经济转轨的角度。

再看B图。它所解析的是寻找“中位”和建立以中位为观察点的“中位观察法”过程中的逻辑思维过程。观察是以经济转轨启动为始点,以经济转轨结束为终点,体现出经济转轨总过程全程考察的完整性、系统性。“反短缺周期”/“过渡态”/“反过剩周期”这一组命名,均显示出转轨经济范畴的特定意义。加入“过渡态”的分析,显示出基于实践的启示,通过假设、猜想、证伪等一系列动态分析与静态分析而获得认识突破的特征。寻找“中位”所展开的周期分析,则是以从计划到市场的特定理论含义来界定、以新的经济运行机制置换旧的经济运行机制产生经济增长绩效为动力和标志、前延后续的“经济转轨周期中波”。因为“反短缺周期”、“反过剩周期”以及位居二者之间已积累部分质变接近质变临界点,但仍在到达过程中的“过渡态”,它们就其周期长短而言,既非短期波动也非长波,故笔者将其视为中期波动的范围。A——B——C即三图中间的连线,表示“中位”的确定及“中位观察法”应用于实践的线索。由“反短缺周期”量变绩效积累与质变后转为“反过剩周期”之间，有一个由“部分质变”所决定的“过渡态”，它即是经济转轨总过程中的“中位”，其宏观经济特征是总量短缺基本消失、低收入水平下的结构性短缺与过剩同时存在。由此可以给出定义：所谓经济转轨总过程中位，它是指该过程的系统总体从计划到市场体制演进反映在宏观经济层面的经济运行特征变化已含有部分质变性质特定时期。

最后来分析C图。按照中位观察法对经济转轨中的中国经济的经济转轨总过程进行两阶段分析之后，得出的线性序列阶段划分结论是，它可能分为4个时期来实现从计划到市场的转变，也可能是3个阶段就能到达目标。这些时期的名称及政府在该时期应采取的改革政策创新的聚焦点，分别以关键词概述在该图中的4个圆环里。实线连接的圆环所表示的是中国经济改革必须经过的阶段，虚线连接的圆环则带有不确定性。该图的主要含义，可概括为以下4点：(1)判定一个经济是否到达经济转轨总过程的中位，由两要素来决定：原体制的普遍特征(短缺现象)基本消失而新体制的普遍特征(过剩现象)开始显现；新体制置换旧体制的趋势从基本面(经济环境)和政策面(决策意向)判断已综合表现出不可逆性。(2)任何一个转轨经济都可以找出其经济转轨总过程的“中位”。但由于各国国情和政府行为的差异，“中位”的时期特征和可能包括几个时期，则可能不同。(3)如果认为“中位”的时间区间相对较短，其认识误差较大；如果认为“中位”遇到的困难比初始阶段小，那也是错误的。它可能是矛盾最为错综复杂而实施改革政策创新的“度”最难把握的时期，常常表现出实施力度“少一分不到位、多一分会过头”的情况。(4)尽管过剩是市场经济下的常态，但是按人们意愿和政府意向是创立一个优于一般市场体制的社会主义市场经济体制。基于此，笔者将经济转轨总过程最后一个阶段命名为“协调时期”，其政策创新的着力点是争取和维持动态的“适度均衡”。

将整个经济转轨进程视为一系列由许多分过程和子系统所构成并且表现为非平衡总系统和总过程的连续性运动，意味着将静态的市场化指标体系与动态的经济运行效率相联系，在互为参照的基础上，寻找全过程中由渐变积累到发生部分质变的关键点。我们认为有两个关键点具有经济转轨意义①。更有利于作为中位观察的点还应该是告别旧体制意义的转折点。

告别旧体制的转折点标志着一个经济体在“计划→计划>市场→市场>计划→市场”的经济转轨总过程中，从供给与需求的关系来看，供给不足的矛盾已经基本解决，需求力量开始成为主导经济运行效率的决定方，即短缺经济向过剩经济的转变，反短缺周期量变向反过剩周期质变的转变；从政府部门与企业部门、家庭部门的利益博弈关系看，回归旧体制的政策倾向已经受到遏制，即计划型周期向市场型周期的转变。对于短缺的通常理解是，短缺源于计划体制的低效率，并被认为是传统社会主义国家经济运行的正常状态。短缺现象从人们经济生活的直觉中普遍消失，必定是意味着在一个经济的内部，若干意义深刻的变化已经发生过、并且正在继续发生着：资源配置方式得到相当程度优化→资源稀缺矛盾得到相应程度缓和→供需结构的变量组合有了质的改变……社会生产率提高和社会福利总体状况的明显改善，自然也就为继续推进新旧体制转换铺平了道路。

但这只是一个方面。实践成效固然可以影响到新旧体制经济转

---

① 一个是代表着告别旧体制意义的转折点，另一个是代表着建立新体制的任务接近完成意义的转折点。关于这两点更详尽的论述可参见吕炜：“中国经济转轨实践的理论命题”，载于《中国社会科学》，2003年第4期。

轨是否能够顺利地往下进行,但是我们知道,由于大多数转轨经济体原来都属于社会主义国家,长期遵循着传统的政治经济学理论的思维去看待问题,存在着把经济规律范畴的讨论以政治标准划线的倾向。尽管在决定推行体制改革时及其推行中,这样的思维定势在逐渐改变,但显而易见的是,传统政治经济学理论系统更新和新的经济学思维模式的创建,并不总是能跟上经济转轨实践的需要。因此,当经济转轨进展并不顺利,尤其遇到重大挫折时,实践层面对于理论解析乏力的挑战与理论层面对于现实问题的错误阐释,也可能影响到新旧体制转换是否能够继续顺利地向前推进。在特殊情况下,旧体制复归的决策倾向甚至可能占上风。中国的经济转轨过程中曾多次出现过这样的疑惑。基于此,回归旧体制的政策倾向是否受到理性遏制、市场化取向是否不可逆转,应该与短缺现象是否普遍消失一起被列入衡量一个转轨经济是否到达了告别旧体制"转折点"的两个条件之一。

中国经济从1992年确定社会主义市场经济体制目标和价格双轨制顺利向市场价格并轨之日起,已从政策面和基本面展现出从计划到市场的不可逆性。但原体制普遍特征基本消失和新体制普遍特征开始显现,则在1998年上半年商品信息中心宣布其监测的601种主要商品全部处于供大于求和供求平衡时才能确定其标志。由此可以判定,中位观察法所确定其内涵的"中位",在中国经济中的起始时间是1998年。

"中位"的显著优势在于,它把"瞻前"与"顾后"联系起来,从而增加了从逻辑顺序(而不是时间顺序)上"靠近过程"考察的可能性。经济转轨总过程这一系统的、运动的系统总体,当它由"始位"运动到"中位"及通过"中位"继续向"终位"运动时,系统四个基本特征当中的历史性特征，显得突出起来。这时，不仅经济转轨启动初期原来就存在着的尚未着手解决的那些矛盾，而且包括着经济转轨“运动到中位”之前由前期改革政策不当积累下来的矛盾，以及改革政策创新当时适当并且显效、但由于后来使用时滞超长，因未能及时更新而产生的负显效，都会汇集起来，将“后向拖累”变为“前向冲突”，成为经济转轨向前发展的深层次障碍。

将全人类的1/4卷入其中的从计划到市场的经济转轨进程，正在不同国情的原社会主义国家中继续探索，目前都还在中途。笔者判断到达“中位”的也只是少数国家。因此追踪实践的理论探索，突破原有思维定势而坚持在方法论上改进、创新，就不能不是一个可行的选择。继续对“中位观察法”这一新的分析方法进行改进和补正的工作，也将是有意义的。

第二篇　经济转轨的基本特征及研究方法

第三章　经济转轨的特性与共性

第一节　由转轨实践所引发的思考

以单一公有制和指令性计划为主要特征的计划经济体制,可以成为政府完全替代市场的交易制度。它在实践中虽然取得了一定的成就,但也付出了高昂的交易成本的代价。这种代价所带来的社会发展结果促使人们去反思市场机制的作用,而反思的结果就是原计划经济体制的国家应当向市场经济体制过渡,即实行经济转轨。既然决定放弃计划体制,确信无疑地向市场化目标迈进,为什么转轨就这么难呢？这是一个具有重要理论与实践意义的关键性问题,如果能够找到问题的根源,就可能加快经济转轨的进程、实现经济社会的大发展,但是我们仿佛还很难从本书前面关于经济转轨的概念和经济转轨的过程观中寻找到理想的答案。合乎逻辑的推理必然是:不同路径的市场化进程的探索,可能遇到了同一种阻力,即某种相同或相似的基础性的障碍。历史地看,不仅是前面章节中提到的中国、越南、俄罗斯、乌克兰,而是在上个世纪两次世界大战中诞生的所有社会主义国家,都具有一个共同的背景。即都没有遵循从高度发达的资本主义国家由“生产资料的集中和劳动的社会化,达到了同它们的资本主义外壳不能相容的地步”,从而“炸毁了”它的“外壳”这样的路径来诞生，恰恰相反，却是从落后国家里基于摆脱贫困和屈辱的强烈愿望，通过反对殖民剥削和民族压迫的解放斗争而诞生。因此，笔者认为，不论它们当初如何坚定地选择了计划体制因而经历了已经经历过的那些曲折的探索，或者近半个世纪以来偏好市场竞争效率选择了市场体制，因而又经历了路径多么不同的偏离计划轨道的市场化变革的探索，都应被视为一个特定阶段的社会主义发展史的组成部分和人类经济发展史上最重要的经济活动实践之一，都一样值得经济学人从非意识形态层面去发现值得尊重的共同之点。

如果从20世纪50年代所进行的“市场改革”开始计算，后社会主义国家所开展的经济运行机制转轨的探索已经进行了半个多世纪，这场探索以其波及地区广泛、卷入人口众多而被许多学者称为一项浩大的人类经济史上罕见的“社会变革工程”，既然是一项“变革工程”，那么其蕴含的意思在于这场变革不是遵循人类经济发展史的自然连续演化过程，而是在既定的历史背景中由各转轨经济体政府主观驾驭的强制性政策过程，这个过程从最开始就体现出目标的明确性、战略的规划性和步骤性、公众参与的广泛性以及社会改革的深刻性，整个过程虽然就本身来看可能显得有些过于浩大和纷繁复杂。但历史的直觉可能会做出截然相反的判断——这项“变革工程”是如此的单纯与简单，以至于可以在很短的时间内就能够成功实现。得出这样判断的理论逻辑在于，既然处在“社会主义+计划体制”环境中的经济学家及决策者，已经认识到计划体制的弊端并决心接受市场体制的相对高效率，那么对于各转轨经济国家而言唯一需要去做的无外乎是把西方发达国家经过几百年的自然演变和不断锤炼而得来的已经非常成熟的市场体制，从外部强制性注入到传统的计划经济体制中去，同时直接引进业已存在的先进的管理经验和技术创新与新的市场体制相适应，这样，一个脱胎换骨的全新的社会状态便可以在不长时期内得以实现，而决定实现时间长短的关键性因素则在于政府对转轨所要实现任务的认知程度、对转轨所处的客观大背景的把握程度以及对推动全面转轨的决心和勇气。持这种观点的经济学者绝大多数来自于西方市场经济发达的国家和地区，例如，萨克斯的大爆炸式的跳跃性的制度变迁方式，强调在较短时间内完成大规模的整体性制度变革；而威廉姆森提出的“华盛顿共识”(Washington Consensus)其隐含的逻辑是只要这些指标好转，市场机制的效率就能得到发挥。当应用于转轨设计时，这种基于新古典经济学理论的转轨思路是希望通过大规模、迅速、全面地建立一套西方式的公共政策安排，实现经济的长期稳定增长。

遗憾的是，迄今为止所有进行从计划到市场探索的原社会主义国家，除了中国、越南等少数几个国家在稳定与发展方面表现得相对比较成功以外，大多数在付出巨大的社会成本以后却并没有实现所预期的良好结果，即使是在被科勒德克判定为合乎规范地“向市场转轨”的那些国家里，最近十多年的情况也只有衰退，未见奇迹。1998年东欧27个国家和独联体国家共同体(CIS)的国内生产总值还不到1989年——这一年通常被用作比较的基准年——转轨开始前水平的3/4。按国别分别统计1990—1997年“转轨经济的衰退与增长”指标而计算出各国在此期间GDP下降年数，出现2个下降年份的只有波兰，出现3个下降年份的有斯洛文尼亚和捷克共和国，6个国家出现了4个下降年份，其余的国家都分别出现了5年、6年、7年或8年(即全部年份)的GDP下降。[①] 尽管包括科勒德克在内的一些推崇经

① 格泽戈尔兹·W.科勒德克:《从休克到治疗/后社会主义转轨的政治经济》，上海远东出版社，2000年。

济/政治发生根本性变化转轨论者将上述转轨衰退现象界定为短期过程，并对随着经济自由化(即私有化)过程或任务完成必然使经济从复苏走向持续增长进行了乐观估计，但是不少迹象表明，即使会出现那种乐观估计的绩效，其前进道路仍然存在很大的不确定性预期。以“华盛顿共识”为代表的基于新古典经济学理论的转轨思路，被各转轨经济体实践结果与预期的巨大背离宣告了事实上的彻底破产。即便是采取渐进式改革路径的中国和越南，虽然在保持社会稳定和促进经济发展方面取得了巨大的成功，但距离经济转轨的最终完成还有很长的一段路要走，未来还存在着许多不确定因素。总而言之，各转轨经济体转轨实践充分证明了经济转轨简单化思维的错误性，经济转轨已经并正在表现出明显的复杂性、艰巨性和长期性。

如前所述，转轨经济国家的经济运行既不能简单地用发达经济、发展中经济来界定，也不适合用市场经济、计划经济来界定，那么在对经济转轨进行分析和研究时，我们需要解决的问题就是如何对这场波及地区广泛、卷入人口众多的变革探索进行合乎逻辑与现实的科学认知。

前面的分析表明，在经济转轨的过程中各转轨国家的转轨初始条件和最终的发展道路可能是极不相同的。但同时这些转轨经济体在经济转轨过程中的实践也显示出某些特定的联系，出现了相似的问题，这使得我们将其作为一个集合进行考察、分析、比较、进而研究判断经济转轨未来发展趋势成为可能，同时也使得从实践本身进行理论归纳的研究方法有所依从——这实际上是如何从经济转轨实践对经济转轨的特征等主要方面进行基本的认知。进行这种认知的必要性一方面体现在认识论中透过现象认识本质的逻辑思维过程，能否捕捉到经济转轨的特征是我们正确认识转轨实质的关键；另一方面也体现在国内外学者对这一既定研究领域(经济转轨)中在思维形式上呈现出的多样性以及与之相对应的思维结果上的大相径庭,思维的混乱会产生向秩序回归的驱动力并必然引导深入的思考和研究。如果无法从经济转轨本身寻找到转轨为什么这么难的答案时,我们就只有站在转轨全过程的高度来审视和考察经济转轨的全貌,把研究的着眼点落到经济转轨的特征分析上,探讨经济转轨与一般性的社会演进过程到底有什么不同之处,从而找出经济转轨复杂性和艰巨性的根源。

关于经济转轨特征的描述从一般认知的角度来看,可能更多的是一些后验性的总结性概括,而对具体的转轨实践政策没有太大的指导意义,因为经济转轨更多的不在于理论领域的充分性、务实性、系统性和完美性,而更多的在于各转轨经济体转轨实践中转轨政策的可行性、可操作性和结果的可预见性,况且就目前国内外对转轨经济的研究成果来看还根本没有成形的理论体系,在对转轨特征的描述上也是仁者见仁智者见智,还不足以构成用来指导转轨实践的理论基础;同时,从对特征性的语言写作角度来看,更多的是虚无缥缈、空洞和艰涩的描述。本书在这里所即将进行的关于经济转轨特征的描述更多的是出自于以中国转轨实践为样本所进行的理论性概括,这些概括来自实践而高于实践但最终又是为了指导进一步的实践,笔者的主旨不在于用深奥艰涩的纯理性思辨把读者原本清晰的头脑砸晕,让其顶礼膜拜,而在于通过基于中国样本的转轨特征的概括和描述让所有关心经济转轨的读者对转轨过程有一个更加充分和明晰的理解和把握,因而对转轨特征的描述从思想根源上摆脱了纯粹理性思辨的嫌疑,而把着眼点和落脚点都扎根于有利于转轨经济体的转轨政策和转轨实践中来。

在此需要强调两点，这是在展开下一步分析前必须明确的。首先，本书对经济转轨基本特征的分析是建立在对经济转轨实践过程的分析上的。其基本含义是重视经济转轨的实践过程，从这个实践过程中捕捉在现实生活中真正发挥作用的实践逻辑，以更深入地理解在经济转轨过程中所发生的实质性变化。其要旨是强调在实践过程中发现在静态中难以展示出来的事物的逻辑，之所以要强调对实践过程的关注，从方法论上说是由于静态结构分析所存在的局限，这或许可以称之为结构上的不可见性。因为在静态的结构中，事物本身的一些重要特征，事物内部不同因素之间的复杂关系以及这一事物在与不同的情境发生遭遇时所可能发生的种种出人意料的变化都并不是潜在地存在于既有的结构之中；相反，只有在一种动态的实践过程中，这些东西才可能逐步展示出来。第二，本书中关于经济转轨特征的描述虽然更多的出自于以中国转轨实践为样本所进行的理论性概括，但笔者同样考虑了其在其他转轨经济体中的适用性问题，并在本篇后面章节关于经济转轨基本特征的分析中结合其他转轨经济体的实践进行了更为深入的阐述和说明。

第二节 经济转轨的特性与共性

现有社会主义国家都是经济、文化欠发达地区，所以他们在坚持公有制的主体、主导地位的同时，更注重利用市场和非公有制经济成分来发展国民经济，而发达国家社会主义政党则更注重计划生产和社会公正，主张通过民主形式来实现社会主义。这是特性(个性)与共性的关系。毛泽东将这种矛盾关系称作是辩证法的精髓。在转轨经济体中，这种特性与共性的碰撞尤为剧烈，比如他们既有基础条件、目标取向等方面的共性,又有路径选择、实施方式、政府应变能力以及国际社会干预等多方面的特殊性。因此,本篇中所讲的经济转轨的基本特征,具体到不同国家、不同民族、不同地区,会有不同的表现形式,只有正确地理解和处理好两者的关系,才能对转轨经济体的具体问题进行准确的分析和合理的解决。这也同时表明,即使是众所周知的转轨经济的一般规律性也应该在不同的条件下体现出不同的形式来;即使是对经济转轨做出专门的分析也不会得出在任何情况下都适用的模式来。因此,本书并非去寻求某种放之四海而皆准的所谓经济转轨的一般规律和通用模式,而是力图从转轨经济国家的实践进行鉴别和比较,归纳其在经济转轨中的共性——亦即本篇所重点讨论的经济转轨基本特征的问题。笔者认为从经济转轨国家实践的共性角度出发应该能够体现出抽象理论与在某些条件下经济转轨实践之间的密切联系,这亦是探索经济转轨过程的研究方法的一种有益尝试。

经过大量的鉴别和比较,笔者把经济转轨的基本特征简单概括为如下四个方面:双重任务性、非平衡性、阶段性和二元性。经济转轨的双重任务性是指在转轨经济的运行中一方面存在着体制上的约束,另一方面又存在着发展阶段上的约束,这样各转轨经济体在进行经济转轨的过程中就理所当然地同时承担着“体制转轨”与“发展转型”这两大任务,这两大任务作为两条主线贯穿于经济转轨的始终,忽视任何一条主线的思想和行为都是不可取的并会给转轨实践带来不良影响。经济转轨的非平衡性主要是基于前文明确提出的“转轨—转型”分析框架而得出的经济转轨过程的总体特征,其主要指“体制转轨”与“发展转型”作为经济转轨的两条主线在转轨过程中不是必然地良好的契合在一起并相互推进,而是不可避免地出现两者相脱节、相违背的情况即我们所称的非平衡性状态，整个转轨过程实际上就是两者所经历的“非平衡…→基本平衡…→非平衡…→平衡”这样一个代表转轨动力来源的曲线运动。转轨过程的阶段性主要是指由于经济转轨是一个相对长期的历史过程以及体制转轨进程演进中所客观存在的诸多方面的特征，使得整个转轨过程自然而然地区分为以事实上存在的一些转折点为分水岭的具有各自运行特征和标志的不同阶段，阶段性的划分使我们对经济转轨的考察已经从一般意义上的过程观进入到明显要精细得多的各阶段的研究，是宏观思维向微观视野的一大具有重要意义的迈进。转轨过程的“二元性”是指由于经济转轨是一国政府主观驾驭的强制性过程以及“体制转轨”与“发展转型”两大任务所呈现出来的非平衡性，使得转轨过程中不可避免地产生“二元性”现象，具体可分为“经典二元”和“新二元”，前者是指转轨过程中所客观存在的比较明显的城与乡、工与农的差距，后者则是指体制变动导致的利益转移过程中由于“转移性收益偏多”和“转移性损失偏多”的逆向性运动而带来的非正常速度的高低收入群体的分化。

笔者所归纳的经济转轨的这四个方面的特征并不是孤立存在的，彼此之间在经济转轨这个共同的载体上紧密联系在一起，并且有着明显的逻辑因果关系。图 3－1 是笔者构建的经济转轨特征的逻辑示意图。从图中可以看出，经济转轨的四方面特征并不是凭空臆想得出的，而是根据各转轨经济体的转轨实践并站在整个转轨全过程的思维高度归纳出来的。

在本章以下的内容中，笔者将集中精力对经济转轨的特征进行基于中国样本和转轨经济体实践的概括与研究，这一方面是对已有转轨实践的一定程度和层次上的回顾性总结以及站在整个转轨过程

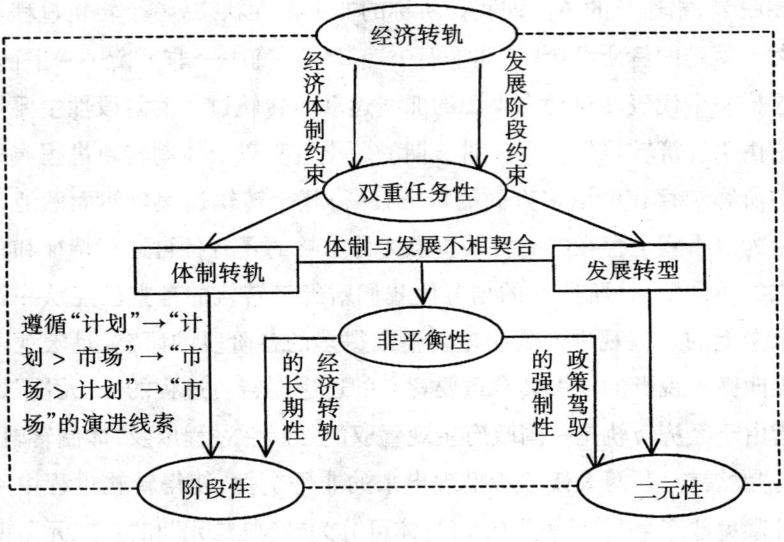

图 3-1　经济转轨特征的逻辑示意图

的历史高度所进行的创造性思辨和理性探讨；另一方面也为本书第三篇关于经济转轨政策和绩效的研究奠定一个认知基础和理论依据。

第四章　经济转轨的双重任务性及双视角研究方法

第一节　由双重约束到双重任务

以俄罗斯“休克疗法”为代表的大多数转轨国家在转轨实践中所出现的与初始预期的巨大背离和由此而付出的沉重代价，使西方某些经济学家关于发展中国家经济转轨的理想主义论断，甚至浪漫主义的奇思妙想全面破灭。而以中国和越南为代表的曾被西方经济学者作为批评样本的渐进式市场化改革范例，以其所实现的平稳过渡和经济社会的稳定快速发展，触发了对经济转轨实质、特性、路径等诸多根本性方面的新的思索。这种新的思索在研究方法和研究思路上表现为逐步摆脱原来的单视角的研究思路，而更多地认同和采纳更切实际的双视角研究思路，即把经济体制的转轨与发展阶段的转型同时作为转轨经济这一特殊经济形态的考察对象，研究二者之间的互动关系，以此寻求对经济运行的总体评价。关于双视角研究方法本身的论述在本书的第一章中已经有较为充分的涉及，在此不对研究方法本身进行赘述，但必须强调的是正是这种研究方法上的差异致使对经济转轨许多重大问题的认识上出现了较大的分歧，包括对经济转轨过程中主要任务的认识。

如前所述,以双视角的思路来探索经济转轨主要源自于单视角研究在实践中的受挫和研究深化过程中的自然演化。在西方学者都固守于新古典理论原则时(由此推导而出的关于市场关系扭曲的解决方案就是著名的"华盛顿共识"),美国经济学家斯蒂格利茨对转轨经济的研究则从更多理解中国转轨实践的合理性和更深理解市场制度内涵的角度展开,其中隐含了关注转轨、关注发展的内容。比如他认为:"中国的经验表明,不进行私有化,甚至没有明确界定产权,也能进行成功的市场改革。中国人特别强调竞争。"① 他将成功市场制度的特征概括为产权和竞争,从一般化意义上对中国样本与其他样本之间的差异进行区分,得出的结论是大多数国家强调产权,而中国强调竞争;大多数国家不重视经济组织机构,即"组织与社会资本",而中国采取逐步发展的过渡在改革中转变了经济组织机构。

日本学者加藤弘之对中国经济转轨进行研究后提出的"双重转型"思路很有启发意义②。他定义的双重转型是指从计划经济体制向市场经济体制转型,从传统经济向市场经济转型并存的状态。从计划经济体制向市场经济体制转型可以理解为体制转轨,从传统经济向市场经济转型是指从"市场未发达"阶段向发达的市场阶段转变,可以理解为发展转型。加藤弘之认为中国经济转轨面对的任务并不单纯,体制转轨并非是纯而又纯的体制形态转变,还要受到别的转变条件的制约,使转轨不能按照改革方案预先设计的路线前进,由此引起了将发展指标与改革指标结合起来进行分析的思考,这是很有创新意义的。

---

① 参见约·斯蒂格利茨:"关于转轨的几个建议",《经济社会体制比较》1997年第2期。

② 参见加藤弘之:"中国经济的双重转型及其特点",《经济学动态》2003年第8期。

中国学者对经济转轨的研究摈弃了一些西方学者的理想主义和纯理论化倾向，而是更多地立足于中国经济改革与发展的现实土壤，基于有着典型中国特色的经济转轨实践来考察经济转轨的实质与特征的。厉以宁在其著作《转型发展理论》中系统地阐述了具有比较明显双视角思路的“转型发展”观，认为中国是一个转型的发展中国家，转型是指中国正在从计划经济体制转变到市场经济体制，发展是指中国正在从不发达状态迈向现代化。正是由于转型与发展这两项任务结合在一起，中国所遇到的问题，尤其错综复杂，这里既有转型中的问题，又有发展中的问题①。周振华对“增长转型”的研究则是以体制转轨为约束条件，研究狭义的发展问题，只是这里的“转型”是指增长方式或发展方式的转换②。在这之后的研究中“转轨”与“发展”逐渐成为可接受的共识，经常被用于对同一问题的解释。纵观这些关于“转轨”与“发展”的文献，我们可以明显看到在这些研究中要么更多地将发展作为一个背景，强调转轨中重大问题的解决次序；要么更多地将转轨作为一个背景，强调发展战略必须考虑的特殊条件，缺乏关于二者内在联系的研究，更没有考虑从这一类特殊经济体、特殊经济形态的角度来考察约束条件下的体制转轨与发展转型的动态过程，创立和形成转轨经济的一般理论。

---

① 参见厉以宁：《转型发展理论》，同心出版社，1996年。

② 他在导论中对转型的描述是：“在现实经济生活中，实际增长方式的差异构成了不同总体特征反映的类型。但从理论上讲，增长方式可以从不同的角度进行划分，没有统一的格式。例如从需求的角度，可以划分为以内需为主导的增长方式或外向型增长方式；从供给的角度，可以划分为外延增长方式与内涵型增长方式；从投入产出的角度，则可以划分为粗放型增长方式与集约型增长方式。而选择哪种角度来划分增长方式的类型，完全取决于其研究的内容及其需要。”（周振华：《增长转型》，上海人民出版社，1997年，第3—4页）笔者于2004年首次明确提出要建立以“转轨—转型”为框架的双视角研究思路，来分析和研究经济转轨政策和实践（参见《财经问题研究》2004年第2期）。

基于中国样本的双视角研究思路在笔者看来是非常务实的，也是到目前为止在理论思路上最为合理和转轨实践中最为可取的，笔者正悉心在这条思路上继续开拓。鉴于在以往研究中“转轨”与“转型”意义模糊不清和相互混用，在以“转轨—转型”为框架的双视角研究思路中，我们首先对基本概念进行明确的界定：“转轨”也称为“体制转轨”，用来定义经济体制的变革；“转型”也叫做“发展转型”，用来定义经济发展阶段的转换；当“转轨”与“转型”同时出现在转轨这样一个特定阶段和特定经济形态中时，将其主要特征概括为“转轨—转型”经济。当我们仔细考察各转轨经济体的经济运行时，我们发现这样的定义基本上概括了其主要特征和主要方面，换句话说，各转轨经济体无一例外地适用于“转轨—转型”经济这样的定义范畴。

依据上面对几个基本概念的定义，各转轨经济体在经济转轨这一特定阶段的经济运行既受到体制转轨的制约，也受到发展转型的制约，从而构成了“转轨—转型”经济的双重约束。所谓“双重约束”，是相对于经济转轨所要实现的最终目标而言的，这个最终目标毋庸置疑是极其明确的，即成为以市场作为资源配置主要方式的发达经济体，现行的状态与明确的目标相比，一方面存在体制上的极其不协调、不一致，各转轨经济体在转轨前都是以高度集中的计划指令作为资源配置的主要方式，这与以市场作为资源配置主要方式的经济体制无论是在内容还是在形式上都是格格不入的；另一方面在发展阶段上也相距甚远，各转轨经济体大都脱胎于贫穷落后的前社会主义国家，工业化和技术落后、自然经济占相当大比重、人民生活水平偏低是其客观存在，与西方发达国家相比较存在显著的发展阶段差距，显然不论是体制状况还是发展阶段实际或者是两者相互交融的客观存在，都构成了经济转轨的基础性制约因素，即“双重约束”或者“双重压力”。发展层面的转型问题与体制层面的转轨问题并不是孤立存在的，而是在纷繁的社会经济中相互交织、相互影响，共同构成了难以捉摸的矛盾运动的复杂关系。正确理解这些关系是全面认识经济转轨的实质和主要特征的关键，也可以说是本章和本书第三篇的认知基础。

既然存在着体制上和发展阶段上两大基础性制约因素，那么对各转轨经济体来说，要想成为以市场作为资源配置主要方式的发达经济体，一方面就要解除体制上的约束，进行经济体制的变革，即“体制转轨”，另一方面就要解除发展阶段上的约束，实现发展阶段的转换，即“发展转型”。“体制转轨”与“发展转型”自然而然地成为转轨经济体的双重任务，于是，相对于社会发展的一重任务性我们提出了经济转轨的双重任务性这个特征。从人类经济发展史的角度进行考察，以资源配置方式为核心的社会经济体制在一个相对长期的时间内都是稳定的，在稳定的经济体制下，一个社会所主要考虑的是如何在既定的经济体制下推动经济水平的发展，这也就是说对特定社会来说其主要任务表现为一重性。而经济转轨一方面需要在相对较短的历史时期内彻底改变社会资源的主要配置方式，即进行经济体制的强制性、颠覆性的变革；另一方面还要通过种种自觉的和非自觉的方式，从经济不发达阶段向经济发达阶段的跃升，“体制转轨”与“发展转型”作为经济转轨的双重任务贯穿于转轨过程的始终。我们之所以提出双重任务性而不是多重任务性，这是因为我们遵循了政治经济学中关于社会发展的基本认知，即社会发展始终贯穿着三条主线——社会制度、生产关系和生产力，在经济转轨的研究中我们通常抛却政治色彩浓厚的社会制度（通常比较的是资本主义和社会主义），而集中研究属于生产关系范畴的经济体制和属于生产力范畴的发展阶段。

“体制转轨”与“发展转型”的双重内容，与前文中提到的“过程中经济”历史地交融、掺杂在一起，共同决定了转轨经济形态所具有的独特属性和基本特征。各转轨经济体所进行的经济转轨实践过程，从体制的角度进行考察，实际上是在政府当局转轨政策的驾驭下在一个相对比较短暂的时期内（相对于人类体制的自然演化过程），将结构复杂的市场机制作为外生变量系统性、集束性地强行注入传统计划体制管理下的国民经济肌体中，新旧体制在一定时间内共同存在并不断产生冲突与磨合交替，最终市场经济体制以其相对明显的高效率和优越性战胜并取代计划经济体制而居于统治地位；从发展的角度进行考察，实际上是在历史原因造成的落后状态下向有着明确目标和既定参照物的发达阶段迈进，在这个过程中由于客观历史条件已经不允许其进行遵循人类经济发展史的自然演化过程，而是必须借鉴和直接利用发达国家现存的先进技术和发达的生产力，因而不可避免地出现传统的生产力与现代发达的生产力长期并存的局面，并直接表现为后文中所要研究的转轨过程中的“二元性”特征；从体制与发展交互关系的角度进行考察，经济转轨既可以理解为既定体制约束条件下发展阶段的跃升或者既定发展水平的条件下体制上的改善和调整，也可以理解为体制与发展两者同时进行的以相互契合为目标，并以最终完成向发达的市场经济的转变为目的的调整和变革。由于体制与发展本身都有其各自独特的动态运行特征以及发达国家市场经济占据世界经济格局主导地位的现存格局和环境条件，已经不允许转轨经济体进行长期的以体制与发展相契合为目的的试验性实践，同时由于社会体制和发展水平中完善和改革的进程以及与此相伴随的绩效不是在短时间内就可以凸现和观察出来，而是不可避免地出现一个认识、评价、再调整的时滞，因而两者不可能在整个极其复杂的转轨过程中完美而长期稳定的契合在一起并相互推进，体制与发展两者的相脱节、相背离、相磨合、相交融、相促进不仅贯穿于整个转轨过程的始终，而且也内在地成为解释转轨进程中“非平衡性”和“阶段性”的关键性因素。

第二节 体制转轨与发展转型

在本书范围内，把转轨经济学列为主题考虑而与变革时期的制度变迁相关的部分，称为经济体制“转轨”；把发展经济学列为主题考虑而与变革时期经济增长相关的部分，称为经济成长“转型”。本节将以上述观察角度切入，从经济学的两个分支学科的结合部，针对(有体制变动产生的)新的经济特征附加于原来就存在的(基于发展约束产生的)旧的经济特征时所构成的特殊经济形态——“转轨—转型经济”开展研究。观察问题的出发点，是将两个分支学科的经济分析方法放到特殊时期的背景下。

体制转轨与发展转型是经济转轨过程中的双重任务，其实从最终目标意义上进行考察，体制转轨本身并不是最终目的，而经济社会发展才是最终目的，即改变贫穷落后的面貌、全面提高人们的物质文化生活水平。体制转轨只是为社会发展提供一个强有力的手段，只是在这个有着起点和终点概念的特定经济转轨过程中，由于体制转轨所蕴含的特殊意义而成为转轨时期的主要任务，并在一定时期内成为目的本身。

专栏 4-1

体制转轨——工具还是目的?

从更长远的目标说,转轨应该被视作发展战略的执行工具,不能导致可持续增长和发展的变革是毫无意义的。有些变革的促成更多地是出于意识形态的考虑并受到某些团体的欢迎,却不深入考虑其对整个社会的实用意义。在发生革命性变动的时代,这种变革的动机尤其强烈,绝不容忽视。后社会主义的转轨恰恰具有如此的时代特征,不管他们是采取了渐进的方式还是激进的方式。然而事情远没有这么简单:政治动机的背后总是隐藏着不同利益的特殊团体,而顶住他们的压力推行长期发展导向型的方针政策不是一件容易的事。

资料来源:格泽戈尔兹·W.科勒德克:《从休克到治疗/后社会主义转轨的政治经济》,上海远东出版社,2000年。

一、体制转轨

体制转轨是指由计划经济体制向市场经济体制转轨,是资源配置方式和经济运行系统的根本性改变,而不是既定经济运行系统下某一具体制度的特定变迁。这种由计划经济体制向市场经济体制的转轨不是一个自然的历史演进过程,因为从经济史的角度来看计划经济体制的出现无异于体制演进次序中的一个“意外”,而市场经济体制才称得上是体制演进次序中的“正果”,在经过充分的实践检验和历史比较后,人们发现至少在现时的历史条件下市场经济体制的效率要大大高于计划经济的效率,从而在这个“正果”占据全球经济绝对统治地位的世界中向其靠拢显然符合历史发展的内在逻辑和各

转轨经济体民众的心愿。在前面的分析中我们已经指出，各转轨经济体缺少一个商品经济的自然演化过程，迫切需要补商品经济的课，

专栏 4-2

市场化与私有化是一回事吗？

有人认为，市场化的前提和基础就是私有化，没有私有化，就不能实现市场化。这是大多数西方经济学家的观点。这些人从西方市场经济的角度出发，认为在市场经济条件下，私有化是理所当然的事。但是，赞成混合经济的西方经济学家的看法也许略有不同。社会主义市场经济的一个重要特点就是，市场化可以允许多种所有制成分存在，而不仅仅是单一的私有制。在多种所有制存在前提下，同样可以有市场运作。私有制只应是多种所有制中的一种。此外，即使从私有化角度看，也不是任何国家都实现了完全的私有化。国家控制适当的国有部门或企业将有利于国家经济安全、有利于社会公共利益。

吴敬琏也曾强调，不能保证主张市场取向改革的人们中没有同时主张私有化的，因为如果认为市场经济是同公有制不相容的，就会把市场化同私有化混为一谈。实际上它们并不是一回事。在他看来，以市场配置为基础的资源配置方式，是迄今为止唯一能够在社会化经济中有效率地配置资源的方式。至于它是建立在私有制的基础上，还是建立在公有制的基础上，则是另一回事。

可见，市场化与私有化是不同的概念。在探讨经济转轨策略时，明确市场化与私有化的区别是研究各经济体制转轨的实践过程及其转轨策略的基础。

并“逆向生成市场机制”,也就是说寻找一种更适应当前经济运行的制度条件,以充分发挥当前经济基础的内在效率。既然体制转轨是指由计划经济体制向市场经济体制转轨,那么其必然遵循“计划”→“计划 > 市场”→“市场 > 计划”→“市场”这样一个配置经济资源的基础方式改变的经济制度变革过程,体制转轨在这里集中表现为将结构复杂的市场机制作为外生变量系统性、集束性地强行注入传统计划体制管理下的国民经济肌体中。

实际上,各转轨经济体在转轨实践中所采取的转轨策略可以划分为两类:一类是市场化,即在中央计划经济中引入市场、市场的资源配置与收入分配过程,这些过程迄今为止仍取决于国家或计划者的偏好;另一类是私有化,即在社会主义经济中引入私人所有制因素,包括国内的和外国人的私人所有。

(一)市场化

如前所述,各转轨经济体超越了商品经济的自然演化过程,建立起以高度行政集权为特征的计划经济体制。在计划经济体制下,一切社会资源的配置都是按照计划指令来进行,僵化的配置方式导致了资源配置的普遍低效率。在转轨过程中,各转轨经济体都需要补商品经济的课,并“逆向生成市场机制”,也就是说在既定的经济系统中不断引入市场因素,把个人、企业以及政府等社会经济主体都推向市场中去,按照市场经济的内在规律思考和行动,并最终使市场成为资源配置的主要方式。这个过程是市场逐渐融入、加强、战胜并最终取代计划的过程,是传统的计划逐渐被市场同化的过程,即市场化的过程。

专栏 4-3

何谓"市场化"、"市场经济"?

内涵的合理界定是市场化研究的前提,理论界对市场化概念含义的理解由于研究角度、资料范围、研究方法、学识水平等的不同而结论各异。基于对经济协调机制的分类,陈宗胜认为:"市场化就是市场机制在一个经济中对资源配置发挥的作用持续地增大,经济对市场机制的依赖程度不断加深和增强,市场体制从产生、发展到成熟的演变过程。"张曙光在肯定陈宗胜将市场化作为一个演变过程的正确性的同时,指出了这一定义对市场化过程中内在联系的割裂性,指出:"所谓市场化,其实质就是经济自由化。""市场化的过程就是消除一切特权与歧视,确立平等契约、平等参与、平等竞争的市场规则的过程,市场化就是交易规模日益扩大,合作范围不断扩展的过程。"对经济学理论和学术界的普遍用法加以概括可以知道,"市场化"是指资源的配置方式由政府分配向市场调节的转化,具体地说,就是取消或放松国家对商品和生产要素的数量和价格的管制。

什么样的经济算作是市场经济?我们的认识还在不断地深化。综合研究资料,美国提出判定市场经济国家的标准有五项:货币可自由兑换;劳资双方可进行工资谈判;自由设立合资企业或外资企业;政府减少对生产的控制程度;政府减少对资源配置、企业生产和商品价格的干预。欧盟提出判定市场经济国家的标准有六项:市场经济决定价格、成本、投资;企业有符合国际财会标准的基础会计账簿;企业生产成本与金融待遇不受前非市场经济体制的扭曲;企业有向国外转移利润或资本的自由,有决定出口价格和出口数量的自由,有开展商业活动的自由;确保破产法及资产法适用于企业;汇率变化由市场供求决定。

根据亚历山大·巴伊特的分析,市场化过程按照其历史出现的顺序有下述几个有明显区别的阶段性步骤①。这些步骤使原先国家预算控制下的企业有可能获得组织上和财务上的解放,此后就引入了企业自行考虑经营效果的自负盈亏。

第一步是引入消费品市场,但价格在配置方面只起一种很有限的作用,通过这种途径来调整生产和供给,并带来补充性的分权化决策方式。

第二步是扩大市场和分权化决策到生产资料行业,生产资料传统上受压制的价格适当增高到与消费品价格相适应的水平。

第三步是企业在生产和销售上(包括定价)成为独立决策者,在此意义上有权决定资源配置,甚至在一定程度上有权决定收入分配。

第四步是通过取消国家干预引入要素市场,即资本市场、外汇市场和劳动力市场,其结果由市场来形成利率、汇率和劳动工资率,与此同时由市场来配置这些资源。

第五步是企业内部结构的市场化,即引入所谓"内部"市场作为企业的运行原则。和外部市场不同而又可比的是,外部环境围绕着企业并给它们一组在决策过程中所需要的参数。

第六步是整个非生产领域的市场化,最重要的是全体人口,也包括社会公务员的就业与工资决定的市场化。

---

① [南]亚历山大·巴伊特:"社会主义经济改革的范围",《经济社会体制比较》1990年第4期。

显然,巴伊特关于市场化的步骤,主要是从企业的角度出发进行考查的,市场化的目的在于使企业获得组织上和财务上的解放,并最终成为自主经营、自负盈亏的市场主体。

日本学者大野健一则给出了关于"市场化"的两个模型:资源转移模型和中心—外围模型①。资源转移模型假设经济由三个部门组成,一是传统经济部门:以发展中国家的传统农业和家庭作坊最为典型。其特征是规模小、劳动生产率低、靠天吃饭、有限的产品交换,以维持成员的生存为主要目的,以宗族或村落组织为社会基础。二是国有经济部门:由国有企业和集体农庄组成,由中央政府按行政命令调度生产和分配。三是市场经济部门:资源流动和配置主要通过有经济自主权的个体和企业的经济决定的价格进行调节。在资源转移模型中,市场化被定义为:资源(劳动力、资本和土地)从传统经济部门和国有经济部门向市场经济部门转移的过程。在此过程中,市场经济部门在 GDP 中的比重不断增加,并由于市场经济具有良好的信息和激励机制,市场化会促使经济的长期生产能力得到显著提高,这实际上也是政府要市场化的主要原因。中心—外围模型说的是现在的世界经济是以西方发达国家为中心的,西方军事经济强国往往利用自身的优势征服外围国家即发展中国家,把它们以次等地位纳入自己的文化体系。某些西方价值观被认为是高级的,世界其他国家应效仿他们。因此,尽管发展中国家在政治上获得了解放,但仍然被纳入到一个推行这些价值观的全球体系中,而这些价值观的核心便是备受尊重的市场和民主。美国作为第二次世界大战后世界的领导

① 参见大野健一:"通向市场经济的路径选择和政府的作用——90 年代日本的主流发展观",《经济社会体制比较》1999 年第 4 期。

国家,一直在积极地推行着这些价值观。像国际货币基金组织和世界银行这样的国际组织,由于在其决策过程中起决定作用的是西方发达国家,也成为推行市场化的坚定支持者。

中国的经济体制改革,从本质上说,就是市场化取向的改革,而从某种角度来说,中国经济体制二十多年的改革成果,都可以反映在市场的培育和发展上;反过来,市场的培育和发展,又可以被看成是中国经济体制改革的一面镜子(见专栏4-4)。因此,在市场化策略中,我们主要基于中国样本进行分析。

专栏4-4

中国市场的发育

一、改革前极其有限的"市场"

在1952年社会主义改造之后到1978年实行经济体制改革之前的二十多年时间里,与高度集中的计划经济体制相配套,中国的市场长期处于压抑萎缩状态,价格机制的作用微乎其微。从市场的构成看,除了受限的消费品市场和零星的乡村集市交易外,生产资料和其他要素市场基本上不复存在。

改革前,中国的市场体系不但残缺不全,而且发育极不完善。而中国的经济体制改革,从某种角度来说,可以看成是包括商品市场、劳动力市场、资本市场、房地产市场等在内的市场体系不断发育的过程。商品市场是其中发育最早,也是迄今为止最为发达的市场。

二、逐渐走向成熟的商品市场

1. 商品市场的本质转变

中国的商品市场，从物质稀缺、价格管制起步，经历了抢购、恐慌，发展到今天的“买方市场”，或所谓的“过剩经济”，可以说已经走完了最艰难的路程，实现了最本质的转变，它已经可以被称之为是企业能够在其中自主生产、消费者可以自由选择的供给丰富的商品市场了。

2. 商品市场发展的两个重要因素

中国从改革之前高度集中的票据管理和物资调配发展成今天这样一个商品市场，其实是一件极其复杂的系统工程，它的发育曾经经历过两个重要的转变：一个转变是从计划经济体制下附属的商品市场转到计划体制与市场机制双轨运行下的商品市场；另一个转变是从双轨运行下的商品市场转到市场经济体制下的商品市场。二是这两个转变成功实现的是两个不可或缺的要素：非国有经济的发展和国家对市场进行循序渐进的培育、调控和管理。前者保证了转变过程中供给的日益丰富和市场机制的日益壮大，后者促使了计划经济管理方式的日渐消亡和国有经济部门运行方式向市场经济的逐渐过渡。而这两者结合起来，就实现了供给的日渐丰富、经济的平稳发展和体制的顺利转换。

目前，在商品价格方面，除了部分关系国计民生的重要商品和少数具有资源垄断性质的产品，以及部分服务价格仍由国家决定以外，其余已基本放开，由市场自主调节。

3. 中国商品市场目前的总体状况

(1) 商品市场供给丰富，“买方市场”格局确立。

(2) 商品交易市场体系已基本形成，市场组织形式和营销方式不断创新。

(3) 市场竞争日趋充分，市场管理的有序程度有所提高。

(4) 商品市场的开放程度日趋提高。

三、正在发育中的要素市场

1. 中国劳动力市场的发育

中国的劳动力市场在1978年之前基本上是不存在的。经过二十多年的改革，中国劳动力资源的配置方式已经发生了实质性的变化，以市场为基础的劳动力配置方式已经开始深入人心，并在实际中发挥越来越大的作用。

2. 股票市场的发育

中国的股票市场是随着国民收入格局的变化、经济货币化水平的提高以及企业发展对货币资金的需求和供给而产生的。大体说来，其发育可分为两个阶段：

(1) 自发探索(20世纪80年代初)：中国股票市场的早期萌芽。

(2) 政府介入(20世纪90年代始)：股票市场的快速发展。

3. 发展中的房地产市场

大体说来，中国房地产市场的发育可以分为四个阶段。

1978—1984年，市场发育的准备阶段；

1985—1991年，房地产市场的实际探索和初步成型阶段；

1992—1997年，房地产市场迅速崛起并整顿完善；1998年至今，房地产市场稳步发展，向规范化、高质量转变。

资料来源：根据刘美珣、列乌斯基·亚历山大·伊万诺维奇(俄)主编《中国与俄罗斯：两种改革道路》，清华大学出版社，2004年，第102—116页有关内容缩写。

中国学者陈宗胜对中国的市场化问题进行了较为深入的研

究[①]。他认为在从计划机制向市场机制转化的过程中,政府行为和企业行为,以及市场的各个方面都要相应发生变化。这些变化就是市场化的表现。因此,分析市场化的特征也就是描述着各个方面发生变化的特点。

1.经济行为主体的独立化、独立性的增强。主体包括:企业、农户、作为劳动者和消费者的个人。如果这些行为主体的依赖性、依附性减弱,而自主性、独立性增强,权力和权利扩大,包括选择行为方式、生活方式、获利方式的权力,也包括选择制度的权力的扩大,就是市场化的深化。

2.经济决策的分散化,政府只在宏观决策和其他一些必要的领域里发挥作用,而从微观决策领域退出。从计划统管一切的体制导向市场自主调节的变革,一定会表现为政府在某些领域的退出,决策权的集中、让渡、转化、分散,这些都代表着市场化。

3.所有制结构的民营化、股份化、非国有化。这是就市场经济的基础而言的。市场经济是根植于非国有经济、非公有经济的,有很强的亲和力;相反,通常国有制总是同集中、统一相联系的。从历史上看,市场经济是从发达的私有经济中移植过来的。因此市场化改革必然要求所有制结构发生相应的变动,产权结构发生裂变,从公有、国有向非公有、非国有变化,以适应市场经济的要求。

4.产品价格的市场化,包括消费资料和生产资料的价格由供求决定,或者说不由国家计划规定,而是由生产者根据市场供求状况、成本状况自主决定。

5.要素价格市场化。劳动力、资本、资金、技术、房地产、外汇等,

---

① 陈宗胜:《双重过渡经济学》,天津教育出版社,2005年。

这些生产要素的价格分别表现为工资、股价、利息、专利转让费、地价、汇率等,这些生产要素的价格多大程度上由供求双方决定,随行就市,或者说在多大程度上国家不直接管理了,这是市场经济成熟的重要标志。

专栏 4-5

中国的市场化研究

如果我们动态考察改革以来体制演进的轨迹,不难发现,市场化是体制改革最基本的取向。但是,即便如此,中国的市场化研究并不与改革进程同步,而是始自 1992 年市场经济体制目标的确立。或者说,此前的市场化研究是附着于体制研究之上的零乱的、非系统、非专门性的研究。因此,对改革的指导意义在一定程度上受到局限。1992 年 11 月,盛洪在《经济研究》上发表的论文"市场化的条件、限度和形式",明确将中国体制改革称为"市场化改革",并就市场化改革的相关问题进行了探讨,揭开了中国市场化研究的序幕。1993 年 12 月,卢中原、胡鞍钢在《经济研究》上发表"市场化改革对我国经济运行的影响"一文,不仅将"市场化"界定为改革的制度变量,而且首次在国内使用"市场化指数"这一分析工具,对市场化改革与国民经济的关系进行了研究,运用严格的数理统计方法对 1992 年我国的市场化程度进行了测度,在一定程度上开创了中国市场化量化研究的先河。不论上述研究者的学术背景与学术观点及其研究结果对此后市场化研究的影响如何,从其研究缘起与成果出现的阶段特征看,市场经济体制的确立是最重要的背景。因此,中国市场化研究的一个显著特征是:改革实践需要并催生、推动了市场化研究。

市场经济体制确立以来,随着市场化进程的推进,国内学者对市场化问题给予了较大关注。十多年来,先后有一大批学者如江晓薇、宋红旭、张曙光、顾海兵、陈宗胜、卢现祥、樊纲、王小鲁、李晓西等对此问题进行了多角度不同层面的专门化研究,在一定程度上改变了市场化研究滞后于市场化实践的被动局面,使理论对实践的总结与指导功能得到了强化。一个显著的特点是,中国的市场化研究在借鉴中初步形成了自己的本土化特色,在一定程度上反映和引导了市场化改革。但是,完整的市场化研究理论体系尚未完成,与相对成熟的西方发达国家市场化研究相比还有较大差距。

6.经济行为的规范化(契约化)、法制化、秩序化、信誉化。市场经济不是无序的、放任自流的,活而不乱是由法律、规则及规范制约和调节的。因此规范破产及履约率是市场化的重要标志。

陈宗胜认为上述六点是市场化的最基本的特征。这些特征体现着市场化的理论含义,同时制约着市场化的统计测度指标的选择。

表4-1　五种总体市场化测度结果比较(%)

年份	社会总产值流量构成加权市场化	投入要素价格几何加权市场化	三次产业构成加权市场化	GNP构成综合加权市场化	市场参数简单平均市场化
1979(估计值)	1.4	4.4	4.7	0.2	3.12(2.09)
1985	20.8	23.9	35.4	12.7	20.1(16)
1988	33.4	36.1	44.5	27.5	-
1990	32.4	33.3	45.1	25.1	37.4(29.6)
1992	53.9	54.7	55.0	51.0	-
1994	59.0	59.4	60.0	57.3	62.8(49.4)
1997(预测值)	62.5	62.8	64.9	61.4	68.0(55)

资料来源:陈宗胜:《双重过渡经济学》,天津教育出版社,2005年。

在他1997年主持的《中国经济体制市场化进程研究》课题中对中国各主要领域的市场化程度进行了测度,并进而对中国经济的总体市场化程度加以综合,共使用了五种思路和方法分别测算了中国经济总体市场化(见表4-1)。从测度结果看,数据都相差不大,也很难判断哪一种更为准确。从测算过程可以看出,结果如何与选择几个分市场作为加总平均对象是关系很大的,但是可以清楚地看到这些测度结果是符合人们对市场化程度的直观感受的判断的。

专栏4-6

中国市场化的判断

美国智囊机构传统基金会以其市场化测度客观分值设定了一个市场化的国家与地区分类标准。传统基金会基于其研究方法,认为在总得分的基础上,小于或等于1.95分为自由国家,在2.00~2.95分之间为大部分自由的国家,在3.00~3.95分为大部分不自由的国家,大于等于4.00的是(自由)被压制的国家。这一标准在西方市场化研究中具有相当代表性。其显著特点是研究对象的预设同质性和标准设置的区间性。国内学者十分注重借鉴国际研究成果,并用以完善国内市场化判断和国际市场化比较体系。顾海兵在提出中国市场化判断"宜粗不宜细,宜低不宜高,宜宽不宜窄"原则的基础上,提出了一个中国市场化国际比较的标准,即:市场化程度在15%以下为非市场经济或计划经济,30%~40%为初步转轨经济,40%~50%为转轨中经济,50%~60%为接近准市场经济或转轨后期经济,60%~70%为准市场经济,80%以上为成熟(或标准)市场经济。该标准体系的显著特点是规定了研究对象即经济的不同质性，赋予经济发展以目标性，同时，也是以100%作为理想程度的绝对标准。事实上，国内学者关于市场化是否存在绝对标准的讨论已大量见诸文献，但这终究只是一个技术问题。世界上固然不存在理想的100%市场化的国家，但市场化研究终究需要参照系，如不存在最优，那么更优就是现实的最高标准。在技术上将更优所代表的市场化程度值换算为理想值，同样可以通过比较鉴别出进展中（相对）的经济的市场化程度。因此，对标准设定是否有效的判定依据在于：①是否反映了中国市场化的性质；②是否体现了中国市场化的目标。基于这一意义，上述研究应该是较有见地也较为客观而成熟的。

资料来源：顾海兵："未来中国经济市场化进程及其展望"，[J].改革，2005.5。

北京师范大学经济与资源管理研究所："2003中国市场经济发展报告"，[M].北京，对外经济贸易出版社，2003年。

与中国的渐进式改革特点相对应，虽然中国的市场化程度得到了较大提高，但这种提高在很大程度上是"经验主义"式市场化的结果，是传统体制的局部瓦解释放能量的客观结果，而不是通过对市场化制度变迁人为把握的必然结果。从改革当前呈现的态势看，攻坚阶段的到来说明，体制领域内较易改革的部分已经改革，局部改革已无助于市场化的推进，改革需要整体推进，需要对传统体制中的核心因素进行转换。这就需要对改革制度的高理性设计。而国内市场化研究者在市场化阶段划分与制度设计中的研究则大多侧重于对改革经验的总结，陷于改革过程总结者居多，涉及制度走向把握的较少。一些研究即便在总结既往改革过程的基础上，对市场化的走向进行了预测式设计，但制度成分的缺失使其研究更多地停留于一种实证分析，较少具有价值判断与理论归纳的功能与意义。所以，针对一些具体领域的市场化改革所出现的争论，如金融市场化改革、汇率自由化措施的采取等就显得缺少理论根据，而不是以我国制度变迁的实际趋向来判断改革措施是否应该采取。这显然不能满足市场化改革对理论研究的需要，也是市场化研究需着力的方向。

案例：中国的市场化实践——以所有制变迁路径为线索

一、50年来所有制变迁概述

1949—1998年，中国所有制结构经历了3次大变化，并因此出现3个阶段。第一次是1949—1952年，接收国民政府的财产为人民政府所有，没收地主的土地分配归农民所有，形成国营经济领导下的多种所有制并存。第二次是1953—1956年对生产资料私有制实行社会主义改造，形成单一的公有制。第三次是1979年以来，在改革开放过程中，引入、培育个体经济、私营经济和外资经济，形成公有制为主体的多种所有制并存。

1949—1956年的多种所有制中，主要是国家所有制、劳动者个人所有制、资本家所有制。就经济成分而言，则有5种，即国营经济、合作社经济、个体经济、私人资本主义、国家资本主义经济。新中国成立时，国家面临的最紧迫的任务是医治战争创伤，恢复和发展经济。从这个需要和当时中国生产力极其落后且极不平衡的国情出发，国家领导人认为中国不可能一下子过渡到单一公有制的社会主义社会，而必须经过一个多种所有制并存的新民主主义社会。在这个社会里，前述5种经济成分分工合作，各得其所，共同发展，这使国民经济很快恢复。

从1953年开始对各种生产资料私有制进行社会主义改造。在1955年秋季以前，改造的步伐是渐进的。虽然部分个体户变成互助组、初级合作社或高级合作社的成员，部分资本主义工商企业变成从低级到高级的各种形式的国家资本主义性质的企业，但前述5种经济成分仍然并存，国民经济仍在迅速发展。从1955年秋季起，社会主义改造步伐突然加速，使这种改造于1956年底基本完成。中国由多种所有制并存转变为单一的公有制。这种情况一直持续到1978年。生产关系一定要适应生产力的发展是客观规律。生产关系落后于生产力，它阻碍生产力的发展，如1949年以前的中国。生产关系超前于生产力，它同样阻碍生产力的发展，如1957年至1978年的中国。

以1978年中共十一届三中全会的召开为标志，中国进入了一个新的历史时期。在这个时期，中国共产党提出了中国处在社会主义初级阶段理论。这个理论认为，中国虽然建立了社会主义公有制，但是生产力总体水平落后并且呈现多层次性，因而客观上要求除公有制经济以外的其他经济成分(如个体经济、私营经济与外资经济)的存在与发展。在这个理论的指引下，20年来，逐步取消了单一公有制结构对生产力的羁绊，出现了以公有制为主体，多种所有制并存，各种经济成分优势互补，共同发展的生动局面。1978年，在国民生产总值中，公有制经济占99%，非公有制经济占1%。1998年，非公有制经济的比重已达24%。它已成为推动经济增长的主要力量之一。个体、私营、外资经济是经济增长中最有活力的部分。它们使国民收入增加、税收增加、就业机会增加、出口增加。实践证明，1979年以后以公有制为主体，多种所有制经济共同发展格局的形成，是对1957年—1978年所有制结构改革的一项重大成果，是对1949年—1956年新民主主义社会多种所有制结构与经验的肯定。

继续发展和完善这一所有制结构，是经济进一步发展的保证。

二、1979 年以来所有制理论的发展轨迹

1981 年，中国共产党十一届四中全会通过的《关于建国以来党的若干历史问题的决议》中明确提出："我们的社会主义制度还是处于初级的阶段。""社会主义生产关系的变革和完善必须适应于生产力的状况，有利于生产的发展。国营经济和集体经济是我国基本的经济形式，一定范围的劳动者个体经济是公有制经济的必要补充。必须实行适合于各种经济成分的具体管理制度和分配制度。"这个决议概括了 1978 年十一届三中全会以来党在所有制形式上的新认识，正式提出了个体经济是公有制经济必要补充的论点。五届人大四次会议通过的十条经济建设方针，重申了这个提法。1982 年 4 月，第五届全国人大常委会第 23 次会议通过的《中华人民共和国宪法修正草案》，在肯定公有制是社会主义经济制度的基础、全民所有制是国民经济中的主导力量的同时，提出"在法律规定范围内的城乡劳动者个体经济，是社会主义公有制经济的补充。国家保护个体经济的合法权利和利益。"1982 年党的十二大报告明确提出了"关于坚持国营经济的主导地位和发展多种经济形式的问题"。适应大批知识青年返城后就业的迫切需要，在党和国家各项政策法规的支持下，我国城乡个体经济逐步产生和壮大，出现了一批个体工商业者，缓解了困扰我国经济生活的劳动就业问题，也使城市经济生活中长期存在的诸如吃饭难、修理难等许多社会问题有了解决的出路。

曾经被邓小平誉为新时期的政治经济学，于 1984 年党的十二届三中全会通过的《中共中央关于经济体制改革的决定》，阐

明了加快以城市为重点的整个经济体制改革的必要性、紧迫性，规定了改革的方向、性质、任务和各项基本方针政策，是指导我国经济体制改革的纲领性文件。其中指出：要“积极发展多种经济形式，进一步扩大对外的和国内的经济技术交流”。在分析全民所有制经济、集体经济、个体经济的地位和作用后，还提出“要在自愿互利的基础上广泛发展全民、集体、个体经济相互之间灵活多样的合作经营和经济联合，有些小型全民所有制企业还可以租给或包给集体或劳动者个人经营”。《决定》还进一步提出“利用外资，吸引外商来我国举办合资经营企业、合作经营企业和独资企业，也是对我国社会主义经济必要的有益的补充”。至此，以公有制为主体，多种经济成分并存的决策已具雏形。

在党的以公有制为主体，多种经济成分并存方针的指引下，我国城乡多种经济成分逐步发展。私营经济也在个体经济扩大规模的基础上发展起来。1987 年党的十三大对以公有制为主体，多种经济成分并存的方针又有所发展。十三大报告提出社会主义社会并不要求纯而又纯，绝对平均。指出：“我们已经进行的改革，包括以公有制为主体发展多种所有制经济，以至允许私营经济的存在和发展，都是由社会主义初级阶段生产力的实际状况所决定的。”“社会主义初级阶段的所有制结构应以公有制为主体。目前全民所有制以外的其他经济成分，不是发展得太多了，而是还很不够。对于城乡合作经济、个体经济和私营经济，都要继续鼓励它们发展。公有制本身也有多种形式。除了全民所有制、集体所有制以外，还应发展全民所有制和集体所有制联合建立的公有制企业，以及各地区、部门、企业互相参股等形式的公有制企业。在不同的经济领域，不同的地区，各种所有制经济所占的比重应当有所不同。”此外，还要求私营经济、中外合资企业、合作经营企业和外商独资企业有一定程度的发展。十三大以后，我国的私营企业发展迅速，到1988年第一季度，我国的私营企业已有25万户，雇工约400万人，产值占全国工业总产值的1%以上。在登记注册的私营企业中，资本拥有10万元以上的占45%。

1989年建国40周年时，江泽民代表中共中央、国务院发表的重要讲话中进一步谈及各种所有制的比重与地位问题：“我们要继续坚持以公有制为主体，发展多种经济成分的方针，发挥个体经济、私营经济以及中外合资、合作企业和外资企业对社会主义经济的有益的、必要的补充作用。”讲话认为，坚持这个方针，是为了更好地发挥社会主义经济的优越性，促进我国经济的更快发展，绝不是要削弱或取消公有制经济的主体地位，更不是要实行经济“私有化”。这个讲话还特别提及“非公有制经济在我国国民经济中所占比重和发展领域，要根据我国现实的生产力水平和客观需要来确定，不能简单地把它所占比重的大小作为衡量改革成绩的标志”。

1992年，党的十四大在确定建立社会主义市场经济体制目标的基础上，阐明了所有制结构与社会主义市场经济的关系。十四大报告指出：“社会主义市场经济体制是同社会主义基本制度结合在一起的。在所有制结构上，以公有制包括全民所有制和集体所有制为主体，个体经济、私营经济、外资经济为补充，多种经济成分长期共同发展，不同经济成分还可自愿实行多种形式的联合经营。国有企业、集体企业和其他企业都进入市场，通过平等竞争发挥国有企业的主导作用。”十四大将国营经济改为国有经济，更准确地反映了全民所有制经济的性质。十四大以后，国家统计局和国家工商行政管理局发布的《关于经济类型划分的暂行规定》，将我国经济分为以下九种类型：国有经济、集体经济、私营经济、个体经济、联营经济、股份制经济、外商投资经济、港澳台投资经济及其他经济。这九种经济成分并存，而以其中的公有制经济为主体。1993 年，党的十四届三中全会通过的《中共中央关于建立社会主义市场经济体制若干问题的决定》，针对经济生活中的新情况，在所有制结构问题上进一步指出：随着产权的流动和重组，财产混合所有的经济单位越来越多，将会形成新的财产所有结构。就全国来说，公有制应在国民经济中占主体地位，有的地方，有的产业可以有所区别。公有制的主体地位主要体现在国家和集体所有的资产在社会总资产中占优势，国有经济控制国民经济命脉及对经济发展的主导作用等方面。进一步明确了以公有制为主体的含义。

1997 年召开的党的第十五次全国代表大会及十五届四中全会在总结了改革开放二十年来历史经验的基础上，从社会主义初级阶段的实际出发，以“三个有利”为标准，对所有制结构调整问题进行了大胆探索，取得了一系列新的突破，是对马克思主义所有制理论的重大发展。第一，第一次明确提出了公有制为主体，多种所有制共同发展，是我国社会主义初级阶段的一项基本经济制度。第二，第一次全面解释了公有制经济的含义。以往的理论认为，公有制经济只包括国有经济和集体经济两个部分，十五大报告和十五届四中全会明确提出了公有制经济不仅包括国有经济和集体经济，还包括混合所有制经济中的国有成分和集体成分。第三，科学地阐明了公有制的主体地位的衡量标准。公有制的主体地位主要体现在：公有资产在社会总资产中占优势；国有经济控制国民经济命脉，对经济发展起主导作用。这是就全国而言，有的地方，有的产业可以有所差别。公有资产占优势，要有量的优势，更要注重质的提高。第四，公有制实现形式可以而且应当多样化。所有制、所有制结构、所有制实现形式，是不同层次的问题，它们既密切相联，又相互区别。第五，对非公有制经济的地位新的定位。以往，个体、私营、外资经济等非公有制经济，总是将之定位于社会主义公有制经济的"补充"地位。十五大对此进行了新的定位，非公有经济不再属于"补充"地位，而是我国社会主义市场经济的重要组成部分。第六，对股份制的新认识。改革开放以来的较长时间内，股份制可以说是争议最大、被扣"帽子"最多的，如"股份制是变相的私有制"，"股份制是潜在的私有制"等。十五大报告和十五届四中全会对股份制进行了新的认识：股份制是现代企业的一种资本组织形式，有利于所有权和经营权的分离，有利于提高企业和资本的运作效率，资本主义可以用，社会主义也可以用。根据十五大精神，1998 年 9 月，国家统计局制定了《关于统计上划分经济成分的规定》，将我国经济成分划分为两大类别，共五种成分类型。第一大类为公有经济，包括国有经济和集体经济两种成分类型；第二大类为非公有经济，包括私有经济、港澳台经济、外商经济三种成分类型。

根据中国所有制结构调整近年取得的经验，党的十六大再一次强调了所有制结构调整问题，并对所有制结构调整进行了充分和明确的论述。在这方面，党的十六大比以前的论述更为全面和更加完善，因此，从某种程度上讲，党的十六大是一个关于所有制结构调整的纲领性文件。其主要内容有：第一，明确了社会主义的基本经济制度是以公有制为主体，多种所有制经济共同发展的基本经济制度。第二，再次强调我们要巩固和发展公有制经济，壮大国有经济，国有经济在控制国民经济命脉。第三，在毫不动摇地鼓励、支持和引导非公有制经济发展。个体经济、私营经济等各种形式的非公有制经济对国民经济增长作出了重大贡献，是社会主义市场经济的重要组成部分，要大力支持和发展。

三、1979年以来所有制结构调整的轨迹

研究所有制结构，应当分析所有制形式在全社会生产资料总量，即资产（包括固定资产和流动资产）总量中所占的份额。由于资料缺乏，目前还难以从这样的角度对所有制结构进行分析。现在研究所有制结构，主要分析国民生产总值、工业总产值、社会商品零售总额等指标，实际上都是分析产出的所有制结构。这是一种间接分析方法。诚然，资产与产出之间存在密切的关系，但用产出结构来反映资产结构只是一种近似值。例如，由于当前国有经济国力不足效益不高，可以肯定，国有经济在资产总额中的比重高于其在产出总量中的比重。还需要指出，目前一些重要的生产要素，如土地、矿藏、水流、森林等资源，除法律规定归集体的部分外，都归国家所有，但并没有计入资产总量。这使计算产生严重的误差。随着社会主义市场经济的发展，这些资源的经济价值必将进一步提高。如果考虑到这些因素，全社会国有经济的比重还会更高。

在整个经济结构中，公有制经济的比重有所下降。非公有制经济的比重上升；在公有制经济内部，国有经济的比重有所下降,集体经济的比重上升。但在经济总量中,公有制经济仍占主体地位。通过近二十年以来国有经济、集体经济、个体经济和其他经济成分四者之间的比例关系的变化,可以清楚地反映上述变化趋势。

- ☆ 从国民生产总值看。1991 年与 1978 年相比,国有经济比重由 55% 左右,下降到 46% 左右;集体经济由 43%,上升到 46%;非公有经济则由不足 2%,上升到 8%。
- ☆ 从农业上看。以国营农场为代表的全民经济所占比重很小,长期以来只占 3% 左右,集体经济约占 97%。80 年代中期,农村 98% 以上的农户实行了家庭联产承包责任制,经营方式与过去不同了,农民自己购置的生产资料也逐步增多。但是,土地、水利设施和一些大中型农业机械仍为集体所有,绝大部分地区坚持"户为基础,统分结合"的双层经营,仍然属于社会主义集体所有制经济。这部分经济占集体经济总量约 60%。
- ☆ 从工业看。与 1980 年相比,1991 年全民所有制工业总产值增长 1.23 倍,但由于其他经济成分比重上升,全民经济工业总产值占全国工业产值的比重下降了 21.4 个百分点。集体经济不断巩固和发展,乡镇及村办集体工业发展最快。于 1980 年相比,1991 年集体所有制的工业总产值增长 5.53 倍,占全部工业总产值的比重为 35.7%,上升 12.2 个百分点。工业中的非公有制和混合经济也得到发展。1991 年个体、私营企业总产值达到 1290.3 亿元,占全国社会总产值的 2.76%。全民所有制、集体所有制、城乡个体所有制以外的其他经济类型创造的工业总产值比重，1980 年为 0.5%，1991 年为 5.7%。

在工业总产值中，四者的比例关系 1978 年为 77.6:22.4:0:0，1998 年为 28.5:38.3:18.9:19.9，所有制结构的具体变化趋势见表 4－2。

表 4－2　工业总产值中各种经济成分比重变化表

（工业总产值＝100）

年份	国有及国有控股工业	集体工业	城乡个体工业	其他经济类型工业
1978 年	77.6	22.4		
1980 年	76.0	23.5		0.5
1985 年	64.9	32.1	1.8	1.2
1986 年	62.3	33.5	2.7	1.5
1987 年	59.7	34.6	3.7	2.0
1988 年	56.8	36.2	4.3	2.7
1989 年	56.1	35.7	4.8	3.4
1990 年	54.6	35.6	5.4	4.4
1991 年	56.2	33.0	4.8	6.0
1992 年	51.5	35.1	5.8	7.6
1993 年	47.0	34.0	8.0	11.0
1994 年	37.3	37.7	10.1	14.9
1995 年	34.0	36.6	12.9	16.5
1996 年	28.5	39.4	15.5	16.6
1997 年	25.5	38.1	17.9	18.5
1998 年	28.5	38.3	18.9	19.9

资料来源：《中国统计摘要 1999》，中国统计出版社，1999 年，第 100 页。

注：1. 本表按当年价格计算。

2. 1998 年起，以国有及国有控股企业反映国有经济状况。由于国有控股工业产值与相关的其他经济类型工业产值存在重复计算，所以各种经济类型比重相加大于 100%。

☆ 从商业看。1980年到1991年,国有商业所占的比重由51.4%下降到40.2%,集体商业由44.6%下降到30%,城乡个体商业则由0.7%上升为19.6%。按公有制、私有制和公司混合所有制划分,公有制份额由97%下降到70.2%,私有制份额由3%上升到29.25%,公司混合所有制经济从无到有,为0.55%(见表4-3)。

表4-3 1991年按社会商品零售总额表示的所有制结构

(社会商品零售总额为100)

所有制形式	所有制实现形式	合计
公有	全民(40.18)	70.20
	集体(30.02)	
私有	个体(19.59)	29.25
	农民对非农民(9.66)	
公司混合制	合营(0.55)	0.55

资料来源:根据《中国统计年鉴》(1993)有关数据计算。

☆ 从全社会固定资产投资看。国有经济、集体经济、个体经济固定资产投资从1981年的69.5:12.0:18.5,1998年变为55.0:13.1:12.8。具体变化见表4-4。

☆ 从城镇劳动就业来看。全民、集体和非公有制的比例关系从1978年78.3:21.5:0.2变为1991年的69.8:23.8:6.4。

☆ 1978年以来,改革经济体制和放开搞活经济政策的实施,使受传统计划体制束缚较小的非公有制经济得到

表 4-4　全社会固定资产投资中各种经济成分所占比重

（投资总额 = 100）

项目	国有经济投资	集体经济投资	个体经济投资
"六五"期间	66.7	12.6	20.7
"七五"期间	64.8	13.4	21.8
"八五"期间	59.0	16.3	13.2
1996 年	52.5	15.9	14.0
1997 年	52.5	15.4	13.8
1998 年	55.0	13.1	12.8

资料来源：《中国统计摘要 1999》，中国统计出版社，1999 年，第 42 页。

注：因全社会投资总额中还包括其他经济投资，所以从"八五"以后，国有、集体和个体三类经济投资比重相加小于 100%。

较快的发展，它们在国民经济中的比重有所提高，对经济增长的贡献逐渐加大。根据国家统计局的数据，测算出 1978 年以来国有经济、集体经济、非公有制经济（主要包括个体、私营经济和港、澳、台及外商直接投资经济）在工业总产值中的比重如表 4-5。非公有制经济迅速发展，成为国民经济中一支重要的生力军。它们在发展社会生产力、满足人民多样化需要、增加就业等方面逐渐起着举足轻重的作用。

在上述国有与非国有经济的结构变化中，有两个突出的特点：第一，非国有经济比重之所以持续上升，直接的原因在于虽然国有经济与非国有经济发展速度都在提高，但非国有经济增长速度更高。改革开放以来国有经济同样获得了前所未有的增长，据原国家国有资产管理局根据第三次工业普查资料数据所

表 4-5 1985—1998 年各类经济成分在工业总产值中的比重 （单位：%）

年份	国有经济	集体经济	非公有制经济
1985	64.9	32.1	3.0
1990	54.6	35.6	9.8
1995	34.0	36.6	29.4
1997	25.5	38.1	36.4
1998	28.5	38.3	38.8

资料来源：《中国统计摘要 1999》，中国统计出版社，1999 年。

做的测算，国有资产总量自 1950 年至 1995 年平均每年递增速度为 12.4%，1980 年至 1995 年每年则为 14.5%，1990 年至 1995 年平均每年递增率为 17.9%。可见在改革中国有资产的增长速度同样在不断提高，并且伴随改革深化，提高速度同样在加快，改革同样促进了国有资产的增长。但相比而言，非国有经济的增长速度更快，以全社会固定资产投资增长率为例。除个别特殊年份外，非国有经济固定资产投资增长速度明显高于国有经济，正是由于这种差异，逐渐形成了在资产结构上国有与非国有经济所占比重的变化。

第二，在非国有经济高速成长中，一个突出的现象是在多种形式的非国有经济中，中国自身的私营企业（不含“三资”企业）获得了空前的发展。根据有关统计分析，在同一时期，各类经济成分中，私营企业发展速度最快。从 1989—1998 年，我国私营企业户数增长 11 倍，从业人数增长 9.4 倍，平均每户注册资本额提高 45 倍，平均每户实现产值规模上升 36 倍。在私营企业组织形式上，有限责任公司所占比重最大，到 1998 年底，有限责任公司户数占各类私营企业总数比重达51.8%，注册资本额占全部私营企业注册资本比重达58.2%，雇佣员工数占全部私营企业雇工人数的47%，投资者人数占全部私营企业投资者总数的65.24%。1998年底，私营企业集团已达1563户，上市公司二十多家。在私营企业的分布结构上，越是接近市场的领域和市场化程度较高的领域，私营企业发展越快。1998年底在三大产业结构上，私营企业主要分布在第三产业，在第三产业中的私营企业户数占全部私营企业数的55.5%，从业人员占全部私营企业从业人员的44.4%，注册资本占全部私营企业注册资本的62.5%；在地区分布上，东部地区私营企业户数为77.5万户，占首位，其次是中部地区，私营企业为26.7万户，西部最少，为15.9万户；在城乡间的分布上，1989年农村私营企业户占总数的61.6%，到1998年城镇私营企业户占总数的比重已达62.9%，注册资本额已占城乡私营企业注册资本总额的74.1%，从业人数占总数的56.9%。[①]

(二)私有化

专栏4－7

何谓"私有化"？

长期以来，我国对私有化一般持否定批判的态度，并没有进行比较深入地研究，所以，在我国现有自行编著的经济学词典和百科

① 资料来源于《经济导报》(周刊)，2000年第37期，第25页。

全书经济学卷中,见不到有关私有化的完整定义和详细论述。就是在西方,资产阶级启蒙思想家虽对私有制做了深入细致地研究,但对私有化却鲜有明确、深入的阐述。应当说,私有化并不等于私有制,西方学者对私有化的研究是20世纪中叶以后的事。私有化,英文是Privatization,最先出现在西方经济学文献中,通常是作为国有化一词的相对概念而被人们使用的,而作为明确的概念是二战以后才出现的。两次世界大战期间,特别是二战后,一些资本主义国家相继出现国有化浪潮。在这期间,西方学者对私有化问题做了大量研究,出现了大批专著。

西方学者的私有化概念核心是资产或服务功能、所有权、控制权或收益权从政府部门向私人及非国有部门的转移。例如,《新帕尔格雷夫经济学大辞典》对此定义为:"私有化,即资产或服务功能从公有制到私人拥有或控制的转移。"还有学者认为:"分析性的正确的私有化定义包括所有权和(或)生产性资产及其配置和定价的控制权,以及由其产生的剩余利润流量的收益权从公有部门到私有部门的转移。"这一定义把国有企业的主要控制权和受益权的转移也视为私有化,那么在实践中,私有化不仅包括国家全部或部分出售资产,还包括国有企业按照租约合同的安排将资产转化给私有部门或个人,签订管理合同、承包制以及BOT方式等。这种定义将一系列"放权让利"的改革措施视为私有化。与此项类似的定义还有很多。可见,西方经济学者关于私有化的定义相当宽泛,这与西方社会制度、经济环境和现实需要是相适应的。

如果按照上述关于私有化的定义,我国从改革伊始就进行私有化了,而"深化改革"则容易使人想到是进一步私有化,这是很荒谬的。国内理论界经济学家在谈到所有制改革时虽普遍不赞成私有化,但却各有各的理解:有的从公有企业转制的数量上看,有的从财产所有权的法律名义上看,有的从所有权主体的组成上看,有的从转归私人所有的方式上看,有的从国家是否控股(何谓"控股"则又多有说法)上看,等等。罗列起来,国内学者的加上引用外国人的私有化定义,恐怕不下数十种。这样一来,各种各样的私有化定义互相矛盾。事实上,迄今为止,国内理论界的确尚未形成这样的原则。

在笔者看来,西方学者虽然对什么是私有化有比较一致的看法,但他们讲的主要是资本主义国有企业的私有化,不是社会主义公有企业的私有化,二者在形式上有共同点,性质上却大不相同。因此,西方学者的私有化定义对我们讨论社会主义国家的私有化是不够用的。此外,私有化是一个可以从多个角度来理解的概念,很难用一个定义涵盖之。

在传统计划体制下,绝大多数的社会资源属于公有或者国有,与此相对应的收入分配方式是平均主义。所谓私有化就是要改变这种资源所有属性以及与此相对应的收入分配方式的局面,明确生产要素的私有产权属性并通过要素产权参与收入分配。在西方的经济学中,私有化有两个理论基础:产权理论和公共选择理论。

产权理论指出,在公共部门中个体之间要进行所有权转让存在着实际困难,而对私有财产进行这种所有权的转让则要容易得多,因为所有者(民众)可以对其代理人(例如选举出的官员和政府)的行为进行有效的监控。因此,西方产权经济学家们认为只有完全私有的财产权利制度才是唯一最有效率的制度。例如产权理论代表人物之一的德姆塞茨在《关于产权的理论》一文中，认为产权的宏观结构由公有产权、私有产权和国家产权这三种形式组成，判定一种产权结构是否有效率，主要看它能否为人们提供比外部性更大的内在刺激。最后他得出结论：私有产权通过将国有产权的许多外部性内部化而产生更有效的利用资源的激励，所以只有私有产权才能达到推进市场和提高经济效率的目的。另外，有部分产权理论经济学家还认为，在国有企业和私人生产者之间存在充分竞争的情况下，其单位生产成本之间的差别其实很小。因此可认为是由于竞争不足，而非所有权转让的难易程度的差别导致了人们通常看到的国有企业缺乏效率。

公共选择理论是私有化的另一理论基础。该理论假定，官员和经理都是自私的，都在自身预算约束条件下追求效用最大化，官员追求权力，而经理追求利润。因此在利润的经济理论和权利的政治理论之间存在一种密切的联系。权力和利润都由于不确定性而得以存在，且又都归于信息的占有者。因此根据公共选择理论可以清楚地看出公共机构管理者与私人企业管理者在行为上的差异。经济学家阿尔钦认为私人所有权是最有生产率的，他指出："在公共所有权下，任何决策或选择的成本对于选择者的压力完全要比私人所有权条件下要小。换句话说，在私人所有权下，成本的激励体系在朝更低成本变化。"正是由于上述这些私有化的理论基础，西方国家才会如此热衷于对国有资产进行私有化以提高效率。但是其私有化的理论与实际之间有可能存在着差异甚至完全不一致，例如西方国家认为国有经济无效率而只有私有经济才有效率这一点，并未被实际所完全证明，而事实上既存在有效率的私有企业又存在有效率的国有企业，又如上文提到的国有企业之所以无效率并非因为没有私有化而是由于缺乏竞争等等，也说明了这些理论的基础并不完美。

斯蒂格利茨对私有化的产权理论也提出了质疑。他指出："实际上产权归属问题对经济来说并不像产权所有者那样重要"。"私有产权关系不明确或产权缺乏约束都会经常导致对产权关系的扭曲。如果这个结论正确的话，那么其他的基本结论则不正确。首先，产权明晰不一定产生效率"。其次，"缺乏明晰的私有产权关系并不一定会产生问题……缺乏私有产权关系不是问题的症结所在，人们甚至可以清楚地看到实行私有化和政府直接控制企业可以同样有效地完成其目标"。对于有人认为私人所有者具有一定的积极性来创造良好的激励机制，因此私人公司可能会更有效率的观点，斯蒂格利茨认为"不存在理论或经验的证据来支持这一观点"。[①] 由此，斯蒂格利茨彻底否定了产权决定论。在比较俄罗斯与中国改革的问题上，斯蒂格利茨再次表明了他对私有化的"务实"态度[②]。在俄国，"它注重的是私有化，而不是市场竞争"；它的资本市场不仅放开，还"非法私有化"，"结果部分的导致了 GDP 的下降"。研究表明："没有正确的治理机制而进行私有化，对经济增长是有害的"[③]。而中国却取得了经济的高速发展，斯蒂格利茨对此大加赞赏。"中国的经验为我们提供了一个非常明显的例证，即在缺乏明晰产权的情况下，经济腾飞也可以实现。广东省曾连续十几年保持超过 12%的增长速度(从 1979 年到 1992 年)……这种发展速度在经济史上也许是绝无仅有的，而经

---

① 本段中引文均源自约瑟夫·斯蒂格利茨：《社会主义向何处去——经济体制转型的理论与证据》，吉林人民出版社，1998 年。

② 毛增余："约瑟夫·斯蒂格利茨经济体制转型理论评价"，《经济学动态》2001 年第 12 期。

③ 约瑟夫·斯蒂格利茨："中外经济体制转轨比较"，《经济学动态》2001 年第 5 期。

济增长的中心就是公有制企业”①。斯蒂格利茨虽然指出“把私有化问题放在次要的位置是有道理的”②，但是他并不完全反对私有化。他承认私有化有其“经济优势”，他指出政府与私人企业相比确实有明显的劣势，私有化可以适应预算约束，代替软预算约束，强化激励。

专栏 4-8

是否只有实行私有化才能提高经济效率?

原苏联东欧国家的“改革家”可以说无一例外地都以实现私有化为改革目标，其理由是只有私有化才能真正提高经济效率。这种思潮在我国也有一定的市场，特别在深化国有企业改革方面，把明晰产权等同于搞私有化的思潮不能低估。实践中出现的“国退民进”、“靓女先嫁”、对国有企业的“低估贱卖”、“一卖了之”之类的观点和实践，也证明了这一点。

所谓私有制会比公有制更有效率，其基本依据无非是说只有生产资料成为私人财产时，才会有人去关心它的正确运用与增值；财产利益是人们从事经济活动和社会财富增长的唯一或最重要的因素；公有制使产权不明确，“人人都有，人人都不拥有”，生产资料成为无主的财产，人们都想从中捞取好处而谁也不关心它的使用和增值，因此注定是没有效率的。只有私有制才能提高经济效率

---

① 约瑟夫·斯蒂格利茨：《社会主义向何处去——经济体制转型的理论与证据》，吉林人民出版社，1998 年。

② 同上。

这个论点如果能够成立的话，应当说只有个体小私有制才是最能促进经济发展的制度，因为只有在这种所有制下生产资料才真正成为所有者的私人财产。但历史的事实恰恰是个体小私有制被资本主义私有制所摧毁，成为资本主义的经济附庸。生产越是社会化，生产资料越不能为单独的个体所有和私人所有，这是经济史上确凿不争的事实。资本主义私有制从单人业主制发展到股份公司制，从私人资本发展到形式上的社会资本，都证明了这一点。

至于决定人们从事经济活动和社会财富增长的因素，并不只有一个财产利益和约束，而是还有其他的经济和非经济的利益和约束。从历史上看，私有制下丧失生产资料的劳动者是靠棍棒纪律或饥饿纪律来促使其劳动的，而从来不是因为他们有财产利益的约束。即使是资本主义私有制，在其发展过程中它的实现形式也越来越摆脱古典的单个资本家所有的形式，从单人业主制发展到股份公司、垄断组织和国家垄断乃至国际垄断，垄断组织的家族色彩也越来越淡化。

进一步说，认为只有私有制才能提高经济效率的观点，强调的是私有财产或资本是决定财富增长唯一的至少是最重要的因素。但是，这同创造社会财富源泉的理论和实践并不相符。随着社会经济的发展，人们发现影响社会生产力发展和社会财富增长的因素在不断增加，相应的认识也从传统的生产三要素论发展到深入研究提高土地、资本、劳动等生产要素效率相联系的方面，相继提出了组织、创新、技术进步、人力资本、知识资本等对生产效率提高和社会财富增长的重要作用。因此，仅仅把生产效率的提高归结为资本这一因素，完全忽视和否定其他因素的作用的观点，显然是不符合实际的。它在理论上不能成立,在实践上既不符合企业制度变迁的规律,也不符合西方现代企业制度的最新发展趋势。这种观点不仅从马克思主义的观点看是不正确的,而且即使从西方经济学的观点看,显然也是片面的,是落后于时代发展的陈腐观念。

既然财产利益和约束不是人们从事经济活动的唯一动力,资本不是创造财富、发展生产力的唯一因素,那么,只有私有化才能提高经济效率,资本是唯一的效率基础,公有制注定没有效率之类的观点,也就成了无稽之谈。还应当指出,私有化的支持者谈到经济效率时,讲的只是企业的微观经济效率,而不涉及宏观经济的稳定健康发展问题。然而在谈到经济效率时,离不开宏观经济环境,不能不考虑宏观经济的稳定和健康发展问题。

上述分析表明,一般意义上,在特定的经济发展阶段,私有化模式的确比国有模式运行更有效率。但其成功的执行必须有相应配套的制度和政策。西方的一些研究机构如世界银行、经合组织(OECD)、欧洲复兴开发银行(EBRD)等,都致力于经济转型的研究,比较一致的处理方式是找出关键因素,通过对这些因素在不同国家的表现形式来判断体制转型的进程。西方学者把体制转型的关键因素概括为以下四个方面:市场主体、市场机制、金融制度、政府行为。在以上四个方面中,政府行为难以找到统一的量化标准,故其他几个方面的因素被用于衡量转型进展的直接指标。欧洲复兴开发银行在20世纪90年代中期曾提出了一整套衡量体制转型的指标体系,用以测量各转型国家的体制转换状况,其中大部分指标采用4级计分法。4级计分的标准如表4-6所示。

表 4－6　体制转型指标体系 4 级计分方法一览表

指标名称	4 分	3 分	2 分	1 分
大规模私有化	50% 以上的国有企业财产已按政府计划实行私有化。	私有化计划制定，私有化比率达到 25% 以上。	私有化的综合计划已经制定并着手进行。	基本未动。
小规模私有化	精心设计的综合性计划得以实施。	开始实施综合性计划。	私有化达到相当比例。	基本未动。
企业重组	对公司治理结构有实质性改进的重组计划正在操作；企业层次的财务纪律强化；大企业集团(conglomerates)被解散。	改善公司治理结构措施已经制定(如通过私有化与紧缩的信贷政策相结合，或实施破产法)；或采取有力措施打破大企业集团。	较温和的紧缩信贷，减少补贴政策；破产法实施但不得力；在打破大集团方面少有行动。	在企业层次推行松的信贷和补贴政策；极少采用促进公司治理结构的其他政策措施。
价格放开与竞争	全面价格放开与价格竞争；反托拉斯法实施。	全面价格放开和价格竞争。	部分重要产品仍保留价格控制。	大部分价格由政府控制。
外汇与外贸体系	极少有进出口限额；主管部门和国家外贸垄断机构对进出口的直接介入已微不足道；几乎所有货币都能按统一规则自由兑换；不存在关税壁垒。	少量进口限额，几乎所有货币都可以自由兑换。	少量进口限额，原则上货币可以自由兑换，但要经过外汇管理当局批准。	广泛的进口限制或严格的外汇管制。
银行改革	功能完备的银行竞争与监督	在银行的资本重组、银行审计、建立有效的银行监督体系方面已取得实质性进展，私人银行开办，利率自由化。	利率显著地影响信贷配置。	除了建立两级银行体制外，金融改革等没有什么进展。

资料来源：Transition Report：Economic transition in eastern Europe and the former Soviet Union Bank for Reconstruction and Development. 1994, London。

按照表 4－6 的标准，东欧和前苏联国家的经济转型进展状况如

表 4－7。

表 4－7 经济体制转型进展评价

国别	私人经济占GDP的比例（1994）	企业			市场与贸易		金融机构
		大规模私有化	小规模私有化	企业改组	价格放开与竞争	外贸与外汇体制	银行改革
波兰	55	3	4	3	3	4	3
捷克	55	4	4	3	3	4	3
匈牙利	55	3	4	3	3	4	3
爱沙尼亚	55	3	4	3	3	4	3
斯洛伐克	55	3	4	2	3	4	3
阿尔巴尼亚	50	1	3	2	3	4	2
保加利亚	40	2	2	2	3	4	2
克罗地亚	40	3	4	2	3	4	3
马其顿共和国	35	2	4	2	3	4	2
吉尔吉斯斯坦	30	3	4	2	3	3	2
拉脱维亚	55	2	3	2	3	4	3
立陶宛	50	3	4	2	3	4	2
罗马尼亚	35	2	3	2	3	4	2
俄罗斯联邦	50	3	3	2	3	3	2
斯洛文尼亚	30	2	4	3	3	4	3
亚美尼亚	40	1	3	1	3	2	1
阿塞拜疆	20	1	1	1	3	2	1
白俄罗斯	15	2	2	2	2	1	1
格鲁吉亚	20	1	2	1	2	1	1
哈萨克斯坦	20	2	2	1	2	2	1
摩尔多瓦	20	2	2	2	3	2	2
塔吉克斯坦	15	2	2	1	3	1	1
土库曼斯坦	15	1	1	1	2	1	1
乌克兰	30	1	2	1	2	1	1
乌兹别克斯坦	20	2	3	1	3	2	1

资料来源：同表 4－6。

从表中可以看出，转型国家以私有化程度为标准可以分为三类。一类是基本接近经济转型的目标，如捷克、爱沙尼亚、波兰、斯洛伐克、匈牙利等，这些国家的私有化程度均超过50%，在企业改革、市场体系建设、金融改革等方面得分均在3分以上。第二类在体制转型方面已经取得实质性进展，私有化比重在30%以上，市场体制的

专栏4－9

私有化实践(1)——俄罗斯和东欧国家经济转轨前的所有制情况

据统计，到20世纪80年代末，苏联各类所有制形式所占的比重为：国家所有制为88.6%，集体农庄所有制占8.7%，合作社所有制占1.5%，私有制占1.2%。（数据来源：[俄]维·维诺格拉多夫著：《俄罗斯经济》，莫斯科“律师”出版社2001年俄文版，第124页）

东欧在第二次世界大战后成为苏联的势力范围，以高度集中的计划经济为特征的苏联模式也移植到了东欧。东欧国家仿效苏联，在实行大规模的国有化之后，建立了庞大的国有经济部门。国有经济的规模在数十年里日益扩大，经营范围渗透于整个社会经济生活中。东欧国家的工业生产的90%以上是由国有部门进行的，服务部门也主要由国家控制，除波兰(战后波兰保留了农业的私人经营)外，农业也主要是国有的。东欧国家的合作部门也具有准国有色彩。表4－8可以反映部分东欧国家国有部门在整个经济中的规模。

表4－8　部分东欧国有部门规模(占总产量的百分比)

国家	捷克斯洛伐克(1988)	东德(1982)	苏联(1985)	波兰(1985)	匈牙利(1984)
百分比	97.0	96.5	96.0	81.7	73.6

资料来源：转引自薛君度主编：《转轨中的中东欧》，人民出版社，2002年7月，第133页。

基本框架已经建立,但某些方面的建设还比较落后。这些国家包括俄罗斯、保加利亚、阿尔巴尼亚、克罗地亚、斯洛文尼亚、马其顿、吉尔吉斯斯坦、拉脱维亚、立陶宛、罗马尼亚等。第三类是仍在新旧体制间徘徊挣扎的国家。包括亚美尼亚、阿塞拜疆、白俄罗斯、格鲁吉亚、哈萨克斯坦、摩尔多瓦、塔吉克斯坦、土库曼斯坦、乌克兰、乌兹别克斯坦等国。这些国家的企业改革进展很慢,私有化的比重一般在30%以下,有些国家尽管私有化程度较高,但市场体系建设严重滞后,金融改革得分也很低。此外,未列入该报告中的南斯拉夫联邦、波黑,因长期陷入内战泥潭,体制转型的进步非常有限。

专栏 4-10

私有化实践(2)——俄罗斯和东欧国家私有化方式

私有化的最早版本是英国撒切尔夫人所搞的出售国有企业的股份,其目的是提高企业效率,减少国家补贴,增加国库收入。

纵观俄罗斯的私有化实践,实际上可以将所有的私有化方式大致归纳为四种基本模式:(1)非国有化;(2)出售;(3)无偿分配;(4)建立国家控股公司。在实践中私有化一般是通过这四种基本模式的组合实现的。(引自郭连成著:《俄罗斯经济转轨与转轨时期经济论》,商务印书馆,2005 年)

东欧一些国家在开始时也模仿了英国的做法,而且把希望依托于外资,试图通过向外国出售企业来吸引外国投资。然而外资是有选择性的,只是在有利可图的情况下,外资才肯进入,全盘依靠外资来实现私有化是不切实际的,而且从民族利益的考虑也不允许把所有经济命脉交给外国人控制。于是,捷克的克劳斯发明了大众私有化，即把国有资产基本上是无偿地分配给本国全体成年公民。与此同时，企业经理和内部职工按照某些优惠条件购买企业也日益成为私有化的一种重要途径。公开出售、无偿分配和内部购买是中东欧国家私有化的三种主要方式，这三种方式往往同时使用，互相补充，但各国的侧重点有所不同。

总的来看，公开出售、内部购买和无偿分配这三种私有化方式各有利弊。从表面上看，公开出售效益最高，无偿分配最公平，但出售要有人买得起，而国际资本往往看中那些基础设施较好、市场机制比较完备、法律制度比较健全、科学技术比较发达、地理环境比较优越的国家。强调公开出售，由于外资的进入有限，会使私有化进展迟缓，难以为继。在国内居民储蓄不足以购买国营企业的资产，而政府又不愿让外国资本控制本国的情况下，把被私有化的公司的股票无偿的或以极低的价格分给民众，不失为实现私有化的一条捷径。国有资产无偿分配给全体成年公民，可以迅速改变所有制形式，可以换取居民对私有化的支持，因此大多数中东欧国家都仿效了捷克的做法，把一部分国有资产拿出来实行无偿分配。不过，这种私有化方式既不能给国家财政增加收入，也不能给被私有化的企业带来新的投资，无助于提高企业的效率。由于证券市场的不成熟和法规的不完备，少数人可以大量收购私有化证券而迅速发财致富，而大部分居民因生活所迫而低价出售自己手中的私有化证券，形式上的公平导致事实上的不公平。内部购买同样存在公平与否的问题。在资本密集度较高的企业和资源部门工作的工人的收益将大大高于其他部门。内部人控股只不过是走向私人企业的过渡形式。如何在多种私有化方式之间实现适当的组合，同时兼顾公平和效率，这一问题还有待于实践来回答。

专栏 4-11

私有化实践(3)——前苏联和东欧国家私有化后果的评析

国内对前苏联和东欧国家经济转轨否定最多的,莫过于对其私有化的后果及其代价的评估。

在前苏联国家,经济形势最好和最坏的国家恰恰都是私有化进展最慢、大私有化还刚刚起步的国家。前者以乌兹别克斯坦为代表,后者以白俄罗斯为代表。在乌兹别克斯坦,到目前为止,非国有经济的产值只占GDP的30%左右,国有经济的比重尚占70%左右,大中型企业基本上仍然是国有,但它的经济形势却最好,生产只下降了19.2%,在独联体国家中降幅最小,到1996年已经停止下滑开始回升;而在白俄罗斯,到2004年为止,非国有经济只占15%左右,国有经济仍占85%左右,但其经济形势却最差,生产下降了60%以上。

中东欧转轨国家对这个问题的反思,最为典型的观点来自于美籍波兰学者波兹南斯基的新作《全球化的负面影响——东欧国家的民族资本被剥夺》(2004年5月由经济管理出版社出版)。首先,通过对中东欧转轨各国产权结构中外国所有权所占比重的分析比较,这位波兰学者企图说明,中东欧各国最终将国有资产大量出售给外国人的这种私有化改革,违背了改革的初衷。据波兹南斯基统计,截至2003年,波兰、匈牙利等东欧国家的工业部门、银行部门资产的70%—80%都被外国人买走了。其次,波兹南斯基还认为,中东欧国家的私有化改革的弊端将对这些国家的经济发展产生长远的消极影响。他列举事实说明国有资产被转让给外国人以后，工业部门投资未见增加，高附加值就业岗位比以前减少，用于技术更新、科研等经费的支出下降，企业效益未见好转，相反失业却在增加。因而，转型后的中东欧国家实际走上了另一种意义的“通往奴役之路”。在这些国家，过去是党控制资本，如今外国所有者集团对全社会进行了剥夺，也就是“对民族国家进行了剥夺”。外国主要是西欧通过其所有权占据了这些国家国民生产总值的50%，中东欧不仅丧失了对本国资源的控制权，还不得不交出相当大一部分政治权。

从以上研究出发，结合对转轨经济国家私有化的实践的考察可以看到，在私有化之前，前苏联和东欧都面临着大致相同的背景，在私有化过程中也采取了相似的措施(详见专栏 4－10)，然而在私有化的效果上却大相径庭(详见专栏 4－11)。抛却其在具体经济发展水平、制度框架、自然禀赋和思想意识等方面的不同，笔者认为有两点在私有化过程中值得关注：

其一，以私有制为核心的体制转轨是一个长期复杂的系统工程。体制转轨可以被看作是从一个均衡的体系到另一个均衡体系的过程。然而新均衡的建立并不是在原有体系破坏的基础上自动完成的，原有制度的“惯性”可使新产生的均衡严重偏离最优均衡并且还有可能使之沿着远离最优均衡的路线持续下去，这就决定了制度变迁具有长期性和复杂性。同时私有化与其他部分有密切的联系，这种影响与被影响的关系使以私有制为核心的体制转轨更为复杂困难。俄罗斯与东欧的私有化充分证明了这一点。在这些国家里占绝对比例的公有财产被迅速转化为私有财产，公有经济让位于私有经济，然而真正意义上的私有制并未建立起来，明晰的产权主体并未立即产生,企业的经营机制和效益并没有明显的提高。

其二,前苏联和东欧国家自由化的过程,实质上是形成资本家阶级的过程,是私人资本原始积累的过程。资本家阶级首先由一大批官员、经理人员、投机者、暴发户组成,他们的资本的原始积累,主要是靠各种合法的、不合法的手段攫取、侵占国有财产,实现对人民的再剥夺。什么时候资本家阶级真正能左右局势,站稳脚跟了,届时社会也就会按资本主义的秩序大致稳定下来。目前的社会不稳和动荡,其深刻的根源是资本家阶级力量的不足。由此看来,在私有化的体制转轨中,社会不稳是规律,而社会不稳的相对程度则取决于掌权者的策略艺术。

二、发展转型

如前所述,发展转型是指经济发展阶段的转换,即从不发达状态向发达状态的转换。在转轨经济体中,除俄罗斯有些特殊外,其他几乎都属于贫困的发展中国家,经济贫困和落后是其共同特征。在放弃国家集权的计划经济向市场经济转轨的过程中,如何改变贫穷落后的面貌、推动经济社会全面发展和人民生活水平的大幅度提高,是各转轨国家所面临的非常迫切和棘手的重大问题。在各转轨国家既定的生产力发展水平下,在业已形成的发达国家居于世界政治经济主导地位的国际大背景下,发展阶段转型本身也必然无法遵循一个长期的自然演变过程,而与体制转轨一样带有非常浓厚的强制性、外加性的色彩。发展阶段转型作为一个庞大的社会系统性工程,其涉及的内容不仅仅是作为外在约束条件之一的体制,而且是关乎到诸多方面的内容和要素,例如社会结构、文化传统、技术能力等等。

(一)经济增长与发展转型

一般而言,社会发展包括诸多方面的内容,例如经济持续稳定的增长、经济结构的改善、人们生活质量的提高、自然环境和社会环境的改善等等,这其中最为核心的内容显然是经济增长,虽然社会发展并不仅仅是经济增长,但没有经济增长无论如何也不可能有社会发展,也就是说社会发展是建立在经济增长基础之上的,经济增长是社会发展的"发动机"或者是"火车头"。对于在贫困落后状态中长时间备受煎熬的各转轨经济体而言,其首要的和根本的任务便在于通过各种切实有效的政策和手段推动经济增长,并利用经济增长所带来的收益来解决转轨过程中其他方面的诸多问题,这实际上蕴涵着运用增量来解决存量的意思。

专栏 4-12

经济增长理论关于决定经济增长(发展)的因素的讨论

传统经济增长理论的起源,可以追溯到1776年问世的亚当·斯密的《国民财富的性质和原因的研究》(简称《国富论》)。斯密明确指出,国民财富就是国家所生产的商品的总量,而劳动是财富的源泉。为了增加国民财富,一要提高在业工人的劳动生产率,二要增加生产工人的总数。由于劳动分工会提高劳动生产率,从而使经济持续增长,所以它是扩大再生产的最重要因素。其后,大卫·李嘉图在1817年出版的《政治经济学及赋税原理》一书中分析了他的经济增长论点,强调资本积累是经济增长的关键。

20世纪40年代前后,哈罗德和多马在几乎同一时间内分别发表了极为相似的长期经济增长的数学模型,这被视为现代经济增长理论出现的标志。该理论是在凯恩斯就业理论的基础上发展起来的,他们认为,储蓄是经济增长的一个重要因素。但是,二战以后西方各国的经济发展表明,各国的国民收入虽然经常处于波动之中,但没有出现模型中所显示的那种大起大落状态。

美国经济学家索洛在仔细研究哈罗德和多马的经济增长理论之后,指出该模型的问题在于它隐含了资本与劳动不可替代的假定,索洛放松了这一假定,从而创立了新古典经济增长理论。该理论以资本边际收益递减、完全竞争经济(隐含规模收益不变)和外生技术及其收益不变为其理论假设。认为技术进步是经济增长的主要动力,从长期增长看,可称之为唯一的动力。新古典增长理论的局限性在于它假设技术进步是外生的,它不能解释为什么发生技术进步。新古典增长理论的另一个局限性在于它无法解释世界各国人均收入水平的差异和实际人均 GDP 增长率的差异。根据新古典增长理论,低收入国家经济增长要快于高收入国家。但是,世界各国的经济发展现实并不能证实新古典增长理论的这一结论。

在 80 年代中后期,以罗默的《收益递增和长期增长》与卢卡斯的《论经济发展的机制》这两篇里程碑式的论文为标志,经济增长理论进入了一个新的发展阶段。罗默的增长理论的意义在于,它将知识作为一个独立的因素纳入增长模式,并且认为知识积累是促进现代经济增长的最重要的因素。卢卡斯的建模思想和罗默的思想稍有不同。他的增长模型以人力资本为核心,把资本划分为物质资本和人力资本。他认为,正是各国在人力资本方面的差异,导致了各国在收入和经济增长率方面的差异。

在罗默和卢卡斯模型的基础上,90 年代以来又出现了许多经济增长模型，补充和完善了罗默和卢卡斯的理论。这些增长模型开始探索经济增长过程中的新问题，如公共政策对经济增长的影响，市场一体化对经济增长的作用等。另外，一些经济学家认为，分工的深化增加了用于协调分工中劳动者的成本，即“交易成本”。因此分工虽然收益递增，但受到交易成本的限制。分工深化需要改进交易机制的效率，从而把制度因素与劳动分工结合起来。由此看来，技术进步、人力资本积累的水平和制度因素是影响经济增长的三个十分重要的因素。

经济学家西蒙·库兹涅茨认为“经济增长是指人均或每个劳动者平均产量的持续增长”①。转轨时期经济增长的特殊性就主要体现在这种增长并不是简单的遵循古典经济增长模型，而是这些推动经济增长的因素与经济制度的变迁密切地联系到了一起。这也同时构成了转轨时期推动经济增长的困难，虽然社会发展才是经济转轨的最终目标，但是这种社会发展需要以急剧的体制变革为必要条件，从而使得在特定时期内体制变革本身却成了转轨的目标。在体制变革的大背景中寻求经济增长，并不是一个简短的增长函数的建立问题，而是一个各转轨经济体迫切需要研究和解决的现实问题。

发展经济学兴起于第二次世界大战后，从学科传统上看，一直是以发达经济为参照研究欠发达经济结构方面的约束问题，在这一领域已经有相当成熟的理论模式。华盛顿共识和制度—演进观点代表了目前经济转轨理论的最重要概括，但原社会主义国家内部长期酝酿的偏离命令经济的思想，也是认识转轨经济学学科渊源的另一条

① ［美］西蒙·库兹涅茨：《现代经济增长》，北京经济学院出版社 1991 年版，第 1 页。

线索。传统的发展经济学对经济增长依赖的制度变迁因素关注不够,引入制度经济学理论研究计划向市场转轨中的效率问题,显然很有必要。但这样的思考如果被强调过度则可能引致另外一个方面的缺陷,那就是,在把一个缺乏效率的经济制度向一个富于效率的经济制度急剧变迁时的情形和规律作为研究的主题时,可能淡化了发展经济学原来强调的那些主题。①

人类社会的历史发展过程,表现为制度进步与技术进步两种力量的共同推动,同时二者之间又存在着相互制约与激励的关系,总体上表现为"(技术进步↔制度进步)→经济增长→经济社会发展"的过程。虽然对于两种力量在人类发展中的主导地位,不同的学派有着截然不同的观点②,但两种力量的影响力则得到了一致认可,并为经济史所证明。转轨的动因是希望通过适宜的制度安排,寻求改变增长现状的机会,即制度变迁→技术进步→经济增长→成长转型的过程。这一过程发生的前提是旧体制对资源、技术基础的不适应,需要通过从不适应→适应的制度选择,使两种力量更好地匹配。转轨时期的一切安排最终是要解决增长(发展)问题。如果没有增长(发展)

① 基于经济生活中矛盾的焦点归结于旧体制约束,倾向于认为变革时期是经济运行状态不妙时期,坚信市场体制尽早建立和尽快完善为好。在把这一点强调得过分时,会产生对诸如二元经济与剩余劳动转移、不平衡增长与低水平均衡陷阱、中心与外围效率交换或经济依附障碍等问题的忽视。它们虽然不是经济转轨研究的课题,却直接或间接地影响制度改进效果在国民经济上的反映,并对下期制度改进产生进一步影响。

② 对两种力量不同程度的强调,形成了从制度经济学角度的分析、从发展经济学角度的分析、从技术经济学角度的分析。作者认为,人类社会发展史上的制度—技术关系中,自然资源和技术条件是基础性制约,即起着决定性作用,当你试图超越它去进行制度安排时,必定会最终受到惩罚。制度结构的改善受其决定并具有反作用,当制度安排适应资源基础时就会产生积极的推动作用。这种作用与反作用的关系既符合马克思生产力与生产关系的基本原理,同时也在分析中国传统计划体制低效率和市场化改革的绩效中得到印证。

出现，转轨就必然要陷入绝境，上述过程就不会发生。因此，试图发挥制度安排的积极作用时，一个隐含前提是必须考虑技术条件和成长阶段的基础性制约，矫枉过正仍然会影响效率的实现。

经济学的某一重要学派在建立其理论基础时，几乎都是沿着首先假定什么问题不是主要的，而将被强调的问题作为核心来开拓研究的新领域。然而，任何假定所排除的变量都仍然会实质性地对主题产生影响而无法最终忽视。“知识和技术存量规定了人们活动的上限，但他们本身并不能决定在这些限度内人类如何取得成功。政治和经济组织的结构决定着一个经济的实绩及知识和技术的增长速度。”① 诺斯可以这样坚定地来确定被他论述的主题，然而他阐述这一主题所依赖的框架，却如他所说“我们的模型恰恰建立在资源基数的扩张依赖于技术进步，最终取决于知识存量的基点上”。资源的数量是相对于技术状况而言；技术发展是建立在前人知识的积累上，这些知识决定了发明活动的方向；在农业出现之前，人类就开始发掘更广泛的食物源；人类的创造力是人在几百万年前就同其他动物区别开来，即使简单地对近一万年的技术试作一探讨，也会看到人类的创造力令人惊讶——总是在强调“发明活动当然不是这里的主题”时，又不得不顾及“发明和创新似乎是人类固有的天性”那一方面的联系。②

诺斯把制度作为经济史分析中重要变量，是基于1600—1850年间世界海洋运输生产率有很大提高，但该时期这一行业并未发生重大技术进步的困惑。他提出的解释是，尽管这一时期海洋运输技术

---

① [美]道格拉斯·C.诺斯：《经济史中的结构与变迁》，中译本，上海三联书店、上海人民出版社，2002年，第17页。

② 同上书，第15—16页、第33页。

提供的经济增长因素没有出现，但是出现了类似船运制度和市场制度的改进，安全管理和更富效率的交易引致海洋运输成本降低，同样提高了海洋运输效率。在长期经济增长和国际比较研究方面有极高声望的经济学家麦迪森却认为，17 世纪结束时欧洲在造船和武器方面已经很明显地处于领先地位，同时也有很多制度上的进步。18 世纪末的航海船可以运载相当于 14 世纪威尼斯帆船运载量 10 倍的货物，且所需船员大为减少。[①] 诺斯对经济史的制度分析方法，突出了制度安排的重要性[②]，可以较好地用来说明转轨对一般性原理的遵循。制度变迁带动了技术进步，并因此扩大了资源基数，提高了人类生活的质量。这种关系可以分别通过技术革命的线索、人口与资源关系的线索、经济成长阶段的线索来反映。制度与技术的关系一方面形成了人类经济史递进向前的一般规律，一方面也形成了不同经济体之间的经济成长阶段的差异。转轨时期经济运行绩效的获得，实质是在符合于经济史一般规律的前提下，谋求经济成长阶段上的迅速演进和提升。但是作为一种制度变迁，转轨的特殊性在于它不是一个自然演进过程，而是一种自觉选择的结果。基于不同认知基

---

① 麦迪森观点与诺斯观点相比，似乎强调技术力量的方面更为突出一些。例如在他认为，1913—1992 年之间，世界取得了有史以来最快的技术进步；然而，这种进步后来放慢了。较缓慢的技术进步，是在过去 1/4 世纪中世界经济增长放慢的原因之一。以“新经济”作为不接受技术放慢的观点，只能提供一些支离破碎的和微观经济上的证据，而宏观经济统计上并未显示，因而麦迪森无法赞同那样一种乐观的预期（安格斯·麦迪森《世界经济千年史》，中译本，北京大学出版社 2003 年，第 4—11 页）。

② 诺斯强调“知识和技术存量规定了人们活动的上限，但它们本身并不能决定在这些限度内人类如何取得成功。政治和经济组织的结构决定着一个经济的实绩及知识和技术的增长速率。人类发展中的合作与竞争形式以及组织人类活动的规则的执行体制是经济史的核心”（参见道格拉斯·C.诺斯：《经济史中的结构与变迁》，上海三联书店、上海人民出版社，2002 年，第 17 页）。

础的路径选择和政策取向始终存在着与实际经济状况(资源基础、技术条件等)契合的问题,并因此影响着制度变迁→技术进步→经济增长→成长转型的传递过程与效率。自觉选择方式至少带来两个方面的突出压力:一是作为一种经济制度向另一种经济制度的整体转换,转轨的推进过程,始终存在着更加迫切需要通过全新的制度安排实现增长的要求;二是认知的局限和人为选择的不确定性,使制度的效果更容易受到转轨国家现有成长阶段的基础性制约[①]。这两个压力意味着,体制转轨与成长转型两种矛盾,必然成为转轨时期贯穿始终的约束内因。市场体制先进程度、市场化推进速度并不必然成为一国经济增长的前提,而对成长阶段的不重视常常形成对增长的反向制约。因此,转轨时期的增长既迫切需要制度安排的激励效果,同时也迫切需要成长阶段转型的激励效果。

一部经济增长史,技术因素应被视为增长的基础性力量。具体地比较分析又会注意到,几乎每一项对经济增长速度产生重大影响的技术进步,总是在某一地区首先出现,然后扩散到其他地区,这其中的重要原因是经济组织方面激励或约束的差异所致。因此,与技术因素相对应的制度因素,必然成为经济增长的另一个重要力量。

经济增长技术因素与制度因素相互交织所构成的复杂关系,一方面勾画人类经济史演进的总体规律,另一方面则形成了不同经济体增长水平的多样性。把这样的差距投射到经济史的一般过程中,就形成了经济体之间的经济史区位落差。

---

① 在人类发展的自然演进过程中,制度进步—技术进步的关系构成基本的约束与激励。而在转轨过程中,整体性制度安排所要考虑的不再局限于单纯的技术条件,而是成长阶段的基础性制约。这样,一般性的约束—激励分析就转化为体制转轨—成长转型的分析。从内在关系上讲,当前的成长阶段正是上次制度条件—技术条件作用的结果。

转轨的任务是阶段性的，转型的任务是长期性的；转轨的任务是紧迫地提出来的，转型的任务是原来就存在的；经济体制转轨与经济成长转型，转轨的性质是外生力量强制地进入经济运行中，转型本质上依赖经济发展因素积累到一定程度有内部力量引起质变。

如此一来，经济分析就会走出制度变迁决定和主宰经济效率的误区，把变革时期经济增长的认识角度定位在“转轨/转型”两股力量恰当配搭而形成的集合效率上。经济转轨进程中，如果某个国家发生了负增长而又不存在别的更为重要的特殊情况，那就应该认为，是两股力量作用于国民经济运行时，出现了一条腿长与一条腿短的“跛行”所引致。

（二）转轨国家避免衰退、实现正常增长的考察

经济转轨的目的是摆脱低效率困扰实现经济增长的跃升，经济增长跃升依赖的是两股力量的复合效率，从而变革时期的经济增长的起点只能建立在转轨—转型经济的认知基础上。走出经济转轨会自动带来经济效率提升的理论误区，只是认识变革时期经济增长原理的第一步，接下来继续探讨的切入点，应该是直接面对如何避免衰退实现正常增长的路径。

从欠发达经济向发达经济的成长转型，在技术条件并不十分先进的状态下，并非需要立即安排高度发育的市场体系。换言之，发达的市场体制虽然可以尝试通过外部力量强制建立，但并不一定适合转轨时期经济实际的要求。脱离太远，必然会从经济增长失去基础和体系建立成本过高两个方面产生不利影响。一定的成长阶段决定了相应的市场体制先进程度，这是由经济史一般规律决定的。放弃计划体制过于理想化的制度安排，是由于它超越了现有的经济发展水平；按照发达市场体制设立过高的转轨目标，同样意味着对现有经

济发展水平的背离。人类社会生产力的发展如一条历史长河,处在不同成长阶段的经济体,分别航行在不同的河段。巨轮在靠近大海的河段航行,处在上游的河段则只能行驶小船,不同的航段需要不同的组织结构与其适应。如果将巨轮的组织结构放置在小船上,这样的组织结构安排不仅成本太高,而且效果也不可能好。只有在初期选择了适宜的制度安排,才可能通过经济增长推动成长阶段的转型,并不断形成对制度的反向激励和要求,这一过程逐渐使转轨与转型关系的特殊性内生于经济和社会的正常结构演进中。

变革时期的经济增长,可以理解为变革过程中实际国内生产总值的增长和实际人均国内生产总值的增长。一国变革时期的经济运行绩效,总体反映了经济转轨的进展,其更深刻的内容是特殊经济形态的非均衡因素是否被恰当认识和利用。

图 4－1 按地区分类,考察了所有转轨国家启动变革进程头 10 年内的国内生产总值和人均国内生产总值变化。东欧和前苏联地区大体在 20 世纪 90 年代末期同时走上变革之路,均以 1990 年为起始点,只是因数据来源关系,下限时间有 1998 年或 1999 年的不同。越南起始点和东欧、前苏联地区大致相似。中国因为时间起点上有所不同,分别列出了两个数据进行对比。29 个转轨国家除东欧和前南地区以及亚洲的 6 个国家外,其余 23 个国家变革头 10 年内始终处于经济衰退中。其中有 3 个国家 GDP 和人均 GDP 下降 60%以上,两个国家 GDP 和人均 GDP 下降到 50%—60%之间,4 个国家 GDP 和人均 GDP 两项指标下降趋势已接近 50%或其中一项已经在 50%以上。处在增长中的国家的 GDP 和人均 GDP 增长变化情况如图 4－1 所示。

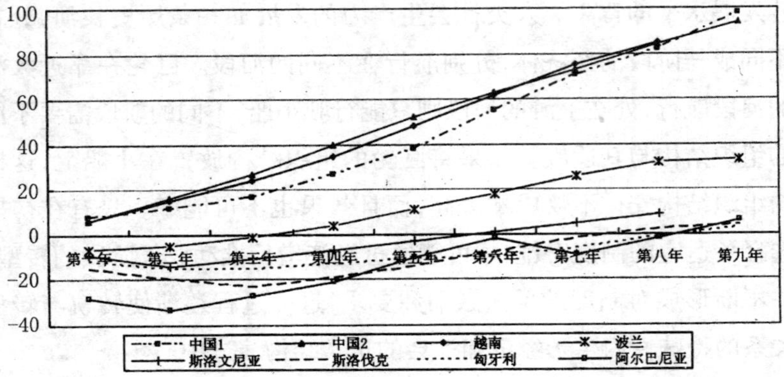

图 4-1 转轨头 10 年内表现较好国家的经济增长状况

资料来源:[英]安格斯·麦迪森:《世界经济千年史》,中译本,北京大学出版社,2003年,第 334—339 页、第 296—304 页。GDP 水平为按购买力平价转换系数(PPP)估计的 1990 年国际元单位。作者对数据进行了整理、计算。其他国家以 1990 年为基年,中国 1 以 1978 年为基年,中国 2 以 1990 年为基年。增长以 GDP 总量测度,增长趋势反映了每一年 GDP 与基年 GDP 相比较的增长情况。

表 4-9 中所列 29 个转轨国家,除中国、越南、波兰、匈牙利等 7 个国家外,其余国家在经历 10 年的变革后经济仍处在衰退中,没有恢复到转轨前的水平。其中有 3 个国家 GDP 和人均 GDP 下降幅度达 60%以上,两个国家下降幅度在 50%—60%之间,4 个国家有一项指标的下降幅度接近或超过 50%。

"选择"与"契合",是分析衰退原因和寻找解决方案的两个主题。变革时期能否避免衰退实现正常经济增长,总体上取决于制度(改进和替换)进步力量与技术(潜在和更新)进步力量选择与契合的有效性。整体的搭配方式,实际上从一个国家选择什么样的经济转轨路径时,就基本被决定下来,我们称为静态的选择—契合。

计划向市场的体制转换,无论在激进的或渐进的模式下展开,总是要经历"计划→…计划 > 市场→…市场 > 计划→…市场"的过程。

表 4－9　主要转轨国家转轨前 10 年的增长状况

东欧国家	1999 年比 1990 年经济增长%		东欧国家（前南地区）	1999 年比 1990 年经济增长%	
	GDP	人均 GDP		GDP	人均 GDP
阿尔巴尼亚	6	3	波斯尼亚	－44	－27
保加利亚	－22	－15	克罗地亚	－16	－14
捷克共和国	－3	－3	马其顿	－21	－20
斯洛伐克	4	2	斯洛文尼亚	9	9
匈牙利	3	5	塞尔维亚和黑山	－44	－48
波兰	33	31			
罗马尼亚	－23	－21			
前苏联地区（欧洲）	1998 年比 1990 年经济增长%		前苏联地区（中亚）	1998 年比 1990 年经济增长%	
	GDP	人均 GDP		GDP	人均 GDP
白俄罗斯	－20	－20	哈萨克斯坦	－39	－34
爱沙尼亚	－14	－6	吉尔吉斯斯坦	－39	－43
拉脱维亚	－42	－37	塔吉克斯坦	－68	－72
立陶宛	－32	－31	土库曼斯坦	－37	－52
摩尔多瓦	－66	－60	乌兹别克斯坦	－9	－23
乌克兰	－59	－58			
前苏联地区（西亚）	1998 年比 1990 年经济增长%		前苏联地区（欧洲/亚洲）	1998 年比 1990 年经济增长%	
	GDP	人均 GDP		GDP	人均 GDP
亚美尼亚	－38	－46	俄罗斯	－42	－42
阿塞拜疆	－51	－54			
格鲁吉亚	－64	－64			
亚洲	1998 年比 1990 年经济增长%		亚洲	1998 年比 1990 年经济增长%	
	GDP	人均 GDP		GDP	人均 GDP
中国内地	114	85	中国内地	84	68
			越南	85	61

资料来源：[英]安格斯·麦迪森：《世界经济千年史》，中译本，北京大学出版社，2003 年，第 334—339 页、第 296—304 页。GDP 水平为按购买力平价转换系数（PPP）估计的 1990 年国际元单位。作者对数据进行了整理、计算，除中国外，其他国家的转轨都以 1990 年为起点进行比较。

就体制变迁绩效最终要融入国民经济运行绩效检验这一点来理解，置换过程中动态变化观察和控制的重要性，规定了静态背景下辅以动态的政策搭配的必要性。灵活政策搭配是基于过程中变化所引起的，我们把它称为动态的选择契合。

选择—契合本身不是模式也无激进或渐进偏好，但作为一种变革时期经济增长原来的理解方式，它有独立为思想方法的可能性。

(1)选择—契合思想尊崇经济学基本模型，建立在科学思维方法的基础之上。

契合在逻辑上与“求同”同义。逻辑学将判明现象因果联系的一种归纳方法称为“契合法”或“求同法”，而将判明现象因果联系的另一种归纳方法称为“差异法”或“求异法”。“契合”即“求同”的观点认为，如果在被研究现象出现的几种不同场合中只有某一个情况是共同的，那么，这个共同的情况就与被研究的现象有因果联系。

选择—契合思想建立在转轨—转型经济这一认知基础上，从静态和动态两个方面强调经济增长的制度依赖和技术依赖不可或缺。它们构成变革时期经济增长的基本约束变革模式和政策搭配是从基本约束影响的各种可能性的机会集合条件下挑选最优，而不是片面地重视一个方面而忽视另一方面。如果简化地把经济体制转轨理解为解决“市场稀缺”，而把经济成长转型理解为解决“资本稀缺”，那么就可以把双重限制的竞争市场模型简化地理解为：变革时期是一个侧重以解决“市场稀缺”为主导任务的经济史上的特殊发展阶段，事先已存在的“资本稀缺”被降到次要地位，但始终不应被忽视。经济转轨效率事实上处在两种约束的复杂结构中，如果因为其中一个稀缺缓和使另一个稀缺加重，那将被认为是非契合的误选择；反之，一个稀缺程度地减轻有助于另一个稀缺矛盾缓和，就被认为是复合选择—契合的优化原则。

(2)选择—契合思想重视经济史区位落差的客观存在，把着眼点放在“节点”效率上。

转轨经济和发达经济成长阶段上的差距和水利工程学上的区位落差十分相似，如何取得静态与动态的选择—契合的最优化，与它的“节点”确定原则也相似。①

转轨经济将抛弃计划体制走向市场体制确定为制度变迁的目标，而蕴含在选择—契合思想内的“经济史区位落差，决定了契合于经济环境组织形式的差异性”，意味着步骤和过程的重要性。

从不发达向发达经济的成长转型，对任何一个国家的国民经济运行来说，经济结构中的传统部分为主体向现代部门发育十分艰难，都是若干特征中的最重要特征。一方面，经济发展的技术条件处在后进状态；另一方面，却要把市场制度设计为先进状态，其间的矛盾冲突多么尖锐不言而喻。市场体系从低级形态向高级形态发育虽然可以在制度变迁理论指导下以外部力量促成，但显然不能与转轨经济的实际脱离太远。脱离太远，会使经济区位配合不当直接影响经济增长，相对高级的市场体系反而会更耗费成本，从而对变革时期经济增长不利。

随着经济史区位改变，市场体系有相对低级层次向相对高级层次提升，将不再主要由外生力量促成，而是由经济成长阶段转型的要求使体制融合于经济和社会的正常结构演进中。过度偏离实际经济水平需要的市场体制架构的强制建立，不仅将影响相当长一个时间

---

① “落差”是以河源或海拔的高度为基准的“量度”，对河道上的某两个地点在同一时刻观测水位后，按统一基准计算可以得出它们的差数，落差是决定河流水力资源大小的主要因素之一。“节点”指平原河流上河岸不易冲蚀（天然孤山、压实板结的泥土河岸、坚固的人工构筑物）的区段。根据在一般河段上河槽容易在一定范围内左右摆动，而在“节点段”却具有比较稳定的特点，是设计河道“整治线”的关键点。

里的国民经济绩效,也会使体制性的校正和修补所造成的损失更大。

(3)选择—契合思想强调收益—成本评价的灵活结构,对变革时期经济增长来源有独特的理解方式。

人们鉴于新旧体制冲突与摩擦,通常将变革时期理解为一个甚至比转轨前更为糟糕的时期,在选择—契合思想看来,这种认识存在很大的局限。新旧体制转换需要在国民经济运行一刻不停的运转下进行,由此造成的成本与收益的不确定性,是这一时期宏观经济难以驾驭的根源所在。选择—契合思想认为,变革时期的收益—成本具有灵活的结构。经济增长并不仅仅来源于新体制的完善与效率,同时也来源于新旧体制交替过程中的动态组合。这一认识可以得出"与经济史区位落差,决定了契合于经济环境组织形式的差异性"命题相联系的另一命题:"变革进程阶段性,提示了回顾性增长与前瞻性增长相互支持的可能性。"

变革时期经济增长始终处在过程中经济形态的背景下。体制方面的组织结构变动与产业方面的组织结构变动互相交织。这意味着,在一定程度和范围内,经济体制转轨的效率与经济成长转型的效率可以实现替代。

任何一个经济转轨国家,在启动改革时总是拥有相当数量的由旧体制留下的资源性遗产,只要选择了新旧体制摩擦中成本效益收益的新体制进入方式,那些资源性遗产与新增效率结合,就可以在改革初期避免负增长。

(三)转轨国家持续性超常增长的考察

探讨变革时期经济增长原理,把认知前提建立在什么样的基础上、避免衰退实现正常增长的路径是什么,肯定是论题的基本方面,而探讨未来增长前景及持续性正常增长演进为持续性超常增长的原因，则可能说是难度更大的课题。

越来越多的分析家认为，中国把它持续了二十余年的国内生产总值年增长率 8%的纪录再往前延续同样长的时间毫无问题；[①] 有人预言，到 2020 年中国将成为第二经济大国。

尽管目前关于持续性超常增长的实践材料主要是由中国样本提出来的，但增长的原理应该具有借鉴和普遍研究的价值。变革进程开始后的第一个 10 年里，确实发生了大多数转轨经济体负增长的情况，然而与此同时也有多个国家，分别从第 5、第 7、第 8 或第 10 年起(波兰、斯洛文尼亚、斯洛伐克、匈牙利、阿尔巴尼亚)踏上增长之路。比中国面积和人口小得多的越南，也是一个值得重视的样本。自明确提出"两个转轨"的改革目标以来，越南在 1991—2000 年 10 年间人均 GDP 也翻了一番，农业在 GDP 中的比重从 38.7%下降为 25%，外贸出口额从 20 多亿美元增加到 128 亿美元，2000 年出口额相当于 GDP 的 40%，这一增长速度高于同一时期包括中国在内的所有其他东亚国家。[②]

这样的趋势为什么会较为普遍的存在——一个剧烈变动中的经济 10 年或 20 年甚至更长时间内，国内生产总值一直保持相对稳定

---

① 中国政府在 2001—2020 年这 20 年间的目标是翻两番，也就是跟过去 20 年间一样。过去 20 年间在具有缺陷的情况下能够做到 GDP 年增长率 8%，而未来国内生产总值翻两番只需要复合年增长率达到 7.2%，显然能够实现。英国《金融时报》2003 年 12 月 9 日文章《为什么中国的高增长率可以再持续 20 年》(作者马丁·沃尔夫)，转载于《参考消息》2003 年 12 月 20 日。

② 越南改革始于 1986 年但开始探索步伐较小，到 1990 年人均 GDP 不足 200 美元。此后同时从两个方面明确目标加快了转轨进程：(1)将经济体制从中央计划经济向国家宏观管理相结合的社会主义市场经济转轨；(2)向适应地区和世界经济一体化进程的经济体制转轨。数据来源于越南社会主义共和国计划和投资部副部长赖允实题为《在全球化背景下加强经济合作》论文。参见《经济全球　亚洲与中国：二十一世纪论坛 2000 年会议文集》，中国文史出版社，2001 年，第 327—328 页。

的高增长,甚至连商业周期也不明显,实在是耐人寻味。对于中国持续高增长的解释,来自日本的评论,多半倾向于强调中国经济增长要素并不是自身经济内生力量构成,而因偶然性因素与特殊运作方式所引致;① 来自俄罗斯的评论,往往因原来政治制度背景相似而强调体制模式成就了中国的经济增长;② 来自欧盟国家和澳大利亚等发达国家的评论,侧重关注中国经济增长因素可能对世界经济格局变动产生影响与商业对策;③ 来自美国的评论最不稳定,关于中国经济的“崩溃论”和“威胁论”几乎同时地来自这些自称最熟悉市场理论的经济学家及官员的言论中。新近提出的支持中国经济增长的一个观点,则把经济增长的历史与转向上一代没有听说过的新工作的

---

① 中国是一个无法用三言两语就能说清的大国。中国经济实力是把世界各地的很多企业拉到一起形成的力量。中国经济存在有相当大的发展余地。可望中国将来成为巨大的市场。引自日本《朝日新闻》2003 年 3 月 22 日晚版文章:《中国的经济能否持续增长》,作者村上太辉夫;《参考消息》2003 年 3 月 27 日。

② 中国模式究竟是什么呢?就像我们曾经推行过的新经济政策一样。这种模式许多国家都在采用,而且是政治制度不同的国家。这种模式的实质是,逐步地、分阶段地为形成市场经济和代表制式的民主创造前提。不搞“休克疗法”,不破坏经济,也不降低居民的生活水平,不打破社会关系体制,不破坏传统,也不破坏原有的习俗和道德观。引自俄罗斯《消息报》2003 年 9 月 25 日访谈录:“什么是中国模式?”,发表此观点的是东方学专家阿列克谢·基瓦;《参考消息》2003 年 9 月 28 日。

③ 如果中国经济继续这样增长下去会怎么样?答案是:那样的话到 2020 年全球生产的 1/3 将在中国完成,比美国和西欧的总和还要多。这样的预测是中国梦想的依据。亚洲把世界其他地区抛在了后面——处在领先地位的便是中国。很清楚的一点是:想赚钱就必须早到那里去。20 世纪 90 年代的 10 年间,中国的国内生产总值增长了 2 倍。但中国的实力增长不单单体现在经济上。目前 20% 的中国家庭拥有个人电脑,2003 年前 7 个月中国互联网用户增加了 15%。中国计划到 2020 年使自身经济规模增至目前的 4 倍,它将成为世界第二大经济强国。从过去的表现和目前的势头看,中国有望实现这一目标。美国的强大是不争的事实,中国的崛起是正在出现的现象。引自德国《星期日法兰克福汇报》2003 年 7 月 27 日文章:“中国持续增长之梦”。澳大利亚《悉尼先驱晨报》网站 2003 年 10 月 22 日文章:“跟上龙的舞步”,发表此观点的是澳大利亚战略研究所所长休怀·特;《参考消息》2003 年 10 月 26 日。

历史相联系，理论见解令人联想到经济增长的深刻层面。[1] 以中国样本为参照的两个时间概念：(1)1978—2020年的43年间，中国国内生产总值可能一直持续以年均8%的水平实现超常增长；(2)1978—2050年的73年间，中国大多数年份国内生产总值年均增长率保持在8%的水平上，仅少数年份降为5%—6%之间——都不能不使人联想到更为深刻的论述主体。因为前一个时间概念已经不算短暂，后一个时间概念则与技术变革发生的时间相近，从而与"经济革命"联系起来。[2] 在诺斯的经济史分析框架中，这种超常发展只有依赖于两次经济革命的推动才可能发生。由此不能不使人产生一种猜想：促使变革时期持续性正常增长演进为持续性超常增长的巨大推动力量中，是否也内在地蕴涵着一次经济革命性质的时间发生呢？

针对这一推断所展开的论述构成了这一部分的主题。它是以"转轨—转型经济"作为认知基础，遵循"选择—契合思想"的继续思考。为表述简练起见，仍以相似形式来概括所阐述的主题，称为"重商—催化效率"。

---

① 经济增长的历史就是人们使用更少资源制造更多的产品，转向上一代没有听说过的新工作的历史。一些就业机会的流失是由于我们从中国和其他低工资国家购买商品。但那只是说明我们能更好的使用了我们的劳力的另一种方式。我们从中国购买大量生产的低工资产品，在美国提供高端服务和知识产权的产品，我们的生活实际上更好了。引自美国胡佛研究所《每周论文集》2003年9月22日一期文章：《制造业就业机会减少是经济健康的标志》(作者：戴维·亨德森)；《参考消息》2003年9月25日。

② "由生产低下、经济增长速度停滞不前的、传统的、工业化前的经济，向人均产量和生活水平相对提高、经济保持持续增长的现代化的发展转变过程"，经济革命这一概念最初与英国工业革命相联系。而工业革命之所以称为革命，则与有关转变发生在相对较短的一个时间之内这一特征有关，即它之所以是一场经济革命，特征性体现为所涉及的技术变革发生在一个大约70年的时间之内。卡洛·奇波拉主编：《欧洲经济史》，中译本，第四卷上册，商务印书馆，1998年，第131页；Snooks主编 *Was the Industrian Necessary*？第5—6页。

“重商—催化效率”推断的结论包含了以下要点：

(1)前社会主义国家加速工业化进程尤其是优先发展重工业的人为推进经济成长阶段演进中，把商业革命阶段丢失了；

(2)计划—集权化的经济制度安排所以在上述范围国家被接受和顺利实施，与其缺损重商时代的自由化经济思想有关；

(3)转轨经济低效率的经济成因并不单纯是由其体制性缺陷所决定，还内含了经济史段落缺失的规律性制约；

(4)仅仅把经济转轨理解为经济制度安排层面上的变迁是片面的，这样的变迁同时也体现为商业革命补课的性质，将制度变迁效率和商业革命效率结合起来才是全面的、有效的；

(5)商业革命的缺损对经济转轨的深刻影响，表现为交易制度难以随旧体制瓦解而被迅速接受，曲解交易规则和异化惯例的行为更容易发生；

(6)从增长经济学角度看，传统计划经济低效率引致体制性失败的根源，是它试图把一个农业革命时代“广泛性成长”的经济通过加速工业化移植到产业革命时代的“库兹涅茨型成长”的经济运行环境中去，造成了经济增长史上商业革命时代“斯密型成长”的中断；

(7)建立在“转轨—转型经济”认知基础上的“选择—契合思想”，把商业革命缺损理解为制约转轨经济增长的根源，同时又理解为制度安排所要解决的对象；

(8)加速工业化尤其是优先发展重工业虽然造成了经济成长过程被扭曲的严重问题，但它所留下的体现产业革命进步的物质基础，则是一笔巨额的体制性遗产，关键是看计划向市场的制度变迁怎样把巨额的资本“从低效率配置机制的篮子搬到高效率配置的篮子”；

(9)哪一个转轨经济能够通过商业革命补课以较低成本完成“高

效率配置篮子”的“编织”，同时又在这样的搬运过程中长期保持秩序化状态，就有可能实现经济的超常性增长。

可以把“重商—催化效率”解释为在商业革命引导下，以“斯密型成长”为催化剂，使“库兹涅茨型成长”和“广泛性成长”内含的增长因素充分激活的运动。

关于落后经济追赶先进经济的研究一直把关注重点放在产业革命上，事实上是一个经济史意义上的误会。对历史数据作深入分析的西方经济学家已经肯定地说，过去 200 年的老一套看法需要翻新，产业革命是以前一系列实践逐步积累的结果。经济史学家们的一个共同认识是，大约从 1400 年开始，世界商业获得巨大发展，“商业革命”因此成为概述以后三个半世纪经济进步的重要概念。从今天返回去看所有后社会主义转轨国家，无一例外地都存在着同发达经济

表 4－10　经济增长的历史背景分析，GDP 规模和增长率

地区及组别合计	公元元年	1000 年	1820 年	0—1000 年	1000—1820 年
	(1990 年国际元，10 亿)			(年均复合增长率)(%)	
西欧	11.1	10.2	163.7	－0.01	2.13
西方衍生国	0.5	0.8	13.5	0.05	3.68
日本	1.2	3.2	20.7	0.10	2.75
A 组合计	12.8	14.1	198.0	0.01	2.57
拉丁美洲	2.2	4.6	14.1	0.07	3.05
东欧和前苏联	3.5	5.4	60.9	0.05	1.92
亚洲(不包括日本)	77.0	78.9	390.5	0.00	1.84
非洲	7.0	13.7	31.0	0.07	1.99
B 组合计	89.7	102.7	496.5	0.01	1.96
世界	102.5	116.8	694.4	0.01	2.21

资料来源：[英]安格斯·麦迪森《世界经济千年史》，北京大学出版社 2003 年版，第 16 页。粗体字显示 GDP 年均复合增长率，商业革命背景下发达经济提高了 2.56，中国所隶属的范围经济因缺损商业革命背景，相同时期只提高了 1.84，从起点上的只相差 0.01 拉开差距为 0.73。东欧和前苏联相同时间与发达经济构成差距为 0.75。

体之间的差距。这种差距既不产生于农业社会,也不产生于工业社会的突变,而是从商业社会开始的(见表4-10、表4-11),其实质是生产方式先进性上的差距。

表4-11 经济增长的历史背景分析,人均GDP规模和增长率

地区及组别合计	公元元年	1000年	1820年	0—1000年	1000—1820年
	(1990年国际元,10亿)			(年均复合增长率)(%)	
西欧	450	400	1232	-0.01	0.14
西方衍生国	400	400	1202	0.00	0.13
日本	400	425	669	0.01	0.06
A组合计	443	405	1130	-0.01	0.13
拉丁美洲	400	400	665	0.00	0.06
东欧和前苏联	400	400	667	0.00	0.06
亚洲(不包括日本)	450	450	575	0.00	0.03
非洲	425	416	418	-0.00	0.00
B组合计	444	440	573	-0.00	0.03
世界	444	435	667	0.00	0.05

资料来源:[英]安格斯·麦迪森《世界经济千年史》,北京大学出版社2003年版,第16页。粗体字显示人均GDP规模增长了725国际元,中国所隶属的范围经济因缺损商业革命背景只增长了125国际元,二者年均复合增长率构成了0.10的差距。东欧和前苏联相同时间与发达经济构成的差距为0.07。

据经济史数据,公元1000—1820年与0—1000年的GDP年均复合增长率相比,西欧、美国等发达经济体提高了2.56个百分点,东欧和前苏联地区提高了1.87个百分点,中国等亚洲地区(不含日本)提高了1.84个百分点。同一时期的人均GDP相比,西欧、美国等发达经济体提高了0.14个百分点,东欧和前苏联地区提高了0.06个百分点,中国等亚洲地区(不含日本)提高了0.03个百分点,增长差距更为明显。

将中国样本的超常增长定义为特殊背景下的一次商业革命,基本的思想是:作为一定资源条件下的计划体制向市场体制的转轨,适宜的制度安排和变迁是引擎。在中国这种启动和推动首先体现为财政放权让利(对计划体制下资源配置权利的调整,实质是一种产权性质的改革),农村改革、城市改革都是在利益分配关系的调整中寻求突破的。这种适宜制度安排与变迁的实质,引发了以价格为交易实现的供求关系的形成,以及市场配置资源基础方式的逐步确立和相应制度条件的完备。这种转轨其实是建立一种商业制度,也是建立市场制度最基础性的功能。超常增长意味着恰当的路径安排使这一过程具有了革命性。

特殊背景下的商业革命表现在两个方面:一是它发生在从计划体制向市场体制转轨的背景下,是自觉选择的结果;二是存在着大量计划体制下物化的资源通过交换实现价值增值的要求,有利可图成为基本的驱动力。在中国,这一过程前延后续大致跨度为 20 年,即从 1978 年改革开始到 90 年代中后期,其可细分为三个阶段:第一阶段从 1978 年到 1984 年,是商业革命的酝酿时期。主要完成了三个方面的准备:(1)价格改革逐步深入,价格信号的作用增强;(2)非国有经济有了一定的发展,市场主体多元化形成了一定规模的市场化环境;(3)资本形成通过社会动员的能力增强,国有企业自主权扩大,体制外与体制内的比较优势形成。第二阶段从 1984 年到 1992 年,是商业革命的爆发时期。在价格双轨制的体制环境下,存量资源(包括生活资料、生产资料、金融资产等)开始出现集中性的由旧体制向新体制流动的特殊商业化过程。由于体制条件的不完善,这一过程中有正常的商业行为,有过渡性商业行为,也有大量的“寻租”行为,利益关系的合理调整与不合理调整并存,在一定程度上具有原始积累的特征,并导致了经济运行的波动与混乱。但从整个转轨过程来看,这一时期基本改变了旧体制下商业功能、商品流通缺失的格局,建立了以商品流通为枢纽的资源配置方式，从而使社会再生产的方式发生了根本性改变。这种改变的经济绩效十分突出，1984—1992年国民经济年平均增长率高达10.2%，是增长最快的时期。如果以商业革命最剧烈的1984—1988年，即邓小平高度评价的"可以称作一种飞跃"、"功劳不小"① 的5年来考察，国民经济年均增长更高达12.1%。第三阶段从1992年到1998年前后，是商业革命的延续时期。商业革命推动了双轨制向单一市场体制的并轨，推动了市场体制基本框架的建立。国内贸易与国际贸易逐步实现统一，商业制度的国际化趋于完成。非均衡战略推进的以"长三角"、珠三角"、"京津唐"三大经济区为带动的中心—外围效应已经形成。

中国经济转轨第一阶段的政策思路可以作如下归纳(见表4－12)。

商业革命带动的超常增长在20年左右的时间内实现了中国经济质的变化。从经济制度来看，转轨已经完成了经济体制从计划体制→双轨制→市场体制基本框架的变迁，商品交换关系、资本形成机制等市场体制最本质的特征已经具备，资源配置已经以市场作为基础方式。从经济运行来看，短缺作为制度性特征已经彻底消失，需求约束和相对过剩正在成为新的增长约束。斯蒂格利茨认为，转轨时期"中国面临两个挑战：一个是转型，一个是发展。如今中国的经济既成了最成功的发展经济，也成了最成功的转型经济"②。这样的评

---

① 邓小平：《在武昌、深圳、珠海、上海等地的谈话要点》，收录于《邓小平文选》第三卷，人民出版社，1993年，第376—377页。

② 斯蒂格利茨：《转型与发展：由〈经济学〉新旧版的差异说开去》，《黄达—蒙代尔讲座》(第1辑)，中国人民大学出版社，2003年，第6页。他所谈的转型即本文定义的体制转轨，发展即本文定义的成长转型。

表 4－12　中国经济政策中的选择—契合思想

项 目	经济体制转轨	经济成长转型
战略设计	渐进的制度改革战略	非均衡的发展战略
路径安排	计划机制—双轨制—市场机制	让一部分人先富起来;效率优先,兼顾公平
政策驾驭	整体推进,重点突破,循序渐进,注重制度建设和创新	加速发展与治理整顿交替
转轨—转型的关系	把改革的力度、发展的速度和社会可承受的程度统一起来,把不断改善人民生活作为处理改革发展稳定关系的重要结合点	

资料来源:江泽民:《全面建设小康社会　开创中国特色社会主义事业新局面——在中国共产党第十六次全国代表大会上的报告》,人民出版社,2002 年,第 8—9 页;邓小平:《在武昌、深圳、珠海、上海等地的谈话要点》,收录于《邓小平文选》第三卷,第 376—377 页;吕炜:《资本挑战体制——关于中国经济转轨原理的一种解析》,经济科学出版社,2000 年。

价可以说为本书的思想做了最好的注解。在以商业革命方式迅速完成商业功能重建后,近几年的中国经济运行已经展现出新阶段的特征:一是在 1992 年以来 GDP 增速的回调过程中,经济增长方式正在发生转型①;二是城市化水平迅速提高,从 1978 年的 17.92%上升到 2000 年的 36.22%;三是在商业发展的基础上,工业化开始进入一个新的阶段②。

---

① 这一过程中经历过由家庭联产承包责任制引发的农村经济广泛性成长与转型,乡镇企业由分工引发的斯密型成长与转型。到 20 世纪末,经济增长的总体特征也开始酝酿变化。

② 表现为第二产业比重加速上升,重工业重新获得大发展并呈高增长态势。对中国工业化进入新阶段原因与动力的解释主要是:消费结构升级、市场机制的主导作用、世界贸易与分工的推动、城镇化加快等,应该说都是转轨第一阶段商业革命的结果。工业化新阶段的判断与罗伯特·福格尔关于中国"新兴工业化国家"的判断是一致的(参见国务院发展研究中心课题组:"我国工业化进入新阶段",《经济日报》2003 年 12 月 1 日。福格尔是 2003 年在厦门举行的"城市化:中国新世纪发展的挑战与对策"为主题的国际研讨会期间阐述这一观点的。资料来源:www.people.com.cn)。

从实践来看，无论选择何种制度安排，只要适合于该国经济发展的实际情况和要求，制度激励的经济绩效都会得到明显反映，并随着转轨和认知的深入，将逐渐形成向好的趋势（见图 4－2）。假定以中国转轨的时间安排为下限，把转轨时期设想为 50 年左右，不同国家转轨时期的经济增长轨迹，大体上可作 4 种情况的推测（见图 4－2）：

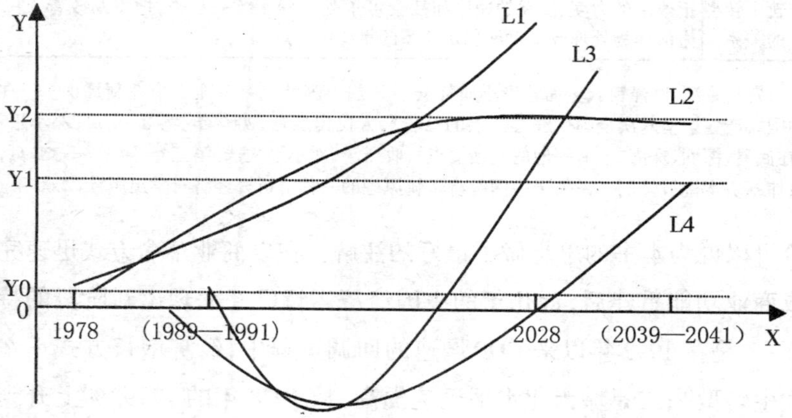

图 4－2　转轨的预期结局与经济增长的趋势

X 代表转轨的时间进程，Y 代表经济增长。中国从 1978 年开始实行改革开放政策，将 1978 年作为转轨时期开始的第 1 个时间点，相应的 2028 年作为转轨时期结束的第 1 个时间点。20 世纪 80 年代末 90 年代初，前苏联和东欧各国开始实施经济/政治的根本性变革，将（1989—1991）作为转轨时期开始的第 2 个时间点，相应的（2039—2041）作为转轨时期结束的第 2 个时间点。越南等国家于 90 年代开始了与中国模式大体相似的改革，从时间上看，也归入（1989—1991）→（2039—2041）的区间内。纵轴上的 Y0 代表启动变革时的经济增长基准线，Y1代表回顾性增长与前瞻性增长分界线，Y2代表持续性稳定增长与持续性高增长分界线。经济增长曲线随转轨进程移动，当曲线上行越过Y1，表示从回顾性增长向前瞻性增长转变；继续上行越过Y2，表示前瞻性增长从持续性稳定增长向持续性高增长跃升。与之相反，曲线停止在Y0表示经济徘徊，继续下行表示负增长；曲线上升后向下运动，则表示增长速率从高到低的调整。L1、L2、L3、L4代表4种转轨时期经济增长趋势。其中L1、L2代表较早从回顾性增长转入前瞻性增长的一组，L3、L4代表较晚实现这种转变的另一组。比较而言，较早转入前瞻性增长对实现整个转轨时期经济增长有利，如果不考虑其他因素，最低限度可以Y2为增长底线来结束体制转轨。而较晚转入前瞻性增长的转轨经济，在转轨结束时的增长底线，只能接近于Y1的水平。

代表转轨时期经济增长的4条趋势线，总体呈现乐观结局。除曲线L4表示的增长底线位置外，曲线L1、L2、L3均处在积极进取的增长状态。值得关注的是曲线L1和L3，虽然分别属于两种不同的转轨模式，在接近转轨时期结束的某个时段上，却体现为从持续性稳定增长形态向持续性高增长跃升的趋同性。所以有这样的判断，是基于人们对待这场变革的学术理解和政策设计的认识水平的逐步趋同，经济转轨国家的民众的行为越来越趋于理性和成熟。我们没有理由把未来经济转轨进程的失误和偏差想象得比过去更多，而有理由期盼未来有正常增长的可能性发生。从激进与渐进带着浓厚意识形态观念的模式之争，到后“华盛顿共识”与制度—演进观点的学术分析；从以社会主义改良或资本主义改革画线，到不同路径市场制度建设的比较研究；从过多渗入文化历史环境因素的先入为主的转轨好恶观，到经济增长绩效的优先考虑……新世纪出现的这种思想转变就是一个令人乐观的侧影。

第五章　经济转轨的非均衡性及双内涵、两阶段非均衡分析模型

第一节　均衡与非均衡

均衡是物理学中的名词。一个物体由于同时受到相反的两种外力的作用,这两种力量恰好相等时,其作用相互抵消,该物体处于静止状态,这种状态就是均衡。19世纪末英国经济学家马歇尔把这一概念引入经济学中,指经济中各种对立的变动着的力量处于一种力量相当、相对静止、不再变动的状态。现在,均衡是经济分析中经常会用到的概念,通常是指在给定条件下所出现的没有任何内在力量来加以改变的稳定状态,比如在微观经济学分析市场供求时,当某种商品的供给与需求相等时便成为这种商品实现了市场均衡。一般而言,"均衡"可分为静态均衡和动态均衡,前者指在某一时点上的均衡,后者可看作为一条路径上的均衡。与均衡相对而言的状态便是"非均衡"。但在现实生活中,构成经济有机体的各种变量总是处在不断运动、变化发展的过程中。这样无论是均衡状态还是非均衡状态形成后都不可能一直保持稳定、静止、恒定不变。因此,从经济变量动态发展的角度来看,有均衡发展和非均衡发展两种态势。在本章中,我们试图把"均衡"和"非均衡"概念引入到转轨经济分析中,从

而使转轨经济研究更加规范，这正是西方主流经济学所擅长和习惯采用的。

现有的研究成果中还没有可应用于转轨经济形态的理论框架。传统的西方主流经济学都是将制度作为外生条件，研究在既定制度条件下稀缺资源的配置和经济运行。资本主义经济的周期性发展理论可以说是以制度均衡为前提的明显例子，边际主义学派更是将均衡作为分析的中心来研究的。按照我的理解，制度均衡的含义包括两个方面：一是市场变量在给定的制度安排下运行，二是各变量总会在制度不变的前提下最终获得均衡，变量的变动不会出现改变制度的情况。樊纲在分析传统西方理论以制度不变为背景条件，从而不能从经济运行的内在规律解释制度产生、发展的原因时指出，这种理论"实际上局限在相当狭隘的领域内。它可以对今天现实中的一些现象和某种事实的影响做出很好的说明，但经济活动在这一体系中永远都是没头没尾，没有发展，没有变化，没有历史的演变——它在本质上不适合于关于社会经济活动发展、演变的说明"[①]。正因为如此，西方理论的分析只是告诉我们经济过程中行为主体活动的物质效果，如效益的改善、总量的增长，不能告诉我们经济活动的另一面，即社会关系的发展变化，从而不能告诉我们如何通过调整经济关系来改善经济活动。这也就解释了为什么他们会认为转轨与利益调整、利益分配无关的观点，为什么会开出休克疗法的药方。所以在运用西方理论分析转轨经济运行中某些局部问题时，我们不得不附加更多的背景条件作为前提。传统的马克思主义经济学重视制度变迁对生产力发展的作用，认为利益矛盾的发展和激化会导致社会关系

---

① 樊纲：《现代三大经济理论体系的比较与综合》，上海三联书店，1994年，第53页。

和社会制度的调整和改革,并产生新的社会关系和经济机制,因此经济的运行呈现发展的趋势。但马克思更多的研究是局限于生产关系及其上层建筑等基本范畴内,看重制度变迁的政治过程的意义,经济过程的意义只是作为内在规律性涉及。新制度经济学出现后开始将

专栏5-1

瓦尔拉斯均衡及其假设

在经济学中,均衡有局部均衡和一般均衡。局部均衡理论是由马歇尔创立的,与其相对应的一般均衡则是同法国经济学家瓦尔拉斯的名字紧密联系在一起的,又称瓦尔拉斯均衡。

瓦尔拉斯均衡是指在社会系统中,各种经济变量相互依赖、相互影响、相互作用,当对立的经济变量相互作用达到一种均衡状态,并不再具有改变这种状态的内在趋势和动机时的均衡状态。达到瓦尔拉斯均衡状态时,市场商品的供给量和需求量通过价格调节而实现了相等,各经济利益主体的行为最优,不想再改变现状,如生产者将获得最大利润,消费者将实现最大满足。在这时,不会有生产的过剩、商品的滞销、需求得不到满足、失业和通货膨胀。但瓦尔拉斯均衡必须建立在以下几个假设的基础上:第一,市场是完善的,都是完全竞争的市场,市场机制能充分发挥作用;第二,信息是畅通的,任何人都可以得到所需要的信息;第三,价格是灵敏的,不存在任何限制价格变动的非均衡力量,价格完全由供求决定;第四,资源是无限供给的;第五,每个经济行为人都追求个人的经济利益,都是经济人;第六,所有的交换都是等到价格达到均衡后才进行。

制度作为内生因素来考察，提出了制度变迁和制度创新的理论，但它所指的制度变迁往往是局部的、可逆的，其方法上的意义要大于研究对象的意义。因此，总体来说经济学领域还缺乏将制度的更替和根本性变革过程作为研究对象的理论架构。但要建立这样的理论必须打破一些传统分析中的基础性前提，如打破均衡的概念，研究制度不稳定状态和非纯粹状态下的经济运行。因为转轨经济中的变化将不只是临时性地破坏原有制度的稳定状态，然后又通过其他一些变化使制度再次回复到均衡的稳定状态。转轨经济中的变化是发展中的，具有不可逆性，这些变化会使现行制度的不稳定性增加，同时在总体上使其逐步地让位于另一个不同的经济制度。

在中国经济转轨的实践过程中，一些学者已经注意到了转轨经济形态的特殊性，并提出了有创见的观点。如厉以宁在瓦尔拉斯均衡的假设下，提出了两种类型的非均衡状态，一类是市场不完善条件下的非均衡；另一类是市场不完善以及企业缺乏利益约束和预算约束条件下的非均衡。他认为当前中国经济处于第二类非均衡状态中，并提出了“应当力求使经济先由第二类非均衡过渡到第一类非均衡，然后再使第一类非均衡中的非均衡程度逐渐缩小”的政策建议[①]。转轨经济运行由“第二类非均衡→第一类非均衡→(瓦尔拉斯均衡分析适用的)均衡”的规律性，不仅对于中国经济转轨路径的研究具有一般原理的意义，对于其他转轨经济体寻找和构建新的经济分析模型，同样具有一般原理层次的意义。

---

①　厉以宁认为“非均衡是相对于瓦尔拉斯假设存在着完善的市场和灵敏的价格体系条件下所达到的均衡。非均衡是指不存在完善的市场，不存在灵敏的价格体系的条件下所达到的均衡。因此，非均衡又被称作‘非瓦尔拉斯均衡’”。参阅厉以宁：《非均衡的中国经济》，广东经济出版社，1998 年，“前言”及第 1 页。

既然转轨经济就过程而言是两种经济制度或运行机制的中间状态,其背景和基本前提就是制度的不稳定性。这种经济状态下的每一项具体研究都是(起码最终都是)如何推动这种不稳定向着一个方向运动,最终达到新的制度的建立,即转轨经济是从此制度均衡到彼制度均衡的中间状态。这种状态的基本特征就是运动的非均衡、非平衡性。因此,经济转轨的非均衡性是特指由于体制转轨和发展转型的错位和不一致性所导致的非均衡(非平衡)系统状态。也就是说,非平衡运动根源于两种体制的共存和影响力的变化,根源于发展阶段与体制的不协调,它是体制替代和发展转型的过程在经济运行中的客观反映(例如我们在体制改革过程中切身经历和研究的步骤、次序问题、改革中的摩擦、阻力问题等)。本章下一节将对这些问题展开具体的分析。

第二节　经济转轨的非均衡特征

一、经济转轨非均衡特征的原因探析

众所周知,今天所有的经济转轨体都具有一个共同的历史背景,即都没有遵循从高度发达的资本主义国家由“生产资料的集中和劳动的社会化,达到了同它们的资本主义外壳不能相容的地步”,从而“炸毁了”它的“外壳”这样的路径来诞生,恰恰相反,却是从落后国家里基于摆脱贫困和屈辱的强烈愿望,通过反对殖民剥削和民族压迫的解放斗争而诞生。也就是说它们没有遵循人类历史演进的客观规律、从一个阶段自然过渡到另一个更高一级的阶段,而是在生产力基础并不发达的条件下人为把超时代的资源配置方式强行拉扯出来,

从而忽略了商品经济的一个长期的自然发展过程。经济发展阶段与经济体制在各转轨经济体中表现出明显的不一致性,即我们在前面章节中所提到的"时空错位"。笔者对此进行一个比较简单明了的解释。

经济发展阶段与经济体制演进表现出良好的符合人类经济一般性演进规律的一致性,这种一致性虽然是我们站在大的时空跨度进行考察的结果,并不能否定某一特定时期某一局部范围内两者之间的错位、背离的存在,但就经济史的发展来看,还从来没有哪个时期像现在的各转轨经济国家经济发展阶段与经济体制之间不一致性在如此广泛的范围内、如此深刻而明显地表现出来,即"时空错位"问题。"时空错位"问题不是某一个转轨经济体所具有的个性特征,而是所有转轨经济体所呈现出的共同特征,因而这个特征在空间上表现出了广泛性和普遍性;"时空错位"不是经济发展阶段与经济体制之间可能自然出现的短暂但很快就能回归的简单偏离,也不是经过细枝末节的修修补补就能归于完好的些许背离,而是体现为经济发展阶段与经济体制之间程度巨大的偏离,从而需要进行长时间的根本性"手术"才能够"缝合"起来并成为一个健全和健康的经济肌体;"时空错位"问题在各转轨经济体所表现出来的严峻性和深刻性,成为贯穿于所有转轨国家转轨总过程的基础性制约,政府是否能够从根本上深刻认识并恰当处理"时空错位"所引致的矛盾困扰,直接关系着各国转轨政策的制定和实施,并最终决定着各转轨经济体转轨的成败。

我们还可以从政治经济学关于生产关系与生产力交互作用的角度来分析经济转轨进程中"体制转轨"与"发展转型"的关系问题。"体制转轨"主要是指计划体制下集中决策主导的资源配置方式向市场体制下分散决策主导的资源配置方式转变，在体制的大概念下内含着诸如产权的归属、人们参与经济活动的方式及其在其中的地位、收入的分配等主要问题，按照马克思关于生产关系的经典理解，“体制转轨”属于生产关系的范畴。“发展转型”定义为传统社会向现代社会的关键性和实质性转变，这需要多个方面因素的共同作用才能够达到既定的发展目标，例如需要生产工具的不断改进、劳动者素质的极大提高、各种资源的广泛利用以及技术上的飞跃和突破，而所有这些全都归于生产力的范畴之中。于是“体制转轨”与“发展转型”之间的关系问题在这里也就自然而然地演化为生产力和生产关系的关系问题，转轨经济学被纳入到了政治经济学的可能是更加广阔和理性的视野中来。

正如我们每一个涉猎过政治经济学课本的人所熟知的，在生产力和生产关系两者的关系中，生产力决定生产关系，生产关系反作用于生产力，生产关系必须适应生产力的发展要求，当生产关系与生产力基本相适应时会推动生产力向前发展，当生产关系不适应生产力的发展要求时则会阻碍生产力的发展，从而产生了改变生产关系这个社会外生变量的内在必然性。当把这种相互影响、相互作用的关系放在经济转轨的研究中来，我们可以凭借图 5-1 来阐述“体制”与“发展”是如何发生关系的。图 5-1 中横轴代表发展，纵轴代表体制，Ln 代表自然演进情况下体制与发展之间的相互作用，即生产力与生产关系之间协调发展的关系。Lt 代表经济转轨情况下各转轨经济体的体制和发展之间的相互作用关系。如图所示：在点 S^* 之前、R^* 以下的部分，社会发展的曲线具有正的斜率，这表明体制的不断改进和完善促进了发展水平的逐步提高，“体制”与“发展”的客观要求是基本相适应的；但是当体制的改进或者变革超过了 R^* 所代表的水平,社会发展的曲线的斜率由正转向了负(沿着 Lt 曲线而非 Ln 曲线移动),这意味着更高层次的"体制"不但没有带来发展水平的进一步提高,反而阻碍甚至是降低了发展的水平,这是一个社会和民众所不愿意看到和所不能够接受的,于是便产生了变革生产关系的推动力。

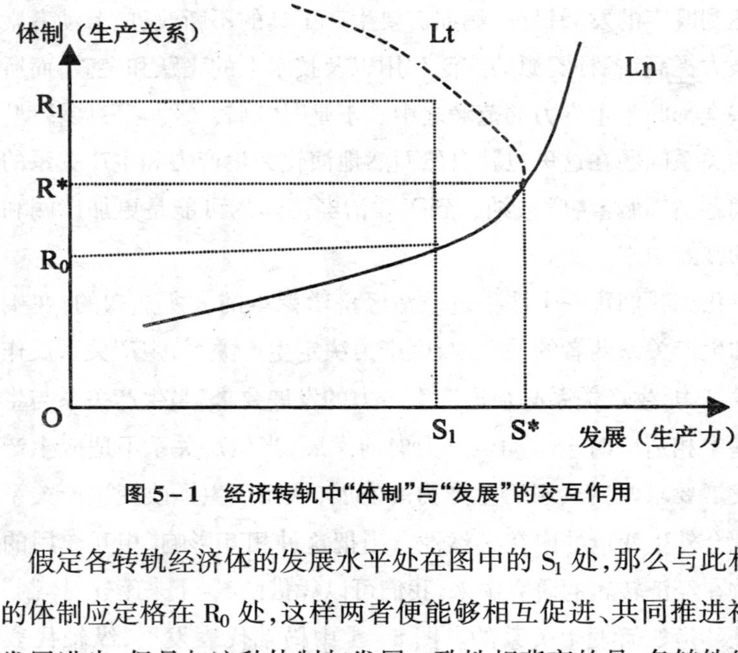

图 5-1 经济转轨中"体制"与"发展"的交互作用

假定各转轨经济体的发展水平处在图中的 S_1 处,那么与此相适应的体制应定格在 R_0 处,这样两者便能够相互促进、共同推进社会的发展进步,但是与这种体制与发展一致性相背离的是,各转轨经济体的体制设定已经大大超越了 R_0 的所代表的状态,不但如此而且超越了发展阶段最大可以承受的极限状态 R^*。从图中可以明确地看出,超越 R^* 的更高层次的体制状况不仅没有能够推动生产力发展水平的提高,而且距离 R^* 越远,对生产力发展水平的阻碍作用越大甚至使发展阶段出现大幅度的倒退。因而,需要对体制进行向后(向下)的调整(譬如点 S^*,R^*)以使体制适应生产力发展的水平,进而继续沿着 Ln 曲线协调发展。从这里我们进一步明确了经济转轨"时空错位"的实质所在,从而也进一步明确了各转轨经济体在转轨过程中所要集中解决的主要问题:既然生产力发展水平在一定时期之内是既定的(这主要是因为社会经济发展受制于诸多关键性制约因素,例如资本的积累、劳动者的素质、技术水平等,而这些因素的改善和提高需要一个长期的历史过程),我们就无法在短期内通过快速提高生产力的发展水平与已经形成的体制设定相适应,那么留给各转轨经济体可能做的事情无外乎变革业已形成的体制设定,以便使新的体制状况与既定的发展阶段相适应。当然,在这个过程之中,转轨经济体的政府并不是完全是"摸着石头过河",而是有着现存的成熟的市场体制模式作为自己的参照坐标,其难点只是在于体制转换过程中不仅不能让经济运行停下来,而且需要经济运行提供比过去更高的效率,因为只有更高的效率才能弥补转换成本的付出并获得持续推进的动力。罗兰对此有一个精辟比喻:"这一困难可以与飞机飞行中拆换发动机相比。"①

从人类经济发展史来看,在生产力和生产关系的问题上,通常都是生产力在既定的体制环境下经过一定时期的发展,使得原来的生产关系越来越不适应生产力发展的客观需求,当这种不适应积累到一定的程度便会进行生产关系的变革,从而使新的生产关系与生产力发展要求相适应。人类社会发展的实践表明,属于生产关系范畴的体制总是滞后于生产力范畴的发展,在进行社会变革时通常都是

---

① 热若尔·罗兰:《转型与经济学》,北京大学出版社 2002 年,第 4—5 页。

在既定的生产力水平下使生产关系向前调整,即从落后的生产关系向先进的生产关系转变。与这种一般规律性相反的是,经济转轨中代表生产关系的体制不是滞后于代表生产力的发展水平,而是大大超越了生产力发展的现有水平,从而决定了生产关系必须进行逆向调整,即从原来的高层次的状态向应该具备的稍微低层次的状态回归。具体到图 5-1 中就是要求在既定的生产力发展水平 S_1 处,使体制状态从长期以来人为形成的 R_1 处向 R_0 处进行向下调整,这就是“体制转轨”的实质所在。

转轨经济由时空错位基础性障碍所引致的一系列矛盾运动,使该类经济明显具有非平衡系统经济运行特征;对此,非平衡系统经济学的三个基本理论支柱对其有解析功能(见专栏 5-2)。就经济转轨而言,由于需要在相对较短的时间内通过转轨政策强制性的方式改变经济体制的运行方式、实现发展阶段的提升,在过程上体现为一个从“(计划)→(计划 > 市场)→(市场 > 计划)→(市场)”的线性过程,即计划的逐渐退出、市场的逐渐形成和占据主导地位的过程。因而在转轨过程中体制的稳定状态很难维持下去,非平衡性(非均衡性)则成为转轨过程中最为经常和广泛的状态,从而转轨经济可以称之为非平衡系统运动的经济。非平衡系统运动的经济所关注的,是经济转轨过程中的横截面,把转轨经济作为一个由若干子系统构成的总系统,对应于转轨总过程的各个分过程,展开动态的研究,侧重于协调性分析和集合效益的检验①。

① 吕炜:“转轨经济的基本特征与研究方法探讨”,《经济研究参考》2001 年第 84 期。

专栏 5-2

非平衡系统经济学的三个基本理论支柱

非平衡系统经济学是基于自然科学领域非平衡系统理论的应用学科,它的基本理论支柱有三个:即耗散结构理论、协同发展理论和开放循环经济理论。如果我们将转轨经济及其转轨总过程这一特定分析对象从原来线性分析的思维框架移至三大理论支柱所构建的分析框架里,将看到,我们面对的分析对象原来的某些较为模糊和十分模糊的部分,立即变得清晰了许多。

耗散结构理论认为,自然界中存在一条从有序走向无序的规律,同时还有一条从无序走向有序的规律。前者如物理学中固体、液体在低温下称有序排列——温度上升后,原有的分子排序破坏/系统总体走向无序状态;后者如水在沸腾之前呈无序状态——加热沸腾后/又呈热层对流的有序状态。这种不断变化的"活"结构,就叫耗散结构。转轨经济的转轨总过程中,应该也是受着从有序走向无序和从无序走向有序的规律支配的。这不仅首先因为人们进行转轨变革探索的动机和目标,就是抛弃原来那个"死"的结构特征的旧的经济体制所决定的经济运行机制,使未来那个经济体制所决定的新的经济运行机制具有"活"的结构特征和比较优势;而且表现为人们在发动、组织、参与转轨变革的各个阶段上,其行为特征和认知线索,也是一个有序走向无序与无序走向有序的"物质"和"能量"(实践和理念)的"对流"的过程。更为关键的是,耗散结构理论所企求构造的,是一个不需要不断与外界交换物质和能量就可以维持其自动将混乱无序状态转变为在实践上、空间上或功能上的有序状态的"自组织系统"——这一点对于检验转轨变革进程中市场主体市场化适应性的到达位置,以及检验调控部门间接导引市场"自动适应变革"能力的到达位置,确定相关参数来科学判定转轨总过程中各阶段之间的转折点,具有特殊的借鉴价值。

协同发展理论认为,经济系统包括了许多子系统,各子系统之间的理想状态是协调同步、有机结合。如果不是这样,就会出现两种情况:当"促协力"为正时,可以促进同步;当"促协力"为负时,其作用相反。由此可以看出,政府推动转轨进程的改革政策创新的着眼点不只是一个——针对各阶段转轨任务和解决突出矛盾,而是两个——即同时还要兼顾某一改革举措出台在各子系统之间产生的"促协力"效应(正值多还是负值多,正值集合大还是负值集合大)。该理论对揭示转轨进程中改革实施者行为有时事半功倍、有时事倍功半的情况显然具有启悟。

开放循环经济理论的核心概念是生物学引进的。虽然生命现象纷坛繁复充满了神秘,但最终都可以归结到由许多以"酶"的催化作用所推动的"循环"所组成的这一理论概括上来。一个生命体,低的循环组成高一层次的循环,高一层次的循环组成更高一层次的循环……生命体的新陈代谢、繁殖和变异,就是由这些层次的循环的组成和变化所引起和决定的。转轨总过程中,每一个可以被独立划出的改革领域都可以视为一个领域的循环,推动各个领域改革的起催化作用的"酶"有二:一是政府以法令和法规形式下达的指令,以及整个市场化环境的发育所构成的助力或压力;二是本领域在转轨进程中所积累起来的内生性变化。"酶"和"催化"的影响并不是单调的,因此转轨的过程变异(即所谓"改革变形"、"被扭曲的改革”等)现象,也就不难解释。

资料来源:吕炜:《经济转轨的过程与效率问题》,经济科学出版社,2002 年 5 月第 1 版。

二、转轨经济体的非均衡特征

如前所述,经济转轨的非均衡性是特指由于体制转轨和发展转型的错位和不一致性所导致的非均衡(非平衡)系统状态。转轨经济自身的这种无处不在、无时不在的非平衡系统特征,几乎在其经济运行的各个层面都有所反映。本书将从四个层面对转轨经济体的非均衡特征加以描述和分析。

(一)经济制度创新的非均衡与制度结构的非均衡

对于经济制度创新的非均衡与制度结构的非均衡,我们在理论上可以从两大方面进行分析:

首先是制度体系创新的非均衡与不同类制度之间的非均衡。一个社会是由庞大的不同种类制度所构成的制度系统。由制度的构成要素与层次所组成的制度结构,事实上也是一个制度体系。这里所说的制度体系,主要是就作用于人们不同社会经济活动领域的不同种类的制度所构成的制度系统而言。不同的社会经济环境会产生不同种类的人类行为规则,同时,不同的人类社会经济活动客观上也需要不同制度规则来规范、约束,按照分析的需要,社会制度体系可以分成不同产业之间的制度、不同地区之间的制度、不同市场之间的制度以及城乡之间和经济基础与上层建筑之间的制度。由于一个社会的变革是与该社会的制度体系的变革相互制约、相互推动的,因此社会经济发展战略与变革模式以及制度创新者的偏好、动机不同,必然会引起该社会在制度体系创新过程中的时序与力度不同,由此必然会产生制度体系创新的非均衡,进而产生不同类制度之间的非均衡。

其次是制度结构创新的非均衡与制度结构内部之间的非均衡。根据新制度经济学的定义:制度是指一种社会的游戏规则[①]。这些规则是人类设定来限制自己的行为互动的局限条件。这些局限条件也就构成了人们在社会经济交换过程中的激励与约束的动机。制度的作用就在于能够通过降低交易成本来促进交易的顺利进行(或促进人们在交易过程中的竞争与合作)和扩大市场的规模与范围。通常制度又是由其他不同种类和层次制度组成的复合体。就社会制度的构成要素看,制度是由社会的非正式约束规则、正式约束规则和实施机制组成[②]。就制度的层次看,依据马克思的社会经济结构观标准[③],社会制度可以分成生产力运行层次的制度、经济基础层次的制度和上层建筑层次的制度,其核心是生产资料所有制。由于制度各构成要素与各层次制度的属性、地位不同,决定了不同地位与属性的制度创新难度也不同,一般来说较高层次的更为根本的制度相对于较低层次的非根本的制度更难变迁与创新;同时在制度创新过程中,不同层次制度创新主体对自身偏好的资源与权力的表达也是不同的,这些都会导致制度结构内部之间的非均衡。

以中国为例,中国在市场化制度创新过程中,是在先保持政治制度稳定的前提下进行经济体制改革,而且重点是在社会主义公有制经济之外进行非公有制经济制度的创新和商品经济的"外围"培育,然后将在非公有制经济中创新的一些有绩效的制度和商品经济规则

---

① 易宪容:《现代合约经济学导论》,中国社会科学出版社 1998 年,第 308 页。

② 道格拉斯·诺斯:《制度、制度变迁与经济绩效》,上海三联书店,1994 年。

③ 马克思:《〈政治经济学批判〉—序言》,载《马克思恩格斯选集》,第一卷,人民出版社,1976 年。

逐渐移植到社会主义公有制经济内部，尔后由经济体制改革的逐渐深入，促发政治体制改革。在具体的改革方案和措施上，也是先对那些较为容易变革的技术、生产操作层次的制度规则进行制度创新，然后对一些具体组织形式或组织制度如企业组织制度进行创新，当这些"制度安排"创新积累到一定程度后，才进行所有制形式特别是公有制实现形式乃至人事组织、事业行政等上层建筑领域的"基础性制度安排"或"制度环境"的创新。这种非均衡渐进性改革的一般特点和规律，兼之制度创新主体偏好和各种经济利益关系等人为因素的介入，致使中国不同层次的制度创新表现出明显非均衡性。

专栏 5－3

俄罗斯经济制度创新的非均衡与经济绩效

俄罗斯的经济转轨在整个 90 年代中一直处于低效率的制度结构之中，有学者据此认为俄罗斯经济转轨陷入"非效率制度均衡"中。但是，笔者认为俄罗斯的经济转轨处于制度非均衡状态。因为，只要制度是"非效率"的，那么就必然存在着制度创新的潜在动机，而制度创新潜在动机的存在就表明制度处于非均衡状态。当然，这种潜在动机能否直接转化为实际的变迁能力，关键要看交易成本。当交易成本不高时，则制度的非均衡具有不可持续性，从而引致制度创新；如果交易成本过高，那么潜在的制度需求与供给就不能转化为实际的制度需求与供给，这时，一定的制度非均衡状态就具有可持续性。基于这样的分析，笔者认为，90 年代俄罗斯的经济转轨正是处于一种具有可持续性的制度非均衡状态。从 1993 年起，历届政府都试图将无效率的经济路线调整过来，都没有成功,并不是因为它陷入"无效率制度均衡"中,而是因为俄罗斯的意识形态和政治权力结构引起的阻力过大,从而使交易成本过高。根据诺思的观点,一个社会健全的伦理道德准则是使社会稳定、经济制度富有活力的黏合剂。反之,不利于经济增长的意识形态也会阻碍制度创新。

同样处于制度非均衡状态,为什么叶利钦时代和普京时代的经济绩效却大相径庭呢?叶利钦时代经济严重衰退、居民生活水平严重下降,相反,进入普京时代后,俄罗斯经济却出现复苏,1999年俄罗斯国内生产总值增长3.2%,工业生产增长8.1%,基层企业的财政状况良好,企业利润同比增长2%,外贸顺差约为400亿美元;2000年,在全球经济出现颓势的情况下,俄罗斯经济反倒爆出亮点,经济增长率达到7.6%,工业产值增长率约为9.5%,一些部门特别是轻工业部门增长更快,达到150%—200%;投资比上一年增长了近20%;外汇储备达到300亿美元,使年底国家杜马通过了独立以来的第一个无赤字预算;通货膨胀率被控制在21%以内。2001年宏观经济情况进一步好转。怎样来解释同样处于制度非均衡状态下的不同绩效呢?主要的原因在于意识形态发生了新的变化,同时,制度安排的改变引起了交易技术结构的改变,最终导致交易成本降低。也就是说,制度安排的改变使制度非均衡状态的可持续性逐渐向不可持续性转化。过去的改革是为私有化而私有化,经济效率完全被忽视,普京上台后提出了"信念、权威、秩序"治国的理念,强调要将市场经济和民主的普遍原则与俄罗斯的现实有机地结合起来,探索俄罗斯自己的转轨道路和发展模式。在这种意识形态指导下,普京对俄罗斯的政治经济结构作了重大调整,从而使制度环境发生了有利于提高经济绩效的转变。政治上，大刀阔斧地推行了一系列政权建设的措施，建立了垂直的领导体系，改变了俄罗斯独立以来地方势力过大、寡头为所欲为的局面，同时也理顺了同国家杜马的关系，政治局势趋于稳定。经济上，执行积极的工商投资政策，税制改革成绩显著，海关改革步子进一步加快，社会政策的改革稳步推进，影子经济在相当大程度上被打击。在这种情况下，制度创新的成本得以降低，经济绩效上升。

资料来源：胡健："俄罗斯转轨过程中的经济绩效分析"，载《东北亚论坛》2002 年第 2 期。

(二)市场化程度非均衡和市场效率非均衡

由于中国改革选择的是先农村后城市，先东部沿海后中西部内陆的改革不同地区制时序，而且在城乡之间与东中西部之间实施的制度创新力度也有所差别，由此引起城乡之间和东中西地区之间的市场化程度也明显不同，所以使中国城乡之间、东中西地区之间呈现出显著的制度创新的不对称。由于中国不同地区实施市场化改革的次序、程度与力度的不同，造成不同地区传统体制的遗留程度与市场化程度不同。市场化程度非均衡和市场效率非均衡的主要表现是：

(1)在区域发展上呈现出"梯度推进"的态势。据中国改革基金会国民经济研究所"市场化指数"的研究报告的计算，东、中、西部产品市场的发育程度的平均得分分别为 8.80、7.25、6.21，东西差距为 2.59；东、中、西部要素市场的发育程度的平均得分分别为 5.64、2.75、2.19，东西差距为 3.45；东、中、西部市场中介组织和法律制度环境的平均得分分别为 6.44、4.94、4.31，东西差距为 2.13。[①] 这表

① 樊纲、王小鲁、朱恒鹏："中国各地区市场化相对进程报告"，载《经济研究》2003 年第 3 期。

明中国在市场制度发育方面存在着市场化程度非均衡特征。

(2)在产业领域层面上的非均衡发展。渐进改革所形成的市场化程度不均衡和市场效率不均衡,使初步建立的市场机制出现运行不畅和低效率。用市场化水平作简单考察,产品市场内部的市场化次序表现为:农产品市场化程度高于工业品市场化程度,工业品市场化程度高于服务产品市场化程度。要素市场内部的市场化次序表现为:劳动力市场化程度高于土地市场化程度,土地市场化程度高于资本市场化程度。总体而言,产品市场化程度高于生产要素市场化程度。这种不均衡意味着,由于市场效率实现程度的差异,最终消费品将首先出现买方市场的特征,而要素市场、供给调节方面将出现市场反馈不全面和低效率的局面。政府对市场的适应程度较低,则意味着政府对企业进行行政性干预的能力仍然很强,政策的传导机制还具有很强的传统计划体制的特征,如投融资体制方面。体制的结构性矛盾决定了经济运行中结构问题的普遍存在:一些领域(如农工商贸等物质生产领域)在市场化改革方面确实有“开拓创新”之势,因而取得了令世人瞩目的“辉煌成就”;但在其他一些领域(如教育、医疗等人类自身生产领域以及科技、文化等精神生产领域),虽然在市场化改革的外部压力下也做了不得不为之的调整和改革,但从整体来看没有“伤筋动骨”,有的领域十几年几乎“顽固不化”,仍存在着很多争论(专栏 5-4)。

(三)商品市场和劳动力市场供求非均衡

进入 20 世纪 90 年代以后,随着中国经济全面走向开放经济,商品市场非均衡从短缺经济走向过剩经济,出现买方市场。商品市场非均衡是结构性的,表现在三个方面的结构性非均衡。一是低技术含量产品过剩与高技术含量产品及基础性产品不足并存;二是城市

专栏5-4

医疗改革市场化之辨

教育产业化被指责,医疗市场化被指责,产权改革被指责……

经过政府失灵后,市场失灵又来了。有人指责中国出现了自由市场经济的原教旨主义,而另一些人则认为这种指责是新左派企图回到计划经济。

直到去年,政府高层的有关讲话所传达的精神,还都对国有医院产权改革表示支持。今年初,不仅《医院体制改革指导意见》没有如愿出台,卫生部政策法规司司长刘新明更在一次论坛上的讲话,透露了"市场化并非医改方向"。卫生部内部自医疗改革开始之日,就有着激烈的关于市场还是计划的分歧。刘新明在任政策法规司司长之前是卫生部办公厅主任,被视为倾向计划的代表人物,今年初,刘新明就任政策法规司司长,被业内人士认为是卫生部政策转向的一个信号。

"医疗改革不成功"的说法,来自于今年7月国务院发展研究中心社会发展研究部一份《对中国医疗卫生体制改革的评价与建议》(以下简称《建议》)。该报告认为,中国20年的医疗改革基本上就是商业化、市场化,而商业化、市场化的服务方式必然导致医疗服务资源在层次布局上向高端服务集中,在地域布局上向高购买力地区集中,从而使医疗卫生服务的可及性大大降低。显然,报告的矛头直指市场化。《建议》进而指出,中国医疗改革应该回归其公共服务产品的本质,回到政府主导的"全民医保"道路上来。

几乎同时,《南方周末》在对引发争议的江苏宿迁"卖光医院"

进行微观报道后，邀请了医疗改革市场化的正反双方专家举行了一个小型论坛，北京师范大学顾昕教授、社科院工业经济研究所余晖研究员、北京大学李玲教授、原卫生部医政司司长于宗河等参与讨论。讨论会上，顾昕和余晖力主市场化是改革的方向，而于宗河和李玲则提出可以考虑计划体制。

"在这种情况下，提一下计划经济不是犯忌讳的事。"于宗河说。事实上，国务院发展研究中心的报告就直接指出，在计划经济时代，中国的医疗卫生体制在"一穷二白"的经济基础条件下仍然取得了举世瞩目的成就，却反而在经济高速发展的今天出现了巨大的不公平。

国研中心的报告指向李玲和于宗河的观点，让人们对中国医疗改革的方向产生了大胆的猜测。作为医疗卫生体制改革主要推进部门的卫生部，在《建议》引发争议前后的表现似乎也在证明这一点。

有关医疗改革是否市场化的争论虽然已有20年，但李曙光指出，医疗改革深层的产权制度改革尚未来得及全面展开，就遭遇了气势汹涌的"市场元凶论"，正说明以教育和医疗为代表的企事业单位，"是改革面对的最后的堡垒"。

资料来源：根据《商务周刊》杂志（2005年11月21日），吴金勇主笔的《重思产权改革》中有关内容缩写。

市场商品过剩与农村市场潜在需求巨大并存；三是国内市场供给过剩与跨国公司在国内市场挤出国内企业并存。

劳动力市场非均衡是要素市场非均衡问题的一部分，考虑到中国是一个劳动力持续供给过剩的国家，因此，劳动力市场非均衡是要素市场非均衡的主要矛盾。中国的劳动力市场非均衡，是指劳动力

专栏 5-5

俄罗斯和东欧的劳动力市场的分化

俄罗斯市场经济改革的成果,在于从根本上改变了在不同体制的企业之间的就业人员的分布。由于地区不同,俄罗斯的劳动市场出现了分化。所以分析地区差异对准确了解这一状况很有必要。工业区是高失业率地区。在这些地区集中了国防企业、轻工业或二者都并存的企业,两个部门都受到了严重的冲击。在这些地区甚至采取了强迫性的放假和缩短劳动时间等其他形式,以缓解这种状况。在高失业率的地区,继续保持着失业增长的势头。低水平的失业率则主要集中在国家的东部自然资源丰富的地区或大城市,其中包括莫斯科和圣彼得堡,在这些地方最近一段时间失业率呈下降趋势。

在这一点上,俄罗斯和东欧的一些国家有相似之处,大城市的失业率普遍低于国家的平均水平(见表 5-1)。区域各自的生产特点,事实上已经引起了对不同类型的劳动力需求的降低。

持续供给过剩,也就是就业不充分,即失业问题。进入 90 年代中后期,非农就业岗位的增长逐步放慢步伐,乡镇企业吸纳就业的能力日渐萎缩,国有企业下岗失业人员更是与日俱增。工业、建筑业和服务业作为总体,连续多年没有额外提供新的就业岗位,失业问题日趋严峻起来,成为宏观经济指标中最不如人意的指标。根据粗略估计,城镇失业率目前约在 10%以上,如果算上农村的失业、半失业人口,则失业人口还要多。

(四)货币市场供求非均衡

表 5－1 东欧一些国家及大城市失业比较

国家及城市	大城市失业率(%)	国家的平均失业率(%)	统计的日期
波兰的华沙	7.9	15.5	1994年5月
波兰的克拉科夫	7.5	15.5	1994年5月
拉脱维亚的里加	2.2	6.5	1994年底
匈牙利的布达佩斯	2.6	8.5	1992年底
斯洛伐克的布拉提斯拉伐	5.1	15.2	1995年初
罗马尼亚的布加勒斯特	5.6	10.9	1994年6月
捷克的布拉格	0.2	3.5	1994年4月

资料来源：刘美珣等编写：《中国与俄罗斯：两种改革道路》，清华大学出版社，2004年，第481—484页。

在开放经济下，货币市场非均衡主要表现形式是出现通胀或者通缩。前者是货币供给超过宏观货币需求量，后者则相反。中国在20世纪90年代走向开放经济的过程中出现了先高通胀继而又通缩的现象。对需求面和供给面的分析都指出，中国在开放经济下出现的货币市场非均衡性，外因是次要的，作为内因的制度性和结构性问题才是主要的原因。①

分析通货紧缩必须从通货膨胀开始。所有的发展中国家通货膨胀都是不可避免的，主要有两个原因：第一，发展中国家在经济发展的时候，由于投资规模大，投资需求带动了物价的上涨，叫投资需求拉动的通货膨胀，所有的发展中国家都不能避免。第二，发展中国家在发展之初的时候，处在一个经济结构失调的状态，在此状态下发展经济，某些短缺部门就更加短缺，某些瓶颈约束就更为严重，一些关

① 黄列：《中国开放经济下的非均衡经济——结构性分析》，复旦大学出版社，2000年。

专栏 5-6

改革开放以来,中国发生的四次较为严重的通货膨胀

第一次是 1979—1982 年,高峰为 1980 年,零售物价指数上升 6%;与此相邻的两年 1979 年和 1981 年分别为 2%和 2.4%,均不是很高。这次通货膨胀不算太严重,对社会稳定的影响不大。

第二次是 1983—1986 年,高峰是 1985 年,零售物价指数上升 8.8%,与此相邻的两年 1984 年和 1986 年分别为 2.8%和 6%,与第一次波动比有两个特点:一是整体物价指数提高;二是高峰年的物价指数也较高,对改革和发展已产生不良影响,1985 年下半年至 1986 年上半年国家不得不采取"软着陆"政策。

第三次是 1987—1991 年,高峰为 1988 年,零售物价指数上升了 18.5%,与此相邻的两年 1987 年和 1989 年分别为 7.3%和 17.8%,这是改革以来第一次出现的两位数高通货膨胀。在高通货膨胀的压力下,党中央、国务院于 1988 年下半年提出了治理整顿方针,1990—1991 年,物价逐渐回落,每年上涨 2%多一点。

第四次是 1992—1995 年。经过三年治理整顿,随着经济秩序的好转,经济增长速度的加快,改革再度成为主旋律。随之而来通货膨胀压力也增大,1992 年零售物价指数为 5.6%,1993 年为 13.4%,1994 年为 21.7%,1995 年为 14.8%。

资料来源:胡积建等:《面对市场的流通创新》,经济科学出版社 1999 年,第 162 页。

键性产品的物价就首先上涨,从而带动了整个物价水平的上涨。在经济学里,这叫做结构性的通货膨胀。中国作为一个发展中国家,对通货膨胀来说,这两个原因都是存在的,但是,中国不仅是一个发展中国家，还是一个转轨发展中国家。作为转轨国家，中国还有三个造成通货膨胀的特有原因：

第一是隐蔽的通货膨胀公开化。隐蔽的通货膨胀是指表面上物价没有上涨，但有钱买不到东西，凭票证供应，排长队购买，这时物价是稳定的。计划体制下不是没有通货膨胀，只是没有公开的通货膨胀，但是存在着隐蔽的通货膨胀，这种状态是靠严格的价格控制来维持的。改革开放后，严格的价格管制阻碍了生产力的发展，所以价格管制就一定要取消，逐步取消，但是一取消物价就会上涨。

第二是价格和国际接轨。在计划经济下，中国的价格是封闭的运行体系，具体表现为初级产品价格是高于国际市场价格，由于中国当时是与世界市场隔绝的，所以影响很小。开放以后，这种隔绝状态就被逐渐打破了。初级产品价格就逐步上升，要跟国际市场接轨。然而加工制成品价格短期内不会下来，因为劳动生产率没有上去，必然会造成平均价格水平的上升，这是开放带来的不可避免的结果。

第三是投资规模过大引起的通货膨胀，但在中国带有经济体制的特点。其表现为很长一个时期，中国的投资主体是不承担风险的，企业是不自负盈亏的。因此，投资主体敢于冒险去重复建设，进行无效益的投资，这样就造成了带有体制因素的由投资过大引起的通货膨胀。

以上三个原因造成的通胀是计划经济体制国家特有的，由于大多数的经济转轨国家在转轨前都实行计划经济体制，因而隐蔽的通货膨胀公开化是通货膨胀中的一个共同原因。

通货紧缩主要不是一种货币现象，跟货币供应量没有太大关系，主要是人们预期的紊乱造成的。1998 年以来中国经济进入了比较严重的通货紧缩时期，物价水平连续二十多个月呈现负增长，消费市场疲软，经济增长乏力。为了启动消费、扩大内需、恢复经济自主增长，政府推出了一系列的积极财政政策。但是实际执行情况显示，作为一项反周期调节的政策，积极财政政策始终未能在刺激有效需求、恢复经济自主增长方面产生明显的效果，投资需求越来越依赖政府，对居民消费拉动弱，而政府消费率却节节上升。这些现象表明，中后期的改革进入攻坚阶段，由于各种风险不断增强，民众的不安全感和支出预期在加剧，普遍会根据体制变动的预期对消费需求做出不同程度的压抑。以 20 世纪 90 年代中期的转折来划分阶段，在这之前的近 20 年中，政府的主要目标是下放传统计划经济体制下被集中控制的权力和利益，随着权力配置资源模式的被突破，相应的利益分配和索取的权力也被分解到更多的主体身上。微观经济获得了少有的活力，经济增长与体制转轨也因此获得了持续的推动。在这之后的过程中，政府改革的主要目标开始转向集中下放传统计划经济体制下的各种责任，为市场机制的运行扫清障碍。比如包括职工下岗、养老、医疗在内的社会保障的责任，比如职工住房、子女教育的责任。这些责任不放下去，国有企业的问题就无法解决，银行的不良资产还会增加，一些竞争性商品与服务就仍然要靠公共部门以较低的效率来提供，计划应该进一步退出的领域不能彻底退出，市场作为资源配置基础方式的功能就不能进一步完善。这种下放对经济增长和体制转轨而言，意味着政府、企业、家庭三者之间一次新的利益关系调整。与前一阶段相比，利益调整的方向可能会是逆向的，至少是复杂的。此外，市场开放度的提高也使国外不确定因素的影响更为直接。

积极财政政策对经济的直接产出效果要大于调控作用，其实质是以直接贡献于经济增长的方式掩盖了政策传导受阻的事实。我们反思政策的这种失灵，结论是：我国近年来经济运行中的失速、失业等问题正是有市场经济下的短期非均衡特征的表现。

其他转轨经济体货币市场供求非均衡集中表现为通货膨胀，每个国家的通货膨胀都比预期的要高，持续的时间都比设想和宣称的要长。而且，从消费物价水平的变化可以看出通货膨胀还具有很强的惯性（见表5-2）。

表5-2 转轨经济体的通货膨胀情况（%）

（按照年末的零售/消费物价水平变化统计）

国家	1991年	1992年	1993年	1994年	1995年	1996年	1997年	1998年
阿尔巴尼亚	104.0	236.6	30.9	15.8	6.0	17.4	42.0	14.0
亚美尼亚	25.0	1341.0	10896.0	1885.0	32.0	5.8	21.9	13.0
阿塞拜疆	126.0	1395.0	1293.8	1788.0	84.5	6.7	0.5	4.5
白俄罗斯	93.0	1159.0	1996.0	1960.0	244.0	39.2	63.1	84.0
保加利亚	339.0	79.4	63.8	121.9	32.8	310.8	578.6	17.0
克罗地亚	250.0	938.2	1149.0	-3.0	3.8	3.4	3.8	5.0
捷克共和国	52.0	12.7	18.2	0.7	7.9	8.6	10.0	11.5
爱沙尼亚	304.0	953.5	35.6	42.0	29.0	15.0	12.0	11.0
格鲁吉亚	131.0	1177.0	7488.0	6474.4	57.4	13.8	8.1	8.0
匈牙利	32.0	21.6	21.1	21.2	28.3	19.8	18.4	14.0
哈萨克斯坦	137.0	2984.1	2169.0	1160.0	60.4	28.6	11.3	8.5
吉尔吉斯斯坦	170.0	1259.0	1363.0	95.7	31.9	35.0	14.8	12.1
拉脱维亚	262.0	959.0	35.0	26.0	23.0	13.1	7.0	5.0
立陶宛	345.0	1161.1	188.8	45.0	35.5	13.1	8.5	6.8
马其顿	230.0	1925.2	229.6	55.4	9.3	0.2	4.6	5.0
摩尔多瓦	151.0	2198.0	837.0	116.0	23.8	15.1	11.2	10.0
波兰	60.0	44.3	37.6	29.4	21.6	18.5	13.2	10.0
罗马尼亚	223.0	199.2	295.5	61.7	27.8	56.9	151.6	47.0
俄罗斯	144.0	2508.0	840.1	204.7	131.3	21.8	11.1	10.0

斯洛伐克	58.0	9.1	25.1	11.7	7.2	5.4	6.4	7.0
斯洛文尼亚	247.0	92.9	22.9	18.3	8.6	8.5	9.4	8.0
塔吉克斯坦	204.0	1364.0	7344.0	1.1	2133.0	40.5	165.0	19.3
土库曼斯坦	155.0	644.0	9750.0	1328.0	1262.0	446.0	21.5	50.0
乌克兰	161.0	2730.0	10155.0	401.0	182.0	39.7	10.1	19.0
乌兹别克斯坦	169.0	910.0	885.0	1281.0	117.0	64.0	28.0	35.0

资料来源:转引自格泽戈尔兹·W.科勒德克:《从休克到治疗/后社会主义转轨的政治经济》,上海远东出版社,2000年,第98页。

第三节 双内涵、两阶段非均衡分析模型

非平衡运动的过程中经济的基本特征,决定了转轨经济研究与一般经济制度形态研究的两个明显区别:一是由于转轨特征而使各种经济关系所表现出来的非纯粹性或叫过渡性[①],使得我们往往不能简单地用对错来评价人们的经济活动和经济行为,而只能通过程度和方向等量的尺度来进行把握,即考察其不可逆因素。由于变革中的同一种经济关系内部可能既包含传统体制的因素又包含市场体制的因素,导致经济行为的复杂性和多重性。比如在价格双轨制状态下,同一个企业既会有计划价格部分的行为,又会有市场化价格部分的行为,还会有价格双轨间的寻租行为,这在微观上直接关系到对企业如何评价的问题,在宏观总体上则涉及如何判断从双轨演进到市场价格机制的趋势问题[②]。

---

① A.布兹加林、B.拉达耶夫:《俄罗斯过渡时期经济学》,中国经济出版社,1999年,第25—31页。

② 吕炜:《资本挑战体制/关于中国经济转轨原理的一种解析》,经济科学出版社,2000年,第120—123页。

二是既定制度下的规律在转轨经济中运用时会发生偏离现象，即出现规律的不适用性和不可解释性。这种情况的根源仍然是经济关系的复杂性。实践中经常碰到这样的情况，一项符合规律的政策出台后，其结果是对一部分经济关系不适用，对一部分经济关系的调节有用但不如预期的好，对一部分经济关系则是出现了逃离规律的负面反应。这就是我们说的政策变形，即政策很难落到实处，上有政策下有对策等。而一些看似不符合规律的政策执行后，收到的效果却出人意料。同样以价格双轨制为例，传统体制下价格是由政府确定的，交换是被限制和禁止的，价格只反映政府的政策意图，并不反映供给，也基本不具备配置资源的功能。没有交换就不存在市场经济和价值实现，因此进行市场化改革首先碰到的就是要放开被管制的价格，使价格成为调节供给、保证交易实现的中介。而传统体制下的经济运行常态是普遍存在的短缺，供求存在巨大缺口，因此按照西方价格自由化的方案放开价格，就意味着缺口由抑制而释放，其结果是物价的大幅上涨，在转轨前期几乎所有的国家都发生过严重的通货膨胀。但是也有中国等少数国家始终保持了物价的温和上涨和价格的平稳过渡，这种差别主要体现在对转轨经济认识的不同。直接一步放开价格，即激进的、休克方式，由于价格的突然上涨，其结果是对供求双方的同时打压，是一种供求的强制性平衡方式。它不仅将原来过高的需求打压下来，而且由于对生产的破坏和引发的债务危机，也使供给出现巨大的倒退。因此供求只能在更低的水平上才能获得平衡，其必然前提是短期内价格的飚升。与激进方式的向下打压、强制平衡不同，双轨过渡或渐进性放开价格采取了供给向上浮动、填平缺口的策略。首先使计划外供给增长、计划内供给得到改善，在逐步缩小短缺缺口的同时有次序地放开价格，比如从最终消费品价格而到生产资料价格，从工业品价格而到农产品价格，从实物的价格而到资金的价格，这样的结果实际上是用供给的逐步增长抵消了一部分通货膨胀的压力。

西方主流经济学家认为价格双轨制是绝无可能的，他们用人不可能分两步跨过悬崖来描述由此必然要带来的经济混乱。但实际执行的结果是，中国的价格双轨制虽然经历了活与乱交织的运行过程[①]，却始终保持了改革与增长的同步运行，并且平稳过渡到了市场价格体系。斯蒂格利茨将这一策略评价为一个天才的解决办法[②]，这也从一个角度说明，转轨经济是存在自身的发展规律的。相反，在完全按照西方经济学主流派所坚持的转轨模式进行的改革试验中，大多数“样本”所显示的负面效应，则从另一角度说明了非平衡运动的过程中经济的规律性的存在。

以上所论及的转轨经济的两个特殊性反映了转轨过程非平衡运动的根本特征。如果说政治经济学总体上是研究处于不同历史阶段，即在各种确定性制度状态下人们的经济活动和经济关系的话，那么转轨经济研究的则好像是“制度之外”的状态和变革，确切地说是由传统计划经济体制向现代市场经济体制变革的过渡期。当然转轨经济的不稳定特征和非平衡运动特征并不等于说对其进行的研究也是不确定的，相反我们要通过一些稳定的因素和关系来描述这一不可逆转的变革过程，这些稳定的因素和关系就是符合转轨经济特征的规律性的东西。

图5－2是以中国政府设定的改革发展目标为样本设计的非均

---

① 吕炜：《资本挑战体制/关于中国经济转轨原理的一种解析》，经济科学出版社，2000年，第132—147页。

② 斯蒂格利茨：“中国第二步改革战略”，《人民日报》1998年11月13日。

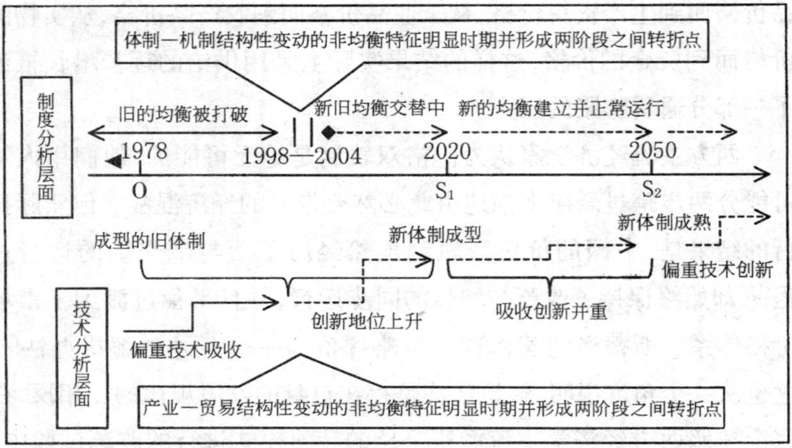

图 5-2 适用于发展中转轨经济的双内涵、两阶段非均衡分析模型

衡分析模型，大体上也适用于其他承担着体制改革与技术创新双重任务的国家。$O \rightarrow S_1 \rightarrow S_2$ 是按时间序列演进的过程，纵轴反映了转轨过程中的状态分布。任何一个肩负经济体制转轨和发展阶段转型双重任务的经济体置于该模型中时，必然会有两条曲线：一条是体制转轨的曲线，代表打破旧体制均衡、建立新体制均衡过程中的变动情况；另一条是发展转型曲线，代表打破传统经济社会结构、建立现代经济社会结构过程中的变动情况，在这里我们着重从技术的吸收和创新的角度进行分析，因为在现代社会中技术可能是发展转型最为关键性的要素。制度变革与技术创新契合的程度，决定了一个经济体从旧体制与传统经济双重约束起步，向新体制与现代经济双重激励进步的过程及过程的最终结果。成型的旧体制低效率平衡运行状态的均衡点被打破，到达新体制成型位置时，则建立一个高效率平衡运行状态的新的均衡点，随后进入稳定的保持较快增长的最好时期；

传统经济结构中占主导地位的经济从偏重技术吸收推动产业结构变动，经历创新地位上升、吸收创新并重产业调整之后，进入偏重技术创新为特征的现代经济占主导地位的最好时期。就中国的转轨实践来看，已经从成型的旧体制低效率平衡运行状态中脱离出来，目前正处于新旧均衡的交替中，新的体制虽然已经显示出无可比拟的优越性并事实上已经占据整体体制形态的主导地位，但是由于中国的特殊国情特别是农村人口众多、自然经济传统浓厚的现实存在，使得新的体制完全代替旧的体制并不是一朝一夕之事，两种体制之间需要不断进行斗争、磨合并最终以新的体制完全取代旧的体制。从技术角度考察，改革开放以来，中国基于国内生产力水平的现状，大胆吸收和引进西方发达国家比较成熟的技术，以加速中国的工业化和技术化进程，技术引进不仅节省了大量的研究开发时间而且也节约了宝贵的资金，极大地推进了中国的经济社会发展。在经过长时间的技术吸收后，特别是中国整个国民工业体系基础的建立和夯实，中国对技术的消化、创新能力有了比较大的提高，在某些领域已然进入或领先于世界科技最前沿。但是就整体而言，技术创新能力还是比较薄弱的，还需要有一个长时间吸收和消化的过程，现在所正在努力做的不过如此。

从转轨经济体非均衡特征的实践材料来看，以上这些非均衡因素的存在，不仅影响了转轨经济体经济增长的质量，而且因各市场的非均衡有互相传导的“溢出效应”，从而使得目前的宏观经济政策对实现各市场的同时均衡无能为力，宏观经济政策经常面临两难困境。如何实现这些非均衡市场的重新均衡，是经济转轨政策研究的重要课题。

第六章 经济转轨的阶段性及划分标准

第一节 阶段性产生的原因

一、产生经济转轨阶段性的原因之一——过程性

中国二十多年经济改革实践成功的轨迹，首先表明了经济转轨应该是一个过程，这一过程标志着一个特殊经济形态即转轨经济存在的客观性，“过程中经济”成为转轨经济的最基本特征。在对经济转轨的研究中，我们不是在头脑中进行缺乏时空概念的臆想，而是根据各转轨经济体的转轨实践来进行有着明确起点和终点概念的研究，因为经济转轨是正在进行之中的客观实在，理论必然来自于实践并反过来指导实践。在本书第一篇中我们系统分析了基于中国经济转轨实践的整个转轨过程，并对起点、转折点以及终点分别进行了识别和论述(见图 6－1)。具体而言，中国的经济转轨开始于 1978 年的改革开放，终止于 2020 年左右基本完成从经济欠发达国家转型为经济初等发达国家的任务和 2050 年基本实现现代化的目标(这是基于国家经济发展的远景战略规划得出的合理判断，参见专栏 6－1)。这两者之间还客观地存在着一个代表体制转轨实质性跨越的转折

点，时间大致在1998年至2004年。1989年前苏联解体和东欧剧变后，这些前社会主义国家都相继进行了经济体制改革，通过各有侧重的方式向市场化迈进，因此可以把1989年作为其经济转轨的起点，但其终点我们还无法做出明确的界定，因为就目前来看还没有一个转轨国家已经完成了经济转轨进程，不同国家的经济发展战略也不一样，不可能得出一个整体上的终点时间（当然对于某一具体转轨国家而言我们可以进行基于理性预期的判断）。经济转轨的阶段性是转轨经济体的一个共同的特征，其产生有两个深层次的原因。

专栏6-1

关于21世纪中国经济现代化的政策目标

综合考虑，21世纪中国经济现代化的政策性目标可以分为两大阶段目标。第一阶段目标是：在21世纪前50年，在2050年左右达到世界经济现代化的中等水平，全面完成经典经济现代化，基本实现综合经济现代化。第二大阶段目标是：在21世纪后50年，在2100年前达到世界经济现代化的先进水平，全面完成第二次经济现代化和实现综合经济现代化。结合中国经济的现实情况，可以设想未来50年分阶段目标的基本框架（见表6-1）。

对于某一转轨国家而言，经济转轨是一个有着明确起点和终点的客观与主观相统一的复杂过程，这种过程性是由社会发展的客观性，或者更直接地说是由社会再生产的连续性所决定的。相对于经济转轨而言，再生产的连续性的含义，是指在转轨过程中必须在相当长的时期内保留旧的经济形式。这首先体现在某一时期内对生产结构的保留，同时，还表现在保留现有的部门内部和部门之间的联系、

表 6－1　21 世纪前 50 年中国经济现代化的分阶段政策目标

阶段	时间	政策目标
第一小阶段	2002—2010 年	接近或达到 2002 年的世界中等收入国家的平均水平。大幅度提高劳动生产率，完善市场经济体制，适应加入国际贸易组织的新变化，工业化和劳动生产率达到 2002 年中等收入国家平均值。
第二小阶段	2011—2020 年	基本完成从经济欠发达国家升级为经济初等发达国家的任务，接近 2002 年的世界平均水平。基本完成工业化和经典经济现代化，信息化和全球化接近当年世界平均水平。
第三小阶段	2021—2050 年	全面完成从经济初等发达国家升级为经济中等发达国家的任务。全面完成经典经济现代化，进入第二次经济现代化的发展期，知识化和绿色化超过当时世界平均水平；全面超过 2002 年的世界经济发达水平。

资料来源：中国现代化战略研究课题组、中国科学院中国现代化研究中心：《中国现代化报告 2005——经济现代化研究》，北京大学出版社，2005 年，第 176 页。

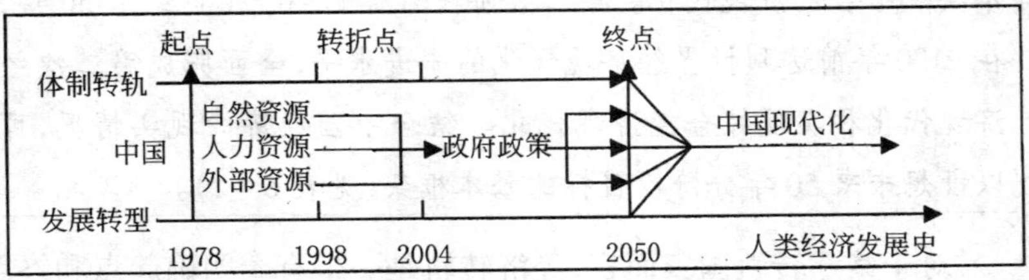

图 6－1　中国经济转轨过程——一个基于中位法的双视角考察

经济运行机制、人力资源等。正是再生产的连续性决定了转轨经济的深刻继承性、转轨过程的相对长期性以及人们社会生活准则、思想观念调整的缓慢性，也排除了先将所有旧的生产模式彻底打碎，然后重新建立所有新的生产秩序并开始发展的可能性，因为任何期望中的迅速代替现有体制的做法，都将不可避免地给生产过程带来混乱，使其扭曲并产生衰退。

专栏 6－2

"浪漫主义式改革"无法一步到位

盖达尔极力推崇西方为其设计的"休克疗法"，试图实行激进的经济改革，使经济转轨一步到位，结果把俄罗斯拖入经济危机的深渊。此后，切尔诺梅尔金政府不断调整经济改革政策，主张放弃激进的"休克疗法"，关闭这个"浪漫主义式改革的大门"，推行渐进的经济改革。与此相配套，政府制定了反危机计划和中短期改革计划。这些方针和计划的制定与实施，使俄罗斯经济转轨逐渐从乱到稳，以致在 1997 年经济转轨进程首次出现积极迹象，经济在连续六年发生危机后终于止跌回升，出现微增长。然而，政治斗争终使以稳健务实著称的切尔诺梅尔金在执政五年多后被革去政府总理职务，他的渐进策略也没有机会继续得到验证。

俄罗斯以全盘西化为目标，迅速实行"休克疗法"，力图快速完成经济转轨，结果欲速则不达。不仅如此，在经济转轨进程中，无论是政府大撒手把企业一下子推向市场而不管，还是实行私有化和自由化、全面放开价格后政府未能实行强有力的监控，从而导致严重经济危机并引发恶性通货膨胀，都是俄罗斯神化市场作用，忽视和削弱国家宏观经济调控的结果。俄罗斯经济在休克中经历了七八年的震荡后，近几年才逐渐恢复了宏观环境的秩序和平稳的状态，经济开始出现恢复性增长。增长的动力主要来自于原来因经济危机而闲置的生产力，也就是说增长来自于对再生产的重新组织和恢复，这无疑从另一个角度证明了上述看法的正确性。

既然经济转轨是一个从起点到终点的长期性的过程，那么在联结起点和终点的过程之中不可能是直线的或者是线性的，作为社会经济现象的经济转轨必然表现出经济运行的阶段性，不同阶段之间就经济运行状态、政府当局宏观经济政策倾向、社会生活方式等主要方面而言呈现出不同的特点。所有的转轨经济体所正在进行的都是从计划经济体制向市场经济体制转轨，那么对转轨阶段性的清晰认识有利于把握转轨进程并对转轨绩效进行评价。一般而言，当一个转轨经济体资源的基础配置方式由“计划 > 市场”过渡到“市场 > 计划”时，应该说就取得了向转轨最终目标前进的显著成功，实现了转轨进程中的重大转折。只要能够比较准确地确定出转轨进程的转折点，那么从转轨起点到转折点、从转折点到转轨终点就自然而言地区分为两个阶段，前一个阶段的特征集中表现为“计划 > 市场”，后一个阶段的特征集中表现为“市场 > 计划”。因而从计划经济体制向市场经济体制转轨的整个过程来看，明显存在的阶段性并不是人们主观意志规定的，而是由经济转轨的客观属性所决定的，具有内在的必然性。

至此，我们得出经济转轨阶段性产生的第一个也是最根本的原因：**经济转轨是一个有着明确起点和终点的客观与主观相统一的复杂过程，从转轨起点到转折点、从转折点到转轨终点就自然而然地区分为两个具有不同特征的阶段**。

二、产生经济转轨阶段性的原因之二——长期性

前面我们分析了经济转轨阶段性产生的第一个原因，之所以区

分和讨论经济转轨的阶段性，是因为经济转轨在不同阶段所呈现出来的特征是不一样的，而不一样特征的呈现需要一个相对较长的时间跨度作为其载体。这里，我们继续分析导致经济转轨产生阶段性的另外一个层面的原因。

经济转轨是一个涉及经济、政治、文化、阶层、宗教、国际关系等的全方面的社会进程，是一个崭新的社会系统性工程，而不是一个仅仅根据经济学原理就能解决的技术问题，因而要完成这项事关国家前途和民族命运的巨大工程绝不是一朝一夕之事，而是需要一个长期的过程。这个过程充满了来自内部和外部的各种冲击和冲突，特别是各种利益分配格局的调整和改变，使得转轨过程不可能是按照理想的目标一帆风顺地行进，暂时的挫折不是例外而是不可避免的，同时也使转轨过程具有长期性的特点。这个过程的长期性是由经济转轨所肩负任务的复杂性和艰巨性决定的，如前所述经济转轨一方面要完成从计划经济体制向市场经济体制的体制转轨；另一方面要完成从不发达状态向发达状态的发展转型，对于这些没有现成经验的转轨经济体来说，无论是体制转轨还是发展转型都是一个崭新的严峻挑战，都是一个需要不断“摸着石头过河”和不断积累经验的长期过程。

就从计划经济体制向市场经济体制的体制转轨而言，在各转轨经济体的转轨实践中表现为两种不同路径的选择。一种是“激进的”方式或“休克疗法”，东欧和前苏联所经历的改革就是这种方式的典型例子。“休克疗法”改革策略的设计者认为，稳定化、市场化和私有化是经济改革的有机组成部分，缺少任何一个部分便不能发挥作用，因此改革要像上帝在 7 天内创造所有的生灵一样，必须在短时间内完成。[1] 另一种与之不同的改革策略是"渐进的"方式，中国改革开放以来所进行的经济体制改革是这种方式的经典例子。这种方式是逐渐的、部分的、增长的、连续的，最初通常是试验性的，因而采取这种方式的经济转轨就不言而喻的需要一个比较长的历史时期。就第一种策略来看，实践表明"休克疗法"并没有使东欧和前苏联社会主义国家在短期内就完成经济转轨，反而使这些国家普遍陷入了社会动荡和经济发展水平大幅度下滑的困难境地，更确切地说，"休克疗法"策略使这些转轨国家短时期内陷入了经济社会的"休克"局面，其后才步入了漫长的"治疗"阶段。

对于"休克疗法"不可能在短期内完成经济转轨的原因，被称为波兰改革总设计师的科勒德克教授做了比较精辟的论述。[2] 他认为，从计划经济向市场经济转轨意味着三个并行的过程：一是经济自由化与保持稳定；二是新制度的建立；三是微观经济基础的重建。在这三个过程中，只有第一个过程可能执行比较激进的改革政策，从而在短时期内得以实现。虽然这一过程可以较快地实现，然而，过于急躁的行动却会引起社会震荡，而社会震荡可能危害社会共识，从而妨碍继续实行完全市场导向的改革战略。后社会主义国家要建立起适应市场经济的新制度一般都需要一个漫长的过程，忽视这种制度方面的转变是俄罗斯危机背后一个至关重要的因素。因为市场并不仅仅意味着私有制和放松管制，而是意味着以私有制为基础的制度，得到遵守的游戏规则，以及理解这些规则和支持这些制度的文明社会，

---

① 林毅夫等："为什么中国经济改革取得了成功：对其他改革中经济的含义"，《经济社会体制比较》1995年第4期。

② G.W.科勒德克："从'休克'失败到'后华盛顿共识'"，《经济社会体制比较》1999年第2期。

因此要想成功地进行后社会主义经济转轨，市场的文化环境和行为环境是不可或缺的，而这需要一个长期的培育过程。即便是私有化，其作用也只有经过一段明显的时滞才能发挥出来，因为仅是从准备、启动到实现私有化就需要好多年时间，更不用说此后新产权所有人、新经理们还要经历的学习过程了。至于微观经济基础的重建，同样是一个长期的、需要付出艰苦努力的过程，无论如何都不可能迅速地实现，连前东德也概莫能外。只是对于某些行业和某些工业发达地区来说，有可能在小范围内迅速地实现微观经济的重建。

对于各转轨经济国家来说，从计划经济体制向市场经济体制转变的体制转轨过程中，无论是实行“激进改革”方案还是“渐进改革”方案，总体上说都不可能有“一步到位”，而是需要一个长期的历史过程。

如果说在体制转轨方面还可以采取“激进式”策略短时期内完成某些体制方面的改革，那么在发展转型方面却没有为我们提供可供选择的“菜单”，其理论基础在于：在体制上可以在一定历史时期内超越历史，但是在生产力上我们永远也无法超越历史。生产力的发展、社会经济水平的提高，只能是在既定的历史发展水平上遵循人类经济发展史的客观规律一步步向前发展和提高，这样的发展和提高绝对不是一朝一夕所能够实现的，而是需要一代又一代人经过长时间的艰苦努力才可能达到。导致经济转轨长期性的另外一个原因，就在于转轨国家历史形成的经济发展阶段的低水平。上个世纪两次世界大战中诞生的所有社会主义国家都有一个共同的背景，工业化过程滞后、自然经济成分占很大比重是这些国家经济发展的普遍现象。由高度集中的计划经济体制的低效率所最终导致的“短缺经济”，可以概括这些国家经济转轨之前所处的经济发展状态。

从经济增长的决定因素来考察，经济转轨国家要想实现从不发达状态向发达状态的转变，将受到如下几个方面的严重制约：资本，技术，人力资本以及经济体制。后社会主义国家除俄罗斯有些特殊外，在经济转轨之前在经济上是比较贫困的，资本严重匮乏、技术落后、人力资本投入不足以及经济体制低效率严重束缚了经济转轨前进的步伐，成为伴随转轨进程的基础性制约。要改变这种状况需要强而有力的政策支持，需要较长历史时期的积累，甚至需要来自外部的援助。前文中已经对经济转轨国家发展转型进行了较为详细的讨论，这里强调的是发展转型同体制转轨一样是一个长期的历史过程。

以上我们集中讨论了经济转轨的长期性属性，那么转轨长期性与转轨阶段性之间又有何内在联系呢？要回答这个问题，我们不妨将思维先转向另一个视角——从经济转轨的进程把握和绩效衡量来进行研究。正如后文所要集中阐述的，经济转轨是一个由一国政府驾驭的主观与客观相统一的过程，政府在这一过程中将面临着一系列突出的问题：如何判断自己的转轨政策是否发挥出作用？整个转轨进展到什么地步以及应该出台什么样的政策与之相适应？已进行的转轨实践的绩效如何，是否达到制定的预期目标？如果我们仅仅站在转轨过程中来考察，很容易迷失在纷繁复杂的社会现象之中，找不到转轨所达到的位置，如果跳出来从整个转轨的视野来考察，我们却可以很快认清自己的方位，即处在某一个具体的阶段。用阶段性来衡量处于转轨不同时期的特征，有利于把握整个转轨的进程，有利于根据进程制定和执行相应的经济转轨政策。这就如同在测量长江的长度时，我们不是一口气从源头一直测量到入海口，而是把整个长江分为几个区段分别进行考察和测量，这样就相对容易和可行些，也为我们进行绩效评价提供了一个分析基础。

根据以上的分析，我们可以得出经济转轨的阶段性的另外一个原因：经济转轨过程具有相对长期性，长期性的存在使得在衡量经济转轨的进程和进行绩效评价时要求把长期的过程划分为容易观察和测量的不同阶段。

第二节　转轨阶段性的划分标准——建诸于转轨国家集合

一、适用于前苏联、东欧国家经济转轨阶段性的划分标准

目前我们所见到的关于转轨总过程的阶段性表述，大致可以分为两类。第一类是完全遵从西方发达资本主义国家的市场经济模式来仿制所谓后社会主义国家由社会主义计划体制过渡到资本主义市场体制的制度变迁总过程。第二类是着眼于从计划到市场的经济运行机制变化的实践主线，将转轨国家政府做出放弃国家集权的计划经济、采取市场化的重大政策性决定的年份作为转轨总过程启动的基准年；考察改革政策的推进过程与对应的国民经济运行中的主要矛盾演变过程的关联性，从中找出各阶段的转折点。本节集中讨论第一种分类标准。

这种观点在经济转轨阶段性的判断上更多的着眼于政治力量强弱，政治转轨决定并引导经济转轨过程。这种观点可能有利于从某些重大政治事件出发来对转轨进行阶段性划分，而且也容易根据政治力量或者政治倾向判断某一特定时期的转轨经济特征或转轨政策偏好，但是这种观点存在着明显的局限性，那就是既忽略经济运行与

政治力量并不必然和随时都密切相关，这样不利于对经济转轨的绩效进行考核、不利于切实有效的经济转轨政策的制定和执行，同时也忽略了转轨过程的长期性，经济系统运行特征的改变需要有一个相对长期的过程。

西方国家流行的经济转型理论[①] 把转型划分为两个阶段。[②] 第一个阶段是各个原先的计划经济国家已经进行的自由化、市场化的改革。第二个阶段便是在1995年开始的以追求经济稳定和经济增长为内容的改革。经济转型第一阶段所包括的主要内容有：(1)内部市场自由化（自由的国内价格，取消国家的贸易垄断）。(2)外部市场自由化（放松对外贸易的制度，包括取消出口控制和关税，通货可兑换）。(3)便利私人部门进入（私有化企业，改革银行部门）。在这一阶段中，不同的国家市场化的重点不同（如波兰、俄罗斯等国家重点在私有化，中国的重点在经济运行机制的转换），改革的速度不一样（前苏联和其他东欧国家基本上都采用了大爆炸改革战略，中国实行渐进式改革战略），改革的效应也不一样（大爆炸改革战略效应明显低于渐进式改革战略）。1995年初世界银行组织了一次关于第二次转型的讨论会，会议主持人、世界银行首席经济学家 Michael Bruno 就第二次转型提出了三个论题：(1)转型国家稳定、自由化和经济增长的依赖关系。特别强调控制通货膨胀和经济增长的意义。(2)企业重组问题。大批企业私有化后提出了企业重组问题，需要解决谁控

---

① 经济转型理论针对原有的实行计划经济体制的国家转向市场经济体制过程中出现的经济波动、通货膨胀、失业、腐败等问题进行理论解释，并提出改变这种状况的政策建议。由于波兰、俄罗斯等前苏联和东欧国家基本上采纳西方萨克斯等人的“休克疗法”，因此，西方的转型理论大都是以这些国家为背景的。

② 洪银兴：“在经济稳定中实现转型——经济转型理论评析”，《经济社会体制比较》1997年第5期。

制那些私有化的公司？谁是公司实际的所有者？(3)法律的规则。这涉及腐败问题：腐败在转型经济中是否是制度性的？寻租和腐败增加是转型本身产生的还是旧制度的遗产？或者是早前的限制瓦解了？腐败是转型过快还是过慢引起的？国际货币基金组织的 Stanley Fischer 则把旨在实行稳定和增长的第二次转型的重点概括为三个方面：(1)改革财政制度；(2)改革金融制度；(3)改革汇率制度。这基本上反映了转型理论的主流观点。

按照第一类方法，可以将前苏联、东欧经济转轨国家的转轨过程划分为两个大的阶段。由于俄罗斯在这些转轨国家中转轨历史时间较长，转轨过程最为复杂，因此我们拟以俄罗斯为例阐释其阶段性；对于东欧国家和其他前苏联经济转轨国家，我们将只作一个概括性的分析。

(一)俄罗斯经济转轨的阶段性

当前俄罗斯的社会转型始于苏联解体前夕，它以经济转轨为起点并迅速引致社会的整体变迁。俄罗斯的社会转型已经历了自由化、市场化、社会加速分化这一阶段，并正在经历着在新的社会整合机制下的理性发展阶段。叶利钦时期俄罗斯社会处于加速分化时期，社会秩序严重失控；普京时期俄罗斯社会转型进入新的整合期，开始走上理性发展的道路。

1. 俄罗斯的转轨背景：过度的社会控制

俄罗斯的经济转轨发端于苏联剧变前夕，因此，对其转轨的研究绝不能忽视俄罗斯在苏维埃时代的社会特征。计划经济七十多年的历史在俄罗斯社会发展中留下了深深的痕迹。正是十月革命以后的社会革命使俄罗斯从一个落后的农业国变成了世界上主要的工业国之一，从一个贵族垄断知识的文盲社会发展成为居民受到良好教育的社会。在这个时期,俄罗斯社会的现代化跨出了非常重要的一大步。这是苏维埃体制为俄罗斯的现代化作出的巨大贡献,但是苏维埃时期的过度控制同样也给俄罗斯的现代化打上了深深的烙印。

专栏6-3

苏维埃时代的高度集权

俄罗斯在苏维埃时代的高度集权可以概括为以下五点:

1. 典型的"党—国家"体制。以一党独裁取代十月革命胜利初的多党合作,国家和社会的权力都集中于共产党,党的势力渗透到国家和社会生活的每一个角落和每一个毛孔中。党内的权力则向中央政治局集中,最后,权力实际上集中在少数领导人手中,甚至是总书记一人手中。因此,有人嘲讽道:"在苏联搞的不是无产阶级专政,而是书记专政。"

2. 缺乏制衡和监督机制。以党代表人民管理国家代替人民管理国家,限制社会成员的民主权利,党内外监督机构的地位和作用日益削弱,上层缺乏行使权力的制衡机制,下层缺乏对党和国家机关实行真正有效的社会监督。

3. 在中央和地方的关系方面,权力过分集中在苏共中央。苏联虽然实行的是联邦制和民族自治,但各加盟共和国和地方的权限很小。

4. 干部任命制取代正常的选举制。苏共控制了党内、国家和社会中所有的领导职位,然后又将忠诚于党并被认为称职的人置于各级领导岗位上,这些人也就同时享有了与之俱来的特权。结果,干部只对上级负责而很少真正对社会负责。在这种体制下,官僚主义、本位主义、机关专权和独断得到了史无前例的泛滥,政治生活只局限于非常小的范围内。

5."纯化"社会政治思想。尤其是加强对社会意识形态的直接控制。革命胜利初期,列宁曾主张"以容忍的态度对待中间的思想形态",但是,从20世纪20年代末30年代初,斯大林继政治经济"大转变"之后,发动了一场意识形态的"大转变",以大批判、大斗争的手段来肃清一切非无产阶级思想和一切中间的思想形态,从而导致了苏共党内的教条主义,这也为领导人宣布"终极真理"开了先河。60年代,苏共在意识形态、文化和社会科学方面又采取了"拧紧螺帽"的政策,进一步强化了党对意识形态的控制。现代社会客观上要求社会认同的多样化,但苏共长期的控制社会在思想意识形态上的认同被强制固定在苏共意识形态上,这表现在苏共意识形态的无条件要求和价值体系中:"无保留地接受并宣传国家确定的信仰、判断和评价","对非常仪式化的宣传",由国家即苏共机构"认定个体能否成功的一整套标志","对'人民公敌'和持不同政见者,即那些拒绝认同极权政治国家的意识形态的谴责和惩罚"等。

注:参考了下列文献中的相关资料:

阿·阿夫托尔哈诺夫:《勃列日涅夫的力量和弱点》,新华出版社,1981年,第77页。

张秋华等编:《"拉普"资料汇编》上册,中国社会科学出版社,1981年,第318页。

格·阿阿尔巴托夫:《苏联政治内幕:知情者的见证》,新华出版社,1998年,第301、303页。

政治上的高度集权是过度的社会控制最突出的表现(见专栏6-3)。政治上的过度控制导致了苏联社会的超稳定结构,但这种稳定的表面背后却蕴藏着深刻的社会危机,这种危机首先体现在经济上。政治上的过度控制反映在经济领域便是苏共通过行政命令型经济对全体社会成员进行有效的经济控制。首先是党以国家的名义直接干预经济,实行无所不包的计划管理体制,经济过程由国家通过生产和分配计划来控制。其次,完全否定市场作用,排斥竞争。在国家计划的控制下,企业在生产活动中一切为了计划,而为了保证计划的完成,往往采用牺牲消费者的利益来满足计划的需要,特别是通过增加原材料的消耗、使用昂贵的原材料等办法来提高产值。高消耗、高投入、高浪费最终导致经济短缺。其三,在所有制结构上,强求单一的国家所有制,而国家作为全民代表,支配着几乎所有社会生产资料,掌握着国民经济命脉,国家计划包揽了国民经济的整个生产和分配过程,没有任何的中间过程和中间成分。社会变迁过程中正常的社会分化受到严重阻碍,从而引致社会僵滞。因此,同历史上的社会转型一样,当前俄罗斯转轨的初衷也在于克服社会经济的落后状态以建立一个先进的社会,即要求摆脱中央集权的行政命令型经济,追求宽松的经济环境和高收益的经济体制,并最终实现政治上的自由。

当前俄罗斯的社会转型是以戈尔巴乔夫的经济改革为起点。1985 年 4 月,在苏共中央全会上,戈尔巴乔夫首先提出了加速国家社会经济发展战略和社会主义革新的方针,决定对原有的“障碍机制”进行“根本改革”,以消除社会经济的停滞现象。苏共二十七大正式确立了经济体制改革的方向和原则。但是在复杂的国内外背景下,经济改革问题和指导思想上的失误使苏联长期以来沉积的各种矛盾骤然尖锐化和显现化,经济进一步恶化,政治动荡不安,民族分裂日益严重,社会危机全面爆发,并最终导致苏共垮台和苏联剧变、解体,整个社会进入加速转型期。苏联的剧变从经济危机开始,反过来,苏联的解体同样也给俄罗斯的经济以巨大的冲击波,危机进一步加深。俄罗斯的经济转轨正是在这种背景下启动的。1991 年 10 月,叶利钦在俄罗斯第五次人代会上正式宣布采纳盖达尔的激进转轨方案，1992年初，俄正式实施冠以"休克疗法"的经济转轨。由此可见，俄罗斯采取这种激进的转轨方案主要是源于经济这一重要原因。在经济转轨的推动下，俄罗斯的社会转型迅速全面展开，包括经济转轨、政治转制和社会结构的变迁等。

2.第一阶段：叶利钦时代的社会阶层分化

由于俄罗斯经济转轨采取的是激进方案，将原有制度的信息存量全部摧毁，原有的社会整合机制在激进的经济转轨中也全部摧毁，社会分化加速，社会非稳定因素剧增，社会旧的整合力量严重削弱。与此同时，新的社会整合机制尚未建立起来，因此，社会加速分化、社会秩序严重失控等就成为叶利钦时代俄罗斯社会的真实写照。可以说，俄罗斯社会加速分化的初始动力在于经济转轨。由于俄罗斯的私有化实际上是掌权者利用权力之便把国有资产以最低的价格"出售"给了"自己人"，因此，经济转轨就直接导致了社会阶层的分化。本来俄罗斯私有化的目标是要在社会上形成广泛的私有者阶层，提高生产效率，构建市场经济和民主社会的强大社会基础，但实际上私有化造成的是"新权贵"和官僚垄断阶层，如金融工业集团、军工集团、地方利益集团等，而作为社会稳定基础的中产阶层直到1998年8月危机之时还仍然处于从零开始的萌芽阶段。可见，俄罗斯私有化引起的阶层分化与私有化的目标完全相悖。

20世纪90年代俄罗斯社会展现出来的正是街头政治、流血冲突、政治纷争的一幅动荡不安的画面。以市场为取向的经济转轨使社会成员的价值取向多向化、利益主体多元化，因而俄罗斯的社会文化也迅速走向多元化，各种社会思潮如雨后春笋般涌现出来。面对经济转轨所造成的危机，社会群体对经济转轨的态度开始出现分化：

一部分社会成员抚今思昔，怀念过去，反对这种形式的改革；另一部分继续坚持自由主义的经济改革，以便最终融入西方"文明社会"；还有一部分虽然赞成改革，但不同意这种改革的速度、方案，更不希望为改革付出如此昂贵的代价。对改革的态度就成为社会群体分化的基础。

3.第二阶段：普京时代的社会整合机制的重新构建

2000年，普京高举着"权威秩序"、"强国富民"的旗帜，开始构建俄罗斯新的社会整合机制。这表明，普京时代的俄罗斯社会转型进入到一个新的社会整合时期。政治上，普京入主克里姆林宫后立即着手实施了一系列的政治改革，加强了国家的作用，大刀阔斧地推行一系列政权建设的措施，改变俄罗斯独立以来地方势力坐大、寡头为所欲为的局面，理顺同国家杜马的关系，以确保政治局势稳定。

经济上，改革趋于谨慎，执行积极的工商投资政策，取缔影子经济，以确保经济健康发展。1999年下半年普京就任总理后，通过对转轨以来惨痛历史教训的全面总结，认为俄罗斯既不能退回到计划经济时代，也不能再重复激进化改革的错误，而是要从俄罗斯的实际出发，把市场经济、民主原则与俄罗斯的现实结合起来，探索适合自己国情的改革道路。总结以往普京提出在保障经济自由的同时，俄罗斯"必须要在经济和社会领域建立健全的国家调控体系"，"并使国家政权体系成为国家经济和社会领域的有效协调者，确立合理的社会发展规模和目标，以确保各种利益的平衡"。[①] 在他正式当选总统后，根据这一理念的指导，俄联邦政府先后公布了《俄罗斯联邦2010年前发展战略》、《俄联邦政府长期社会经济政策基本方针》、《2000—

---

① 普京："千年之交的俄罗斯"，载[俄]《独立报》，1999年12月30日。

2001年俄联邦政府社会政策和现代化行动方针》等重要文件,来具体贯彻执行普京总统务实的治国思想。主要内容和措施包括:经济发展战略一改过去以抑制通货膨胀为中心,紧缩财政、货币,抑制需求的政策,转向积极采取措施改善投资和经营环境,扩大内需,以刺激经济快速增长为中心的政策。1999—2002年俄罗斯经济连续4年以较高的速度持续增长(见表6-2)。通过经济指标的对比,我们可以看出这次经济复苏与1997年相比具有回升速度快、持续时间长,整体效果较好等特点。

表6-2　俄罗斯经济发展的基本指标(对上年的%)

项目	1998/1991	1999	2000	2001	2002
国内生产总值	60.6	105.4	109.0	105.0	104.3
通货膨胀(年底)	4458倍	136.5	120.2	118.6	115.1
工业产值	45.8	111.0	111.9	104.9	103.7
农业产值	58.6	104.1	107.7	106.8	101.5
固定资产投资	24.8	105.3	117.4	108.7	102.6
居民人均实际可支配货币收入	52.1	86.2	109.3	105.9	109.0
零售商品流转额	96.5	93.5	108.7	110.8	109.2
对居民的收费服务额	28.6	107.5	106.0	100.8	103.7
商品出口	110.3	101.0	139.5	97.6	105.3
商品进口	115.0	68.1	113.5	119.0	113.4

资料来源:转引自郭连成著《俄罗斯经济转轨与转轨时期经济论》,商务印书馆,2005年,第456页。

(二)对东欧国家和前苏联转轨经济国家经济转轨的阶段性的一种简化分析

转轨是一个本质上很独特的过程,因此转轨的衰退、萧条和复苏更为特殊。整个20世纪90年代,东欧国家面临的首要任务是经济转轨,毋庸置疑,为进行这一艰难的经济转轨过程,东欧国家付出了极其昂贵的代价。经过近10年的努力,各国均取得了程度不同的进展:一些国家政局由动荡趋向稳定,经济转轨取得相当进展,经济由严重萧条转向平稳回升;另外有些国家因政局尚未结束动荡,经济转轨进展缓慢,经济只能说稍有起色;一些国家改革缺乏连贯性和彻底性,致使经济发展出现重大反复;而前南斯拉夫地区则多年经历战争的苦难,现正集中力量医治战争创伤,努力恢复和重建经济。由于各国的国情和起始条件不同,东欧经济转轨和经济发展呈现参差不齐的特点。前苏联国家的情况则可能更为复杂一些。

从表6-3可知,GDP下降50%以上的国家(亚美尼亚,1992)与增长17%(土库曼斯坦,1999)国家同样存在;同一年中这种差距最大时达到55%(1992年);即使在1999年,这种差别仍然达到20%。总体看,在所有转轨国家累计的转轨进程中,收缩率为两位数的总年数为57个,而增长率为两位数的总年数只有7个。

上述情况给我们对这些国家的阶段性分析带来了很大困难。为了使转轨经济体呈现出较为清晰的阶段性,笔者拟采用一种简化的方法来分析,即将多种经济因素抽象为一个指标,主要以各个转轨经济体各年度GDP的变化来研判其阶段。当然,这种分析是非常粗线条的,但对于我们认识这些国家转轨的阶段性却有很大的启发作用。

东欧和前苏联的转轨国家在转轨之初由于实行自由化、市场化改革而无一例外的发生了衰退(无论衰退的时间长短),所以按照前述的西方国家流行的经济转型理论,我们可以把转轨经济体的转轨过程大致分为两个阶段:第一阶段的转轨是一个衰退的过程,表现在指标上,即为GDP负增长;第二阶段以追求经济稳定和经济增长为

表 6-3　转轨经济体的衰退和成长　　　GDP 变化率(1989—1999)

国家	1989	1990	1991	1992	1993	1994	1995	1996	1997	1998	1999	1999 真实 GDP (1989 = 100)
阿尔巴尼亚	9.8	-10.0	-27.7	-7.2	9.6	9.4	8.9	9.1	-7.0	8.0	7.1	92.5
亚美尼亚	14.2	-7.4	-17.1	-52.6	-14.8	5.4	6.9	5.8	3.1	7.2	4.0	42.5
阿塞拜疆	-4.4	-11.7	-0.7	-22.6	-23.1	-19.7	-11.8	5.8	1.3	10.1	3.7	45.2
白俄罗斯	8.0	-3.0	-1.2	-9.6	-7.6	-12.6	-10.4	2.8	10.4	8.3	1.5	78.2
保加利亚	0.5	-9.1	-11.7	-7.3	-1.5	1.8	2.1	-10.1	-7.0	3.5	1.4	66.8
克罗地亚	-1.6	-7.1	-21.1	-11.7	-8.0	5.9	6.8	6.0	6.5	2.3	-0.7	77.2
捷克共和国	1.4	-1.2	-11.5	-3.3	0.6	3.2	6.4	3.8	0.3	-2.3	-0.3	94.7
爱沙尼亚	-1.1	-8.1	-13.6	-14.2	-9.0	-2.0	4.3	3.9	10.6	4.0	0.0	75.7
格鲁吉亚	-4.8	-12.4	-20.6	-44.8	-25.4	-11.4	2.4	10.5	11.0	2.9	3.0	33.8
匈牙利	0.7	-3.5	-11.9	-3.1	-0.6	2.9	1.5	1.3	4.6	5.1	4.2	99.2
哈萨克斯坦	-0.4	-0.4	-13.0	-2.9	-9.2	-12.6	-8.2	0.5	2.0	-2.5	-1.7	60.2
吉尔吉斯斯坦	4.0	3.0	-5.0	-19.0	-16.0	-20.0	-5.4	7.1	9.9	1.8	0.0	60.4
拉脱维亚	6.8	2.9	-10.4	-34.9	-14.9	0.6	-0.8	3.3	8.6	3.6	1.5	60.1
立陶宛	1.5	-5.0	-6.2	-21.3	-16.0	-9.5	3.5	4.9	7.4	5.2	0.0	65.4
马其顿	0.9	-9.9	-7.0	-8.0	-9.1	-1.8	-1.2	0.8	1.5	2.9	0.6	72.0
摩尔多瓦	8.5	-2.4	-17.5	-29.1	-1.2	-31.2	-3.0	-8.0	1.3	-8.6	-5.0	30.5
波兰	0.2	-11.6	-7.0	2.6	3.8	5.2	7.0	6.1	6.9	4.8	3.8	121.6
罗马尼亚	-5.8	-5.6	-12.9	-8.8	1.5	3.9	7.1	4.1	-6.9	-7.3	-4.1	73.0
俄罗斯	2.6	-4.0	-5.0	-14.5	-8.7	-12.7	-4.1	-3.5	0.8	-4.6	1.5	56.1
斯洛伐克	1.4	-2.5	-14.6	-6.5	-3.7	4.9	6.9	6.6	6.5	4.4	1.9	101.5
斯洛文尼亚	-1.8	-4.7	-8.9	-5.5	2.8	5.3	4.1	3.5	4.6	3.9	3.5	107.6
塔吉克斯坦	-2.9	-1.6	-7.1	-29.0	-11.0	-18.9	-12.5	-4.4	1.7	5.3	5.0	44.1
土库曼斯坦	-6.9	2.0	-4.7	-5.3	-10.0	-18.8	-8.2	-8.0	-26.1	4.2	17.0	51.2
乌克兰	4.0	-3.4	-11.6	-13.7	-14.2	-23.0	-12.2	-10.0	-3.2	-1.7	-2.5	35.7
乌兹别克斯坦	3.7	1.6	-0.5	-11.1	-2.3	-4.2	-0.9	1.6	2.4	3.3	3.0	92.3

资料来源：转引自 Kolodko, Grzegorz W. 2002 Globalization and Catching-up in Transition Economies.(英文版)Rochester, N.Y.: University of Rochester Press。

表 6-4 1990—1999 年衰退和成长的时期(年数)

国家	转轨衰退	恢复	第二阶段收缩	成长	衰退总年数	成长总年数
阿尔巴尼亚	3	4	1	2	4	6
亚美尼亚	4			6	4	6
阿塞拜疆	6			4	6	4
白俄罗斯	6			4	6	4
保加利亚	4	2	2	2	6	4
克罗地亚	4	5	1		5	5
捷克共和国	3	5	2		5	5
爱沙尼亚	5			5	5	5
格鲁吉亚	6			4	6	4
匈牙利	5			5	5	5
哈萨克斯坦	4	2	2	6	4	6
吉尔吉斯斯坦*	6				8	2
拉脱维亚*	5	1	1	4	5	5
立陶宛	3			4	4	6
马其顿	5			5	5	5
摩尔多瓦	7	1	2		9	1
波兰	2			8	2	8
罗马尼亚	3	4	3		6	4
俄罗斯	7	1	1	1	8	2
斯洛伐克	4			6	4	6
斯洛文尼亚	3			7	3	7
塔吉克斯坦	7			3	7	3
土库曼斯坦*	7			2	7	3
乌克兰	10				10	0
乌兹别克斯坦*	5			4	5	5

资料来源:同表 6-3。标注 * 的国家增长一直持续到 1990 年,从 1991 年才开始衰退。

内容的改革使经济表现向好,指标显示为GDP的正增长。结合表6-3、表6-4分析可以得到东欧、前苏联转轨经济体简化的阶段划分方法,由于各国的转轨起点不同,终点尚无法作出明确的界定,因此我们只研究两个阶段的转折点,结果如下(见表6-5)。由于可能出现的经济调整、外部冲击等情况,转折点可能不是唯一的,也可能会发生真实转折点滞后于(或领先于)参考转折点的情况。但是,以此作为对转轨国家转折点总体的一种把握仍然是有现实意义的。如表6-5的分析结果显示,东欧、前苏联国家经济转轨的转折点大多出现在20世纪90年代中期,即在这一时间转轨经济体改革的任务和重点发生了改变,这与其经济转轨的实践是一致的。

表6-5 东欧、前苏联转轨经济体简化的阶段划分方法

国家名称	转折点	国家名称	转折点	国家名称	转折点
阿尔巴尼亚	1993	匈牙利	1994	俄罗斯	1999
亚美尼亚	1994	哈萨克斯坦	-	斯洛伐克	1994
阿塞拜疆	1996	吉尔吉斯斯坦	1996	斯洛文尼亚	1993
白俄罗斯	1996	拉脱维亚	1996	塔吉克斯坦	1997
保加利亚	1994、1996、1998	立陶宛	1995	土库曼斯坦	1998
克罗地亚	1994、1999	马其顿	1996	乌克兰	-
捷克共和国	1993、1998	摩尔多瓦	-	乌兹别克斯坦	1996
爱沙尼亚	1995	波兰	1992		
格鲁吉亚	1995	罗马尼亚	1993、1997		

注:有两(三)个转折点对应发生了两次(或两次以上)衰退,第一个转折点表示经济好转,第二个转折点表示经济又一次衰退,第三个转折点表示经济转好;“-”表示至今未出现明显的经济好转现象,转轨仍处于第一阶段。

二、适用于中国经济转轨阶段性的划分标准

如果说我们用“体制转轨”和“发展转型”来概括经济转轨的两大任务,那么以上经济转型理论关于阶段性的分析给了我们一个强烈

的感触，那就是把两大任务在时间上分离开来，第一阶段主要完成“体制转轨”的任务，在第二阶段则集中主要精力实现“发展转型”。如果用萨克斯等人的“休克疗法”的术语来进行表述的话，第一阶段主要是进入“休克”状态，第二阶段则是对“休克”进行“治疗”的时间。在本书前文的分析中我们已经明确指出，“体制转轨”与“发展转型”是经济转轨过程中同时并行的两条主线，贯穿于从“始点”——“终点”的整个转轨过程，而不是在时间轴上区分为两个不同的阶段。经济转型理论关于阶段性的划分是以俄罗斯等基本上采纳西方萨克斯等人“休克疗法”的前苏联和东欧国家为背景的，对像中国这样的采取“渐进式”改革策略的经济转轨国家的指导意义并不十分明显，尤其是在对市场化改革复杂性的评估方面。

关于转轨总过程阶段性划分的第二类分析方法，是着眼于从计划到市场的经济运行机制变化的实践主线，将转轨国家政府做出放弃国家集权的计划经济、采取市场化的重大政策性决定的年份作为转轨总过程启动的基准年；考察改革政策的推进过程与对应的国民经济运行中的主要矛盾演变过程的关联性，从中找出各阶段的转折点。例如第一章曾提到的将迄今为止的中国改革进程作四阶段划分：(1)“边界上革命”(1978—1984/以修补旧体制，从计划边界上培育商品经济因素为特征的改革启动阶段)；(2)“双轨下扩张”(1984—1992/以双轨制价格、修补缺损的流通环节、经济总量迅速扩大，同时经济环境活与乱交织为特征的双轨摩擦阶段)；(3)“磨合中替代”(1992—2002 /以确立社会主义市场经济改革目标，改革整体推进深层次矛盾集中显露、市场机制起主导作用的趋势日益明显为特征的体制置换阶段)；(4)“驾驭中的完善”(2002 至今/改革的费用处理、绩效评价与政策驾驭完善新体制阶段)。

该类分析的优点，是紧扣住了20世纪下半叶社会主义国家制度性变革所共同具有的一个特定范畴，即偏离效率不高的计划体制而承认货币和商品交换的合理性，由此引起市场化广度和深度日益扩大和强化的经济运行机制层面转轨的普遍意义，并且注意到转轨绩效与经济增长绩效的同步考察，言之有物而持之有据。不足的是，主要局限于回顾性总结，缺乏前瞻方面的提示，对当前阶段的阐释往往只是点到为止，显得过于粗疏，难以建立过程演进的内在逻辑联系。更为关键的是，由于缺少从始点——终点这样一个完整的、系统的、理性的立意作为分析框架，对转轨总过程和各阶段特征、过渡状态难以进行动态的把握，对当前经济现象的分析往往只能局限在静态的体制框架中，或与过去类似的情况作比较，或与成熟市场经济体制下类似情况作比较，其结果也就很难说是准确的。

例如，从实践层面反馈的情况看，人们关于中国"笼中虎"的事先预期就与后来发生的情况出现了明显不一致。随着改革进程中家庭部门收入逐步增加而中国商业银行居民储蓄存款总额累积到5万亿元起，不仅国内经济学界也包括国外一些机构，几乎无一例外地都把它称为中国宏观经济运行中可能引致重大变动甚至发生危机的"笼中虎"。过多的货币积淀蜂拥出笼引发通胀的先例不仅在许多国家发生过，在解放前旧中国发生过，而且在中国经济转轨开始不久的价格改革"闯关"试验中，甚至还较为明显地引发过一次经济社会震荡。就经济学原理说，这样观察作出判断，应该符合宏观经济运行的基本规律。然而，实践中的情况却大出意料。当后来经济运行环境出现需求不足、在政府从1996年5月起37个月内连续7次降息、一年期存款利率由10.98%下降到2.25%、降息密度和幅度为建国以来所未有的极强刺激下，收效仍然甚微，并且出现了储蓄继续增加、物价指数持续下滑而难以遏止的趋势。到2006年全国城乡居民储蓄总额已达16万亿元。

笔者认为,对一些重大的属于基本面的判断与实际情况出现的差异,除了偶然和意外的因素可能放大其差异程度外,一般不应在"质"的范畴发生问题。但上面说到的例子,应该说含有一定程度的"质"的出入。出现问题的可能原因是,其一,我们正处于并未建成市场经济体制的环境中,却引入了适合并来自成熟的现代市场经济环境的西方经济学理论为基础的分析框架和计算模型;其二,我们对转轨经济运行中的一般规律和对本国转轨经济特殊地运行规律——尤其对转轨总过程及其转折点的认识,研究深度不够而且在方法上出了问题。如果这样的判断合理,我们就应该寻求方法论上的改进。逐渐脱离原有的理论前提和分析框架,着眼于从转轨经济国家自身的探索去寻求规律性的东西,并预见未来可能到达的目标,是方法论创新的立足点。转轨经济作为一个独特的研究对象,逐渐会形成自己独特的研究观,目前虽然仍处在转轨中途,但我们从一些有关转轨国家的比较研究中已经可以感受到潜在的变化,其中很多经验来自中国,如改革过程中地区、群体的非平衡发展战略、初级阶段定位与解放和发展生产力的战略、建立多种所有制形式的社会主义市场经济、融入全球经济等。中国的转轨实际上是领先一步的,特别是在1997年前后率先告别以"短缺"为特征的传统社会主义状态,进入"后短缺时期"后,更为转轨经济研究方法的创新提供了实践材料。

第三节　中国转轨过程的阶段性划分——建诸于中国实践特殊性

在本书第一篇中我们利用中位观察法对中国经济转轨的起始点、转折点和终点进行了识别和论述，使得整个转轨过程具备了明确的时空概念，能够使我们的思维视野锁定在人类经济发展史的某一特定时期来对一个特殊的经济形态即转轨经济进行分析和研究。我们集中阐述了起始点、终点的时间与特征的认定和判断，重点分析了转折点的判断依据以及基于这样的依据对中国经济转轨转折点的认知和分析，其主要目的在于为整个转轨过程树立“标杆”，但是很显然我们没有涉及点与点之间的具体信息，缺乏起始点——转折点、转折点——终点这两个代表转轨不同意义的历史时期的特征性描述，因此第一篇中对整个经济转轨过程的论述是不充分、不完全的，需要补充阶段性特征的相关信息。在这一节中，我们将以中国二十多年来的转轨实践为样本，集中研究中国经济转轨的阶段性。

一、中国经济转轨过程的阶段划分

转轨经济作为一种有预设目标的非平衡运动的过程中经济，体现为一种连续性运动状态，根据其经济形态变动程度和变动的性质，在体制运行轨迹中必然存在着具有转折点意义的若干标志。研究这些转折点应该具有的特征，既有利于把握转轨过程中经济运行状态的阶段性变化，同时也有利于适时调整相关政策，有针对性地处理不同阶段遇到的不同性质的问题。在这方面，中国经济转轨的连续性和渐进性演进无疑是最好的案例。我们首先回顾一下第一篇中关于转轨转折点的分析，然后重点探讨转轨的阶段性特征。其逻辑依据在于，正是转折点的存在才把经济转轨过程区分为具有不同特征的各个阶段，转折点既是前一个阶段的结束同时也是后一个阶段的开始。

一般而言，当一个转轨经济体的资源的基础配置方式由“计划 > 市场”过渡到“市场 > 计划”时，应该说就取得了向转轨最终目标前进的显著成功，实现了转轨进程中的重大转折，这一点在衡量转轨绩效时是至关重要的，但仅仅以此来判断转轨总过程的进展，其依据似乎还不够充分，① 还需要考虑从另外一些方面讨论“转折点”的界定方法。将整个转轨进程视为一系列由许多分过程和子系统所构成并且表现为非平衡总系统和总过程的连续性运动，意味着将静态的市场化指标体系与动态的经济运行效率紧相联系，在互为参照的基础上，寻找全过程中由渐变积累到发生部分质变的关键点。

根据第一篇中的分析，有两个这样的关键点对于转轨总过程具有转折点的意义：一个是代表着告别旧体制意义的转折点，另一个是代表着建立新体制的任务接近完成意义的转折点。关于后一个转折点即建立新体制的任务接近完成意义的转折点，就世界范围内各个进行转轨试验的经济体来看，至今尚无一个国家已经进入了建立新体制的任务接近完成的阶段，因而在这里我们不做具体的理论意义上的讨论②，而把目光集中在前一个转折点的分析和中国实践的应

① 因为即使某个转轨经济体的市场化程度已经很高，而从国民经济运行效率去审视却仍然不够理想，甚至比进行体制转轨之前还要差，我们显然不能说这样一个经济体完成了预定的体制转轨任务。比如“休克疗法”尽管迅速实现了市场化程度的迅速提高，但长期的通货膨胀和经济衰退使这些立论者最终提出“休克”之后还要加上一个“治疗”阶段。

② 关于建立新体制的任务接近完成意义的转折点的具体论述参见吕炜“中国经济转轨实践的理论命题”，载《中国社会科学》2003年第4期。

用上。告别旧体制的转折点标志着一个转轨经济体在“计划→计划>市场→市场>计划→市场”的转轨总过程中，从供给与需求的关系看，供给不足的矛盾已经基本解决，需求力量开始成为主导经济运行效率的决定方；从政府部门与企业部门、家庭部门的利益博弈关系看，回归旧体制的政策倾向已经受到遏制。这意味着，该转折点是以如下两个条件为标志的：(1)短缺现象的普遍消失；(2)市场化取向不可逆转[①]。以短缺现象的普遍消失、市场化取向不可逆转这两个条件来衡量中国转轨进程是否到达告别旧体制的转折点，后一条在1992年中共十四大确定以建立社会主义市场经济体制为转轨的最终目标时就已经达到，而前一条可以1996年上半年全国商品信息中心宣布其监测的601种主要商品全部处于供大于求和供求平衡为标志大体确定。因此，应该和可以说：中国经济体制转轨在20世纪90年代中后期已经越过“短缺时期”，进入了“后短缺时期”[②]。

以这样的转折点研究，中国经济转轨总过程可划分为两个大的阶段：(1)经济转轨前期。从改革发动到社会主义市场经济体制基本框架建立，即转轨越过第一个转折点。时间区间以政治生活事件为标志应从1978年党的十一届三中全会以搞活经济为最初动机，到1992年党的十四大明确提出建立社会主义市场经济体制的转轨目标。实际经济运行则是在1996年前后显示出明显的状态变动特征，经济告别短缺、需求约束主导运行，而这一具有转折点意义的变化成为人们的普遍共识则还要晚一两年，即1998年。(2)经济转轨中后期。从社会主义市场经济体制基本框架建立到建成完善的社会主义

① 吕炜：“应着力研究如何驾驭好市场经济体制”，《光明日报》2002年10月8日。

② 吕炜：“进入‘后短缺时期’的中国经济”，《财经问题研究》2001年第3期。

市场经济体制,即转轨越过第二个转折点。时间区间以政治生活事件为标志应从1992年党的十四大提出建立社会主义市场经济体制的改革目标,到2020年党的十六大所确定的战略机遇期结束、完善的社会主义市场经济体制建成时。[①] 值得注意的是,由于第一个转折点的复杂性,中国的转轨—转型过程在1998年之后,并没有顺利进入第二阶段,而是出现了1998—2004年长达7年的一个过渡期,使转折点延迟为一个转折阶段,形成转轨前期与中后期的一个交叉过程。转折阶段的突出特征是:体制转轨与发展转型的进展都不明显,政策的重点集中于应付实际经济运行中出现的诸多问题。这一阶段从时间起止上看,好像是一个从实施积极财政政策到经济开始新一轮增长的调控过程,是经济运行方面的问题。但隐藏于背后的却是20世纪90年代中期以来经济体制、运行机制发生深刻变化,实际经济运行、政策判断、思想观念之间出现不同步,甚至碰撞的过程。实际上已经不是一个时点意义的概念,而是演化为大致从1992—1998年的一个过渡期从实际经济运行的评价来划分,未来战略机遇期基本是与转轨中后期重合的,目前这一时期从政治生活事件划分刚经历了13年,实际经济评价才经历八九年,未来的前瞻性研究还很长。目前依然增长强劲的中国经济,事实上正运行在以1978年为起点,以全面建设小康和基本实现现代化为终点的转折点上。转折意味着改革和发展的阶段、思路发生了重大变化,这是本书认识问题

---

① 1992年邓小平南巡谈话中曾讲了一段意味深长的话:“改革开放以来,我们立的章程并不少,并且是全方位的……随着实践的发展,该完善的完善,该修补的修补……恐怕再有三十年的时间,我们才会在各方面形成一整套更加成熟、更加定型的制度。在这个制度下的方针、政策,也将更加定型化”。从时间上算,也大致在2020年前后。参阅邓小平:“在武昌、深圳、珠海、上海等地的谈话要点”,《邓小平文选》第三卷,人民出版社,1993年,第371、372页。

的出发点。

二、转轨前期(1978—1998年)

(一)"新民主主义——社会主义计划经济"的转轨必然导致本次转轨,转轨前期是对前一次转轨的一种修复和发展。

专栏6-4

"要办两件事,要换两回朝"

毛泽东在1943年生动地把中国共产党要完成的革命任务说成是"要办两件事,要换两回朝","第一,要把半殖民地半封建社会改变为民主主义社会,即新民主主义社会","第二,……还要换一个朝,就是由资产阶级民主主义社会变为无产阶级社会主义社会。"这就告诉我们:一是在中国要实现社会主义一定要经过反帝反封建的新民主主义革命,二是中国走向社会主义社会要经过新民主主义社会的发展阶段。

新民主主义社会与社会主义初级阶段,在时序上是递进衔接的两个社会发展阶段。新民主主义社会独特性的一个重要表现,在于它是一个过渡性的社会形态,其之前是半殖民地半封建社会,其之后则是社会主义(严格地说是社会主义初级阶段)。这就规定了新民主主义社会与社会主义初级阶段既有区别又有关联。

从历史发展阶段来看,新民主主义社会和社会主义初级阶段都是不可逾越的历史阶段。新民主主义社会、新民主主义共和国,是新民主主义革命的直接结果。它不同于欧美式的资本主义共和国,也区别于苏联式的社会主义共和国,是经济落后国家在一定历史时期出现的社会形态,即是过渡的形态又是不可跳跃的形态。正如毛泽东在《新民主主义论》中所指出的那样:新民主主义共和国“是一定历史时期的形式,因而是过渡的形式,但是不可移易的必要的形式”。[①]在这一历史阶段,各革命阶级的任务是共同完成新民主主义的政治、经济、文化建设,为过渡到社会主义创造必要的条件。

社会主义初级阶段是以资本主义完整社会形态的“历史跳跃”实

专栏 6-5

毛泽东对新民主主义社会的认识

本来毛泽东认为新民主主义社会是一个相当长的历史时期。1950 年 3 月,毛泽东在全国政协第二次会议上,还强调由新民主主义社会进入社会主义社会还是“很远的将来”。毛泽东注重生产力和生产关系的相互促进,并且以发展生产力为主,在生产力发展到相当高程度之后才可能转变为社会主义社会,这是坚持社会发展的生产力尺度,是合乎唯物史观基本原则的。因而过渡时期总路线中的主体是“一化”。但是稍后实际上发生了主体转换(即改“一化”为“三改造”),相对忽略了国家社会主义工业化任务,着重指出:“总路线也可以说就是解决所有制的问题。”对此,正如 1981 年党的十一届六中全会通过的历史决议中所说的:1955 年夏季以后,社会主义改造要求过急,工作过粗,改变过快,形式也过于简单划一,以致在长期间遗留了一些问题。

资料来源:参考了《毛泽东文集》第 6 卷,第 301 页的相关内容。

---

① 《毛泽东选集》第二卷,第 675 页。

现的，由此造成了社会主义初级阶段这一历史阶段的不可逾越。逾越、超越、跨越、跳跃是相对的而不是绝对的。历史研究已有定论，近代中国在特定的历史条件下，未经过资本主义的充分发展，经由新民主主义社会到社会主义的过渡，建立起社会主义基本制度，这是中国社会发展的伟大飞跃，是中国社会历史发展客观必然性和历史主动性的合力结果。但是，我们必须同时正视这样一个客观现实，即中国社会主义实现和发展过程的特殊性并没有因过去的“历史跳跃”而终止。

专栏 6－6

实行计划经济的历史原因

我国的计划经济体制是在第一个五年计划时期形成的，在学习了前苏联建设社会主义经验的基础上建立了计划经济制度。

当时实行计划经济有其深刻的历史原因：从意识形态上来看，认为市场经济是资本主义的东西，计划经济是社会主义制度的基本特征，我们搞社会主义，所以理所应当要实行计划经济。从当时面临的历史条件来看，旧中国遗留下来的是半封建、半殖民地经济的烂摊子，为了医治长期战争创伤，改变落后的经济面貌，认为计划经济可以集中人力、物力和财力，进行重点建设。从国际背景来看，19 世纪 30 年代资本主义国家经济大危机后，当时新成立的社会主义国家普遍实行计划经济，一些资本主义国际如法国等也认为计划经济可以克服市场经济的弊端。

1953—1957 年是中国有计划进行社会主义改造和经济建设时期。在 1956 年和 1957 年基本上完成了对农业、手工业和资本主义工商业的社会主义改造(资本主义工商业的社会主义改造还没有全部完成,资本家还领取定息,并且有相当大一部分公私合营商店自负盈亏,实际上仍然是为国营商业经销代销的私营商店。1967 年取消定息,自负盈亏的公私合营商店才基本上消灭了)。因此 1953—1957 年的社会主义改造可以视为一次特殊的经济转轨过程,即由"新民主主义——社会主义计划经济"的转轨,从商品经济到计划经济转轨过程。在此后二十多年的时间里,中国一直在计划经济体制的道路上谋求国家和民族的成长和发展,但是由于计划经济的种种弊端,同时伴随着"大跃进"和"文化大革命"[①] 等时期的经济发展的严重扭曲,中国经济在 1978 年选择了改革。

在党的十五大报告中,江泽民在总结十一届三中全会前我们在建设社会主义中出现失误的根本原因时指出,根本原因之一,就在于提出的一些任务和政策超越了社会主义初级阶段。同时,他又指出,实现工业化和经济的社会化、市场化、现代化,这是社会主义不可逾越的历史阶段。因此可以说,我们在转轨前期乃至整个转轨过程中所进行的改革是对"新民主主义"阶段的"补课"过程,而转轨前期则是对"新民主主义——社会主义计划经济"转轨过程的一种修复,即从传统计划体制向市场经济体制过渡,建立市场经济的基本框架的过程。

---

① 如果没有"大跃进"和"文化大革命",中国的经济增长还会更高,至少应当达到长期增长潜力。从国际比较看,中国会大大高于周边处在同等发展水平的发展中国家,也会接近日本、韩国和中国台湾的经济增长率;从 1978 年以后的中国实际经济增长记录来看,中国确实有一个很高的增长潜力,达到 9% 左右。资料来源:胡鞍钢:"文化大革命时期(一)(1966—1976 年)",载中国科学院、清华大学国情研究中心主办的《国情报告》2004 年第 52 期,2004 年 8 月 16 日出版。

(二)转轨前期中国经济改革目标的认识演进

经济转轨前期即从1978年党的十一届三中全会到1998年前后实际经济运行出现明显变动特征的这段时间,中国政府和人民把工作重心从以阶级斗争为纲的政治斗争上转移到经济建设中来,开始有计划、有步骤、分阶段地逐步推进各项改革。中国的改革目标是从传统计划体制向市场经济体制过渡,在这样一个市场化过程中,体制变革经历了三个阶段[①]:1978—1984年为第一阶段,主要特征是通过传统体制内部改良和在传统体制边界上培育市场化因素启动改革;

表6-6　转轨前期中国经济改革目标模式的演变和形成

1	1978年中共十一届三中全会	在国家统一计划指导下向地方和企业下放经营管理自主权(行政分权式计划经济)
2	1982年中共十二大	计划经济为主,市场调节为辅 以指令性计划为主体,辅以指导性计划
3	1984年中共十二届三中全会	社会主义计划经济是有计划的商品经济 适当缩小指令性计划,适当扩大指导性计划
4	1989年	计划经济与市场调节相结合
5	1992年中共十四大	建立社会主义市场经济体制,市场在国家宏观调控下对资源起到基础作用
6	1993年中共十四届三中全会	社会主义市场经济体制的基本框架,涉及所有制结构、国有企业制度、市场体系、政府调控体系、分配制度及社会保障制度和对外开放等环节
7	1997年中共十五大	建立比较完善的社会主义市场经济体制,公有制为主体,多种所有制经济共同发展是社会主义初级阶段的一项基本经济制度

---

① 参见吕炜:《资本挑战体制——关于中国经济转轨原理的一种解析》,经济科学出版社,2000年。

1984—1992 年为第二阶段，主要特征是非公有制经济迅速发展，市场规模化扩张，形成了以价格双轨为代表的体制双轨运行时期；1992 年以后为第三阶段，主要特征为市场化体制取代传统体制，在经济运行中逐渐居于主导地位，市场经济体制框架基本建立并进入完善时期。

（三）短缺和低效率仍是转轨前期的最突出特征

但是正如我们每一个人所知道的，我们的经济改革是在原先高度集中的计划经济的框架中进行的，计划经济对人们思维以及行为上根深蒂固的影响在很长一段时间内都难以清除，与其相伴随的经济运行的低效率也不是在朝夕之间就可以显著改观的。同时，我们的经济改革是在经历了长达 10 年之久的"文化大革命"浩劫之后、国民经济陷入极度瘫痪、人民生活极度贫弱的大背景下开展起来的，薄弱的基础严重束缚了这个农业人口众多、自然经济占据统治地位的社会主义大国在短时期内迈向富裕和发达的脚步，虽然客观地说，经过十多年的社会主义市场经济改革，中国的经济建设取得了举世瞩目的成就，但是大量的统计资料和我们每一个生活其间的人的切身感受都告诉我们的一个客观事实就是：在 1996 年之前的经济转轨前期中，短缺现象一直是一个伴随我们改革进程的挥之不去的阴影。对于传统体制下和改革前期基本由传统体制主导下的经济运行状态，我们定义为"短缺状态"，这一时期称为"短缺时期"。

短缺被认为是传统社会主义国家经济运行的正常状态，科尔奈在《短缺经济学》中指出，"短缺，或是作为其他现象的原因，或是作为它们的后果，通过无数纽带与经济体制的其他环节，即与价格和工资，计划与市场，财政与货币政策，物质和精神刺激，联系在一起。"①

① 亚诺什·科尔奈：《短缺经济学》上卷，经济科学出版社，1986 年，第 12 页。

专栏 6-7

如何看待“文化大革命”

“文化大革命”(1966—1976年)已经成为中华人民共和国政治与经济历史的一个特殊的历史时期。如何评价“文化大革命”呢?有两种截然不同的评价:一是毛泽东的自我评价和党的历次全国代表大会(九大、十大和十一大)政治报告的评价;二是中共中央1981年《关于建国以来党的若干历史问题决议》的历史评价。后者是重新评价,全面否认了前者评价。

“文化大革命”是毛泽东的精心之作,也是最受争议的历史之作。毛泽东生前多次讲过:我一生干了两件事。一是与蒋介石斗了那么几十年,把他赶到那么几个海岛上去了。抗战八年,把日本人请回家去了。打进北京,总算进了紫禁城。对这些事持异议的人不多。另一件事就是“文化大革命”。这事拥护的人不多,反对的人不少。

实际上1966年党的八届十一中全会公报,1969年党的九大政治报告,1973年党的十大政治报告和1977年党的十一大政治报告都对毛泽东发动的“文化大革命”给予高度评价和充分肯定。

但是这些“自我评价”和“现场评价”并不等于历史评价。它们很快就被新的不同评价所代替。我们看到既有邓小平对毛泽东的“文化大革命”的否定,也有党中央对上述党的决定的否定。

1981年3月邓小平也认为,“文化大革命”的错误是严重的,全局性的错误。它的后果极其严重,直到现在还在发生影响。说“文化大革命”耽误了一代人,其实还不止一代人。他把“文革”称为一场大灾难,是"十年浩劫",对我们党损害极大,党被打乱了。

1981年6月中共中央十一届六中全会通过《关于建国以来党的若干历史问题决议》对"文化大革命"十年作出历史总结和历史评价。决议认为,"文化大革命"十年是党、国家和人民遭到建国以来最严重的挫折和损失的十年。"文化大革命"不是也不可能是任何意义的革命或社会进步。历史已经判明,"'文化大革命'是一场由领导者错误发动,被反革命集团利用,给党、国家和各族人民带来严重灾难的政治动乱"。

资料来源:胡鞍钢:"文化大革命时期(一)(1966—1976年),"载中国科学院、清华大学国情研究中心主办的《国情报告》2004年第52期,2004年8月16日出版。

短缺是指长期的落后于需求的供给不足,首要的是消费品供不应求。原因之一是第一部类比第二部类发展得快,投资周期比计划安排的周期要长,投资效益比预计的要低;非生产性就业人数比生产性就业人数增长的要快,等等。消费市场的排队成龙,不正常的高储蓄,凭票供应某些消费品,黑市盛行以及类似的抑制型通货膨胀均是这种经济性能的一组可见的效果。表6-7和表6-8可以说明中国经济转轨前期的短缺情况。

表6-7列示的是中国1985—1995年的人均收支情况,虽然没有明确给出这段期间内的短缺情况,但是从人均可支配收入的绝对数字中我们可以明显地看出人们处在相当贫困的境地,人均消费性支出的水平是比较低的,这一方面可能由于当时的物价处于较低的水平,另一方面就是由于商品短缺,人们无法购买到意愿数量的商品。如果说表6-7只是从整体上说明了经济的相对贫困状况,那么表6-8从1984—1995年中国集市贸易成交情况的角度就能够对短缺状况有一个较为具体的反映。无论是集市贸易的总成交额还是按

表 6-7　中国 1985—1995 年的人均收支情况　（单位：元）

年份	人均年收入	其中：可支配收入	人均消费性支出	人均消费性支出/可支配收入
1985 年	748.92	739.10	673.20	0.91
1986 年	909.96	899.60	789.96	0.88
1987 年	1012.20	1002.20	884.40	0.88
1988 年	1192.12	1181.40	1103.98	0.93
1989 年	1387.81	1375.70	1210.95	0.88
1990 年	1522.79	1510.20	1278.89	0.85
1991 年	1713.10	1700.60	1453.81	0.85
1992 年	2031.53	2026.60	1671.74	0.82
1993 年	2583.16	2577.40	2110.81	0.82
1994 年	3502.31	3496.20	2851.34	0.82
1995 年	4288.09	4283.00	3537.57	0.83

资料来源：《中国金融年鉴》(1999)。

地区或者按商品种类的局部成交额，在 1995 年之前从绝对数量上来看都不是很大，这可以从某种程度上证明经济中存在短缺现象，如果按照当年的实际人口数进行平均得到人均成交额的话更能够说明这一点。但是值得注意的是，正如我们从表中所能够看到的，中国集市贸易成交额的发展速度是非常迅速的，按种类划分的各种商品在短短的十年中出现了快速的增长，这从另外一个侧面证明了中国经济中原来所潜藏的消费能力和消费需求，只是由于短缺而致使这些消费需求无法展现出来。快速增长的数据充分证明了随着中国经济体制改革的逐步推进和经济社会的稳步发展，中国经济的运行状态正在从极度短缺的状态向轻度短缺甚至是过剩的状态稳步前进，这一方面作为市场经济体制改革的成果而受到世人的高度关注,另一方面作为下一阶段经济转轨的背景而成为基础性制约因素,特别是为经济进入"后短缺时期"奠定了一个坚实的理论和实践基础。

在导致短缺的原因方面,经济理论学界存在着两种不同的思路和观点——需求决定论和供给决定论①,前者把短缺视为由总需求(包括投资需求和消费需求)过度所引起,而过度总需求则归因于固定价格制以及国民收入的超分配或货币增广;后者试图从供给角度

表 6-8 1984—1995 年中国集市贸易成交情况 (单位:亿元)

项目	集市贸易成交额	按地区		按种类						
		城市	乡村	粮油类	肉禽蛋类	水产品类	蔬菜类	干鲜果类	农业生产资料类	大牲畜类
1984 年	471	80	390	46	92	24	38	19	13	36
1985 年	632	121	512	50	140	33	49	26	14	33
1986 年	890	259	631	71	247	64	97	59	15	31
1987 年	1158	347	811	85	320	85	131	83	16	33
1988 年	1621	545	1076	108	460	123	193	123	18	38
1989 年	1974	724	1250	143	571	158	239	161	22	38
1990 年	2168	838	1330	147	619	182	264	184	23	38
1991 年	2622	1079	1543	165	706	224	332	233	25	44
1992 年	3530	1583	1947	213	859	292	435	292	30	48
1993 年	5343	2562	2781	350	1103	414	582	403	37	57
1994 年	8982	4569	4413	595	1626	629	850	572	50	79
1995 年	11590	6176	5414	904	2221	870	1203	782	111	106

资料来源:《中国金融年鉴》(1999)。

① 关于短缺归因的这两种观点,可参阅胡汝银在"再论短缺的供给方面原因"一文中所作的比较研究,《经济研究》1991 年第 7 期。

寻找短缺的原因,并在供给问题上注重对组织、规则或制度的分析,比如,供给决定论者把由配置低效率、组织低效率和动态低效率等一系列所谓低效综合症所产生的实际总供给小于潜在总供给作为短缺的真正原因。在短缺归因问题上,科尔奈强调制度因素的重要作用,在《短缺经济学》中他明确指出:"对长期短缺、吸纳和资源约束型体制运行的解释,不是存在于金融领域,也不是存在于价格信息的特征之中,而是存在于较深层次即存在于制度关系和这些关系所形成的决策者的行为规律性之中。"① 更明确地说,科尔奈认为,传统社会主义经济的制度特征在于非价格控制,上下级之间家长式的交易关系,经济单位决策者的数量扩张冲动,决策的随意性,软化的预算约束和卖方市场等,这些中央计划经济中产生的制度性因素是导致短缺的深层次原因。

众所周知,传统计划经济体制的主要特征在于一切经济活动和经济运行过程都处在作为中央集权的计划指令中,包括一切商品的供给及其价格,价格在这里无法反映商品供给和需求的真实关系。我们撇开经济学界关于导致短缺的深层次原因的理论研究,仅从西方经济学中最基本的价格控制原理来分析短缺的现象及其后果。如图 6-2 所示,在没有价格控制、让需求双方根据价值规律自发发挥作用的情况下,供求双方在 E 点实现均衡,均衡价格为 P^*,均衡数量为 Q^*,没有过剩的需求也没有过剩的供给。当在价格控制的情况下,由于控制价格通常都低于均衡价格(其原因是多方面的,包括经济的、政治的甚至是人们心理的,限于本书的主题这里就不具体探讨了), 例如图 6-2 中的 P_1 点。在 $P_1 < P^*$ 点的情况下,意愿供给数量

① 科尔奈:《短缺经济学》下卷,经济科学出版社,1986 年,第 271 页。

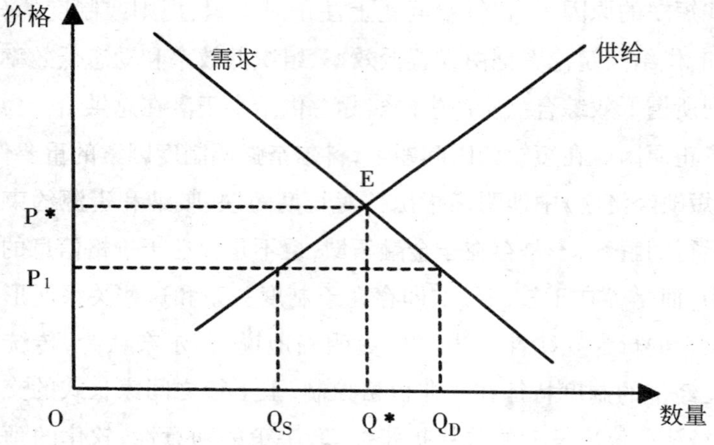

图 6-2　价格控制与短缺

为 Q_S，意愿需求数量为 Q_D，$Q_D > Q_S$，($Q_D - Q_S$)为过剩需求即短缺数量。由于商品短缺，必然造成消费者的抢购行为，政府为了维护公平和稳定社会秩序往往不得不实现定量供应，其主要手段便是凭票购买。同时，由于各个消费者的需求量多少是不一样的，而每人买到大数额是定量供应的，因此，有些人想卖出一些而另一些人想买进一些，于是出现了黑市。这些现象在转轨前期是短缺的后果或者更直接地说是其表现形式。由于价格控制是作为一个传统计划经济体制下的普遍现象而存在，那么短缺现象便注定是这个体制下社会生活中的常态。

与短缺紧密相连的另外一个概念是低效率，计划经济体制下的经济运行低效率无论是从理论上还是在实践上都已得到人们的普遍认可，低效率同样反映了转轨前期在“计划 > 市场”背景下经济运行的典型特征。在城市无论是国有企业还是集体企业经济效率低下问题十分突出。1979 年初李先念尖锐地指出了经济运行中存在的效率低下的问题:全国有1/3的企业管理比较混乱,生产秩序不正常;国营企业每百元工业产值提供的利润比历史最好水平还低1/3;24.3%的国有企业出现亏损;基本建设战线长,投资效果差,浪费惊人;流通领域中环节多,周转缓慢,物质严重积压;普遍追求产值、产量而忽视提高质量、增加品种、降低消耗;产品质量低劣,品种规格不对路,物质消耗高;需要的产品生产不出来,不需要的产品又盲目生产,大量积压。其实在毛泽东时代,李先念作为中央政治局委员、国务院副总理兼财政部长时早就对中国计划经济体制弊端有深切的感受和认识,但是连续的周期性的阶级斗争和政治运动不仅无法改革这一体制,而且连正常的生产和经济秩序都保证不了。在农村实行人民公社制度,也是一个经济效率低下的经济组织。中国的农业特征是:一方面从农业劳动生产率看,一直处于增长性波动,甚至下降;另一方面土地生产率不断上升。根据麦迪森按1987年价格计算,农业劳动生产率从1957—1978年期间年平均增长率为-0.19%,每个农民的农业增加值比1933年还低15%,其中1961年的农业劳动生产率仅相当于1933年的60%;每公顷农业增加值1978年比1957年提高了65%①。

导致经济运行低效率的原因同样是多方面的,例如可以从体制、经济发展基础、人们行为方式以及社会习惯等诸多方面进行思考和分析。亚历山大·巴伊特把南斯拉夫在1960—1980年期间的投资效率与西班牙、葡萄牙、希腊以及土耳其这四个同位于地中海周边的资本主义国家作了比较,发现比较期的初始时期资本产出率的差异并不很大,但后来南斯拉夫的投资效率只有这四个国家的平均效率的

① 参见麦迪森:《中国经济的长远未来》,中译本,新华出版社,1999年,第111页。

不到70%，而且其人均物质总产出根本没有增长，甚至有人估计是下降了。

三、转轨中后期(2004—2020年)

(一)经济运行状态从“短缺时期”到“后短缺时期”的变迁

从计划体制到市场体制的变革，随着市场化程度的加深，经济运行状态的正常过渡体现为资源约束到需求约束、从短缺到过剩的变化。在中国，这种经济运行状态的更迭是由政府主持下的体制改革来推动的，目前正处于中途，变革过程中的路径选择、推进步骤以及运行机制从无到有、从低效率到更有效率地运转，会导致经济运行出现一种过渡状态，或称中间状态，其特征为面对供给总量的日渐充足，需求能力两极分化日益严重，有消费能力无消费需求和有消费需求无消费能力的问题十分突出，城乡之间、地域之间、行业之间等形成的最终消费能力差异十分明显，加之供给方面企业的产品结构、行业结构、产业结构的自我调节能力滞后，低收入水平的供给相对过剩成为经济运行的常态。我们将这种状态定义为“后短缺状态”，这一时期称为“后短缺时期”。解决结构性矛盾对经济运行的约束，成为继续深化改革、持续增长的目标。

中国经济运行状态从“短缺时期”到“后短缺时期”的变迁大致可以1997年作为分界线，1998年以后理论界对经济生活中相对过剩的现象及影响力有了较为普遍的认同。而事实上，1996年经济实现“软着陆”以后，经济运行状态变迁所引发的问题就已经显露出来。

1996年上半年全国609种主要商品供求监测显示供求平衡的商品占89.4%、供过于求的商品占5.3%、供不应求的商品只占3%，但当时人们并未认识到隐藏在其背后的国内需求不足的深刻性，而更多地是从治理整顿、紧缩过度来解释。[①]但是决策层对尚限于局部的矛盾可能引发的经济疲弱与停滞已经警觉，并加大了传统调控手段实施的力度与频率。1996年5月至1998年12月的31个月内，中央银行连续6次降息，一年期存款利率由10.98%一路降至3.78%，其降息密度和幅度为建国以来所未有。遗憾的是实际效果十分不理想，1998年7月商业信息中心宣布所监测的601种主要商品全部处于供过于求和供求基本平衡。同年6月16日财政部长项怀诚在《人民日报》发表"财政宏观调控与启动经济增长"的文章，标志着政府面对经济运行状态变迁而在政策取向上做出的调整与变化的开始。7月15日，国务院第十二次总理办公会议决定，财政支出1000亿元搞建设，再配1000亿元银行贷款，力争在年内拉动经济增长2个百分点。12月7日至9日召开的中央经济工作会议正式将扩大国内需求、开拓国内市场作为中国经济发展的基本立足点和长期战略方针明确下来，提出"要把促进消费需求的增长作为拉动经济增长的一项重大措施，使投资和消费双向启动"。此次中央经济工作会议文件中还明确指出："继续实行积极的财政政策，是明年仍须采取的一项重要政策措施。实行积极的财政政策，并辅之以适当的货币政策，对扩大内需、刺激经济增长具有十分重要的作用，"算是正式确立了以政府政策取向调整推进"后短缺时期"经济增长的方针。1999年8月，

---

① 例如在一份关于中国经济形势分析与预测的"1997年秋季报告"中，就有某种形式的供大于求的买方市场的出现不等于有效需求不足的观点，认为目前"买方市场的出现不仅有利于更有效地实现宏观调控，而且也是建立社会主义市场经济框架中自动实现动态结构调整机制的必要条件"，"不能'叶公好龙'，一见供大于求的买方市场，就认为出现了需求不足"。1997年底公布的一份关于当前形势和明年经济工作的几点意见中也坚持认为："没有充足的理由说明，当前经济生活中的困难和问题是由需求不足和货币政策为主的宏观政策过紧造成的。"

在增发250亿元国债用于基础设施建设、300亿元国债用于农林水投资的基础上，经全国人大常委会批准，又发行了600亿元国债用于增加固定资产投入。1999年8月以后一些宏观经济指标显示出向积极方面的变化。

从市场化进程来观察和衡量经济运行状态的变迁是实证的另外一个视角。1978年中国农产品出售总额的94.4%、工业销售总额的97.5%、服务产品的100%，均为国家决定的计划价格，生产资料的市场化程度、企业和政府行为方式适应市场化的程度则基本为零。在改革启动后仍然延续的“短缺时期”内，中国经济运行经历了从传统计划体制边界上培育和引入市场化因素，通过“计划价”、“指导价”、“市场价”等多类型定价方式修补流通环节，形成市场化的再生产过程，以及逐步确立市场经济体制目标，尝试建立统一的市场运行机制等多个阶段。在这一过程中，市场化的程度不断加深，体制变革所引致的短缺常态也在逐渐消失。据当时测算，中国国民经济总体市场化程度在1997年达到约为50%的时间标志，[①] 与前一个视角的考察吻合。两位学者对该年相关指标测度的结果表明：农产品总体市场化程度为77.2%，工业品市场化程度为68.3%，服务产品的市场化程度为41.1%，全国产品的总体市场化程度为61.71%。在生产要素方面，资本的市场化程度为17.2%，土地市场化程度为22.5%，劳动力市场化程度为70%；全国生产要素总体的市场化程度为36.5%。此外，分别测度企业的市场化、政府对市场的适应程度、经济的国际化程度三项指标为51%、36.6%、21.3%。这里有一点值得

① 参见常修泽、高明华：“市场化，我们走了多远”一文，《人民日报》1988年月12月21日第一版。

注意:产品的市场化程度高于生产要素的市场化程度,这意味着在“后短缺时期”市场化运行机制的全面建立、统一、规范过程中,由于市场效率作用程度的差异,最终消费品将首先出现“买方市场”的特征,而要素交易、供给调节方面将出现市场反馈不全和低效率的局面。

第三个视角是原有的体制推动和调控措施对经济运行的影响力越来越弱,标志着经济运行已进入一种新的状态,需要寻求新一轮制度创新来加以推动。1997 年国内制造业出现了比较严重的生产能力相对过剩,通货紧缩的迹象也日渐显现,面对这种情况,在 1998 年初的中央 3 号文件《国家计划委员会关于应对东南亚金融危机保持国民经济持续健康发展的意见》中,明确了刺激国内需求、扩大投资规模的政策基调,同时出台了连续的降息措施。按照传统的思维和设想,只要中央政府放松固定资产投资控制,地方政府“大干快上”的热情立即会被鼓动起来,争上项目的投资饥渴症会使决策者的注意力重新回到避免重复建设和防止潜在的新一轮通胀上。但实际发生的情况完全不同:各地政府并没有增加跑项目的次数,投资者信心不足,整个银行体系惜贷行为严重。1998 年前 4 个月,国内各种机构新增贷款 1138 亿元,比上年同期少增 722 亿元,货币供应量增长低于国家年度调控目标;7 月 1 日第五次降息,证券投资并未增加,居民存款仍然大幅度上升,7 月居民存款比上月增长 17.2%,尽管几次降息减少企业利息负担约 2400 亿元,但企业投资动力并不大。国有投资仅完成全年计划的 27.8%,低于正常年份 30%的水平,集体、个体所有制投资出现负增长,上半年全社会固定资产增长率仅达到 9%左右,低于 1997 年同期 4.8 个百分点,主要能源和原材料价格仍在继续下降,国有企业全面亏损,整个国民经济已明显处于通货紧缩的状态之中。上述情况表明,在经历了 20 年的改革之后,中国经济的微观基础已发生了根本性变化，市场机制和市场反应的作用逐渐居于支配地位，面对体制根本性变革带来的经济运行状态的最终变化，作为改革主导者和推进者的政府在宏观政策取向上必须适时做出调整。

现在，我们可以给“后短缺时期”作一个描述性定义：它是特指在我国渐进改革过程中，市场化总体程度已得到实质性提升，而市场化程度结构性不均衡问题突出的背景下，经济运行必然要经历的一个供给总量基本平衡甚至供给长期过剩，而供求结构性失衡矛盾尖锐的时期，由于这一时期的经济运行既有别于传统体制下和体制变革前期的全面短缺状态，又有别于完全市场经济条件下的需求约束状态，因此，我在这里将其定义为“后短缺状态”。

后短缺时期的初始阶段(5—10 年)的主要特征可进一步作如下描述：

(1)从总体水平看，我国仍属于较低收入国家，人均消费水平或人均资源消费水平大大低于世界人均水平。西方国家的需求不足基本上是在高收入、高消费以及消费饱和的时候出现的。因此，“后短缺时期”的市场过剩是在低收入水平下的相对过剩。

(2)这一时期的有效需求不足首先是指占人口很大比重的广大农民消费需求不足，改革过程中不断累积下来的相当比例的低收入阶层和绝对贫困人口处于极低的消费水平。收入的两极分化，针对现有供给水平而言，形成了有消费能力无消费需求和有消费需求无消费能力两个阶层。1998 年上半年占全国总人口 70% 以上的农民人均现金收入无增长，农村还有 5000—6000 万绝对贫困人口，城镇还有 1300—1400 万的贫困职工和贫困人口，他们根本没有能力消费，甚至是进行基本消费。

(3)渐进改革所形成的市场化程度不均衡格局和市场效率不均衡状态,使这一时期体制性障碍、运行不畅和低效率所导致的结构性矛盾十分突出。我们仍然沿用前面的市场化考察数据,企业的市场化程度低于工业品的市场化程度,企业改革的滞后导致企业应变市场、创造消费的内在机制滞后,形成市场供求矛盾和企业自身经营的困境。再如,政府对市场的适应程度较低,这就意味着政府对企业进行非市场行为干预的能力仍然很强,政府对自身角色的把握和调控难度在加大。

(4)这一时期的改革进入实质性阶段,由于转型期各种风险不断增强,民众的不安全感和危机感在加剧,广大居民会对消费需求做出不同程度的压抑。市场开放度提高使国内外不确定因素的影响更为直接,企业改革、结构调整使大量下岗工人的境况对在岗人员形成"约束",我国又逐渐进入退休高峰期,仅20世纪90年代以来,退休人员净增1000万人,困难企业拖欠退休人员各种医药费,截至1998年底达200多亿元,涉及1700万人。在缺乏有效的社会安全网的情况下,各项改革措施增加了人们的预期支出,也使人们的收入预期下降,在减少即期消费的同时恶化了人们的消费预期。

(5)过去重复建设、无效供给的状况仍然存在,无效增长、低增长加剧了生产能力的过剩,供需结构间的失衡以及各类库存的大量增加。一方面大量生产能力过剩,形成低水平的结构矛盾;一方面市场需求旺盛的一些高技术、高加工度的产品,也是我国经济发展迫切需要的多依靠进口。这种供需结构性矛盾仍将限制我国产业市场规模的扩大,制约经济增长质量和效益的提高,也会影响到经济发展的后劲。

(二)传统体制下的"社会契约"需要通过市场化过程出清

在传统计划经济体制下,为了实现快速工业化和经济增长的目标,政府与公众之间相应形成了一系列的社会契约。这些契约一方面要求公众必须忍受工业化和经济增长带来的消费利益的牺牲,以使积累保持在较高水平;另一方面则通过统一标准将较低价格的福利和社会保障安排于企业或单位中。改革开始后,随着价格的市场化、企业产权制度改革的推进,福利性公共品的供给价格必然逐步提高、成本逐渐外部化,顺利解除这一部分福利性公共企业是计划到市场转轨最终完成的前提。

从转轨的实践路径来看,"休克疗法"将转轨成本随同产权私有化过程一并抛向社会,试图将原来计划体制下政府与公众之间形成的"社会契约"通过市场化一次性解除。其巨大代价是改革一开始就会出现剧烈的经济社会动荡,由此所造成的对生产的破坏和债务危机较长时期难以消除。渐进改革虽然避免了"休克疗法"造成的严重问题,但当期必须支付的价格改革补贴和延期支付的与产权改革等相关的成本,却继续由政府承担着。已有的实践表明,旧的"社会契约"事实上无法通过市场化过程出清(Clearing),即使选择激进改革的国家,只要政府是负责任的,在解除"社会契约"的某些问题上也仍然不得不采取较为渐进的方式来过渡,政府必然是解决这些历史债务的最终负债人。因此20世纪90年代中期中国开始的第二阶段改革,其挑战性被认为在某种程度上不亚于20年前,转轨的速度将决定未来支出负担的规模。转轨成本的消化将形成对这一阶段经济运行和市场机制的基本制约,而这一过程中的成本支付方式无非两条:(1)一部分转化为家庭部门的个人支出;(2)一部分转化为财政必须承担的公共服务项目支出。比如原来体制下全民范围都享受到的教育之类的补贴,不论结构如何调整,一部分支出仍然要由政府来负担，一部分则转移给家庭迫使居民以增加储蓄、缩减即期消费来应对。

（三）转轨中后期经济改革的逻辑

在第一阶段以打破计划体制、建立市场体制，结束短缺经济、解决温饱问题为目标的发展过程之后，中国的改革面临着进一步完善市场经济体制的任务，发展面临着完成第三步战略的任务。按照什么样的思想和标准来设计第二阶段的时间表、制定相关的政策、检验每一步的进展，是一个重大的战略规划问题。既需要以对第一阶段的经验教训的总结为前提，也需要有一个对新思路进行局部、短期试验的过程。从自己的国情和实践进展出发，面对问题、解决问题，应该说这正是"北京共识"、中国模式、中国经验的精神实质。

专栏 6-8

1997—2000 年经济增长与就业状况

2000 年，是中国经济初步复苏的一年。在这一年中，中国经济改变了连续几年增长速度下降的趋势，年经济增长速度达到 8%。但在这一年，社会状况并没有随着经济增长而好转。1997 年中国 GDP 增长 8.8%，从业人员只增加 1.1%；1998 年 GDP 增长 7.8%，从业人员只增加 0.5%；1999 年 GDP 增长 7.1%，从业人员只增加 0.89%；2000 年 GDP 增长 8%，从业人员只增加 0.79%。也就是说，在 90 年代末，尽管经济增长的速度一直保持在 7%—8%，但这种高速的经济增长已经无法带来就业机会的增加。

资料来源：《中国统计年鉴》(2001)。

从经济增长和社会发展的关系来看，转轨中后期与转轨前期相比大大不同。转轨前期，一般地说，经济增长会带来社会状况的自然改善。也就是说，经济增长和社会发展的关联度是很高的。因为当时改革的起点是经济生活的匮乏和由此导致的社会生活的种种问题。也就是说，当时的许多社会层面上的问题，集中表现在社会的经济实力上。但到了转轨中后期，经济的增长在很大程度上已经不能导致社会状况的自然改善。具体表现在，贫富悬殊的状况没有发生明显的改善，就业状况没有得到明显的改善，包括治安在内的社会问题的状况也没有得到明显的改善。以最近几年的情况看，已经出现了一种明显的“没有就业机会增加的经济增长模式”。

实际上，中国的经济增长近些年来在现实的层面上陷入一种悖论之中：即使经济有一个较为快速的增长，社会中大部分人并不能从中受益；但如果没有一个较为快速的经济增长，社会中的大部分人会从经济停滞中受害。这种悖论的出现表明原有的改革逻辑发生了改变。

新的改革逻辑最集中地表现为近两年中国政府关于第二阶段(转轨中后期)战略的基本思想与评价标准的系统形成，主要体现于中共十六大报告、十六届三中全会《决定》、科学发展观和十六届四中全会《决定》中。提出要把改革的力度、发展的速度和社会可承受的程度统一起来，把不断改善人民生活作为处理改革发展稳定关系的重要结合点；提出要走出一条科技含量高、经济效益好、资源消耗低、环境污染少、人力资源优势得到充分发挥的新型工业化路子；提出健全国家宏观调控，完善政府社会管理和公共服务职能，为全面建设小康社会提供强有力的体制保障；提出坚持以人为本，树立全面、协调、可持续的发展观，按照“五个统筹”的要求推进改革与发展；提出推动社会主义物质文明、政治文明、精神文明协调发展，实现国家富强、民族振兴、社会和谐、人民幸福。1998—2004年这样一个特殊的转折时期，可能正好是酝酿和形成第二阶段战略规划的过程。这之前的着眼点在于打破一个旧体制、建立新体制，并在这一过程中以经济的快速增长解决温饱问题。那么转轨中后期（第二阶段）则是要在完善新体制的过程中建设全面小康社会，要把经济发展、社会发展和人的发展统一起来，把经济社会与人口、资源、环境统一起来，把物质文明、政治文明和精神文明统一起来，让各个方面在相互适应中获得持续发展。

四、特殊的转折阶段（1998—2004年）

在中国经济转轨的过程中，出现了1998—2004年这样一个过渡期，表现为一种经济失衡，在转轨过程中具有着十分重要的意义：消化部分未偿费用，疏导经济运行中的阻滞，设计下一阶段的发展目标和方式。这种过渡为下一阶段的改革、发展与稳定提供了重要保障。

关于1998—2004年中国经济的性质，人们习惯于从经济运行周期等经济学一般原理来解释。作为转轨中的中国经济，即使包含这些一般性，并最终表现为经济运行上的障碍，但更深刻的原因应该是特殊的转轨过程，即我们通常所说的体制性约束。本书认为，从转轨过程的角度考察，1998—2004年是中国经济体制转轨由第一阶段向第二阶段转换的转折时期。在第一阶段取得经济高速增长、解决温饱问题的同时，我们也为此付出了相应的代价，积累了大量的未偿费用。这些未偿费用的累积引发了日益严重的结构性失衡，并伴随市场化进程的深化而加剧，最终形成了对经济运行的制约。这是20世纪90年代中后期中国市场经济体制刚刚建立，经济就面临失速的体制原因。从这一角度分析，1998年以来旨在扩大内需、拉动经济增

专栏 6-9

对 1998—2004 年经济失衡的一种解析

中国经济在进入市场机制框架建立的转轨阶段后，就一直存在着较为严重的失衡问题，集中表现为投资—消费、总供给—总需求的断裂。这种失衡是传统体制性因素对投资和消费实施的逆向推动作用的结果。1998 年以来积极财政政策通过直接的产出效果保持了总量上的平衡，但并未使结构性失衡问题得到缓解，反而在某种程度上强化了失衡的体制性根源。因此新一轮经济增长刚一启动就遇到了严重的结构性障碍。失衡意味着市场经济运行存在着系统性、整体性风险。我们关于经济失衡的主要结论如下：

(1)新一轮经济增长的过度提速主要由投资增长引起，其实质是传统体制下投资冲动与饥渴在市场机制不健全条件下的变异。由于投资—消费的体制性制约阻碍了价格的传导，这种过热没有直接通过消费、通过实体经济反映，而是表现为固定资产价格的持续上涨。其实质是经济运行并没有走入良性增长和自主增长，长期需求不足的体制性原因仍然存在，通缩阴影可能成为经济运行的常态。

(2)新一轮增长加速伴随着突出的体制性矛盾。由投资的体制性冲动而形成的通货膨胀压力，由消费的体制性压抑而形成的通货紧缩压力，使得经济运行的结构性失衡非常严重，我们已很难想像改革前半期那样简单地通过 GDP 增长来自动增加就业、保持社会稳定。

(3)少数高收入群体消费升级对经济增长的拉动作用不容忽

视，正如当年城市居民家用电器消费拉动下形成的1984—1988年GDP超过15%的增长速度。但是这一次拉动进一步缩小到城市中一小部分高收入群体，这种收入增长和消费提升将使长期增长很难持续，社会容易发生断裂，是与全面建设小康和社会主义制度相悖的。

(4)当前经济运行的失衡问题从本质上说不是政策的产物，而是体制性约束的结果。但是一项政策的实施可能使问题的严重程度发生变化，也可能掩盖问题或延缓对问题的认识和解决。对决策者而言，不应将失衡原因过多归咎于积极财政政策，政策的退出可以有助于问题的解决，但根本的还是要消除体制性障碍。另外宏观调控政策的主要目标是总量平衡、稳定增长等，是通过需求管理来平衡总供求关系，并不具有解决体制性问题的能力，只能为体制性问题的解决创造一个平稳的宏观环境。

(5)消费需求的增加不仅是保证宏观经济持续增长的重要源泉，而且是促使经济内生性增长机制形成的关键。投资扩张可能拉动消费，但如果消费增长受到制约，投资扩张又受到推动，供给就会在短期内迅速创造出来，对物价下跌造成压力。地方政府的投资冲动可能加速这一过程，从而可能加速整体经济从过热向过剩的转化。

资料来源：吕炜："体制性约束、经济失衡与财政政策——解析1998年以来的中国转轨经济"，载《中国社会科学》2004年第2期。

长的积极财政政策，实际上是在保持一定增长速度的同时，通过对部分未偿费用进行集中消化，减小经济运行中的阻滞，增强经济的自我运行能力。恰恰是因为积极财政政策和扩大内需的外部拉动，推动了消费升级、减轻了消费对市场实现的制约，阻止了经济的突然失速。同样是由于这种外部力量的持续性存在，使最近几年连续推出的公共住宅私有化、非义务教育负担个人化以及退休、养老、公共医疗等深层改革造成的压力得到部分缓解和释放，经济社会运行机制得到一定程度的润滑。因此从转轨角度来看，积极财政政策实际上具有“积极偿债政策”的性质，是对第一阶段转轨中部分未偿费用的集中清偿，也是对其绩效的相应校正。

第七章　经济转轨的二元性与政策公平

第一节　非平衡性导致二元性

D.盖尔·约翰逊(D.Gale Johnson)对美、日、中不同时期出现的城乡二元差距问题和消除差距的情况进行过如下对比:日本经济起飞时期(1950—1980年)农业人口下降65%;美国在经济起飞时期农业人口下降72%;中国由于种种原因在1985年到1990年只有1.5%的农村人口转移出去。从1982年的人口统计显示看,中国第一产业36%的劳动力是文盲和半文盲,而其他部门已经降到3%,职工在校时间分别为5.8年和9.5年。而无论在农业部门还是非农业部门工作,无论在农村劳动还是在城市打工,农民接受的教育都会影响他们的生产率,也会影响农民迁移到城市后适应城市生活的能力①。2001年3月北京两会期间收入差距正过分拉大的问题成为关注焦点,全国政协九届四次会议特刊第2期报道说:在改革之初的1980年,世界银行估计中国大陆居民收入的基尼系数为0.33,不仅整体差距不大,在城市内部及农村内部甚至还相当均等。到1988年根据有关学

① 盖尔·约翰逊:"中国城乡如何缩小收入差距",《中国改革报》2001年4月30日。

者的抽样调查，城乡合计的基尼系数已上升至0.382。进入20世纪90年代后，居民收入差距进一步扩大，国家统计局提供的统计数据表明，1996年中国城乡合计的收入基尼系数为0.425，1998年则进一步上升至0.456。[①] 按照通行标准低于0.3属于过分均等、高于0.4属于差距过大、超过0.45则属极度不平等来看，已不能不引起警觉。而从理论层面寻找根据，则是由转轨总过程系统的高度不平衡运动的规律所引致。

经济领域的研究通常强调平衡（均衡）的重要性，经济活动实践更多地表现出来的却是非平衡（非均衡）。20年的改革与发展走的是一条渐进式的道路，其基本特征就是：通过非均衡的制度创新推动各领域的不平衡发展。中国经济具有多元结构性质，旧体制并非铁板一块，经济中的不同部分如农村经济，城市国有经济及非国有经济，其改革得以发生的条件、阻力大小等都存在明显差异，这就在客观上为中国经济转型提供了分散改革风险、降低改革成本以实行渐进改革的有利条件。这样，改革与发展的空间演进就表现为先农村而后城市，先沿海而后内地，先非国有、中小型企业而后国有、大中型企业，先农业、服务业、加工工业而后工业、基础设施和基础产业等等，实行局部调整、各个击破的策略。结果市场化制度创新的不均衡导致了发展的不平衡。

在本篇第三章中我们集中分析了经济转轨过程中的非平衡性，即体制与发展水平之间的不相契合。从经济体制的角度进行考察，在遵循“计划”→“计划 > 市场”→“市场 > 计划”→“市场”的演进过程之中，很长时间内都存在着“计划”与“市场”双轨并存的局面，也就是

---

① 朱奕：“收入差距正过分拉大”，《人民政协报》2001年3月4日。

说存在体制上的二元性。从发展阶段的角度进行考察,由于各转轨经济体都基本上处于经济起飞阶段,在从历史原因造成的落后状态下向有着明确目标和既定参照物的发达阶段迈进的过程中,由于客观历史条件已经不允许其进行遵循人类经济发展史的自然演化过程,而是必须借鉴和直接利用发达国家现存的先进技术和发达的生产力,因此不可避免地出现传统的生产力与现代发达的生产力长期并存的局面,表现为多种类型的发展阶段的差距。这种发展水平上的差距在不同的国家,其表现方式或程度不太一样,如有些面积比较小的转轨经济体主要体现在城乡之间,不同地区之间则不是很明显;而地域广阔、人口众多、自然条件各地差距很大的中国在发展阶段上的二元性则体现得特别广泛和深刻。

同时,由于经济转轨是一项庞大的系统性工程,各转轨经济体不可能同时在社会的所有方面全面展开,而必然采取有步骤、有计划、分阶段的转轨策略,并表现为转轨政策的试点性、次序性和层次性。不同的地区、不同的人群所受到的转轨政策的影响是不一样的,有些地区受到转轨政策的照顾而快速发展了起来,而其他地区则由于没有政策的倾斜而停滞不前;有些人群因为经济政策的调整而受到恩惠,另外一些人群则可能从中遭受到损失。再加之,经济转轨是一个政府主观驾驭的强制性公共政策过程,在这个强制性的过程之中,一般人士并没有自觉选择的自由和能力,因而不得不接受转轨政策带来的结果。于是,由于转轨政策驾驭的次序性和强制性,二元性的产生便难以避免。

本书认为,在经济转轨国家存在两类"二元结构"。第一类称为"经典二元":由于几乎所有转轨经济都是不发达经济即发展中经济,所以其现代产业部门与传统部门(集中表现为工农、城乡)之间存在二元结构。第二类称为“转型二元”:不论是激进主义或渐进主义的改革,转轨中的市场化推进都会出现因体制变动导致利益转移的两极分化或泛两极分化现象,在“转移性收益偏多”的部门或领域造就一批“畸高收入阶层”、在“转移性损失偏多”的部门或领域造就一批“畸低收入阶层”的“逆向分离”,构成二元结构。

传统二元直接折射着转轨国家较低的经济成长阶段与高度发育的现代市场经济的运行机制“接轨”的“时空错位”问题;转轨二元的某些严重程度,甚至可能超过当年发达国家经济结构变动出现的畸高、畸低收入群体分离的严重程度,则间接与“时空错位”所构成的基础性障碍发生联系。这是因为,发达国家在市场机制发育过程中,产业部门的两极并没有转轨国家现在拉得这样大,这一点只要看一下转轨国家从事新经济行业的高收入者/传统的现代产业部门的中收入就业者/传统产业低收入者这样一个系列的两极,就可以看得十分清楚。此外,转轨二元所包含的市场化逐渐扩展过程中某些垄断行业因种种原因较长时间继续维持其垄断优势,以及非平等竞争原因优先取得泛垄断畸高收益的情况,也是不容忽视的。

第二节 “经典二元”、“二元变异”与“转型二元”

一、“经典二元”

经济发展中的“二元结构”问题并不是一个新的话题,在从私有制产生以来的经济社会中都普遍存在着这样的问题,只是在具体的表现形式和表现程度上存在着差异。在经济学的研究中,人们通常更多关注的是传统的农业经济与发达的现代经济二元并存以及与此相对应的城乡或者地区之间的贫富差距问题。从20世纪60年代初开始,中国逐步通过一系列的制度安排构建了一个城乡隔绝的二元结构社会。这个二元社会结构以二元户籍制度为核心,同时也包括一系列其他的制度安排,有专家列举了14种这样的制度,包括二元就业制度、二元福利保障制度、二元教育制度、二元主副食品配给制度、二元公共事业投入制度等。其结果就是,城市人和农村人这两种完全不同的社会身份形成了。我们以表7-1为依据,先来粗略地看看传统"二元结构"的情况。

表7-1　1998年末城乡居民金融资产状况与消费能力分析

(单位:亿元)

序号	类别	金额
1	城乡居民储蓄存款余额	53497.5
2	扣除20%公款私存实有余额	40000
3	400亿美元外汇存款折合人民币	3300
4	各类债券	4000
5	3900万股民持有股票市值	19500
6	内部职工股股票	1000
7	手持现金	8000
8	合计(2-7)	75000
可用于即期消费支出的资金:		
9	(1)按序号2金额×20%计算	8000
10	(2)按序号7金额×100%计算	8000
11	合计(9+10)	16000

资料来源:根据1999年3月25日《中国改革报》整理。

根据国家统计局发布的1998年国民经济和社会发展统计公报，中国当年总人口为124810万人，家庭户均规模3.63人，由此计算总户数为34382.9万户。这样1998年人均可用于即期消费支出的资金即储蓄提款部分加上等额的手持现金全部用于购买消费资料部分，均为641元，两项合计人均消费能力1282元、户均消费能力4653.7元。如果考虑到中国城乡、工农、东西部地区这些原因所形成的“二元结构”差异，取加权平均数进行分析，结果就有所不同了。根据统计公报，1998年中国城镇人口为37942万人、乡村人口86868万人，当年城镇居民人均可支配收入为5425元，农村居民人均纯收入为2160元，将其中70%计算为实物以外的可支配现金收入为1512元。将上述比例关系引入人均消费能力的计算过程，测算出城镇居民的消费能力为3296元，农村居民的人均消费能力为402元，“二元结构”现象十分明显。占中国人口总数69.1%的农村居民的恩格尔系数尚处偏高位置，他们的收入中的较大一个数额是用于解决食品支出，而食品支出中的较大一个数额是由自给自足方式来完成的，这些都决定了“后短缺时期”初始阶段内中国居民最终消费的实际能力仍然是很不均衡的。

上述分析过程中所涉及的二元结构问题，是经济学家们早已提出过的，这里将其定义为“经典二元”或称“旧二元”。“经典二元”问题在发展经济学领域的研究非常完善，因而本书不对其进行过多的分析。

二、“二元变异”与区域经济发展战略

（一）“二元变异”

在中国经济的现实存在中，除了“城”与“乡”差距拉得过大这一

类型差距外，还有“城”与“城”、“乡”与“乡”之间的差距拉得过大的问题，以及由此导致的比传统二元更突出的城乡之间的差距问题，即在经济学论述中的“常规二元”（或称“传统二元”）范围内，还存在着与其既相似又广泛化的“二元变异”。所谓“相似”，是指大体上还有区域经济差异的影子在，表面化地去归类，将其划入经济学里已经定义过的那个“二元”范围里，也无可无不可。所谓“变异”，是指这种区域性差异虽然过去也有，但在计划经济体制限定的经济运行环境中不具有存在的合法性。

从实际情况看，在中国1978年启动经济体制改革进程的起点上，存在着差距并且比较明显的只是在“城”与“乡”之间，而在当时“城”与“城”、“乡”与“乡”之间并不存在太明显的差距。有谁听说过那时在北京、上海、广东“吃皇粮”的人，其收入就比新疆、内蒙、西藏“吃皇粮”的人收入高？可能因为存在地区津贴费，后者反而比前者还高一点。在农村，自然条件好的地区多作贡献，自然条件差的国家照顾，也没听说某一区域的“乡”比另一区域的“乡”的富裕，并且可以受到保护或鼓励。而现在所看到的“城”与“城”、“乡”与“乡”之间差距拉大的情况，除开政策特殊开的口子以外，大多是计划约束经济资源不恰当配置的影响力逐渐削减，市场激励经济资源优化配置的影响力逐渐增强所促成和推动起来的。所以将各种地域差距的形成完全归结于国外经济学家在并不包含体制变革条件下推导的“二元结构说”，就难免失之于简单了。

例如“常规二元”（或称“传统二元”）内存在着相似而并不相同的变异性问题：同是居住于“城”的中国城镇居民家庭，到“九五”期末的2000年，在各地区城镇居民人均“可支配收入”排名列表中，前三名的上海、北京、广东的城镇居民分别已达到11718.0元、10349.7元、

9761.6元,而后三名的山西、河南、吉林的城镇居民只分别为3724.1元、4766.3元、4810.0元;后三名的"收入—消费/收入—储蓄"能力只有前三名"收入—消费/收入—储蓄"能力的40.3%、46.1%、49.3%。由于"可支配收入"与"有效的消费能力"存在着正相关联系,上述同居住在"城"这"一元"区域的居民中,该年度前三地的城镇居民人均消费性支出额分别已经达到8868.2元、8493.5元、8016.9元,而后三地城镇居民人均消费性支出额则分别只有3941.9元、3830.7元、4020.9元,后三者分别只及前者的39.4%、38.3%、50.2%。

同是居于"乡"区域的居民家庭中,这种与"常规二元"(或称"传统二元")相似并不等同的变异情况同样也存在,且"乡"与"乡"之间的差距比"城"与"城"之间的差距还要拉得大些。统计数据显示,到"九五"期末的2000年,按"农村居民纯收入"排名,前三名仍然是上面3个省、市,排名后三名的是3个内陆省份。具体数字是:5596.37元(上海)、4604.55元(北京)、3654.48元(广东);1374.16元(贵州)、1428.68元(甘肃)、1443.86元(陕西)。后三名分别只有前三名的24.55%、31.03%、53.08%。这意味着1个上海农村居民的纯收入水平约相当于4个多贵州居民的纯收入水平,1个北京农村居民的纯收入水平约相当于3个多甘肃农村居民的纯收入水平,1个广东农村居民的纯收入水平约相当于2个多陕西农村居民的纯收入水平。

实际上,单从居住于"乡"的居民的人均纯收入比较还不能把这种差距的严重程度"量度"充分,因为中国乡村经济构成中有相当一部分所谓"纯收入"的收入含量并不"纯",即将有些农村居民家庭既未卖出又没有被自身消费掉的物品,也按"售出"或"买入"折价计入了纯收入当中。这种不真实计入的"增收"数字,越是在贫困地区,由于可报“成绩”的项目有限，不恰当的列入便可能更多一些。因此，“农村居民人均现金收入”指标可能比“农村居民人均纯收入”指标更具有参考价值。上述比较范围这一指标在2000年的数字分别是，前三名为5914.94元（上海）、5092.56元（北京）、3759.51元（广东）；后三名为1136.38元（贵州）、1309.03元（甘肃）、1558.95元（陕西）。比较的结果，贵州只及上海的19.21%（又拉大了5.34个百分点），甘肃只及北京的25.69%（又拉大了5.34个百分点），陕西只及广东的41.46%（又拉大了12.62个百分点）。

（二）非均衡的区域经济发展战略强化了“二元变异”

1.对区域经济均衡发展战略的反思

建国后，特别是“大跃进”以后直到改革开放前，我国区域经济发展一直实行的是均衡发展战略。国家在投资的地区分配和项目选取上，过分强调缩小地区差距，有时甚至采取“一平二调”的超经济强制措施。在各地产业发展中，搞“大而全”、“小而全”的自给自足的工业体系。应该说，这种均衡战略在一定程度上缓解了区域经济的不平衡状况，在内地建立了一批初具规模、行业较为齐全的工业基地，这在当时的历史条件下，具有重要的战略意义和经济意义。但这种忽视效率的经济政策影响了整个国民经济的发展速度，人民的生活水平没得到实质性的提高。实践证明，区域均衡推进和平均分配的选择是低效率的。在不具备客观经济条件下，强行实施区域均衡发展战略是难以取得成效的。

2.区域经济非均衡发展战略

改革开放后，我国开始实行向东南沿海地区倾斜的非均衡发展战略，其中以“梯度发展战略”为典型代表。“梯度发展战略”是一种建立在非均衡理论基础上，以效率优先为基本指导思想的区域发展

专栏 7－1

区域经济均衡发展战略的原因与成就

从 20 世纪 50 年代初到 70 年代末，我国采取了区域经济均衡发展战略，“即以内地为投资建设的重点，以缩小沿海与内地之间的差距，实现社会主义生产力的均衡布局为基本目标，追求地方经济的同步发展和自成体系”。

在建国后的 25 年中，国家先后在大西南、大西北地区投入 2000 多亿元，形成固定资产 1400 多亿，建成大、中型骨干企业和科研单位 2500 多个。特别是在三线建设时期，东、西部的工业差距得到了进一步的平衡。到 1975 年，三线地区的 11 省区全民所有制工业固定资产原值在全国全民所有制工业固定资产原值总额中占的比重，由 1965 年的 32.9%上升到 35.3%；工业总产值在全国的比重，由 22.3%提高到 25%。全国将近 1500 家大型企业，分布在三线地区的占 40%以上。1965 年到 1975 年间，内地工业总产值增长 143.9%，快于沿海 123.3%的速度；内地工业总产值占全国工业总产值的比重提高，由 1965 年的 36.9%提高到 1975 年的 39.1%。基本实现了生产力均衡布局的区域经济发展目标。

资料来源：赵德馨：《中华人民共和国经济史（1967—1984）》，河南人民出版社，1989 年，第 189 页。

战略。改革开放以来，在计划经济向市场经济过渡的初始阶段，这种战略对我国经济发展的作用是巨大的。但随着市场经济体制的逐步确立，“梯度发展战略”受到严峻挑战。首先，在市场经济条件下，大量资本、技术、人才纷纷流向经济发展基础好、资本回报率高、市场发育程度高的东部地区，而东部对中西部的技术推移带动效应十分有限。区域差距拉大使落后地区陷入“马太效应”的恶性循环，地区间冲突日益激化。其次，中西部地区自身条件的不完善给“梯度发展战略”的实施增加了难度和阻力。中西部特别是西部地区，基础设施落后，资源开发严重滞后不仅阻碍了东部地区技术、经济的推移，而且影响了整个国民经济的发展后劲。

专栏7－2

梯度发展战略

“七五”时期开始，实行按东、中、西三大地带顺序展开经济发展的梯度推移战略。这种战略的指导思想是，区域经济发展是一个非均衡的历史过程，区域政策应因势利导，自觉运用这一非均衡发展规律，促进区域经济和国民经济发展。从经济技术水平的区域分布看，在东、中、西三大地带中存在着三级梯度差。国家在区域结构调整中，充分发挥梯度差的经济势能，按照东、中、西的顺序安排投资和建设项目的区域分配。在区域产业结构的调整中，主张经济技术水平发达的东部地带面向国际市场，重点发展技术密集型产业，与此同时，实施传统制造业的“空心化”，将其生产能力和国内市场让渡给中西部经济地带。中部地带具有“承东启西”的作用，一方面继续抓紧能源和原材料等资源型产业的发展，另一方面要承接东部经济地带让渡的国内市场份额和相应的生产能力，实施资源型和加工型相结合的综合发展。西部经济地带以资源开发为主，着重开发国家急需而又为本地所富有的资源。按照上述战略政策，对沿海东部地区实行了一系列的倾斜政策，鼓励东部地区先富起来。

伴随着不断扩大的地区间经济发展差距，东部地带各省市相继迈入高收入地区的行列，中西部地带各省区则相继走进低收入地区的行列。同时，也出现了上面提到的“城”与“城”、“乡”与“乡”之间的差距拉得过大的问题，强化了“二元变异”。

3.区域经济协调发展战略

综观世界各国的经济发展可以发现，区域经济发展的非均衡是绝对的，均衡是相对的。关键是如何使区域差异维持在合理的“度”内。第九个五年计划期间，针对日益严峻的地区经济失衡的现状和趋势，国家检讨和调整了“非均衡发展”战略，确立了“缩小地区差距，坚持区域经济协调发展”的地区经济发展战略。这一策略有利于改变区域二元结构和“二元变异”，更好地协调区域间的经济发展。

三、“转型二元”

中国二十多年改革与发展的成就来自于让一部分人先富起来的战略——渐进改革所带来的结构性变动。即在非均衡条件下(如要素市场分割等)通过结构调整是资源转移和进行再配置，实现效率的提高和对经济增长的刺激。但也正是由于这样的路径选择，在效率增进的同时，非平衡的发展战略导致了比改革初始状态大得多、也比一般市场经济国家大得多的两极分化。仅用传统“二元结构”还不足以解释问题的复杂性和特殊性，也不足以解释差距何以会拉得如此大。

在中国经济生活中存在着另一种类型的“二元”结构，无论从其产生根源看，或者从其存在范围和群体构成看，均不属于经济学原界定的“常规二元”(或称“传统二元”)的范畴。即是说该类型“二元”是起因于经济体制转轨过程中生产要素市场化流动引出的各式各样的、非以“常规”和“传统”视角能将其归到原定义“二元”里，却可以从体制“转型”或称“转轨”视角进行恰当解释。该类型“二元结构”现象，虽然它在宏观经济分析过程中对相关变量的影响方式，与“经典二元”大体相似，但是它主要已不是由城与乡、工与农这样的差别所引致，而是在体制变动导致的利益转移过程中，由于“转移性收益偏多”与“转移性损失偏多”的逆向性运动，带来了非正常速度的高低收入群体的分化。

这里的“转移性收益”和“转移性损失”，是反映体制变动过程中因各人所处地域、产业、岗位、人际关系等可利用性和受约束性的机遇不同，改革的步骤与方式不同，避免社会震荡的保障机制和缓冲机制不同。在改革的各个阶段里，因政策变动而发生的既有财富的体制性转移，处在不同位置的家庭部门之间，有的轻易就获得了转移性收益，有的没有获得这种收益的机会，甚至失去了既有的收益，也就负担了体制转嫁的损失①。类似的变动过程中，显然还会产生大量由于法律不完善、监督缺位、运作不规范、体制性资源滥用所导致的“衍生性”收益畸高者与损失畸高者。这种因既有财富占有格局发生转移性界定并进一步导致财富增量与分配畸形所形成的家庭部门的收入分化，加上前 20 年改革以效率优先、鼓励一部分人先富起来所拉开的收入差距，二者结合在一起，就不仅在乡村而且在城市，都同时并存着“畸高收入阶层”与“畸低收入阶层”的“逆向分离”——事实

① 举一个极端的例子，两个同是四世同堂的工人家庭，家庭甲从老一代家长开始就从事纺织、机械工作，子女大多继承父业，家庭乙从老一代家长开始就从事通讯、电子工作，子女也大多继承父业。在产业结构调整和国有企业改革推进过程中，前者就可能由“压锭”、“限产”、“破产兼并”、“下岗”等变动而加入到“转移性损失偏多”的群体；后者则随“股份制改造”、“股票上市发行与交易”、“政府投资倾斜与分配激励”、“合资利润上升”等变动而加入到“转移性收益偏多”的群体。

上,这是体制变革过程中形成的一种新“二元结构”现象。因为这种“二元结构”经过增值效应的博弈,能量差异已经相对固化,对社会再生产的影响程度正在日益加深,以至于宏观经济层面再也不能忽视它的存在。笔者在这里将其定义为“转型二元”或称“新二元”。

在近二十余年的体制改革进程中,从市场广泛化和深化层面看,表现为产品市场化→生产资料市场化→金融市场化的市场逐步启动和放开的递进过程。而在这三大部分市场化的每一部分内部,也并不是一次放开的,例如产品市场化,就有日用消费品市场化→耐用消费品市场化这样的“分过程”。在上述过程及分过程的时松时紧的节奏把握上,有时可能得当,有时则未如人意,甚至于给恶意钻营者留下了不当致富的机会。上述过程中,出现了遵照政策法规、合法和勤劳致富而先富起来的群体,同时在由“价格双轨制”改革中的“倒买倒卖寻租”,继之以股份制改革中的“审批权力寻租”、发展到资产重组中隐蔽转移国有资产的“寻租”的过程中,又自始至终贯穿着争夺信贷资源、地方保护主义、垄断性行业幕后交易等私下“权钱交易”,由诸如此类“寻租活动”造就的一批或称“善于抓住机遇”或称“利用体制缝隙”的富裕者阶层。而在体制变动的另一面,社会中也存在另外一些群体,他们或因所在产业、行业在“价格双转制”、股份制、资产重组等改革过程中处在弱势地位,或因所处环境无自然优势可言而又远离权力和利润中心,或一家多人接连遭遇下岗等原因,即令居住在城镇,甚至居住在大都市,也难以避免地进入“社会贫困群体”阶层。当前在中国各地市场上较为普遍存在着的某些阶层的消费群体“需要买的商品已经买过了”,而某些阶层的消费群体“很多必需品还因为缺钱没有买”的现象,并不大量出现在“常规二元”(或称“传统二元”)的拉大差距所属的那两大社会群体中,而是比较广泛地发生在

“转型二元”(或称“转轨二元”)所属的两大社会群体内,或者更极端地表现于两类“二元”的交叉部分。

现在我们通过数据来进行具体分析。1999年国家统计局在一份报告中引述了“财政部最新调查资料,10%的居民拥有66%左右的存款”的数据后指出,近6万亿元存款是少数人拥有多数存款的极不平衡的分布结构,消费政策最有可能调动的存款仅2万亿元左右,“有钱的不消费,想消费的又没钱”的消费格局,制约了降息政策作用的发挥①。以下我们就以上述报告提供的材料为背景,将“10%居民拥有66%左右的存款”的权威数据作为基础性依据,来进行相关指标的数据换算(见表7-2)。

表7-2 1999年城乡居民储蓄存款的分布结构分析

序号	类别	数据
阶层一	计算10%的人数(万人)	12590.9
	拥有66%的存款(亿元)	39350.52
	人均拥有存款(元)	31253.10
	户均拥有存款(元)	111886.00
阶层二	计算90%的人数(万人)	113318.1
	拥有余下34%的存款(亿元)	20271.48
	人均拥有存款(元)	1788.90
	户均拥有存款(元)	6404.00

表7-2是1999年年末中国城乡居民储蓄存款余额分布结构的分析。如果沿用表7-1的分析方式,年末全社会人均拥有存款

① “国家统计局一份报告表明:降息难以有效启动即期消费”,《中国改革报》1999年11月22日。

4735.32元,户均拥有存款16952.45元;按户均存款的20%计算可用于即期消费再加上等额手持现金一并加入即期消费,这样得出的人均以货币表示的购买力为1894.13元,户均购买力为6780.98元。以这种简单平均计算的方法得出的结论似乎是:城乡居民大多数应当处于中等即平均值所标识的位置,以这样的储蓄水平来购买千元以上、万元以下的耐用消费品不存在困难,因此家用电器市场远未饱和。但是,将10%的人拥有66%的存款的实际情况考虑进去进行加权计算,便出现了明显差异,即由较少社会成员构成的消费群体中,人均拥有存款在3万元以上,户均拥有存款超过了11万元;而由大多数社会成员构成的消费群体中,人均拥有存款只有不到2000元,户均拥有存款不足7000元。我们仍按存款的20%加上等额的手持现金用于即期消费的计算方法,可算出90%的社会成员所构成的消费群体中,人均现实购买力表现为货币值只有715.56元,户均集合的现实购买力表现为货币值只有2561.70元。其"二元结构"现象也十分明显。

关于"转型二元"(或称"转轨二元")方面的另一份材料,同样来自国家统计局公布的数据:到"九五"末期的2000年,在"平均每人全部年收入"项目下,中国城镇居民中的"最低收入户"的收入为2678.3元、"最高收入户"的收入为13390.5元,这意味着需要5个"最低收入户"的收入加起来,才能与1个"最高收入户"处在同一收入平台上。同年"平均每人消费性支出"项目下,"最低收入户"为2540.1元,"最高收入户"为9250.6元,这意味着需要3.6个"最低收入户"的收入加起来才能与1个"最高收入户"处在同一消费平台上。以2000年为考查基准年,"最低收入的10%"群体占总人口的4.8%,"最高收入的10%"群体占总人口的18.0%。

第三节　公平的政策

一、对转轨国家社会公平的考察

上述对中国经济转轨二元性的分析只能部分地说明社会公平和居民收入差距的情况，衡量社会公平与居民收入差距最为常用的指标是基尼系数。联合国有关组织确定：基尼系数低于0.2表示收入绝对平均；0.2—0.3表示比较平均；0.3—0.4表示相对合理；0.4—0.5表示收入差距较大；0.6以上表示收入差距悬殊。中国基尼系数已属于世界上收入分配不平等比较严重的国家之一，其中不合理收入和非法收入是造成基尼系数过高的重要原因。根据长期从事中国收入分配研究的南开大学经济研究所陈宗胜等人对国家统计局资料的计算，我国居民收入基尼系数由1988年的0.35上升为1997年的0.40，当计入偷税漏税、官员腐败、集团消费转化、其他非法收入之后，我国居民收入实际基尼系数由0.42上升为0.49(见图7－1)。

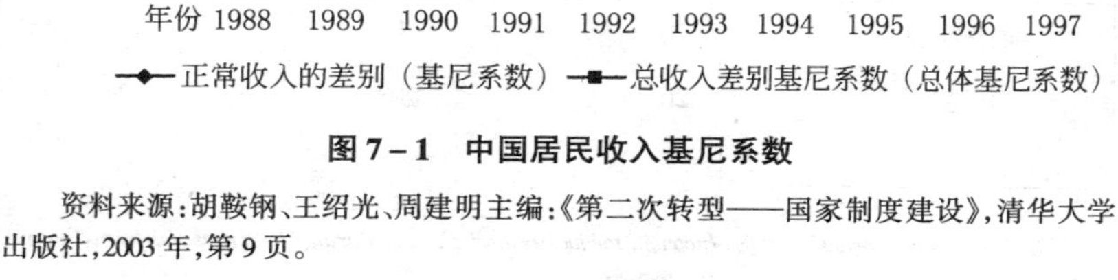

图7－1　中国居民收入基尼系数

资料来源：胡鞍钢、王绍光、周建明主编：《第二次转型——国家制度建设》，清华大学出版社，2003年，第9页。

目前我国居民收入实际基尼系数已经超过0.5,属于世界上收入分配不平等比较严重的国家。

另据资料显示,从20世纪60年代到20世纪末的30年中,主要发达国家居民的收入差距并没有发生太大的变化,有的国家还出现了下降的情况。1987年以来东欧转轨国家和前苏联国家特别是东南欧国家的收入不平等程度不断上升,且在90年代呈加速之势,反映了转轨过程中的变动。最激烈的变化发生在转轨的初期,真实收入急剧地下降,在以后的几年里,收入分配极大地改变了。从这个角度上,米兰诺维奇[①]将后社会主义国家分为三组(见表7-3):第一组由匈牙利、斯洛伐克和斯洛文尼亚组成,按5个收入层次的划分分析收入分配没有很大的改变,各收入层次居民总收入的变化未超过1%,因此收入的改变不是发生在各层次的居民之间,而是发生在同一收入层次的居民中;这种变化是很小的,因为匈牙利的基尼系数仅增长了2点,斯洛文尼亚增长了3点,而斯洛伐克的收入分配则更加公平。第二组包括白俄罗斯、捷克、拉脱维亚、波兰和罗马尼亚,他们的收入分配变动属于中等。第三组包括保加利亚、爱沙尼亚、立陶宛、摩尔多瓦、俄罗斯和乌克兰,这组国家的收入结构变化是很大的。

表7-3 转轨期间不公平的变化程度

基尼系数(以人均收入计算) (单位:%)

国家	1987—1988年	1993—1995年	变化
斯洛伐克	20	19	-1
波兰	26	28[④]	2

① Milanovic, Branko. 1998. *Income, Inequality and Poverty during the Transiton from Planned to Market Economy*. Washington, D.C.. The World Bank.

匈牙利	21	23	2
斯洛文尼亚	22	25	3
白俄罗斯	23	28[③]	5
乌兹别克斯坦	28[①]	33	5
罗马尼亚	23[①]	29[②]	6
捷克共和国	19	27[②]	8
拉脱维亚	23	31	8
土库曼斯坦	26	36	10
保加利亚	23[①]	34	11
爱沙尼亚	23	35[③]	12
摩尔多瓦	24	36	12
立陶宛	23	37	14
俄罗斯	24	48[③]	24
乌克兰	23	47[②③]	24
哈萨克斯坦	26	33	29
吉尔吉斯斯坦	26	55[③]	29

注：1993—1995年大部分国家的数据为可支配收入，1987—1988年的数据则为总收入，因为那时个人所得税还很少，总收入与净收入的差别不大。除匈牙利和立陶宛外，1993—1995年的收入都包括实物消费。

①1989年数据；②以每月人均收入计算；③以每季度人均收入计算；④以每半年人均收入计算。

资料来源：Milanovic, Branko. 1998. *Income, Inequality and Poverty during the Transiton from Planned to Market Economy*. Washington, D.C.. The World Bank。

二、政策制定中的公平

在成熟的市场经济中，市场效率是与公平竞争的概念相联系的，而公平竞争是通过法律确定的“游戏规则”来实现的。由于公平竞争本身就意味着优胜劣汰，竞争的结果不同或差距并不被认为是不公平，而且也不存在在经济过程中效率与公平对立的理念。也就是说，人们并不抽象地把公平看成与效率相对立的问题，也不会把公平看成与效率相对立的问题，也不会把公平理解为结果的平均，公平的理念主要是竞争的公平，其基本含义是市场主体根据一定的游戏规则享有同样自由选择的权利。社会再分配对竞争结果的校正，在经济意义上主要不是出于公平的考虑，而是维护市场效率的考虑。

事实上，在中国走向市场经济过程中，效率与公平的内容已经发生了很大的变化。如果说改革初期把效率置于公平之前，主要是由于过去平均主义盛行牺牲了效率，那么在市场经济条件下公平竞争则是总体效率提高的前提，没有公平竞争就不会有总体效率的提高。如果说在计划经济为主的条件下，由于总体效率和个体或群体效率的边界和矛盾还不十分清晰或突出，规则的不统一（表现为各种"特殊政策"），有可能成为促进总体效率的合理选择，但在市场经济中，个体或群体效率并非必然导致总体效率，规则的不统一则完全可能不是促进而是损害总体效率。目前社会上广泛关注的公平问题，主要是竞争的公平问题，是市场主体的公平问题，而不是效率与公平的矛盾问题。垄断部门收益过高，主要不是自身效率的提高，而是成本向社会转嫁；垄断本身也不是市场竞争的结果，而是特殊"游戏规则"排斥竞争的产物。官员腐败也不能完全归咎于个人道德品质因素，而是权利直接介入市场，并且能够左右竞争结果所致；权力运行中的"潜规则"实际上可以凌驾于一般市场规则之上，使市场竞争"变形"，并最终损害了市场效率。国有企业困境主要也不是市场竞争所致，而是国有企业领导人转移企业资源和收益的结果；至于改制中无视职工基本权利，不公平的内幕交易，更是使大量原国有企业职工陷入贫困的重要原因。因此,当前的公平问题主要源于竞争起点的不公平和"游戏规则"不公平的问题,而不单纯是结果公平问题。

市场效率是以起点公平和竞争规则公平为前提的,竞争结果的差异也是效率的必然体现。社会对竞争结果的校正不是要消灭差异,而是一方面从市场供求关系平衡的角度维护市场竞争或效率的外部条件,另一方面也是体现社会进步的人文关怀。政府的二次分配的调节和社会保障制度的完善,就是属于这种校正。而起点公平和竞争规则的公平显然不能单纯依靠对结果的校正来实现,核心是贯彻市场主体权利平等的问题,最终也是公民权利平等的问题。尤为重要的是,公平竞争本身也具有校正结果差异的作用,因为公平竞争不会造就固定的优胜者和失败者,原来的优胜者不努力导致失败和原来的失败者通过努力重新获胜,是公平竞争中的常态。

综上所述,经济转轨引发了社会利益关系的剧烈变动,因而出现了新的不公平问题,主要是居民收入差距持续扩大,贫富出现了严重分化。在转轨前的时代,二元社会里两个"世界"的人们隔着制度相望,地理距离与社会距离的叠加缓和了生活中紧张的压迫感。而在今天,当大量的农村居民利用渐渐软化的户籍制度的缝隙涌入城市的时候,昔日互相隔绝的两个世界被压缩到了同一个空间之中。这里所说的同一个空间,可能是一个笼统意义上的城市、区域,也可能是一个非常具体的住宅楼等其他公共场所。当吸引力巨大的城市将残存的僵硬体制吞噬进来的时候,也就在它自己的内部复制了一种二元的结构。这样,一个共同的城市生活着两种完全不同的人群。这种社会不公已经成为社会经济生活中的不稳定因素,对转轨构成了威胁。

众所周知，市场力量和市场机制必然自发地导致收入差距的扩

专栏 7-3

“二元结构”下的民工潮

由于“二元结构”的存在，中国农村中的剩余劳动力向城市流动，采取的不是世界各国在现代化的过程中普遍采取的劳动力和人口转移的方式，而是采取了农民工流动的方式。

农民工这个词表明的并不仅仅是一种职业，也不仅仅是一种社会身份或社会地位，而是一种社会身份与职业的结合。他们既不是传统意义上的农村人，也不是纯粹意义上的城市人。他们所处的是一种边缘状态。

在“边缘人”这一社会地位的基础上，形成的是一种“边缘人”的独特心态。这种“边缘人”的独特心态首先表现在自我认同上。“我是谁”？这个哈姆雷特式的问题，会在“边缘人”的内心中多次出现。如果说第一代“边缘人”还能从他们过去的乡村归属中找到些感觉的话，在他们将来的第二代的身上，这种自我认同的危机将会表现得更加明显。

资料来源：参考孙立平：《转型与断裂/改革以来中国社会结构的变迁》，清华大学出版社，2004年第1版，第322—325页。

大和各个阶层的分化，只有政府有意愿或有意识地主动在全社会公平分配收入和财富，才能抑制和缩小差距，纠正社会不平等和社会不公正。从这个意义上看，政府的职能不是直接介入市场经济活动本身，而是创造良好、公平的市场环境，不是优惠一部分人或地区，歧视其他人和地区，而是维持和保证公平竞争的统一市场。在过去一段时期里，政府“以经济建设为中心”的指导方针和“使一部分人先富起来”的政策都或多或少地加速了这种分化，而没能抑制这种分化的形成和扩大。无论是对经济体制的选择，还是对发展策略的选择，我们都自觉不自觉地默认甚至鼓励了阶级分化。据此，科勒德克认为："在转轨时期，不平等的增加是肯定的，而政策应该致力于使这种不平等有利于转轨的目标。"[①] 关于政策制定如何解决不平等问题，他提出了以下五个结论：(1)在致力于解决转轨国家的不公平问题时，应尽可能使衰退的范围和持续的时间得到控制。这是因为在经济收缩时期，再分配机制将会将一部分收入从较穷的社会成员转移到较富的社会成员，这是从宏观经济角度呈现的景象。从微观的角度来说，收入分配变化的方式反映了人口中不同的团体对于国内生产总值贡献的变化。穷人变得更穷，因为他们对于不断萎缩的国民收入的贡献下降得比其他团体要快。(2)只有发展才会减少失业并减少不公平。(3)采用有利于一个部门而牺牲另一个部门的歧视性政策是不明智的，即使这样做会加速私有化的进程。(4)商业部门的工作应基本由市场力量来调节，而公务员的收入则应保持在社会可以接受的水平上(高于工业部门的平均工资)以促进人力资本的发展。(5)在较低的不公平和低增长率及较高的不公平和较快的增长率之间，政策应选择较高的增长率，并接受相对较高的收入不公平。最后每个人的情况都会变好。

科勒德克的上述五个结论是在对转轨国家实践进行深刻分析的基础上得出的，可以视作解决转轨时期不平等问题的对策。笔者认为，从理论上讲，制度和政策安排对社会变迁的作用相当显著，在有的阶段甚至左右着社会变迁，到现在其作用还是相当大的；社会变迁

---

① 格泽戈尔兹·W.科勒德克：《从休克到治疗/后社会主义转轨的政治经济》，上海远东出版社，2000年，第254页。

的常态性不时地受到体制和政策的干预而发生变化。一个政策的出台就有可能影响一个阶层的地位。对关键行业的计划垄断、城乡二元体制、体制内外分割等计划体制仍在影响着社会的合理、公正。因此,在未来相当长的一段时间,仍然是采用新的政策、构建新的体制来促进体制转轨,因此,制定合理的、有效的社会政策,对于促进体制转轨时期社会变迁的有序、合理进行,仍然具有重要的意义。

专栏 7-4

公共政策的亲民色彩跃然眼前

中国是一个人口众多的大国,每一次公共政策的制定都是一次对国家大事的从长计议。如今,我国政策的规划制定已经将"以人为本"的理念落实至运筹层面,各阶层越来越多的民众在参与这个过程,家长式、指令性的"计划味道"淡了,取而代之的是变政府主导为以市场经济为基础的新机制,即由以往单纯由政府说了算的计划,转向由政府、社会、企业互动的开放型规划。这令我们有理由期待,未来的每一项公共政策,都将是一场民生的盛宴。

第十六届五中全会审议通过的《中共中央关于制定国民经济和社会发展第十一个五年规划的建议》中,关于经济社会发展的五大目标中直接涉及百姓利益,解决民生问题的就有三条,涵盖了教育、就业、社会保障、物价等诸多方面。可以预见,未来5年,老百姓的一些切身生活难题将得到妥善解决,他们将得到更多的实惠。

国家信息中心发展研究部战略规划处处长高辉清在评价"十一五"规划时表示,过去,制定目标重点在经济增长,把经济增长的目标放到经济计划中。而现在,则将以人为本的社会目标放到其中。相对于过去来讲,这是个质的区别。

透过浓墨重彩的民生议题,我国公共政策的亲民色彩跃然眼前。“亲民”落实在国家发展方略上,是对人民福祉的重视,是对和谐社会建设的重视,可以预见的是,布局民生大计的公共政策已越来越关注民生、体现民意,在对改革和发展成果的共享中更加注重利益兼顾,更加注重经济社会协调发展,更加注重社会公平,更加注重民主法制,我们相信,各个层次的老百姓都将越来越切身地感受到国家规划带来的实际利益。

在一个利益主体多元化的社会,社会的和谐有赖于保证社会利益协调的制度安排,政府的公共政策在其中发挥着重要的作用,这是由公共政策的本质决定的。公共政策的本质就是通过权威性的价值分配的形式对社会利益关系的集中反映,这同时也就决定了它作为社会利益关系调节器的功能。政府以公共政策为手段,对“全社会的价值做权威性的分配”,以此来协调社会利益关系。这里所说的社会价值,是包括物质价值和精神价值在内的一切社会财富。公共政策的形成,实际上就是社会各个阶层和各个群体把利益要求输入社会政治系统,公共政策主体从特定的价值取向出发,对各种利益要求进行整合的结果。整合的过程就是确定哪些利益要求是合理的,应该满足,采取什么形式满足;哪些利益要求是不合理的,应该抑制,以什么方式抑制的过程。由此形成了社会政治系统协调社会利益关系所要达到的目的。这种目的在实现之前是以公共政策目标的形式存在着,其实质就是通过协调利益关系,对自认为应该满足的利益要求满足程度的设想。社会政治系统为了实现公共政策目标,必须把社会成员的行为统一到目标上来。这就需要对人们的行为加以规范,规定人们行为的方向和性质，由此形成了实现公共政策目标的手段。社会政治系统把确立的公共政策目标和实现目标的手段，以公共政策的形式输出，对社会的政治、经济、文化等活动进行调控。当社会利益关系失衡、利益结构扭曲的时候，公共政策就担负起协调的任务，以保持社会利益结构的合理性。不同历史阶段的价值分配要与不同历史阶段绝大多数人的利益要求相一致，才真正体现了公平正义的原则。把绝大多数人的认同作为价值分配合理性的标志，进而作为衡量公平正义的尺度，可以摆脱人们在追求适应一切历史条件的、抽象的公平正义所产生的无法摆脱的困惑和烦恼。绝大多数人是否认同是可以把握和测量的。当社会所形成的利益关系绝大多数人不认同时，需要政府有效地运用公共政策的协调功能恢复这种认同，当然，这有赖于建立起相对说来比较完善的公共政策利益协调机制。

作为政治系统输出的主要内容，政策本质上是一种权威性的社会价值分配方案。然而，政策在付诸实施之前仍然只是一种具有观念形态的分配方案，其效能必须经过实际的执行过程才能得以发挥，再好的政策也只有通过有效的执行才能保证其目标的实现，而政策执行本身也是一个极为复杂的过程，政策执行的效果往往要受到诸多因素的影响和制约，其中政策制定得科学与否对政策的执行效果至关重要，以至于最早对政策执行问题进行系统研究的美国政策科学家史密斯明确地将理想化的政策视为影响政策执行的首要因素。

因此，调节收入差距扩大、消除“二元性”的问题，最重要的是必须按照效率公平的要求，从规范政府行为入手，构建起公平合理的政策制度体系。

专栏 7-5

政策制定过程的互动因素

由于众多原因,政策制定过程涉及一系列随着时间的推移而发展的复杂的互动因素:

1. 通常情况下,来自各利益集团、不同层级的政府的行政机构和立法机构、研究者和新闻媒体的众多行动者会参与政策过程的一个或多个方面。每一个行动者——不管是个人还是群体——他们潜意识里的价值/利益、对情景的判断以及对政策的偏好都不同。

2. 通常情况下,这个过程需要10年或更长的时间,这就是大多数政策从其丰富的实践中发现问题开始到政策实施再到合理的政策影响评价这么一个循环圈所需的最短期限(Kirst and Jung,1982;Sabatier and Jenkins-Smith,1993)。事实上,近期的很多研究表明,要正确地理解关于多样化的社会经济条件的影响,以及有关某一问题的科学知识积累,可能需要20至40年的时间(Derthick and Quirk,1985;Baumgartner and Jones,1993;Eisner,1993)。

3. 在诸如空气污染控制、生命健康政策等任何既定的政策领域,通常存在数十个不同的项目,这些项目都涉及很多不同层级的政府——如加利福尼亚州或是洛杉矶市,它们或是正在实施这些项目,或是收到了有人提出的项目操作建议。由于这个项目处理的是相关联的议题,也涉及很多相同的行动者,因此,很多学者提出,准确的分析单位应当为政策子系统或是政策领域,而不应当是特定的政府项目(Hjern and Porter,1981;Ostrom,1983;Sabatier,1986;Rhodes,1988;Jordan,1990)。

4. 在立法听证、诉讼以及行政法规的形成过程中,不同行动者之间的政策论争往往涉及技术性很强的辩论,如问题的严重性、问题产生的原因以及不同的政策被选方案的可能影响等。理解政策过程就需要我们注意这些论争在整个政策过程中所起的作用。

5. 政策过程最后的复杂因素在于,大多数辩论涉及根深蒂固的价值观/利益观、巨大数额的金钱以及在某些时候权威的强制力量。考虑到这些影响因素,政策之争很少能做到像学术争论那样文明。相反的是,大部分的行为者面临巨大的诱惑,去有选择地提供证据、歪曲对方的情况和立场、扼制或是损毁对方的声誉,通常还会按有利于自己的原则歪曲整个形势。

资料来源:《政策过程理论》,保罗·A.萨巴蒂尔编,彭宗超、钟开斌等译,生活·读书·新知三联书店,2004年,第3—5页。

1.建立健全初次分配的公平制度。造成我国当前收入差距扩大的一个重要原因是国民收入的初次分配不公,而这种不公是由各经济主体竞争的机会不均等引起的。解决这一问题,必须坚持把效率公平作为最重要的政策目标之一。现代经济学已经证明,机会均等有利于提高效率,促进生产力的发展和经济的增长,机会不均只会破坏效率。从效率公平的角度讲,打造初次分配的公平基础不仅重要,而且迫切。因此,要把选择和竞争主体的权利公平、机会公平作为初次分配公平制度的基本内容。政府只有将初次分配中的不公问题解决好了,秩序规范了,再分配的各种手段才能奏效。

2.建立健全公平有效的再分配调节机制。这种再分配制度是对初次分配制度的补充,主要是通过制定财政、税收、就业、工资、教育、社会保障等制度和政策对市场竞争及其结果进行公平(利益)调节,同时为无力竞争者和竞争失败者提供基本的生存条件和创造新的发展机会。

社会公平是一种稀缺的公共产品,无法通过市场实现,需要由政府来提供;同时,社会公平也是一种政策目标,政府通过一系列的政策来体现其对公平的理解。无论是公共产品的提供,还是作为政策目标,都离不开政府的各项政策,如产业政策、地区政策、财政政策等。这些政策的实施都需要政府资金的支持,因此各项政策的目标与取向又必然要在政府公共支出的安排上体现出来。一方面,体现着社会公平的各项人类社会发展指标的实现都需要政府提供资金,如教育、健康;另一方面,用于社会公平的公共支出反映着政府的政策选择。政府一旦决定供应哪些产品和服务、生产多少、产品质量如何,公共支出就代表着执行这些政策的成本。公共支出对于公平的意义主要来源于其使用的方式。尽管公共支出并不能解决所有的问题,但在某些方面起着作用[①]。Tawney(1952)认为,公共支出的责任并不仅仅在于社会服务,他将国家理解为"将所有资源集中加以使用的容器(Pool)"。这一"容器"可以为需要它的人们所使用,而无论他们的社会环境是怎样的。公共支出对于社会公平的影响是多方面的,财政通过税收调节收入分配其目的是为实现结果的公平;公共支出为每个人提供平等的受教育机会和医疗保健是为了实现起点上的公平,同时也是为实现最终的结果公平创造必要的条件;确定透明和公式化的转移支付制度则体现了规则上的公平。这些政策、支出项目和支出规则的安排都与社会公平的实现密切相关。公共支出影响社会公平的最为重要的内容包括:(1)对于低于最低收入水平的社会

---

① 世界银行:《中国:推动公平的经济增长》,北京:清华大学出版社,2003;World Bank. China Country Economic Memorandum: Promoting Growth with Equity, NW: Washington, D.C.

成员进行收入补贴;这一政策在20世纪60年代之后被发达国家广泛应用;(2)在教育和医疗保健方面的支出,即在国家健康体系(NHS)和教育体系中具有越来越大的影响力;(3)针对地区性差距而进行的转移支付;(4)支援农村生产支出和各项农业事业费用等。根据世界银行的报告:如果合理安排优先顺序,中国就可以实现公平的经济增长。更充分地提供重要的公共服务以及政府对经济的间接参与是重要手段。报告提出的实现中国公平增长所应着重加以关注并尽快实施的政策,大都需要政府公共支出的支持(参见表7-4)。

3.消除权力参与社会资源配置的过程。由于转轨国家的行政权力控制着大量的社会资源,并经常介入市场对资源的配置,这就必然会出现形形色色的所谓设租寻租现象和腐败现象,严重腐蚀社会公平。而权力参与分配往往是最难以被有效制约。

以上我们从三个层次分析了政策的公平对于消除“二元结构”、促进可持续增长和由此带来的转轨的最终成功的作用。之所以如此重视二元性、政策公平是因为如果“二元结构”超过了一定程度,就会抑制经济活力扩张,妨碍经济增长和延缓经济恢复。严重的不平等会阻碍重要的制度和结构改革,使转轨陷入困境。

表 7－4　促进公平的经济增长与财政政策的关系

地区	主要推动力	政策焦点	政策意义	时期	政策类型	资金支持
落后地区	生产性就业	人力资本	保障资金以及提高落后地区中小学教育和基本医疗的质量	S—M	财政政策	地方性财政支出
			扩大高等教育和终身学习领域的私人办学	M	财政政策	中央、地方财政支出；私人投资
			通过助学金和学生贷款制度提高受教育的公平程度	M	财政政策	中央财政支出
		技术	实施鼓励竞争的政策	S—M	产业政策	税收政策
			关于和支持技术推广体系	M	产业政策 财政政策	财政贴息；R&D 投入
			促进各产业和教育体系之间的联系	M	教育政策 产业政策 财政政策	税收优惠政策、财政支出
		城镇化	突出以市场为基础发展城市；建立健全城镇土地市场	S—M	社会发展	
			推动城镇基础设施和社会化服务的发展	M—L	城市建设	地方性财政支出
农村地区	农业劳动和土地回报率	农民收入	强化土地使用权的贯彻执行	S—M	农业	
			加强有关环保的法律法规的贯彻执行	S—M	环境政策 法律法规建设	
			改善农村市场基础设施	M—L		

注：S—M 表示短期到中期，M 表示中期，M—L 表示中长期。

资料来源：本表部分内容参考了世界银行：《中国：推动公平的经济增长》，第 81 页。

第三篇　经济转轨的实践过程

在本书的第一、二篇中，我们分别对经济转轨作为一个符合经济史一般规律的客观过程，以及其本身在经济体制与经济发展阶段弥合中表现出来的非平衡性、双重任务性以及阶段性等特征进行了详细的论述。可以明显地看出，前文都是针对经济转轨从起点在约束条件和启动机制的作用下最后达到终点的这一过程的客观特性剖析，重点在于阐述经济转轨过程由其各种自身特性所表现出的客观特征。而经济转轨过程除了具有客观特征外，还具有重要的主观特征，即经济转轨同时还是一个主观见之于客观的实践过程。简单来讲，经济转轨的实践过程就是在转轨目标明确的情况下，政府通过各种政策驾驭经济转轨，激励民众积极参与经济转轨，使之顺利完成的一个过程，或者说是在转轨过程客观特征的基础性约束下，政府做出能够很好契合客观特征的主观决策，以实现最终的既定转轨目标。

经济转轨的主观见之于客观的契合过程可以看作从初始点螺旋上升到终点的过程。首先，政府拟定经济转轨的目标，初步选择能够达到目标的路径安排。所谓路径安排即是在既定的制度约束条件下选择如何进行转轨，如何在适当的时间、适当的地点推进某一改革。再由具体的机制创新启动转轨过程并为其注入活力，推动转轨进程向前发展。当达到经济转轨过程中的某个转折点时，通过运用合理的转轨绩效评价体系和方法来检验已有转轨进程的效率与成果。然后,在此基础上做出关于转轨速度与次序的路径选择的进一步决策①,政策选择的依据则是最大限度地维持转轨过程中的社会稳定、较低的转轨成本与转轨收益的最大化。各个环节都在经济转轨的客观特征约束下如此推进,即整体的路径安排→具体的机制创新→绩效评价(转折点 1)→整体的路径安排→具体的机制创新→绩效评价(转折点 2)→整体的路径安排……,通过改革经济体制来契合现实的经济社会发展状态与要求,以推进经济发展阶段的快速稳步前进,最终完成经济转轨由起点至终点的过程。

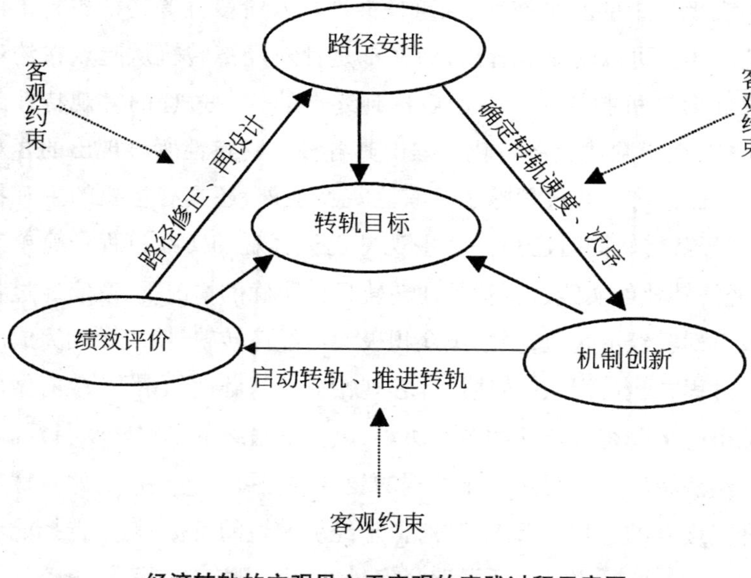

经济转轨的主观见之于客观的实践过程示意图

① 在此我们已经假定了经济转轨过程是分阶段进行的渐进式转轨,理论上的激进式或"大爆炸"转轨方式将给经济转轨带来较高的改革成本,损害整体国民经济,而实践证明也是如此。我们必须对转轨的速度做出选择,而不存在极端情况下的一步到位式的转轨方式。

经济转轨的主观见之于客观的实践过程示意图展示了经济转轨过程中达到某一转折点的三个相互依存、共生的因素，路径安排、机制创新[①] 和绩效评价。其中，选择的路径在经济转轨的客观特征下设计了关于转轨速度和转轨次序的整体方向性的政策思路。政府在此种政策思路的指导下设计出针对社会经济运行各个领域和环节的具体机制创新来推动转轨进程。绩效评价可以判断、识别已有转轨进程的实际成效并指导和修正下一转轨阶段的路径安排，三个因素指向的则是转轨途中转轨分目标或者转折点的实现。可见路径选择、机制创新和绩效评价三个主观转轨过程的因素之间有着密切的内在逻辑关系，把握好这三个因素的选择与实施，及它们之间的紧密逻辑关系是政府成功驾驭并激励民众最终完成经济转轨过程的关键所在。

本篇的内容主要在于阐述经济转轨客观过程与主观过程的辩证统一关系，针对路径安排、机制创新和绩效评价三个因素进行较为详细的剖析，以期阐释政府在经济转轨过程中所担当的重要角色以及进行的主观抉择，解释转轨经济体的经济发展历程。

① 这里的机制创新包含了那些能够启动并推动转轨进程，并且带来转轨绩效的制度创新和政策层面的创新。

第八章　路径安排与选择契合

第一节　选择—契合思想下的路径安排

实践中,经济转轨的路径安排一般可以划分为两类。一是我们所经常谈到的激进式和渐进式两种转轨路径或模式,目前学术界对两种路径选择孰优孰劣的判断和评价非常之多,坚持渐进式转轨路径的学者说:"要生小孩,必须经过十月怀胎",而赞成激进式转轨路径的学者则认为:"人不能分两步跨过一个大鸿沟"。并且作为激进式转轨路径或者"休克疗法"的具体实施方案和中国渐进转轨路径之间的实践比较也引起了世界的关注和反思。二是由于经济转轨过程受到客观特性的约束,各个转轨经济体的经济转轨路径必须依据本国的具体国情,掌握和运用制度变迁的规律,借鉴其他国家的经验教训,选择经济体制市场化的途径。如果充分考虑参与经济转轨国家的历史文化传统、经济、政治、社会发展水平、地理资源环境的不同,那么,按照国别分为中国模式、俄罗斯模式以及东欧模式① 似乎更能全面考察不同主观能动性见之于客观规律所产生的不同经济转轨

① 参与经济转轨的东欧各国的路径安排也根据本国的国情不同而各有差异,需要区别对待,但是考虑到东欧转轨经济体都以加入欧盟作为经济转轨的目标之一,在路径安排上具有一定的趋同性,因而可以考虑作为一个经济转轨模式进行考察。

实践过程。无论从哪种角度划分转轨路径模式，关注转轨的次序和速度问题，同时对这些问题做出合理的解答都将有利于转轨绩效和收益的实现。

一、路径安排的客观约束

转轨的路径安排或者转轨的最优速度和次序的确定不可避免地要受到经济转轨客观特征的约束，至少包含以下因素：

(一)经济成长的阶段作为基础性制约，决定了被选择路径安排的先进性和适应力

经济转轨面临双重任务，即对转轨国家经济体制和经济发展双重约束的解除，转轨经济运行同时承担着经济体制转轨和经济发展阶段转型的两方面任务。指引转轨经济的转轨路径需要能够很好地契合制度选择和发展阶段。双重任务的完成程度要由发展绩效来评价，而发展绩效的本质始终应该是以民生为根本目的，以民意为转轨路径选择的基本导向。那么，可选择的转轨路径安排就要受到经济成长的阶段的基础性制约。一方面表现为，转轨路径的起点改革是基于民生的改善而启动的。因为，在经济转轨之前，几乎所有的前社会主义国家(或称计划经济国家)在转轨前都处于较低的经济社会发展水平，计划体制无法通过效率带来发展水平的迅速、持续提高。

另一方面表现为随着转轨—转型经济的发展，民生的改善程度或者转轨绩效受到制度模式与发展模式的契合程度制约。当制度模式与发展模式的契合没有完成、定型时，转轨过程中的二者就处于动态和不确定性的状态，二者同时受到重视并匹配得当时，经济运行绩效就比较明显、全面，反之则可能带来矛盾的累积和结构性失衡。因此，制度模式与发展模式的契合程度较高，就会促进经济发展，改善

民生;制度模式与发展模式的契合程度较低,发展将会对制度形成反作用。路径选择因此具有了通过制度选择改善发展的激励条件的含义,如上分析,制度模式与发展模式的契合程度可以通过对民生改善或者转轨路径的成本—收益来评价。转轨是否进行取决于转轨过程的净收益。假设:

转轨路径 j 的净收益(K) = 适应能力指数(e_1) × 转轨后的收益(Q) - 转轨的初始收益(V) - 适应能力指数(e_2) × 转轨成本(C)

转轨路径 j 给转轨经济体带来的总的收益评价实际上由三部分构成,一是转轨启动时原经济体已经具有的收益水平 V。二是转轨实施后的预期收益水平 Q,并且,在事先确定"预期转轨净收益"后,引入适应能力指数 e 对其进行调整。e 是对民众适应改革能力的衡量适应能力指数,其中,e_1 是对民众获取转轨收益的适应能力的衡量,e_2 是对民众承受转轨成本的适应能力的衡量。由于转轨经济运行的复杂性,在准确地预期转轨路径的收益水平时要受到一定限制。比如,转轨经济体政府或为政府提供政策建议的经济学家在设想改革方案时,以及向议会和民众宣传使其认可制订的方案时,有可能把影响变革时期新增收益的有利条件高估了,与此同时对可能影响变革时期新增收益的不利因素低估了。还可能对预计到的意外损失有意无意地加以回避或隐瞒。结果变革的绩效与预期的目标出入很大。另一方面,也有趋向于稳健实施变革的政府,以及以严肃态度为政府提供政策建议并富有经验的经济学家,他们估计有利条件均被恰当地加以利用,而预计的不利因素却又以恰当的策略运用被化解了,取得的变革绩效比预想的还好得多。由于有上述两类情况存在,就路径选择而言,"转轨净收益"事实上仍然很难在事前测定,因此需要进一步分解为可观测指标。个人对变革适应能力的差异,以及个人基础上形成的集团或利益集团的一致行动倾向，将影响预期的转轨收益，在一定程度上决定转轨路径的可行性和有效性。三是转轨过程中的成本 C。樊纲(1993)曾探讨了中国的转轨路径问题，将改革成本划分为实施成本和摩擦成本。他认为，实施成本是改革激进程度的减函数，改革的速度越快，持续时间越短，改革过程中的信号扭曲就越小，从而越有利于减少实施成本；而摩擦成本却刚好相反，是改革激进速度的增函数，改革越是激进，招致反对的人就越多，改革的阻力就会越大，为克服阻力所要耗费的摩擦成本就越昂贵。从这个角度看，在中国的转轨过程中，必然会存在积极和消极两个因素的共同作用。那么，适应能力指数的取值范围为 $e \in [0, +\infty)$，当 $e_1 \in [0,1)$ 或 $e_2 \in (1, +\infty)$ 时，表明转轨路径受到阻挠，民众对于转轨是消极参与的。转轨方案越是脱离实际，变量值 e_1 越接近于0，变量值 e_2 越趋近于 $+\infty$。当 $e_1 \in (1, +\infty)$ 或 $e_2 \in [0,1)$ 时，表明转轨路径得到支持，民众对于转轨是积极参与的。转轨方案越是符合实际，变量值 e_1 越趋近于 $+\infty$，变量值 e_2 越接近于0。

（二）非均衡的经济现状决定了转轨推进的战略与步骤

转轨经济形态的特殊性决定了经济运行的非均衡状态，新旧体制的共存和影响力的变化必然使得多种所有制形式、个人收入分配格局、地区之间协调发展、国有经济的多种存在方式、按劳分配与按生产要素分配等具体经济领域表现出非平衡性的经济运行方式，各个领域、各个地区之间的非平衡性改革和发展要求转轨在其中具有不同的推进战略和步骤，直接导致了经济转轨路径安排中的战略与步骤问题(见专栏8-1)。经济转轨各环节的转轨问题是一个复杂而且缺乏共性的问题，每个转轨国家面对不同的转轨初始条件可能有着完全不同的转轨次序。但一个共性的次序选择标准应该是从计

专栏 8-1

科尔奈区分的两种所有制改革战略:战略 A 和战略 B

战略 A 指的是由下而上的允许私人经济发展的战略。战略 B 是对国有企业进行迅速的私有化。战略 A 和战略 B 都是从所有制改革角度出发,而不是指价格改革、宏观政策或政治改革。前苏联和东欧国家所有制改革大多采取的是战略 B。匈牙利采取的是战略 A。

战略 A(有机发展战略):

1. 最重要的任务在于创造条件,使私有部门得以自下而上地成长起来;2. 以出售为基本手段,使大多数国有企业转为民营;3. 必须防止国有企业财产以任何形式无偿分配;4. 必须优先考虑能够产生核心所有者的企业出售方案;5. 硬化对企业的预算约束,强化金融纪律,确保市场经济的有效运行。

战略 B(加速私有化战略):

1. 最重要的任务在于通过国有企业的私有化,尽可能快地消除国家所有制;2. 私有化的主要手段是采用认股权证等形式的无偿分配;3. 更偏好于形成分散的所有权结构;4. 不强调私有企业自下而上地发展和提升新生私有部门的地位;5. 认为国有企业的私有化会自动硬化预算约束,因而没有提出这方面的要求。

注:有关两种战略更详细的比较,参见科尔奈(1999):《〈通向自由经济之路〉出版十周年之后的自我评价》,见《后社会主义转轨的思索》,长春:吉林人民出版社,2003,第 4—16 页。

资料来源:亚诺什·科尔奈:“大转型”,《比较》(17),2005。

划体制较为薄弱的环节,即能较多的带来转轨收益,而相应转轨成本较少的环节入手,以增量收益增强转轨的能力,再攻关较难的环节。对于渐进式的经济转轨路径,我们只能是对转轨的速度和次序做出选择,而不存在极端情况下的一步到位式的转轨方式,其主要原因是,打破旧的体制可以一夜之间完成,而建立一套新的经济体制以及与之相适应的法律与制度环境却绝不能在一朝一夕中完成。经济转轨作为一个新体制置换旧体制的过程,对于建立新体制之前是否摧毁旧体制的问题,是经济转轨次序选择中的一个总括而且重要的问题,有时对于这一问题选择不同的答案将会导致不同的转轨路径安排。

(三)对旧制度遗产的处置方式决定了转轨第一阶段的绩效

经济转轨的启动是从旧制度边界还是从旧制度核心开始,初始路径选择往往对于后期的制度演进有很大的决定作用(混沌理论和路径依赖认为许多现象对于初始的条件非常敏感,并对初始条件的作用进行了比较充分的论述,见专栏 8－2)。俄罗斯 1992 年的证券私有化和中国 1978 年的联产承包责任制这两种制度安排就给俄罗斯和中国第一阶段的转轨带来了明显不同的绩效。对于旧制度遗产的处置方式,可以形象的比喻成“蝴蝶效应”,只要一只蝴蝶在地球的一端扇动翅膀,在未来地球的另一端就可能造成一场大风暴。当俄罗斯的证券私有化给整体国民经济带来灾难性的下滑后,经济出现的扭曲和转向偏离原先所设想的结果,使得俄罗斯的路径安排不得不在高通胀率中于 1994 年 7 月 1 日进入私有化的第二阶段——货币私有化。另外,俄罗斯私有化第一阶段还导致了国家财产的不公正分配合法化,在 1993—1994 年,每张私有化证券的价格不超过 1 万卢布,相当于 3—18 美元。按照俄罗斯官方说法,该价格应该代表每个公民在国有财产中占有的份额,但是,全国居民实际人均国有财产的价值应是4.17—2587亿美元[①]。俄罗斯证券私有化和股份化的匆忙进行,导致了其私有化并没有完成转轨之初的构想。俄罗斯在1992—1998年间的私有化(证券私有化和货币私有化)共带来647.83亿卢布收入(按1998年1月1日后的价格计算)[②],这大大低于起初设想的数额。与此相反,中国在转轨之初的对于旧制度遗产的处置采取了从边界上突破的路径安排,对于农村经济的资源配置方式的改革并没有明显触动传统经济体制中的核心部分,市场经济成分的逐渐培育和"增量改革"使得中国在转轨的第一阶段表现出了持续稳定的高速增长。

(四)对市场制度核心要素的认识和利用决定了新体制框架的基本特征与效率

一般而言,经济体制改革包括所有制和运行机制两个方面。对于所有制的改革,可选择的路径安排主要为全盘私有化,还是多种所有制共存;对于运行机制的改革,可选择的路径安排主要为全面放开价格、政府完全让位于市场,还是政府发挥主导作用,培育市场环境,建立价格双轨制。对于把哪种因素作为市场制度的核心因素的不同认识导致了不同的经济转轨路径安排,从而也导致了实践中转轨收益的巨大差异。

事实上,从欠发达经济向发达经济的成长转型,在技术条件并不十分先进的状态下,并非需要立即安排高度发育的市场体系。换言之,发达的市场体制虽然可以尝试通过外部力量强制建立,但并不一

---

① 弗·阿·莫雷日涅可夫:《反危机的私有化经济政策》,莫斯科,1999,第6页。

② 《俄罗斯年鉴》,莫斯科,2000,第292页。

定适合转轨时期经济实际的要求。脱离太远，必然会从经济增长失

专栏 8-2

混沌理论和路径依赖框架下制度演进的基本模型

在混沌理论和路径依赖的框架下,初始状态决定了后期的制度演进,而内生因素又会形成对局部均衡的困守,由此必须进行不断的路径选择和调整,以保证原来做出的选择不至于产生一种不能消除的相对无效率的结构。如图 8-1 所示,要避免路径依赖所造成的不良影响,政府就必须有决心在适当的时机进行相应的路径再选择,否则某一路径的累积性因素将会使新的路径选择变得越来越困难。

至于路径再选择的最终结果则取决于路径依赖的具体类型,根据哈佛大学法学教授 Mark J. Roe(2003)的划分,路径依赖有弱度、中度和强度三种不同的形式,弱度路径依赖是指虽然现有路径是相对无效率的,但做出改变可能要付出更多的成本。显然在前述两种情况下,路径选择的最终结果是维持原路径不变,因为虽然有相对无效的存在,但保持原路径仍然最合乎效率的要求。强度路径依赖则是指路径改变所获取的收益将超过其成本,这时路径再选择的障碍主要来自于公共选择等内生因素。强度路径依赖要求政府必须做出相应的路径调整,因为从长远看,短期的成本支出显然比长期深陷于不合理的局部均衡更富有效率,而且越晚做出改变,所造成的危害和改变所需付出的成本就越大。

资料来源:王韧:"路径依赖与中国利用外资的调整对策",《改革》2005 年第 11 期,第 74 页。

去基础和体系建立成本过高两个方面产生不利影响。一定的成长阶段决定了相应的市场体制先进程度，这是由经济史一般规律决定的。放弃计划体制过于理想化的制度安排，是由于它超越了现有的经济发展水平；按照发达市场体制设立过高的转轨目标，同样意味着对现有经济发展水平的背离。人类社会生产力的发展如一条历史长河，处在不同成长阶段的经济体，分别航行在不同的河段。巨轮在靠近大海的河段航行，处在上游的河段则只能行驶小船，不同的河段需要不同的组织结构与其适应。如果将巨轮的组织结构放置在小船上，这样的组织结构安排不仅成本太高，而且效果也不可能好。只有在初期选择了适宜的制度安排，才可能通过经济增长推动成长阶段的转型，并不断形成对制度的反向激励和要求，这一过程逐渐使转轨与转型关系的特殊性内生于经济和社会的正常结构演进中。就目前的经济转轨进程来看，这种巨大差异突出表现在对旧制度遗产的处置方式上，导致了转轨第一阶段的不同绩效。

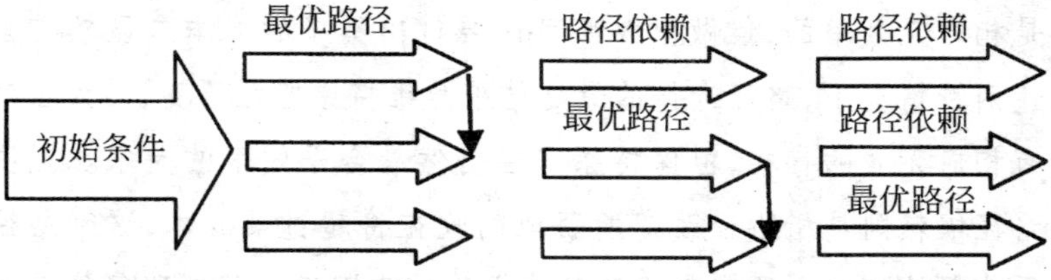

图 8－1　混沌理论和路径依赖框架下制度演进的基本模型

（五）对变革的认知能力、学习能力和承受能力决定了转轨实施的方向和速度

根据本书第三章所述，经济转轨从起点到终点的过程之间存在不同的政策、经济和社会特征，转轨经济也相应的表现出不同的特

点，那么，在从计划经济体制向市场经济体制过渡的轨道上，随着具有代表性的经济转轨特征的变化，整个转轨过程就可以划分出不同的阶段，这就是经济转轨过程的阶段性。而经济转轨阶段性的存在，致使转轨全过程中人们对于变革的认知能力、学习能力和承受能力都有所不同，越到转轨后期，人们对于变革的适应能力越会增强，对于变革各个方面的认知也都会增加。不同的转轨阶段，经济转轨主体（政府、民众）对于实施转轨和推进转轨的方式都将具有不同的特征，那么各个阶段实施转轨的重点必然不同，也必然不存在一个一成不变的反映转轨全过程的最优速度。

就总体而言，由计划经济体制向市场经济体制的转轨是一个系统对另一个系统的置换过程，而系统内部包含许多相互关联的变量，这些变量相互影响、相互作用从而整体上构成了一个完整的经济系统。当任何一个或一部分变量发生了转变，则整个系统就处于了过渡状态之中，即经济体制处于转轨的过程中。严格讲，人们的认识不可能穷尽经济系统中的所有变量，而且这些系统变量的范围也会各不相同，大的变量本身可能就是一个小的系统，包含许多更小的变量。根据主流经济学和转轨实践，至少已经可以确定一些经济系统的转轨变量，从大的变量看，如自由化、私有化、法制化以及宏观经济稳定化等所谓“华盛顿共识”所开列的经济转轨指标；从小的变量看，如资本市场建立、国有企业改革，乃至价格听证制度等很具体的方面。由此可见，经济转轨是一个社会经济系统整体性的置换和转变，因此确定经济转轨最优速度时，试图寻找整个经济转轨过程，或者包含所有转轨变量的全系统的一个最优的速度是不可能或者极为困难的。我们所能做的只能是针对各个具体的转轨环节（即转轨变量）设定最优转轨速度。罗兰（2002）在其《转型与经济学》一书中就认识到了这一点,他在书中对部门再配置的最优速度和价格自由化的最优速度进行了详细地分析,而没有试图寻找转轨整体过程的最优速度。

(六)原有经济管理体制及其经济组织结构客观上决定了转轨路径的选择

经济转轨的初始条件对于转轨路径的选择和安排是不容忽视的,从初始的经济发展阶段和原有的经济组织形式和管理方式两方面客观地决定了转轨方式。如果我们将考察的历史拉长,就可以发现东欧国家以及前苏联在20世纪五六十年代就已发现了计划经济体制的一些弊端,并曾经多次尝试过用渐进式的方式进行改革,但都以失败告终,最终在20世纪90年代内部矛盾激化升级的情况下,选择了“大爆炸”的激进式转轨路径。这表明除了政府主观对转轨驾驭能力的差异之外,可能还存在某些客观原因导致了东欧和前苏联国家在20世纪五六十年代和中国在20世纪80年代的同样是渐进式的改革,却有着巨大不同的转轨绩效。

通过考察转轨各国的经济管理体制和经济组织结构,我们可以发现虽然转轨各国原有的都是中央计划经济体制,但中国计划经济的程度远不如前苏联和中东欧地区。从管理形式上看,表现为前苏东国家的U型和中国的M型两种不同的组织形式(Roland,2002;Qian,Roland and Xu,1999,2006a,2006b)。所谓U型组织结构是指在前苏联和中东欧国家,各地的国有企业基本上由中央直属的各部委控制,各部委之间所管辖的企业相互补充、依赖而没有重叠,地方政府基本没有权利管辖这些企业,可以简单的形容为“条条化”组织结构(见图8-2-1);而M型组织结构则是指在中国,大多数企业是由地方政府所控制,或由中央部委与地方联合管理,而中央部委直接管理的企业只是很少部分,而各地区之间基本相互独立,可以形容为

"块块化"组织结构(见图 8-2-2)。U 型的组织结构导致了各部委之间的相互依赖,共同构成了一个有机的整体,任何一个部分和环节的变动都会影响到整个经济的运行。因此,U 型的组织结构很难对经济的某一个环节或某一个地区进行试验性的改革,整体性的"大爆炸"的激进式转轨似乎成了前期渐进式改革绩效不好之后的一种必然的选择。相反,中国的 M 型"块块化"组织结构从另外一层意义上来讲,各地区之间基本上相互独立,从而使得可以在某些地区进行实验性的改革(例如建立经济特区等),却基本上不会影响到其他地区原有经济的正常运行,而且,各地区之间的相互独立和经济结构的趋同也为各地区之间的相互竞争创造了条件,这正是建立市场经济体制的微观基础、决定中国经济转轨取得重大成功的重要因素。换句

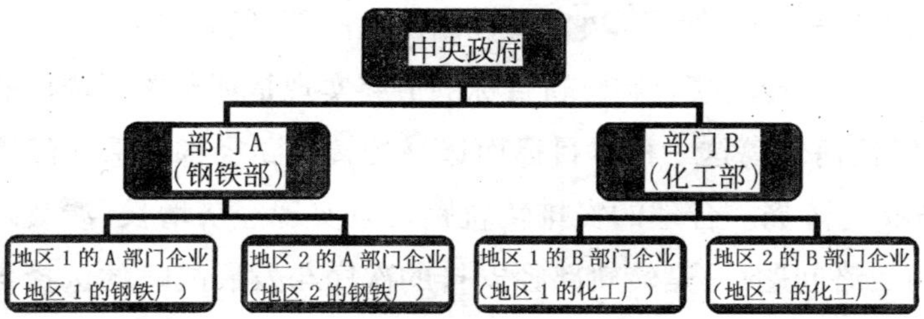

图 8-2-1　前苏联和东欧地区的 U 型组织结构图

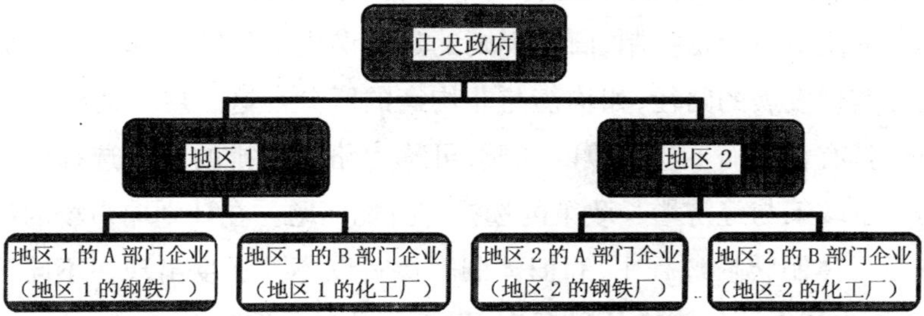

图 8-2-2　中国的 M 型组织结构图

话讲，原有经济管理体制和经济组织结构的客观体制差异，在相当程度上决定了两种不同模式的转轨路径的选择与安排。

二、选择—契合思想

客观约束虽然在相当程度上能够影响和决定转轨所能选择的路径、速度和次序，以及可能获得的绩效，但转轨主体的主观选择仍能够在这些客观约束条件下，作出最能契合客观约束的最优路径选择和安排。在客观约束下，合理安排经济转轨路径的关键是所选择的经济运行机制与经济成长阶段的契合程度，或者是经济转轨主体在主观上的能动性对于经济转轨过程客观约束的破除，其标准则是对转轨的绩效评价。转轨是基于现实经济的自觉选择过程，路径安排与经济成长阶段的契合程度决定着控制冲突的程度和对冲突的处置能力。由于促进转轨绩效和转轨目标的最终实现是评价路径选择的根本标准，任何偏离这一根本目标而选择的转轨路径都会造成经济发展的挫折与阵痛。合理的安排转轨路径以实现经济增长，涉及两个层次的战略问题：一是转轨路径安排的次序与发展战略的选择与搭配问题。经济转轨路径安排的次序中，产权和竞争是两块最重要的领域。对于转轨次序的选择简单来讲，即是对产权制度甚至宪政体制的变革与价格机制、商业规则的建立谁先谁后的选择。发展战略即实现发展的路径，如均衡与非均衡的区分。这一层次的选择与搭配具有长期而不易更改的性质，可称为路径安排的静态选择。二是改革政策与经济增长政策的选择与搭配问题。在计划向市场的经济运行体制转换过程中，新旧体制摩擦将以不同强度出现在不同阶段时，为了保证经济增长目标实现，必须及时采取有利于减少摩擦、避免损失的措施，由此突出了政策选择的必要性。灵活的政策搭配基于过程中的变化，调整各个领域的变革速度，称为路径安排的动态选择。

从静态方面来看，对于经济转轨次序的不同选择会产生不同的经济增长机制。图 8－3 描述了转轨—增长的几种一般模型。

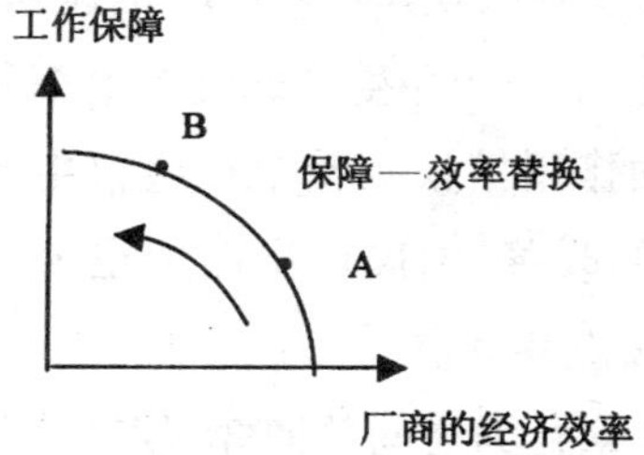

图 8-3-1 作用于劳动力市场

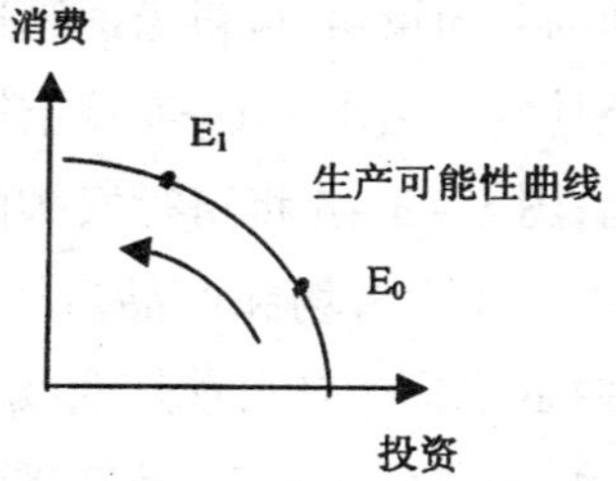

图 8-3-2 作用于资本市场

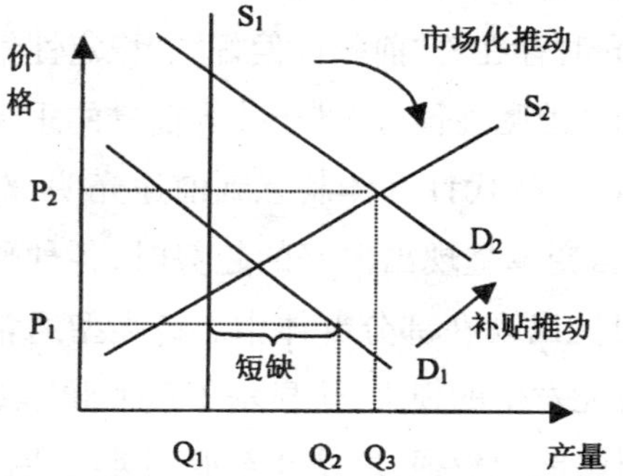

图 8-3-3 单个产品资源配置的改善

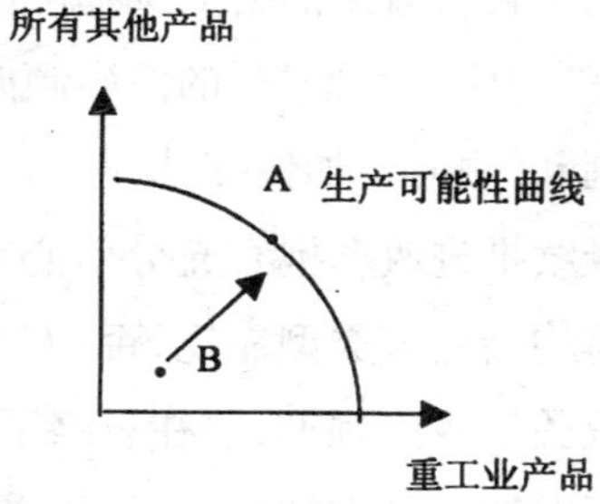

图 8-3-4 国民产出效率的增进

图 8－3　转轨—增长的一般模型

图 8－3－1 描述了路径选择通过企业经营自主权扩大、产权约束的强化，预算约束的硬化，在企业之间、劳动者之间引进了竞争机制，打破了那种“旱涝保收、大锅饭”的旧体制，推动曲线上的 B 点向 A 点移动，从而实现劳动保障与效率之间替换的过程，人力资本的使用效率得到提高；图 8－3－2 描述了路径安排通过利率市场化、强化

资本使用的效率措施，推动曲线上的 E_0 点向 E_1 点移动，从而实现资本向消费品生产领域流动，改变过度积累对生产能力和消费水平的抑制，使过去严重失衡的经济结构得到扭转；图 8－3－3 描述了路径安排通过价格市场化措施推动 S_1 向 S_2 转动、补贴措施推动 D_1 向 D_2 移动的双向策略，以供给的迅速增长使短缺缺口（Q_2-Q_1）迅速缩小，在更高的产出水平 Q_3 实现市场出清，单个产品生产的配置效率明显提高；图 8－3－4 将路径安排的推动作用扩大到整个社会再生产过程，由于要素市场和产品市场效率的改善，国民产出能力也大大提高，由 B 点向生产可能性曲线上的 A 点移动。

从动态方面来看，政策搭配与公众行为之间的博弈，使转轨与增长的关系变得更为复杂。借鉴佩恩和布朗斯坦的成对博弈理论①，同一转轨时期的公众选择可能同时存在着"前瞻性偏好"、"稳定性偏好"、"回顾性偏好"的博弈倾向。"前瞻性偏好"基于收入前景的乐观判断，倾向于加快变革，对市场体制替代计划体制感到前途光明，对继续推进改革抱有充分信心。当变革呈现出向好的趋势时，各种群体均会向该类型靠拢，否则只可能出现在部分群体中。该类型通常只关注收入预期，往往忽略了可能发生的损失，这显示了某个群体或所有群体处在特殊阶段，承受风险能力较强，即使变革遇到某些曲折也能自我慰藉，较有耐心等待走出低谷。"回顾性偏好"基于某些原因，非但对将要出台的变革措施缺乏信心，即使对现状的满意度也不

---

① 人们的选择存在着双重博弈间的偏好，收入轮与损失轮的不同属性分别对人们的预期选择产生系统性影响。一般规律是，当在收入轮中赢的概率大于损失轮中输的概率时，人们一般倾向于选择收入轮，从而选择收入轮概率较大的博弈；与之相反，当在损失轮中输的概率大于在收入轮中赢的概率时，人们倾向于选择损失轮，即输的概率较小的博弈（参见约翰·D.海主编：《微观经济学前沿问题》，中译本，中国税务出版社、北京腾图电子出版社，2000 年，第 41—43 页）。

高。体现在模型中的显著特征在于,将整个关注点集中在损失预期上,对可能发生的收入增长几乎不加考虑。此种情况出现于大多数人群中时,任何劝说都将失去效力。耐心等待客观条件积累成熟时,再相机考虑加快变革进度,是较为恰当的选择。中性状态的“稳定性偏好”的显著特征,是在收入预期与损失预期之间徘徊。大多数群体采取这种态度时,变革进程处于胶着状态。变革进程某些重要阶段交替时,也常常呈现这种状态。以 S_1、S_2、S_3 分别代表“前瞻性偏好”、“稳定性偏好”和“回顾性偏好”;以 T_1、T_2、$T_3 \cdots T_n$ 表示设计中的变革要素的变量集合,如 T_1 代表价格改革,T_2 代表产权改革,T_3 代表住宅改革,等等。由于 T_1、T_2、$T_3 \cdots T_n$ 集合关系中存在灵活搭配的可能性,静态地看可以认为只有激进和渐进两种变革模式,动态地看则在“纯粹激进的实施方式”R_1 和“纯粹渐进的实施方式”R_2 之外,还会有“灵活变动的实施方式”R_3、R_4。选择—契合思想认为,充分考虑变革对象适应能力变化与政策措施搭配之间的关系是增长所必须的(见表 8 - 1)。

表 8 - 1　选择—契合思想下的路径安排

项目	T_1、T_2、$T_3 \cdots T_n$			
	纯粹激进实施模式 R_1	纯粹渐进的实施模式 R_2	基本激进模式与渐进政策适当搭配 R_3	基本渐进模式与激进政策适当搭配 R_4
总体倾向 S_1	积极适应	不适应	一般性适应	基本不适应
总体倾向 S_2	不适应	一般性适应	基本不适应	积极适应
总体倾向 S_3	不适应	积极适应	基本不适应	一般性适应

因此相对于一般制度变迁而言，转轨的路径安排在于这一过程中选择—契合思想[①] 的重要性。选择—契合思想是基于转轨—转型经济提出的，从静态和动态两个方面强调经济增长的制度依赖和技术依赖不可或缺。它们构成转轨时期经济增长的基本约束，变革模式和政策搭配是从基本约束因素的可能性集合中挑选最优组合，而不是片面地重视一个方面而忽视另一方面。如果简化地把经济体制转轨理解为解决"市场稀缺"，把经济成长转型理解为解决"资本稀缺"，转轨时期就可以理解为一个侧重以解决"市场稀缺"为主导任务的经济史的特殊阶段，但作为基础性制约的"资本稀缺"始终不应被忽视。经济转轨的效率事实上处在两种约束的复杂结构中，如果一个稀缺的缓和使另一个稀缺加重，就意味着发生了非契合的误选择；一个稀缺的减轻不以另一个稀缺的加重来获得，就被认为符合选择—契合的优化原则。因此，选择—契合并不代表某种具体的体制变动模式，也并不孤立地评价某一制度选择的优劣。在具体地探讨某个转轨国家的绩效时，选择的过程与契合的效果可以成为研究该经济增长原理的方法论。

---

① 选择—契合思想是基于科学思维方法提出的。资源被用于某一种用途，意味着将不能同时被用于其他用途，稀缺决定了选择的重要性。既定环境下的选择是在一定的机会集合中进行的，任何正确选择的形成过程，其关键一步必然从认识机会集合开始。西方经济学竞争市场的基本模型，正是建立在预算约束与时间约束双重限制基础之上。契合在逻辑上与"求同"同义。逻辑学将判明现象因果联系的一种归纳方法称为"契合法"或"求同法"，而将判明现象因果联系的另一种归纳方法称为"差异法"或"求异法"。"契合"即"求同"的观点认为，如果在被研究现象出现的几种不同场合中只有某一个情况是共同的，那么这个共同的情况就与被研究的现象有因果联系。

第二节　转轨最优次序和最优速度的理论分析

一、转轨的次序选择

转轨速度与转轨次序是转轨路径问题的两个方面。在承认经济转轨渐进完成的前提下,转轨经济呈现出过程中经济形态和非平衡系统运动的经济形态(吕炜,2002),经济转轨在从起点到终点的过程中的非平衡性和阶段性将影响转轨次序的选择。

有些学者分析了经济转轨的最优次序问题(见专栏 8－3,专栏 8－4,专栏 8－5),大多数都承认改革的不同组成部分之间都存在着一些时间顺序上的相互依存,尤其是有些部分需要在其他部分完成后才能进行。吴敬琏和刘吉瑞(1991)认为价格放开应该在企业改革之前,而 Newbery(1991)认为打破垄断应该在价格放开之前。选择错误的改革序列也许会比不改革造成更大的恶果,因为完成某些改革也许会制约一些基础性的改革。也许现在判断中国的改革序列是不是最优序列还为时尚早,但是中国是按照“从简单到复杂”的顺序进行改革这一点已经很清楚了。也许从易到难的顺序和最优序列没有什么两样,因为最容易的改革往往在最难的改革的前面。尽管如此,中国并不是因为从易到难是最优的原因才选择了这一模式。如果它能够达到最优,这种选择是一种幸运。事实上,很多中国改革的主流经济学家都曾经将这种模式看做是一种幸运。但也有中国改革的主流经济学家曾经将这种模式看做是短视的(吴敬琏,赵人伟,1988)。樊纲和胡永泰(2005)分析了体制转轨最优路径应该“循序渐进”还是

"平行推进"问题,实际也可看做经济转轨的最优次序问题。他们认为"循序渐进"的转轨次序不能解决改革的体制与尚未改革的体制之间的"不协调"成本问题,经济转轨过程中各种体制之间是相互依存、互相制约的,不可能改好了一个再改下一个。而"平行推进"的转轨战略,可以在各个领域(包括政治体制和社会政策)进行部分的改革同时,尽可能在没有彻底完成改革之前相互协调、相互促进,减少经

专栏 8-3

经济市场化的最优次序的观点(1)

罗纳德·I.麦金农(1997)给出了经济转轨整个过程的最优次序模型,首先要保持财政控制,建立完善税收体系和国家对企业的一定控制,以保证在经济自由化过程中实现宏观经济稳定。然后进行金融自由化,放开国内资本市场和价格市场,最后到外汇、外贸自由化,例如资本项目的自由兑换。具体考察俄罗斯经济转轨实践时,麦金农认为改革的次序本应该是先有稳定化再到自由化,但是前苏联在1989—1991年以及俄联邦在1992年的改革措施都是把市场化的次序搞颠倒了,力图在自由化的同时实现稳定化,从而导致了整体国民经济的长时期的衰退。麦金农教授提出的经济转轨最优次序,在一定程度上可以解释中国和俄罗斯改革实践的不同,但是,他在强调稳定化和自由化的同时,忽视了经济转轨的最终目标是发展经济,而不是为了市场化,市场化只是为达到发展经济目的的一种手段。那么,如何安排诸如社会保障体系、贫富差距、区域间的不平衡发展在经济转轨中的最优次序就被忽略了,而这些制度安排对于经济转轨中后期也是尤为重要的。

济转轨的成本和费用。此种转轨路径安排可以简称为“全面改革”，只是其中各个领域的转轨速度难以确定，以及由于各个领域的转轨都是“半吊子”，更可能滋生大量的腐败。

专栏8-4

经济市场化的最优次序的观点(2)

张旭昆(2004)按照在单项制度和整个制度系统的改革模式的不同提出两种突变改革和两种渐进改革目标模式，结合转轨经济体的实践具体分析了各种改革模式的优劣，认为在单项制度改革领域，“激进”和“渐进”具有依条件而转移的相对优劣，而对于当前某些认为俄罗斯改革失败和中国改革成功的观点尚欠考虑，最后指出对于改革的成功来说，改革次序比改革速度更重要。此文虽然利用经济转轨体的改革次序实践清晰的划分出四种改革模式，比起泛泛而言的“激进与渐进”能够更好地考察经济转轨过程，但在分析最优次序和初始条件对经济转轨的重要性上略显单薄，仅仅对最优次序进行了简单分析，并没有对可行次序、不可行次序以及最优次序是什么、怎么样展开充分的论述。

一般而言，激进式转轨在新体制正在建立的过程中或未建立起来之前就迅速而彻底地摧毁了旧体制系统，放弃了旧体制所残留的体制能量，完全寄希望于迅速的建立新体制以从中获得收益。渐进式转轨则是在转轨行动开始之初，利用旧体制所能发挥的配置资源的作用，在旧体制仍能获取应有收益的基础上，继续维持原有体制的运转，使之继续发挥低效的，但至少是井然有序的经济运转职能，然后在旧体制的边界上培育、发展新体制以获得新体制的增量收益。

专栏 8－5

经济市场化的最优次序的观点(3)

罗兰(2002)对最优顺序进行了论述。他给出制约最优顺序的三个条件并指出这三个条件对于“正确的”改革顺序是重要的:(1)给定顺序的非捆绑式改革计划不应损失信息特性。(2)顺序应当使改革过程事前是可接受的。(3)顺序应当把进一步聚集改革的支持者和动力并满足事后政治约束作为目标。(2)和(3)两个条件在决定改革的最优顺序时可能相互矛盾,在事前可接受性与事后不可逆转性之间存在着权衡取舍,但是两个条件互不矛盾也是可能的。罗兰运用上述理论比较分析了在预期结果、风险程度和支持者有所不同下的最优改革顺序,以及中国、匈牙利、越南等的改革顺序实践,但是,罗兰自身指出关于转型经济中改革顺序的通常模式的系统的经验研究尚未开始。

新体制逐渐在旧体制中成长、壮大,并成为主导力量时,对旧体制的内核实施关键的替换,是经济转轨最为关键也是必须经历的过程。那么,为了更多地获得转轨收益和维持稳定,改革次序应选择那些难度较小和符合民意的转轨环节作为转轨突破口。具体而言,在次序安排上,那些民意所广泛支持的,并且转轨实施难度较小的转轨环节和对象,应先于那些民意分歧较大,并且需要足够的经验和知识储备才能完成的转轨环节和对象被实施。根据以上关于转轨速度的分析,这样的转轨次序能够最大限度保持转轨过程中的稳定和最大限度的获得转轨收益。

基于中国经济转轨的实践,渐进式转轨一直是我们所坚持的转轨道路与模式，中国在不断的摸索中与自我反思中寻求体制转轨与经济发展之路。在中国所走过的所有经济转轨环节中，有些环节是增进所有人的利益而不损害其他人的利益，这样即使仅仅是政策的放松，也使得在旧体制下受到压抑的生产力得到释放所带来的收益成为一种纯粹的"帕累托"改进，这样的转轨环节应比其他环节率先实施。因为这样的改革不会遇到阻力，是一种社会福利的净增进。而那些需要涉及利益结构调整和碰撞的转轨环节，如国企、医疗、教育改革等，是新体制实质性置换旧体制的转轨活动，必然会产生新旧体制的激烈摩擦和碰撞并且会遇到很大的社会阻力，因而这样的转轨环节需要具备客观的经济条件和知识储备后再实施转轨行为。然而，对于实现帕累托改进的可能性，却有两种不同的看法。持肯定看法的有：中国的渐进式改革最接近于"帕累托改进"或"卡尔多改进"；"从微观经营机制入手的改革没有受损者，因而具有'帕累托改进'的性质"（林毅夫等，1993）；"经济双轨制是符合'帕累托改进'的，因为它没有给任何人带来损失"（盛洪，1991）。持相反看法的有："改革的本质特征在于它是'非帕累托改进'"（樊纲，1993）；"'帕累托改进'既不是成功的权利重新界定的充分条件，也不是必要条件"，新的制度安排的形成，"总是更有利于在力量上占支配地位的行为主体集合"（胡汝银，1992）。

虽然在整体的过程性质上转轨体现出一种"非帕累托"改进的特性，但在不同的转轨阶段的性质却并不一定表现出与转轨整体性质的一致性。在某个特殊的阶段上，并且初始条件允许的情况下我们可以并能够选择使这一转轨阶段成为纯粹的"帕累托"改进，即在没有社会成员利益受损的情况下，使得部分或全部社会成员利益增进，这是一种增量式的经济转轨，并没有涉及原有利益结构的调整。因此我们以经济转轨过程中的效率改进为标准，可以将转轨过程分为以“帕累托”改进为主和以“非帕累托”改进为主的两个阶段[①]。那么，转轨次序的一种选择应该为率先实施具有“帕累托”改进性质的转轨环节，而后实施“非帕累托”改进性质的转轨环节。

一般意义上讲，这种阶段性的转轨进程会较为顺利地推行（除了思想、意识形态方面的阻隔）。但增量性质的纯粹“帕累托改进”式的转轨方式并不能从根本上解决经济转轨问题，经济转轨本质上仍然是一个打破旧体制、建立新体制的“破”与“立”的过程，这期间必然要经历剧烈的利益冲突与碰撞，才能最终实现经济转轨的目标。因此，虽然可以在转轨进程内部产生一个阶段性的“帕累托改进”时期，但最终转轨所要面临的仍是更为艰巨的利益结构重塑问题，因而这个“非帕累托改进”过程还是必不可少的，也是经济转轨所要面临的主要和关键的问题。

这两类不同性质的经济转轨的阶段有着相辅相成的密切关系，其中“帕累托改进”阶段可以通过不涉及利益结构等难度大的转轨环节（如产权制度、福利制度等）在旧体制外积极发展新生力量，通过增量的发展来为下一阶段“非帕累托改进”的转轨攻坚战积蓄力量和创造适宜的环境，以增强经济社会抵御体制变革可能带来的震荡与破坏的能力。同样，“非帕累托改进”阶段在利用了第一阶段增量发展带来的优势的同时，也承载了更多的转轨进程所必须面临的难题与负担。并且在旧体制既得利益集团未被打破的情况下，在这种转轨阶段间的过渡体制下新的利益集团又已经出现，从而形成了转轨向

① 这只是按照经济转轨阶段性质来划分的一种方式，对转轨进程的阶段性划分还有其他的方法，如本书中还以短缺现象是否普遍消失和市场化取向是否不可逆转的标准来区分经济转轨的前期和中后期，以及将转轨划分为“回顾性增长”与“前瞻性增长”。

终极目标推进的新阻力。因此，在新旧阻力的联合抵制下，“非帕累托改进”阶段的转轨进程将面临比预想更大的困难。在这一阶段上，经济转轨由于面临了较“帕累托改进”阶段更多的困难和实质性的问题，也必然会在转轨推进的速度和势头上受到更大的限制，甚至可能出现转轨的停滞与徘徊。而当停滞与徘徊持续出现时，人们在其中可能会对经济转轨的预期前景失去信心与耐心，转轨因而进入一个攻坚时刻和处在岔路口的分界点上。客观地讲，选择在转轨初期实施避重就轻的增量改革的转轨国家，必然会遇到上述的转轨停滞与徘徊。

但是，从另外一个角度来看，这种停滞与徘徊似乎并不是转轨进程的无谓损失，而是转轨进程中所必然要付出的成本，这种成本是为了获得最终转轨收益所必需进行的投入。首先，人们对转轨进程阶段性、本质性的正确认识需要时间，因而对于转轨攻坚阶段困难性与艰巨性的认识和准备不足，从而造成了暂时的停滞与徘徊。其次，“非帕累托改进”阶段需要各方利益进行协调和权衡，因而对于进一步转轨的最终方案的制订需要必要的时间。第三，“非帕累托改进”阶段转轨更需要在实践中学习，不断修正自己政策这样一种由实践到理论、再由理论指导实践的过程。

因此，转轨进程暂时的停滞与徘徊是必须的，但这种暂时的调整期不能影响到最终转轨目标的实现，因而在这个时期坚定的以最终目标为方向，着手现实的政策机制创新推动转轨进程继续向前推进就更显得尤为突出与重要。上述原因恰恰从另一个侧面说明了，在初始阶段就开始摧毁旧体制、以利益结构激烈的调整与碰撞为代价的次序安排，明显要付出比初始阶段以增量改革、其后再进行核心体制替换的改革的次序安排更多、更大的成本。

分析至此可以看出,对转轨速度和次序的分析是把握经济转轨中的路径选择问题的关键。路径选择是整个转轨过程中主观意愿的根本思想性体现,对于具体的机制创新和随后可能产生的转轨绩效都有直接作用,因此路径选择在转轨活动中的地位是十分重要和关键的。所选择的路径模式是否能与客观转轨实际相契合是转轨活动成败的重要决定因素,如果路径模式未能在经济体制转轨和经济发展转型二者之间寻求到合适的契合点,则经济转轨的"过程中经济"的非平衡性不会减弱,甚至还会加强,转轨绩效将无从谈起。

二、转轨速度与难度调整

对于转轨最优速度研究的文献已有许多,这些文献从不同的角度对如何确定最优速度的问题进行了有益的尝试,对于人们认识转轨、把握转轨的整体进程起到了重要的推进作用。有的学者从社会对于转轨的可承受程度的角度进行把握,以"相机决策"的方式确定最优转轨速度,并强调了社会对于转轨的可承受力的可变性(钟笑寒,1999)(见专栏8-6);有的学者注重初始条件对转轨速度的影响,运用只有保守派和改革派两个参与人的两阶段博弈模型对最优转轨速度进行确定(张军,1999)(见专栏8-7);罗兰(2002)在其《转型与经济学》一书中对部门再配置的最优速度和价格自由化的最优速度进行了详细的分析(见专栏8-8);有的学者从确定改革的两种成本的角度来定义收益既定条件下成本最小化的转轨速度为最优速度(樊纲,1993)(见专栏8-9)。

专栏 8-6

经济转轨最优速度观点(1)

钟笑寒(1999)采用“相机决策”的方式确定最优转轨速度,并强调了社会对于转轨的可承受力的可变性。他利用一个动态最优化模型,分析了改革力度和改革的社会可接受程度之间的关系,实质上是试图分析改革、发展和稳定之间的关系:(1)最优转轨速度应根据社会的可承受程度而进行“相机抉择”;(2)改革的最优社会可承受程度随着经济发展速度和其他宏观环境的变化而变化,为了达到最优的社会可承受程度,应该努力实施避免社会不稳定的战略;(3)改革的社会可承受程度与经济增长率和宏观经济环境正向相关,并得出结论,由于人们对于社会可承受程度的认知能力限制,“渐进”的改革方式好于“激进”的方式。另外,作者对1978—1997年中国政策针对社会可承受力的调整以推进转轨的改革历程以及宏观经济的基本数据进行了定性分析。

这篇文章中在论证三个主要变量——改革力度(reform intension),改革社会可承受度(social acceptance for reforms)和经济增长率和其他宏观经济指数(economic growth rate and other macroeconomic index)——存有循环论证之嫌,同时,对于如何界定和实际测算改革力度和改革社会可承受度并没有做出可行性分析。

专栏 8-7

经济转轨最优速度观点(2)

张军(2000)论述了中国渐进式经济改革成功的重要原因是

"适度的快速"的转轨速度。张军首先假定一个转轨国家改革速度取决于该国改革之初的"背景条件",然后根据转轨中出现的两种行为主体建立了一个最优改革速度的二阶段博弈模型。第一个行为主体是"决策者"或者"改革者",对改革者的行为假设是他们认为更快的改革速度将导致更快的经济增长,改革的速度受限于来自改革负面效果的预期;第二个行为主体是改革的反对者,反对者也偏好经济增长,但是,不喜欢改革所带来的企业破产、失业和经济体制的变化。

张军认为经济转轨的最终绩效要由两种行为主体之间的相互博弈来产生。首先由"决策者"决定经济转轨速度,然后由"反对者"来决定"接受"还是"不接受",最终导致不同的改革结果。同时,给出了转轨经济的实证分析框架;经济绩效 $= \alpha_0 + \alpha_1 \times$ 改革起点 $+ \alpha_2 \times$ 改革速度 $+ \varepsilon$,根据26个转型经济国家的数据得出改革速度对于经济增长的贡献是显著的,而改革起点在引入修正变量后也对经济增长有影响。最后运用此模型分析了东欧、俄罗斯和中国的转轨实践。

这篇文章在论证了转轨速度与经济绩效之间的正相关关系后,并没有给出何谓"适度的快速",即最优转轨速度,并且在这篇文章最后用所建立的理论模型来解释各国经济转轨绩效时,似乎显得牵强,没有很好的契合理论与实践。

专栏8-8

经济转轨最优速度观点(3)

罗兰(2002)对部门再配置的最优速度和价格自由化的最优速

度进行了分析。他分析了影响部门再配置的最优速度影响因素：劳动市场摩擦和资本积累。如果对亏损企业改革的速度过慢，就会对新的私有部门的发展产生负面影响；如果对亏损企业改革的速度过快，同样导致私有部门发展的减缓，并对国有企业私有化的转轨路径进行了模拟，得出转轨的速度是驼峰状的，还分析了部门再配置改革偏离最优速度的后果。罗兰在讨论价格自由化的最优速度时，着重分析了双轨制的优劣，认为价格的渐进自由化虽然可能引起扭曲并减少福利，但是中国价格自由化的双轨方法代表了经济转轨的创新，由于具有帕累托改进特性，因而具有优越性。另外，还强调了竞争政策的重要性，如果在改革过程中能够较早地引进竞争，转轨的速度就可以加快，反之，则要谨慎。最后，还指出了大爆炸价格自由化的速度确定只是根据价格理论，而不是根据现实，忽略了尚未达到竞争市场均衡的约束条件。

专栏 8-9

经济转轨最优速度观点(4)

樊纲(1993)从改革成本的角度分析了激进式和渐进式转轨的两种改革模式的优与劣。他认为，体制变革的成本可以分为实施成本和摩擦成本。

实施成本包括体制改革过程开始之后一切由体制决定的“信息不完全”、“知识不完全”、制度预期不稳定所造成的效率损失(以理想的“最优状态”为参照系)，是改革“激进程度”的减函数，或者说，是一种改革方案(改革方式)所需时间的增函数——改革的速度越快，改革所需的时间越少，信号扭曲的问题越是尽快得到彻底的纠正，社会越是较快地建立起新的体制，以使人们尽快地形成关于新制度的“知识”，并在此基础上形成新的稳定预期，经济所面临的损失就越小，反之则越大。单从如何使这种实施成本最小化的角度来看问题，“激进式”改革方式优于“渐进式”改革方式。

摩擦成本是社会上某些利益集团对改革的抵触和反对所引起的经济损失。在一切条件都给定的情况下，摩擦成本是改革激进程度的“增函数”，或者说，是改革方案所需时间长度的减函数——改革方式越是激进，越是较为迅速地打破旧体制，也就是较为迅速而全面地改变原有的既得利益关系，就越是会遇到较大的社会阻力，各阶层(特别是旧体制下的既得利益阶层)越是不会容易接受，会引起更激烈的社会冲突，“摩擦成本”也就较大。

樊纲在清晰定义任何一个转轨经济都存在的这两种成本的基础上，建立了“最优改革道路”理论模型，具体分析了不同初始条件、“外援”条件和“新体制经济”成长的条件下的摩擦成本，认为，最优的改革路径应该综合考察两种改革成本，在一定程度上解释了中国的“渐进式”改革道路成功的原因。

但是，樊纲在提供两种改革成本与两种改革方式分析模型的基本框架的同时，采取的是一种经验性假说，并没有真实数据建立计量模型，没有测算两种成本以及对两种转轨路径从成本——收益角度进行实证检验。

本书认为客观约束致使经济转轨过程中的最优速度是不稳定的，要随着改革的实际绩效的大小而进行调整和变动，而且转轨过程中的各个环节对于适应改革的能力也不尽相同，因此，经济转轨全过程的最优速度不可能是一个数值或变量。因而,可以假设转轨全过程的最优速度是一组包含所有转轨过程中所有环节的,由 M 个子过程复合累加而成的最优转轨速度的 N 维向量。即:

$$V_w^* = \sum_{i=1}^{M}(v_{1i}^*, v_{2i}^*, \cdots, v_{ji}^*, \cdots v_{ni}^*)_{1\times n}, v\in[0,1]$$

其中 V_w^* 表示经济转轨全过程的最优速度,它是所有转轨环节的最优速度所复合累加构成的一组 n 维向量;而 v_{ji}^* 表示转轨系统中第 j 个变量在第 i 个阶段的最优转轨速度,其中 $j=1,2,3,\cdots,n$ 表示转轨系统中不同变量,$i=1,2,3,\cdots,m$ 表示转轨系统中不同阶段,由于认识的限制我们不可能知道 n 和 m 的确切值。$v\in[0,1]$表示所有变量的转轨速度都是介于 0 和 1 之间,即当针对这环节的转轨没有发生时 $v=0$,而当这个环节的转轨采取一步到位的"大爆炸"式转轨时 $v=1$,这样速度越接近于 1 表明转轨速度越快。此时,我们就可以对实践中的经济转轨方式进行重新的定义,俄罗斯所采取的"大爆炸"式的激进转轨并不是某一环节的激进转轨,而是试图在所有转轨变量(至少是我们已经知道的变量)上采取一步到位的转轨模式,其经济转轨的速度可以表示为 $V_R=(1,1,1,\cdots 1)_{1\times n}$,而中国的渐进式转轨则是采取了"实践性"的摸索前进策略,整体转轨速度可以表示为 $V_c=\sum_{j=1}^{m}(a_{j1}, a_{j2}, \cdots a_{jn})_{1\times n}$, a_{ji}即中国的渐进式转轨在各个具体转轨环节或变量上没有采取冒进的策略,而是将各具体变量的转轨速度控制在了较为适当的速度上。

但到目前为止,对转轨速度的重新表述并不能解释中国式转轨路径和俄罗斯式转轨路径之间出现的绩效差异。其中的原因主要是我们不能判定两种方式哪种更接近于最优的转轨速度,这就要求我们深入到某个具体的转轨环节,找出各个环节的最优速度,最终得出转轨整体过程的最优速度。考察整体转轨过程最优速度需要对某个具体转轨环节的最优速度进行确定。影响各环节转轨速度的因素有很多,其中关键的因素主要有两个:一是民意指向;二是相应转轨环节的转轨实施难度。

经济转轨是一场由所有民众集体选择所导致的,由政府具体实施的大规模社会体制转换的过程,而赞成与反对转轨的群体就会相应的成为转轨推进的动力与阻力,所以民意指向对于转轨能否顺利推行至关重要。一方面,作为转轨主体的政府而言(革命和政变情况除外),他们所依循的选择最优转轨速度的是社会整体对转轨支持程度最大化时的速度,即最大程度确保经济与社会稳定运行的转轨速度,转轨在这种速度下进行,所遇到的阻力会最小,中国政府一直提倡的"我们要照顾各方利益"其实正是出于这种考虑,能使政治局势更加稳定。

另一方面,从经济转轨过程中的两个主观能动者来看,作为转轨设计与驾驭主体的政府更加关心的是政治与社会的稳定,而公众对转轨的适应程度体现了公众的意愿,也就体现了公众对转轨活动的政治支持度,转轨的收益大小则居于次要地位;民众对制度的变革总是存在着一定的"惰性",除非旧体制已经到了忍无可忍的地步,大多数人不会有要求转轨的意愿,从这个角度看收益最大化也不是公众选择转轨速度的标准。不同群体对转轨的偏好恰好能够体现人们对转轨活动的意愿和态度,而这种意愿和态度从根本上决定了转轨的发生和速度的选择。并且,这一标准与追求转轨收益最大化并不矛盾,社会整体对转轨支持度的提高,也意味着转轨所遇到的阻力就会变小,相应发生的成本就会减少,最终获得的转轨收益也会增加,转轨速度过快会导致摩擦与阻力的增加,甚至发生动乱。那么,对转轨路径以及转轨速度的选择的决定因素，是以民意指向为第一位，而收益最大化为第二位的。尽管二者之间并不矛盾，但思考最优转轨速度的出发点应是前者，而后者则是相应的结果。

对于将相应转轨环节的转轨实施难度作为最优速度决定的影响因素是基于不同的转轨环节会面临着不同的实施难度。对于一些较为简单的环节只需要旧体制的退出，政策的放开就可以自行完成，无需人为的加以控制和设计，这样的环节只需要考虑民意指向即可，如中国的体制外发展市场经济的转轨政策。而对于一些较为复杂的转轨环节则需要更多的相关制度因素进行配合和更多的人为控制与设计，因此也就需要更多的时间去认识和设计，以及需要相关配套制度才能完成这项转轨任务，相应速度就会减慢，如大到产权改革，小到股票市场的建立等等。

不同的转轨环节需要考虑的实施难度，从而对由民意指向确定的最优转轨速度进行调整。即民意指向作为最优转轨速度的决定因素，而相应转轨环节的转轨实施难度作为最优转轨速度的调整因素。当相应转轨环节的转轨实施无难度，即难度为零时，最优转轨速度就是由民意确定的转轨速度；而当相应转轨环节的转轨实施难度大于零或很高时，就应相应的将最优转轨速度向后调整。下面我们通过一个简单的模型对此加以说明和分析。

我们假设 v_n^* 是整个转轨过程中一项具体转轨环节的最优速度，假设政府充分尊重社会对转轨进程的集体意识，并对转轨环节的实施难度有充分认识。这样我们可以给出 v_n^* 的表达式：

$$v_n^* = v_p^* - v(D)$$

其中，v_p^* 表示由民意指向而确定的最优转轨速度，是最优速度的决定变量；而 $v(D)$是政府通过对所实施的转轨环节难度的判断而对最优速度做出的调整，是最优速度的调整变量，D 表示所实施转轨环节的难度，其越大则对最优速度的影响越大，当其为零时则无须对民意指向的最优速度进行调整。

对于民意指向的最优速度的确定，需考虑不同社会群体对转轨的不同支持程度。如前所述，同一转轨时期的公众选择可能同时存在着“前瞻性偏好”、“稳定性偏好”、“回顾性偏好”的博弈倾向，前瞻性偏好对转轨进程持欢迎态度，并且对于转轨速度也有偏好，希望快速实施转轨进程；而稳定性偏好对于转轨进程则不置可否，持中立态度，但并不赞成过快的转轨速度；回顾性偏好则是旧体制的受益者和留恋者，他们坚决反对转轨行为，对快速转轨更是坚决抵制（见表8－2）。

表8－2 不同偏好人群对不同转轨速度与方式的支持度

偏好 \ 转轨速度	渐进转轨→……不同速度的中间状态……→激进转轨
前瞻性偏好 S_1	坚决反对→……支持程度逐渐提高……→支持程度高
稳定性偏好 S_2	支持程度高→……支持程度逐渐降低……→支持程度较低
回顾性偏好 S_3	支持程度较高→……支持程度逐渐降低……→坚决反对

在此我们还必须假定个人具有完全理性、能够察觉到转轨对自身利益的影响，并且有足够动力以各种方式表达出这种偏好及其程度来影响转轨进程。那么，相应的社会上就应该存在着支持与反对转轨进程的两种力量，持稳定性偏好和回顾性偏好的人对于转轨的支持度会随着速度的增加而下降，甚至坚决反对，即他们对转轨的支持程度是转轨速度的减函数；而持前瞻性偏好对于转轨的支持度会随着转轨速度的增加而增加，即他们对转轨的支持程度是转轨速度

的增函数。我们用 r_1、r_2、r_3 分别表示前瞻性偏好、稳定性偏好和回顾性偏好三种不同偏好人群对转轨的支持度，α 为不同偏好人群所占的权重，其由这一人群占社会成员的比重、对转轨进程的影响力以及初始经济状态等因素决定；而 r 表示社会意识对转轨的支持度，其最大时即为最优的转轨速度。转轨速度选择的标准有两个：一是社会整体对转轨支持程度的最大化；二是社会整体对转轨支持程度为正，以保证转轨可以发生。则必定有：

社会支持度函数：$R = r_1(v)\alpha_1 + r_2(v)\alpha_2 + r_3(v)\alpha_3$ (8-1)

且目标函数为：$\mathrm{Max}R = R(v_p^*)$ 且 $R > 0$（保证转轨能够发生的可能性存在）

其中 $\partial r_1/\partial v > 0$，$\partial r_2/\partial v < 0$，$\partial r_3/\partial v < 0$，并且 $0 \leqslant v \leqslant 1$

我们最大化目标函数(8-1)式，则有

$\mathrm{Max}R = \max R[(r_1(v)\alpha_1 + r_2(v)\alpha_2 + r_3(v)\alpha_3)]$

取一阶条件：

$(\partial r_1/\partial v)d\alpha_1 + (\partial r_2/\partial v)d\alpha_2 + (\partial r_3/\partial v)d\alpha_3 = 0$

若 r_1, r_2, r_3 的函数形式如图 8-4 所示，则上式解存在。若当上式解不存在时，则存在两种角点解的可能性，一种是当社会中绝大多数人为回顾性偏好时，随着转轨速度的增长，社会支持度会持续降低（$dR/dv < 0$，见图 8-5 中的 R_1），也就是说转轨速度为零时社会支持度最高，即此时无需转轨；另一种是当社会中绝大多数人为前瞻性偏好时，随之转轨速度的增长，社会支持度会持续提高（$dR/dv > 0$，见图 8-5 中的 R_3），也就是说转轨速度为 1 时社会支持度最高，即需实施一步到位的激进式转轨。当解存在时，由于二阶条件难以保证，因此可能存在 n 个不同的解，并且 $0 < v_1, v_2 \cdots v_n < 1$（存在 $dR/dv = 0$，见图 8-5 中的 R_2），此时，最优速度应该为其中社会支持度最高

的速度，即 $R(v_p^*)=\max[R(v_1),R(v_2),\cdots R(v_n)]$

$$\text{可得：}\begin{cases} v_p^*=0 & dr/dv<0 \\ v_p^*=R^{-1}\{\max[R(v_1),R(v_2),\cdots R(v_n)]\} & \text{存在 } dr/dv=0 \\ v_p^*=1 & dr/dv>0 \end{cases}$$

至此我们可得出最优转轨速度：v_p^*，并且 v_p^* 保证 $R>0$（因为当 $R<0$ 时，转轨不会发生）

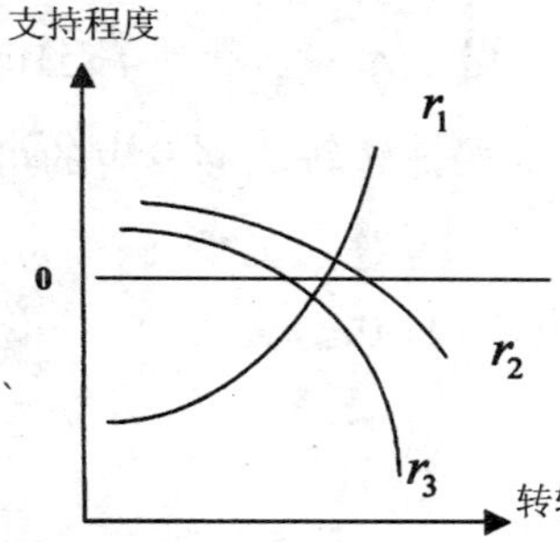

图 8－4　存在解的可能性

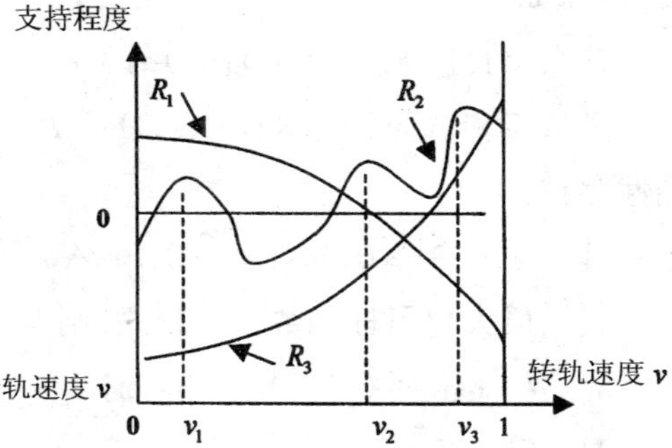

图 8－5　角点解

其中 α 值是动态的，是随着转轨进程的推进不断变化的，因此转轨的速度不会是匀速的，而是动态的。随着转轨阶段的不同，人们在利益结构中所处的地位也会不同，因而人们随着转轨进程推进，会改变自己对转轨活动的偏好，权重 α 值会变化，而相应各阶段的最优速度也会发生相应的变化。因此，最优速度 v_p^* 不会是匀速的，而是随着转轨进程的推进不断改变的，转轨的每一阶段都应对当期转轨所面临民意支持程度进行考察，根据实践的民意来调整转轨的最优速度。

在得出由民意指向决定的转轨速度 v_p^* 后，我们需要考虑调整变量——转轨环节的实施难度问题，以对 v_p^* 进行调整最终得出这一转轨环节的最优转轨速度。由于我们假设政府能够足够充分地认识到所实施转轨环节的难度和所需要的相关制度、技术保障，因此在 v_p^* 速度的基础上需要对最优速度进行“后向调节”，以确定最终的最优转轨速度。如图 8－6 所示，在 v_p^* 确定之后，经过 $v(D)$ 的调整，可得出最终的 v_n^*。而 v_n^* 所表示的速度要明显慢于 v_p^*，并且所实施转轨环节的难度越大，即 $v(D)$ 越大，最优速度 v_n^* 越慢于民意指向的最优速度 v_p^*。相应的我们可以最优转轨速度 v_n^* 为分界点划分和定义不同的转轨速度模式，实施速度在最优速度附近区域的转轨模式我们可称之为“适度转轨”，实施速度慢于“适度转轨”区域的转轨模式我们可称之为“惰性转轨”，而实施速度快于“适度转轨”区域的转轨模式我们可称之为“过激转轨”。这样我们可以更清楚地对不同转轨速度的转轨模式进行细分。

现在我们相应的可以给出不同转轨速度状态下的转轨收益的状态。如图 8－7 所示，在转轨速度为最优转轨速度 v_n^* 时，即“适度转轨”时转轨收益最大；而小于最优转轨速度 v_n^* 的转轨速度模式，即“惰性转轨”所能获得的转轨收益要略低于最优速度时的收益，并且随着速度越来越慢而呈现缓慢的下降态势；相反大于最优转轨速度 v_n^* 的转轨速度模式，即“过激转轨”所获得的转轨收益要明显少于最优转轨速度时的收益，并且随着速度的越来越快于最优速度而呈现急剧下降的态势。我们给出这样的判断，是因为最优转轨速度是由转轨环节实施难度调整过的民意指向的转轨速度而得出的，在转轨速度低于最优速度时，表明民意希望转轨的速度能够加快，而且加快速度也不会相应的带来实施难度巨大的问题，所以“惰性转轨”会使得经济状态无谓的长期停留在旧体制的非效率状态下，因而其收益必然低于可获得最大转轨收益。而在转轨速度高于最优速度时，表明转轨速度超出的人民的意愿，或者低估了实施转轨的难度和相应的制度与技术的保障，因而“过激转轨”，必然会遇到极大的社会阻力以及转轨实施难度巨大而难以推行的问题，这样很可能导致转轨进程的失败或误入歧途，甚至极端情况下最终可能导致社会经济的动荡与崩溃，所以过快的转轨速度所获得的转轨收益必然小于最优转轨速度。此外，“过激转轨”模式所获得转轨收益还要小于“惰性转轨”模式，因为在“惰性转轨”模式下旧体制所带来的收益没有消失，经济依靠旧体制仍然能够运行，但“过激转轨”模式在不具备条件的情况下强行推进转轨进程，会使得转轨误入歧途或者失败，此时旧体制被打破而新体制由于受到制度、技术和民意的限制而难以建立，必然使得经济陷入混乱之中，转轨收益必然大幅下降，甚至成为负值，出现产出的大幅倒退。

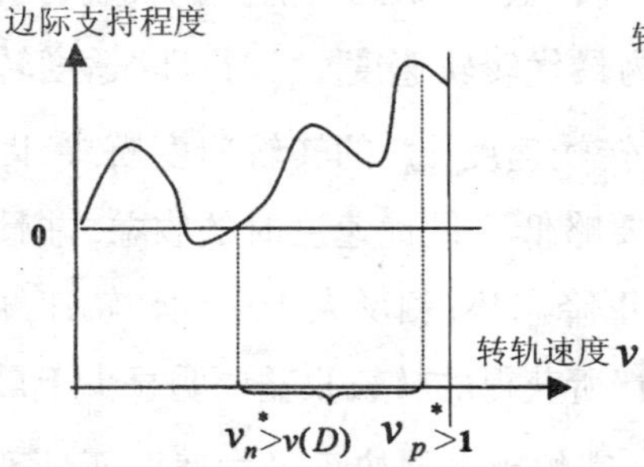

图 8－6　边际支持程度

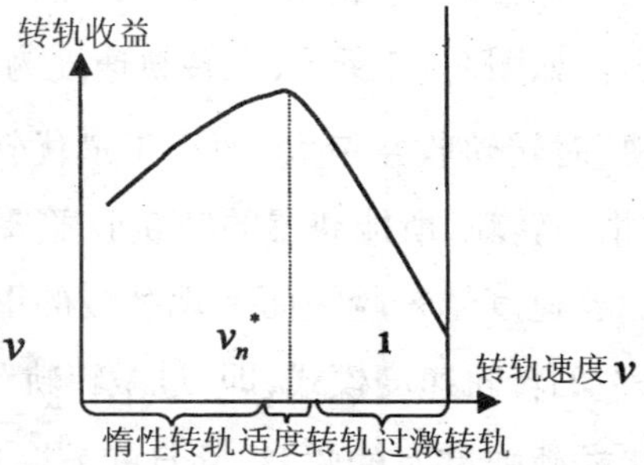

图 8－7　转轨收益

这样我们就可以运用以上的模型对现实中的情况进行一下分析与解释。比如，我们可以解释中国和俄罗斯两种转轨路径的不同绩效。前面我们指出了俄罗斯所实施的转轨策略是试图在所有的转轨环节上采取一步到位的转轨方式，我们将其重新定义为 $V_R = (1,1,$

$1,\cdots1)_{1\times n}$,但我们知道作为一个体制系统中的各个变量或环节,它们各自所面对的社会意愿和要求的制度和技术是不相同的,这样它们也就不可能拥有相同的最优速度,当然最优速度更不可能全部是

表 8-3 按照产权形式和私有化方法划分的私有企业结构

比项 \ 年份	1993	1994	1995	1996	1997	1998	1999
私有化企业(项目)总数(个)	42924	21905	10152	4997	2743	2129	1536
联邦所有(个)	7063	5685	1875	928	374	264	104
联邦主体所有	9521	5112	1317	715	548	32	298
市政所有	26340	11108	6960	3354	1821	1544	1134
私有化企业(项目)按私有化方法划分的结构(%)	100	100	100	100	100	100	100
股份化	31.1	44.8	27.7	22.5	18.1	12.1	14.6
拍卖	6.3	4.4	4.2	3.9	5.5	12.1	14.6
商业竞卖	30.4	24.0	15.9	8.9	9.6	11.0	12.4
赎买租赁财产	29.5	20.8	29.8	32.1	14.6	7.1	8.3
出售不动产			15.4	22.9	38.5	47.6	47.7
出售正清理的、已清理的和未完工的建设工程的财产	0.4	1.5	4.2	5.7	9.1	6.0	5.2
出售土地			0.6	1.5	2.6	4.0	2.3
其他	2.3	4.5	2.2	2.5	2.0	0.1	0.3

资料来源:《俄罗斯统计年鉴》,莫斯科,2000 年,第 290 页;转引于刘美珣(中),列乌斯基亚历山大伊万诺维奇(俄)主编:《中国与俄罗斯——两种改革道路》,北京,清华大学出版社,2004 年。

1,即一步到位式的转轨。尽管大多数民众对旧体制持厌恶的态度,希望加快转轨进程,但由于忽略了各转轨环节的难度问题,所以俄罗斯转轨在几乎所有环节上都采取了超过最优转轨速度的转轨,即“过激转轨”。由以上模型我们知道,在某一环节上采取“过激转轨”都可能造成转轨的失败或社会动荡,而俄罗斯的激进式转轨是在几乎所有环节实施“过激转轨”,那么这就会产生一种“过激转轨”破坏效果的“迭加作用”,最终导致社会的动荡和经济的倒退也就不足为奇了。专栏 8－10 对俄罗斯转轨过程中的过激私有化的两阶段绩效进行了简单分析,可明显看出过激私有化的经济社会发展的不良影响。

专栏 8－10

俄罗斯转轨过程中的过激私有化

俄罗斯私有化主要分为两个阶段。1992 年 6 月的证券私有化主要是为全体公民普遍分发私有化证券。16462 个企业以证券竞拍的方式卖掉了股票,这些企业的全部法定资本(注册资本)共 14210 亿卢布,卖掉的股票总面值为 2850 亿卢布,仅占全部注册资本的 20%左右。俄罗斯居民共得到 14605.4 万张私有化证券,成为了私有化过程中创立的股份公司或是证券投资基金组织的股东,每张私有化证券的平均拍卖价格可换 2400 卢布股票。证券私有化从根本上实现了经济非国有化,到 1994 年,组建了 2 万个股份公司,11 万企业实现了私有化,绝大部分的小型私有化项目都已转到私人手中(8.5 万多个商店、饭馆、咖啡店、提供生活服务的企业)。这种私有化过程速度非常之快,例如,1992 年,4.6 万个企业实施私有化,其中约 50%企业的私有化改组是在第四季度完成的。货币私有化是从1994年7月1日开始的，从前期的证券私有化无偿分发财富过渡到实际购买财富，速度也是相对放缓。表8－3列出了1993—1999年间私有化企业结构。在货币私有化之后，大部分国有资产脱离了国家指令性管理而进入市场运转。但是，俄罗斯匆忙的私有化并没有完全吸引外资，把所有权迅速地转移到"善于经营的所有者"手中的效果，反而给当时的国民经济带来了灾难性的破坏，高通胀率、包括日常消费品在内的生产持续下滑以及大量财富以合法的形式集聚在少数人手中。表8－4列出了俄罗斯工业结构衰退，向初级的、不需要专门知识、技术联系更简单的生产转化的趋势，表8－5列出了1993—1999年急剧下降的私有化资金收入。

资料来源：根据刘美珣（中）、列乌斯基·亚历山大·伊万诺维奇（俄）主编：《中国与俄罗斯——两种改革道路》，北京，清华大学出版社，2004年。

表8－4　各工业部门产品生产指数（以1990年数值为100）

项目	1992	1993	1994	1995	1996	1997	1998	1999
全部工业	75	65	51	50	48	49	46	50
电力工业	96	91	83	80	79	78	76	76
燃烧工业	87	77	69	69	68	68	66	68
黑色冶金工业	77	65	53	55	53	56	53	58
有色金属工业	68	59	53	55	53	56	53	58
化学和石油化学工业	73	58	44	47	44	45	42	51
机器制造和金属加工	77	65	45	41	39	40	37	42
机器制造业	75	63	42	39	37	38	34	39
森林、木材加工、纸浆造纸工业	78	63	44	44	36	36	36	42

建筑材料工业	78	65	47	44	36	35	33	35
轻工业	64	49	27	19	14	14	12	15
食品工业	76	69	57	52	50	50	49	52

资料来源:俄罗斯统计数字,《简略统计汇编》,莫斯科,2000年,第176页;同表8-3。

表8-5 私有化资金收入

(10亿卢布;从1998年起100万卢布)

项目	1993	1994	1995	1996	1997	1998	1999
货币资金总收入	450.3	10066.8	3815.6	3234.0	26230.1	17538.1	12290.7

资料来源:《俄罗斯统计年鉴》,莫斯科,2000年,第292页;同表8-3。

再如,近年来中国在经济快速增长的同时,也由于经济的不均衡发展出现了一系列的经济和社会问题,如贫富差距拉大、失业增加、内需不足等问题。同时国企改革、医疗改革、教育改革等等似乎也都没能像预想的那样顺利完成,而陷入了僵局。

尚需艰难突破的中国医疗改革

2005年11月29日《新京报》报道,卫生部部长高强日前在一次会议上讲话时强调"我们不要争论医疗改革成功不成功",而就在前几天,央视《新闻调查》披露了发生在哈尔滨医科大学第二附属医院,一老翁住院67天,住院费花去将近140万,总医药费花掉550万的事件。"不要争论"和曝光的巨额医药费事件,用一种极为夸张的方式,向人们展示了医疗市场化取向改革的困难重重。

中国医疗改革在中国经济转轨进程中起步较晚。虽然,部分省市在1994、1995年已开始着手制定医疗保险制度改革的一些部署，中央也在1997年做出卫生体制改革的决定，但是，关于医疗体制改革的总体规划《关于城镇医药卫生体制改革的指导意见》在2000年2月才浮出水面，涵盖了卫生行政部门转变职能，政事分开，逐步实施全行业管理；实行医疗机构分类管理，公立医疗机构内部引入竞争机制，社会上的医疗机构分为营利性和非营利性两类，根据其性质、功能的不同，制定实施相应的财税、价格政策，使社会上的各种医疗机构面向市场，规范营运等等。

如此举措之大的医疗体制改革，取得了相当的成果，然而，最大的问题还是仍然有相当多的人无法享受应有的基本医疗服务。根据相关统计资料，1993年，农民患病应就诊而未就诊率为33.7%；1998年，该比率为33.20%；到了2003年，则上升到45.8%。2003年农民年人均纯收入为2622.24元，而当年城市医院平均每次住院费用4660.38元(县医院为1851.8元)。为了健全和完善农村社会保障体系，2002年开展了新型农村合作医疗试点工作，覆盖全国31个省、自治区、直辖市共有333个县(市)的70%以上的农业人口。

2004年8月9日，郎咸平发表一篇题为《格林柯尔：在"国退民进"的盛宴中狂欢》的演讲称，顾雏军在并购科龙、美菱等企业时，采用"安营扎寨"、"乘虚而入"等7种手段，只花了区区9亿元，就鲸吞了136亿元总值的企业。由此引爆了意义深远的"郎顾之争"。这场为国有企业产权改革引发的"郎顾之争"，虽然已经随着顾雏军锒铛入狱告一段落，却也引发了医院产权改革诸多争论。从传统医院制度到现代医院制度的转变，其核心和基础是医院产权制度的转变。这已经触及到了尚未转轨的传统经济体制的核心，为此，下一步的医疗体制改革需要更加慎重、慎行。

这一方面是由于改革越来越涉及旧体制的核心，利益结构的调整和碰撞日益严重，转轨所面临的阻力骤然加大所致。另一方面，由于现阶段转轨环节和对象相对于前一阶段而言难度增大了，这一阶段转轨任务再也不是政策的简单放开，为新体制生存创造空间就可以的，而是需要技术难度很高的复杂、系统的新体制塑造过程，因而这一阶段就更需要政府花费更多时间去认识和学习相关的知识和客观条件并制定相应的对策以推动转轨，同时政府也需要在利益结构的调整与碰撞中寻求各方的利益平衡，这一切都需要时间去完成。因此，现阶段转轨推进缓慢甚至停滞是现阶段转轨所难免和必须的一个过程，否则盲目的推进各项改革将会导致过激转轨，从而导致转轨失败。

相反，中国的许多转轨环节可以被认为采取了“惰性转轨”的策略，是在“摸着石头过河”的注重实践的理论指导下逐步、稳健向前推进的，是政府对于转轨难度难以把握，以及实施稳健、谨慎和实践性的转轨策略所难以避免的，是在充分考虑了民意和转轨难度的情况下做出的，虽然不可能完全与最优速度相一致，但更多的转轨环节是处在“适度转轨”和“惰性转轨”的区域内。当然，中国在部分转轨环节上也显示出了“过激转轨”的迹象，如中国的股票市场的建立就是一例，中国在信托机制、法律体系以及制度环境缺失的条件下，提早建立的股票市场，从表 8－6 中列出的中国股票市场的交易情况显示从 1992 年到 2003 年的十几年间，各项指标的名义增长率非常之高。过快的发展速度使得中国股市成为了一个先天不足的“早产儿”，从而注定了其艰难的成长历程。

表 8-6　中国股票市场的交易情况

项目	1992	1995	1996	1998	1999	2000	2001	2002	2003	名义增长（%）
会员总数(家)	348	1085	840	659	628	631	547	437	382	10
上市公司数(家)	53	323	745	851	949	1088	1154	1224	1287	2328
上市股票数(种)	72	381	821	931	1029	1174	1240	1310	1372	1806
总发行股本（亿股）	74	766	1771	2345	2909	3613	4838	5463	5998	8005
市价总值(亿元)	1048	3474	17529	19506	26471	48091	43522	38329	42458	3951
成交金额(亿元)	681	4036	30722	23544	31320	60827	38305	27990	32115	4616
深圳综合指数（收盘）	241	113	381	344	402	636	476	389	379	57
上证综合指数（收盘）	780	555	1194	1147	1367	2073	1646	1358	1497	92

资料来源：国家统计局：《中国统计年鉴》，相关年份。

中国股票市场的“过激转轨”和“银广夏”事件

中国的正式股票交易于20世纪90年代初期出现在上海、深圳两地，1992年后发展速度非常之快。表8-6列出了股票市场的主要发展指标。这种迅猛发展的势头在一定程度繁荣了中国金融市场，但是从长期来看，在股票市场健康发展所需要的信托机制等市场环境还没有健全的情况下，这种“过激转轨”不仅使得中国股市从2001年到达最高峰，上证指数摸高2200多点，但随后便开始了漫漫“熊”途，2005年，上证指数一路下跌到1100点左右，虽然几度出现反弹，但股指仍然没有改变下行的趋势。还导致投资者信心基本丧失，市场融资功能进一步衰竭，将很难承担起支持国企改革的重任，更严重的是导致了一系列信用作假案件的发生，“银广夏”事件可以说是股票市场“过激转轨”的严重后果的表现之一。

1994年3月15日，银广夏董事会发布决议公告称，银广夏董事局决议出资1000万元收购深圳广夏软件配件有限公司，控股比例为75%。事实上，此前银广夏已与大股东深圳广夏文化有限公司、香港中昌国际有限公司签订资产承包合同，将大股东下属全资公司深圳广夏软盘配件公司的资产由银广夏承包经营。这也许可以算作银广夏欺骗投资者的开始。1997年3月17日，银广夏董事局作出对深圳广夏软盘配件有限公司、深圳广夏微型软盘有限公司、深圳广夏录像器材有限公司注销的决定，但此重大事项却未予披露。并且，虽然这三家公司被工商部门依法吊销了法人资格，却依然堂而皇之地出现在银广夏1999年、2000年年报和2001年中报中。1997年3月18日，银广夏在未履行资产收购相关程序下，非法收购大股东深圳广夏文化实业有限公司资产——已关停的深圳广夏软盘配件公司。这笔交易使银广夏被大股东“抽血”960万元，直接侵害了中小投资者的合法权益。此重大事项也未履行相关信息披露的义务。银广夏1999年年报、2000年年报均披露，1999年筹集的配股资金3亿多元已全部投入承诺的配股资金项目，实际仅投入1.78亿元，其余被银广夏董事局及其控股子公司占用及借款，其中支付董事局经费1200万元。银广夏在2000年年报中披露，以价值4351万元的超临界萃取设备作为投资，对芜湖广夏华东玻璃制品股份公司进行增资扩股，并设立了芜湖广夏生物技术股份公司，公司注册资本7535万元，其中，银广夏持股44.29%，天津广夏持股35%。事实上，直至2001年3月6日芜湖广夏生物技术股份公司才成立，注册资本仅为3184万元，银广夏持股比例为30%，天津广夏根本没有出资。

2001年8月媒体披露银广夏事件，同年9月10日，停牌一个月的银广夏以跌停板价格复牌，一路狂跌。经过史无前例的15个连续跌停后，才在10月8日止住跌停。股价从停牌前的30.79元跌至6.59元，近68亿元的流通市值无形蒸发，持有银广夏股票的投资者遭受重创，特别是中小散户欲哭无泪。

银广夏在近4年期间累计虚构销售收入10亿多元，虚增利润7.7亿多元，这只依靠疯狂造假"创造"出惊人业绩的垃圾股，从大红大紫到一路跌落，引发了中国股市的"怀疑现象"——怀疑上市公司、怀疑中介机构、怀疑股评人士、怀疑监管部门等，对中国股市的信誉度造成很大打击，成为中国股市发展史上一个挥之不去的"失信情结"。

痛定思痛，究其银广夏事件的深层次原因之一，当为中国股市在市场环境（公司治理结构、会计秩序、证券监管等）尚不成熟阶段，进行了不相适宜的过度的"蓬勃发展"，致使中国股市偏离了健康规范发展的轨道。

资料来源：人民网www.people.com.cn。

第三节 转轨次序和速度的实践选择

路径安排的不同造成了对推进经济转轨的手段与方式的不同，从而必然导致经济转轨与经济发展契合程度的不同，这又直接导致了最终绩效的差异，如激进式转轨和渐进式转轨两种模式已被当前的实践证明,会产生截然不同的绩效结果。而如何评价已有转轨又是下一阶段转轨路径选择的依据,这从实质上证实了前文述说的转轨主观过程循环的正确性。但是,就目前的转轨实践而言,对两种方式在转轨全过程中做出确切的优与劣的评判还为时过早。虽然,在最近关于渐进式转轨和激进式转轨的相对优点的论战中,渐进主义的观点处于优势地位(罗兰,2000;萨克斯、胡永泰,1999)。因为就现阶段而言,中国的渐进式转轨所获得的成就和绩效,从客观上为下一步进行更深层次的转轨奠定了扎实的物质和经济基础,也提高了社会经济运行对于体制变革的承载力,这至少证明短期内从渐进角度对转轨速度的把握和次序的优化是较优的选择。但现在是否就可以断言渐进式转轨取得了成功,而激进式转轨就已被证明是失败和错误的呢? 这一问题现在还存在很大的争论,从转轨的整个过程运用成本—收益方法来考察,是否渐进式转轨必然优于激进式转轨还没有定论。一方面一些学者认为初期的"转型性衰退"(transformational recession)是难免的(Kornai,1993),一旦新制度建立起来,效率就会得到体现,而萨克斯、胡永泰和杨小凯(1999)则在"经济改革和宪政转轨"一文中以法国大革命以及美国独立战争和美国南北战争做模拟,来证明激进式的、包含宪政转轨的转轨路径在短期内虽都具有破坏性,但不会有人否认这两次宪政转轨显著的正面长期经济效应;另一方面,也有学者认为中国由于采取的渐进式"双轨制"改革模式致使"体制外"部分和"体制内"部分之间摩擦剧烈,在经济体系中留下了许多问题,如国有部门的改革滞后,大量存在的利用公共权力敛财肥私的"寻租活动"和贫富差距拉大等,而这些都是阻碍中国渐进式转轨进一步推进的巨大阻力。更重要的是,诸如俄罗斯的经济转轨国家在第一阶段经历过"快速"的路径选择后,现在更多地是采取"速度放缓”的改革模式，而在中国的中后期转轨过程中，已经有学者针对“循序渐进”概念的缺陷提出了“平行推进”的最优路径理论与政策。

那么，无论是“激进”与“渐进”之争，还是“循序渐进”与“平行推进”之争，其实质仍然是转轨路径安排中的次序与速度问题。当把理论上的诸多争论还原于转轨路径的实践安排，可以在原有理论的基础上考察实践偏离理论的原因（中国在改革之初并没有精确的计算转轨的最优次序和最优速度，而俄罗斯的经济转轨却是在“华盛顿共识”的精心策划下开始的，然而，理论与实践出现了巨大的反差）以及理论的局限性。我们的目的不是争论哪种转轨路径好（激进或者渐进），而是要说明为什么各国的改革进程能够进行到现在，是怎样进行到现在，同时又将怎样走下去？中国渐进式转轨与俄罗斯激进式转轨以及东欧各国的各具特色的转轨历程，为人们研究转轨路径的选择问题提供了鲜活的实证数据。

中国始于1978年的市场化改革是在一种“理性的无知”状态下开始的。所谓的理性无知就是人们在面对信息搜寻上的成本和不确定性时不获取某些知识的行为，是实事求是而不虚夸，是培育规则而不妄为。也就是说，在知识搜寻成本高昂而成果又不确定的情况下，人们选择只获取特定的部分信息并保留对其他信息的无知是合乎理性的。从时间、努力和资源的角度来看，获取信息和分析新知识都是代价高昂的。认同理性的无知，才使知识的创新和秩序的确立成为可能。这体现在决策的制定和实施中，应该允许试错，逐步发现什么是他们能够争取的，并以一种适应性的方式来合理地驾驭其实现目标的努力。理性地控制无知的范畴，达到知和用，并不意味着在特定的场合，“理性的无知”不会做出最后发现是错误的决策。但起码可以做到，不会无知到自以为具有“完备的知识”而犯更严重的错误，那是一种更为可怕的"无知的理性"。中国刚开始改革的路径比较像"随机行走",在摸索中前进的对原有计划体制实施逐步推进的改革,在保留原有计划体制的同时,积极发展计划外的市场成分,在增长中再逐步改革原有的计划体制并逐步培育起市场经济。中国的前期经济转轨随其阶段性而呈现出显著的次序:(1)1978—1984 年进行了三个领域的转轨。价格改革逐步深入,价格信号作用的增强;非国有化经济有了一定的发展,市场主体多元化形成了一定规模的市场化环境;资本形成通过社会动员的能力增强,国有企业自主权扩大,体制外与体制内的比较优势形成①。(2)1984—1992 年主要进行了价格双轨制的改革。在价格双轨制的体制环境下,存量资源(包括生活资料、生产资料、金融资产等)开始出现集中性的由旧体制向新体制流动的特殊商业化过程。由于体制条件的不完善,这一过程中有正常的经济行为,有过渡性经济行为,也有大量的"寻租"行为,利益关系的合理调整与不合理调整并存,在一定程度上具有原始积累的特征,并导致了经济运行的波动与混乱。但从整个转轨过程来看,这一时期基本改变了旧体制下商业功能、商品流通缺失的格局,建立了以商品流通为枢纽的资源配置方式,从而使社会再生产的方式发生了根本性改变。这种改变的经济绩效十分突出,1984—1992 年国民经济年平均增长率高达 10.2%,是增长最快的时期。其中 1984—1988 年,即邓小平高度评价的"可以算作一种飞跃"、"功劳不小"② 的五

---

① 1978—1984 年,农村联产承包经营责任制的全面推行、粮食等主要农产品征购方式调整、收购价格的大幅提高,有力地推动了农业商品化进程;企业扩大经营所有权的试点,以及流动资金全额信贷管理、基本建设"拨改贷"办法、两步"利改税"三项改革则已经在利益主体、资本形成等方面初步形成了多元化的格局。

② 邓小平:"在武昌、深圳、珠海、上海等地的谈话要点",收录于《邓小平文选》第三卷,第 376—377 页。

年来考察，国民经济年均增长更高达12.1%。(3)从1992年到1998年前后，是商业革命的延续时期。商业革命推动了双轨制向单一市场体制的并轨，推动了市场体制基本框架的建立。国内贸易与国际贸易逐步实现统一，商业制度的国际化趋于完成[①]。非均衡战略推进的以“长三角”、“珠三角”、“京津唐”三大经济区为带动的中心—外围效应已经形成。那么，中国在经济转轨第一阶段的路径安排可以从两个角度来看：(1)经济体制转轨的路径安排是：计划机制→双轨制→市场机制；(2)经济成长转型的路径安排是：让一部分人先富起来，效率优先，兼顾公平。这一转轨路径安排被实践检验后证明是有效的，中国经济在开始改革后的二十多年间始终保持了经济的高速增长，宏观经济稳定发展，人民生活水平获得大幅度提高。

考察俄罗斯的经济转轨路径，就不得不从戈尔巴乔夫时期的改革追溯源流。前苏联在西方主流经济学为其开出的转轨药方——“创建市场经济500天计划”的指导下，提出了旨在激活经济的加速战略。在1985年4月的苏共中央全会上，戈尔巴乔夫提出了加快社会经济发展的方针，要求充分利用生产能力和加强劳动纪律，也就是

---

① 国际贸易理论基础性质有助于我们理解现代经济增长的根本途径。国际贸易理论的基础性质是指，任何关于国际经济成长的研究需要注意一定时期内这些过程发展速度的计量和比较，更需要注意深入研究经济体制组织起来以完成这些重要过程的途径，以及这些过程的结构、组织和功能如何随国际经济扩张而变化。基础性质的国际贸易理论研究并不一般化地看待国际经济这个事物本身，而是通过现代国际经济扩张这个窗口，分析现代经济增长的根本途径是否与它相联系和怎样联系(参见A.G.肯伍德、A.L.洛赫德：《国际经济的成长：1820—1990》，中译本，经济科学出版社，1997年，第1页、第5页)。因此，对国际贸易经济的认识可以分为三个层次：(1)为高度专业化提供了一个巨大市场，只是对国际经济功能的浅层次理解；(2)通过资本、劳动力以及粮食产品的国际流动，提供了一个传播现代工业技术的机制，则上升了一个层次；(3)作为从工业国向发展中国家传递经济增长的手段，可以认为把握了国际经济的精髓。中国对外开放的意义也正在于此。

挖掘社会主义制度的潜力。1986年2—3月的苏共27大正式通过了加速战略。大会关于苏共中央委员会政治报告的决议确认:"加速社会经济发展的方针要求必须深刻改造经济机制,建立一个以民主集中制原则为基础并有助于更充分地挖掘社会主义潜力的完整、有效而灵活的管理体制。"[①]

戈尔巴乔夫时期的经济改革

1985年3月,米·谢·戈尔巴乔夫任苏共中央总书记。1987年召开的苏共中央六中全会上,通过了《根本改革经济管理的基本原则》和《苏联国营企业(联合公司)法》两个文件。随后,于1987年7月17日,又通过了有关计划、价格、财政、银行、物资技术供应体制改革等11个决议。改革的具体措施有:

1.转换企业经营机制。目标是使企业成为真正的商品生产者,主要是解决企业作为商品生产者应承担的责任和拥有的权限。

2.对经济的集中领导体制进行根本改革。目的是试图平衡调节国民经济过程,在经济中最佳结合集中有计划领导与自主性、发展商品货币关系的资源配置方式,用经济方法代替行政方法管理企业。(1)物资供应体制由原来的国家集中调拨改为批发贸易。最终目的是形成生产资料市场。国家供委的主要任务是协调组织生产资料贸易,有效地监督产品供应和合理使用物资,并对一些重要物资的平衡负责。(2)宏观调控手段由原来的指令性计划改为指导性计划。企业自行制定和批准计划。政府

① 辛华编译:《苏联共产党第二十七次代表大会主要文件汇编》,第138页。

主要是向企业提供社会需求信息的控制数字,合理处理国家、企业与职工三者利益关系的经济定额,不带有指令性的国家订货和主要反映国家集中投资规模的限额。

3.改革价格形成机制。目标是确定合理的价格水平,使其有利于企业实行完全经济核算制与自筹资金,尽量减少不应有的再分配过程和财政补贴。从价格改革的方向来看,要解决权力下放问题,减少中央集中定价产品的种类,扩大企业经理的定价权。同时,把一些产品的定价权下放给共和国。

从价格管理体制来看,将实行三种价格形式:重要产品的国家定价;合同价格;企业自行批准的价格,即自主价格。

从价格改革的步骤看,采用先调后放的办法。首先对生产资料中的能源、原材料价格进行集中统一的调价。从 1990 年 1 月 1 日起,对能源、原材料、建材批发价格和交通运输实行新价格;第二步是从 1991 年 1 月 1 日起,调整农产品收购价格和消费品(主要是食品)的零售价格。

4.财政银行体制的改革。目的是改变财政过分集中的运行机制,以用间接的经济方法来管理企业。主要办法是确定长期稳定的经济定额,建立中央银行和专业银行两级银行体制,以求最终形成资金市场。

5.改组中央经济管理机构。一是精简机构,二是建立综合性的部长会议常设机构,起协调作用;三是简化管理层次,实行部——生产联合公司(企业)两级管理体制。

制定这些改革措施是为了充分发挥价值规律的作用,大力发展商品经济。通过引入市场机制来改变过去计划经济管理中呆板、低效的经济活动方式,发挥市场在经济发展中的作用。

但是,由于中央领导层对改革的认识不统一,中央和地方领导人之间的权利之争,一部分企业领导人对改革持消极态度,政府的作用被削弱;部分劳动群众对改革缺乏热情等原因,改革中遇到了较大的阻力,改革未能取得实质性的进展。加上在经济发展过程中,没有及时地调整经济结构,重视农业的发展等方面的重大决策失误,使苏联产生了严重的经济危机:经济增长速度大幅度下降;消费品严重短缺,市场供应紧张;财政赤字日益严重;通货膨胀日益加剧等。为了解决这些问题,前苏联从1990年开始采取了一方面实行调整和紧缩政策,另一方面进一步深化经济体制改革的双重措施,却没有意识到转轨是一个过程,而进行了盲目的策略急剧变动。在调整和紧缩政策方面,着重采取了这样两个具体措施:

一是以缓解市场供求失衡为主要目的,围绕调整经济结构采取一系列政策。第一,增加人民消费品生产,稳定市场。首先调整工业中的甲乙两类的增长速度。规定1990年乙类工业的增长速度要超过甲类8.5倍(甲类产品增长0.8%,乙类产品增长7.6%)(此处,计划色彩过于浓厚,经济弹性丧失)。与此同时,调整国民收入用于消费和积累的比例。1990年用于消费和非生产性积累的国民收入将达到86.7%,而1989年为83.7%(如此精确的计划,对于一个改革中的大国来说,是不符合客观经济规律的)。第二,1990年对物质生产领域的投资要比1989年减少120亿卢布,而将增加对农工综合体、轻工业、日常生活服务领域的投资,仅对农工综合体的投资比去年增加80亿卢布。第三,加强农业。第四,实行军转民政策。

二是对当前经济运行中不正常行为进行治理与紧缩。如改进计划方法，计划的出发点不是速度，而是着眼于最终成果，如居民收入、国家财政计划、消费市场和社会总情况；大力压缩财政开支；严格控制货币的发行量；控制工资的高速增长势头。

重新部署经济体制改革计划方面，主要从三个方面着手进行：(1)建立多种形式的所有制(对比中国的非公有制成分)。强调所有制形式的多样性，打破单一的所有制结构，消除国家所有制的垄断地位，不提以公有制为主体，主张各所有制地位平等。(此处有操之过急之嫌，容易导致利益集团的阻碍，一些公众的心里可能也无法承受)。改革后的苏联的所有制形式主要包括苏联公民所有制、集体所有制和国家所有制。公民所有制主要包括劳动经营户所有制、农户所有制和公民的个人副业。集体所有制主要包括租赁企业所有制、集体企业所有制、合作社所有制、联营公司和合营公司所有制、股份公司所有制、经济联合体(联合公司)所有制及社会组织所有制。国家所有制要划分几个层次：全联盟所有制、加盟共和国所有制、自治共和国、自治州和自治区所有制、行政区域所有制(市政所有制)。所有制改革的目的主要是，大力发展公民所有制和集体所有制，逐步缩小国家所有制的比重，计划从当前所占85%降到约占30%左右。(应该是自发的培育市场经济成分，放开原计划体制所掌控的经济成分，可是此处，把“手段”当成了“目的”，改革是为了搞活经济，而不是单纯的把公有制变成私有制或者混合所有制)。(2)逐步形成可调节的市场经济。1990年5月，苏联部长会议主席雷日科夫，在最高苏维埃会议上作了《关于国家经济状况和向可调节市场经济过渡的构想》的报告。报告中指出，旧的经济体制已经失去生命力，需要刻不容缓地建立新的体制。为了使苏联经济摆脱危机，社会经济发展具有活力，真正改善人民生活，必须坚决地向可调节的市场经济过渡。并提出准备分以下几个阶段实现向可调节的市场经济过渡方案：第一，1990 年年底为准备阶段，这一阶段必须结束形成市场经济的法律基础工作，通过必要的立法文件并使其生效。同时，必须准备对价格形成制度进行改革，解决对居民实行社会援助制度等问题。第二，1991—1992 年，这一阶段必须实现标志着朝着市场迈出巨大一步的一整套措施。在这些措施中有价格体制的改革，以及社会援助制度、税收制度和信贷制度的改革。在这一阶段，多种多样的所有制形式应取得发展，消费市场应有改善。第三，1993—1995 年，这一阶段是市场关系集约发展阶段，即将进一步减少行政限制，加强竞争，实行积极的反垄断政策。总之，这一阶段，市场经济将加速运转。(3)有关建立完善的社会保障体系问题。

资料来源：陈万里等编著，《市场经济 300 年》，中国发展出版社，1995，第 380—385 页。

由上可见，自 1985 年戈尔巴乔夫执政以来，虽然提出的是快速战略，实际上是在计划经济体制中逐步引入市场机制，至 20 世纪 80 年代末和 90 年代初，已经初步形成了计划与市场调节相结合的模式，并开始向可调节的市场经济过渡。可惜，虽然有一定的民意支持，但是对转轨的困难估计不足，时间安排上过于天真，脱离实际，原先的改革计划没有得到很好地贯彻落实。

戈尔巴乔夫时期改革的民意取向

民意 1：在代表大会以后（苏共第二十七次代表大会，1986

年)，甚至过了一年，在社会的不同阶层以及党内，某些人仍然认为，改革的方针并非长远政策，不过是例行的运动。地方上各级的许多领导人对改革的积极拥护者可以说是横加阻拦，他们以警告的口吻劝说那些要求“过分”的热心人：同志们！等一等，不要白费劲瞎折腾，过上一两年，一切全都没事了。他们真心相信，一切都会恢复老样子，就像过去不止一次地发生过的情况那样。还出现了不大高明的怀疑论者，他们在办公室的走廊上嬉皮笑脸地说：什么样的日子都有过，现在这样的日子也会过去的。社会上越来越多的人在为改革的命运担心：一切会不会又回到老路上去？

民意2：B.布里科夫斯基在1987年苏共中央一月全会之后，从立陶宛写来的信。

“内心的感受太多了，实在不能再沉默。在这么多年之后，我们第一次看到党和国家领导人有着凡人的面孔。仅此一点就是伟大的成就。”

“人们在想什么，是怎样对待您的政策的呢？”

“我不向您说假话，尊敬的米哈伊尔·谢尔盖耶维奇，因为这会危害共同事业。我说的完全是真话。”

“我不去谈居民中的特权阶层。这是一清二楚的事。许多人像吃了麻醉药昏睡不醒，希望继续过自由自在的天堂般的生活。”

“这里要谈的是无产阶级的平民百姓，谈谈这次改革为之着想的那些人。遗憾的是，许多人对您的政策还没有真正深刻理解，并且不相信它。但是，这不应当使人感到意外。经过这样可怕的漫长的‘冬天’之后，很难期待脑子迅速解冻。这将是一个长时期的痛苦的过程。”

“但是，结果一切都会好的。”

民意3：一位基什尼奥夫城的教师B.多勃罗沃利斯基给苏共中央的信：

“我们是今天的青年。我们要继承列宁的事业、苏联人民的伟大事业。您付出的劳动是巨大的。让我们一起努力使您的劳动不致成为无效劳动！请不要因这封信的口气生我的气——用这种口气完全是因为我对有些人不理解党最近所做的几个决定和不理解您亲自同人民的交往而感到内心非常痛苦。这里我要马上声明一下：我是‘赞成’的！赞成同劳动者会见，赞成开诚布公地谈亟待解决的事情，谈困难，等等，但谈是为了做。然而，并不是所有的人都理解和接受您的列宁式的工作作风：在人们中间工作，替人们着想而工作，为了人们而工作！就是在这个问题上，有时争论会达到声嘶力竭的地步。

“许多人（我说的是30—50岁这一代人）非常僵化。我不怕直说：就是僵化！他们这些人（现在已经是大大小小的首长了）在群众大会上口里高喊‘赞成’。他们‘赞成’！赞成什么？赞成一切！赞成革新，赞成改革，赞成，赞成，赞成，赞成……瞧！说得差点儿扯开胸前的衬衣。而实际上呢？……全是假的。我试过要弄清楚，这是为什么？为什么你们不相信那个为了我们大家而不吝惜自己的生命、健康和心血的人？你们以为要唤醒一个有亿万人口、数十年来被哄着入睡的国家很容易吗？你们以为当许多人还在详解辞典里查‘首创精神’一词的词义时，要发扬首创精神很容易吗？要让我们大家都动起来谈何容易?！何况是要每一个人？……”

资料来源：[苏]米·谢·戈尔巴乔夫：《改革与新思维》，世界知识出版社1988.3。

1991年的前苏联经济的各项经济指标全面恶化，国民收入比上年减少11%以上，GDP减少13%，工业生产减少2.8%，农业生产减少4.5%，食品生产减少10%，谷物总产量减少24%，国际贸易额减少37%，12月份苏联解体了。在社会经济、生活保障体系逐渐瘫痪的情况下，俄罗斯迫切的需要激进的改革方式来启动经济转轨，而不是实行"有秩序的"改革方式。正如叶戈尔·盖达尔所说：

直到1990年夏天，我还相信我们可能实行有秩序的、由政府组织的转轨。但到了1990年秋天，很明显一场危机就要爆发了：整个制度已经成为碎片，我们生活在毫无节制的通货膨胀之中。一场革命就要来临，就像布尔什维克革命和法国革命那样。在这种背景下，有秩序的改革是根本不可能的，唯一剩下的就是如何对付危机。

资料来源：丹尼尔·耶金、约瑟夫·斯坦尼斯罗：《制高点：重建现代世界的政府与市场之争》，外文出版社，2000，第397—398页。

1992年俄罗斯在危机下正式开始转轨，采取了更快的速度，是在多年来没有成效的渐进改革的逻辑发展，采取按照经济自由化、私有化和稳定化齐头并进的路径安排：(1)经济自由化。一是价格自由化，1992年1月1日全面放开物价，90%的零售商品和80%的工业品批发价格一次性取消计划定价，由市场供求关系决定价格。二是对外部市场开放经济,实行统一汇率基础上的货币可兑换政策,减少企业的进口补贴,宣布卢布可自由兑换,实行浮动汇率。三是取消国家在外贸领域的垄断,所有生产经营单位都有权经营进出口业务。(2)私有化。俄罗斯当时把抑制通货膨胀作为整个经济政策的重点,实行严厉的紧缩货币财政政策,通过压缩财政赤字,控制货币发行量,限制信贷规模,减少乃至取消各种补贴和优惠,以期把月通货膨胀率限制在2%—3%,最多不超过5%,以便为经济转型创造稳定的宏观经济环境。(3)私有化。按照俄罗斯的私有化计划,实行大规模的私有化政策,1992—1995年基本完成加速私有化任务,通过对原国有资产的部分或全部产权转让,建立混合经济,为市场经济创造微观主体。

然而,前期的经济危机与这样迅速、全面的经济转轨方式,使得俄罗斯经历了更大的经济衰退,前10个月国民经济总产值下降了20%,财政赤字高达6230亿卢布,当年恶性通货膨胀率高达2501%,人民生活水平急剧下降。在随后又经历了长达七八年的震荡后,才逐渐恢复了宏观环境的秩序和平稳的状态,经济开始逐步恢复性增长,而增长的动力主要来自于原来因经济危机而闲置的生产力。因此各方对激进式转轨的批评之声不断,有的学者在评价激进式转轨时谈到建议政府同时解决所有问题根本就算不上是建议,原因是转轨国家的政府在转轨过程中面临着许多严峻的问题,并且解决这些问题所需的人才、财力和时间都严重紧缺(大野健一,2004);还有学者认为"休克疗法"的激进式转轨模式毫无疑问地成为了这些国家经济衰退与恶性通货膨胀的主要原因(Brada and King,1991;Blanchard,1996)。那么究竟为何西方主流经济学家在转轨之初极力倡导这一后来被证明是无效的"华盛顿共识"的转轨方式呢,其历史和理论根源又是什么呢？其中一个重要的原因就是“华盛顿共识”背后隐含的缺陷，无论以多么完善的指标体系来设定转轨的目标，都是基于一种没有过程的两个时点概念的比较，而忽视了经济转轨中至关重要的过程性。因为“华盛顿共识”可谓是“大爆炸”式转轨的母体，西方经济学家和东欧国家以及前苏联地区的领导人对其的迷信也是造成这些国家经济衰退的直接原因。

西方主流经济学家为转轨国家开出的“大爆炸”式的转轨药方在东欧国家引致的实际经济状况与所预期的也相差甚远。东欧社会主义国家在它们建国初期，都是照搬苏联的经济模式和经济理论。随着各国经济的发展，这种高度集中的经济管理体制的弊端日益暴露。从20世纪50年代起，东欧各国都先后进行了经济体制的改革。东欧国家的经济转轨路径安排由于各国不同的具体情况，不同的理论上的认识，从而也形成不同的路径安排。例如，波兰经济学家沃·布鲁斯把社会主义经济运行模式划分为四种：(1)军事共产主义模式。实际上指苏联战时共产主义经济。(2)集权模式。传统的集中计划经济模式。以苏联为代表，包括东欧各国。(3)分权模式，也称含有市场机制的计划经济模式。1965年以前的南斯拉夫和当时匈牙利属于此种模式。(4)市场社会主义模式，对1965年以后的南斯拉夫型的经济所作的一种理论上的概括。

总体来说，在东欧转轨国家的经济转轨历程中，波兰、捷克、保加利亚的民主党和阿尔巴尼亚的民主党都选择了激进的战略，而匈牙利、罗马尼亚的伊利埃斯库政权、保加利亚和阿尔巴尼亚的社会党都曾选择了渐进战略。十几年的全面、迅速私有化改革使大部分东欧转轨国家出现了经济动荡和经济滑坡，并未实现预期中的经济可持续发展以及其他一些社会关键指标的上升。从统计数据可以看出，除波兰等少数国家以外，几乎所有东欧和独联体转轨国家在近十几年的转轨之后国内生产总值仍未超过1989年的水平，乌克兰和白俄罗斯经济衰退更是十分严重。与经济衰退相伴随，这些国家人口的预期寿命也出现了明显的下降，人均GDP的大幅下降，人民生活水平不断降低(罗兰，2002)。

在众多转轨经济体中，除了中国，印度也是具有良好经济增长绩效的国家。虽然印度转轨的含义并不相同，但其转轨实践也逐渐成为经济转轨研究的重要组成部分。但是，对于印度经济的增长，赞誉者有之；贬斥者也不乏其人。印度的经济转轨所选择的路径安排，就次序而言，以"企业导向"→"市场导向"和"内部改革"→"外部改革"为特征。印度政府从1980年对于私有部门有了态度上的转变，先放松对于私有企业的管制，鼓励企业增加利润，而没有采取引入新企业来与原来企业的竞争的市场导向改革。1991年开始了倾向于市场方向的路径安排，例如放松各种行业的管制、准许外资进入、增加国家垄断行业的竞争性等。就速度而言，印度的经济转轨在1980—1991年间的速度相对较慢，这段期间主要是政府对于私有部门态度的转变，但是，这10年的经济发展为1991年的经济自由化作了坚实的铺垫，一方面逐渐培育新体制的建立，另一方面虽然20世纪80年代的增长是脆弱的、难以为继，却为1991年打破旧体制、持续性的经济增长提供了厚实的经济基础。1991年之后的经济转轨速度相对较快，例如一次性取消了所有的中间品和资本品的进口许可证等。但是，由于工业部门的次序靠后以及管制较严，成为了印度经济转轨中令人失望的一面。

探寻"印度的经济转轨"

印度的经济自由化起于1991年7月政府公布的"产业政策宣言"(又称为新产业政策,New Industrial Policy)。事实上,印度的经济自由化从1980年就已经开始了。在1980年之前,印度执政的国大党实行的是社会主义和偏向穷人(pro－poor)的政策。当英迪拉·甘地于1980年重掌政权之后,她调整了自己的政治盟友,与私有部门代表结合在一起,主要推行促进企业导向的政策,对于企业的态度从敌视转变为支持。1984年,拉吉夫·甘地上台之后,英迪拉·甘地的政策得到进一步推进和强化,这是印度于20世纪80年代早期释放私有部门活力的关键转变。表8－7中1980—1990年间的产出年增长率比1970—1980年间高2.48个百分点,1980—1990年间的根据劳动力计算的全要素生产率比1970—1980年间高2.42个百分点。

印度的经济增长转折点实际上是发生在20世纪80年代早期,而非1991年危机之后。20世纪80年代的经济表现并不能用凯恩斯主义的刺激政策来解释,因为大量的时间序列和横截面分析表明其生产率存在趋势性的改善。同样,这一转折也并非因实施传统的"华盛顿共识"政策而得到触发,因为转折发生在实施这些政策10年之前。这一转折看起来是由于私人部门感觉到政府态度发生了有利于自己的转变,这一感觉随后(20世纪80年代中期)被许可证制度的废除所证实(罗德里克,2004)。这样看来,印度的经济转轨实则是从20世纪80年代就开始了,但是,促进市场/促进竞争并不是印度首选的路径安排,而是先促进现有企业的利润增长,更多的鼓励给予已有企业而

表 8-7　印度总增长和部门增长核算(年均增长率)　　(单位:%)

时期	1960—1970	1970—1980	1980—1990	1990—1999
产出	3.75	3.16	5.64	5.61
全要素生产率①	1.17	0.47	2.89	2.44
全要素生产率②	-0.94	-2.07	1.28	0.94
就业比例③		1975	1985	1995
农业		70.8	64.4	60.8
工业		12.4	15.2	15.8
服务业		16.8	20.4	23.4

注:①根据劳动力。②根据 15 岁以上人口上学的平均年数。③得自 Ghose(1999)。其中,1977 和 1978 年的数字是通过运用 1977/1978—1983 年间的趋势回推至 1975 年推算出来的,而 1993—1994 年的数字是通过运用 1987/1988—1993/1994 年间的趋势推至 1995 年推算出来的。

资料来源:丹尼·罗德里克、阿尔温德·苏布拉马尼扬:"印度经济增长转变之谜",载于《比较》(14),2004。

非新进入企业,并没有将现有企业置于真正的竞争之下。或者可以说,印度 1980—1990 年间的经济增长主要可以归为两个原因:一是经济自由化政策发挥了作用,在涉外领域里,进口政策的放开和更符合现实的实际汇率促进了生产效率的提高,在国内,某些部门的投资许可证的取消也促进了进口自由化和更快的工业增长。二是政府通过内债和外债保持了高水平的公共开支,通过扩大需求来刺激增长。不幸的是,这些因素也为 1991 年 6 月的宏观经济危机埋下了种子,导致了后来的停滞。到了 20 世纪 90 年代,80 年代的经济增长后劲表现出不足,无法持续。见图 8-8 中 1991—1992 年均 GDP 增长率下降到 1.3%。

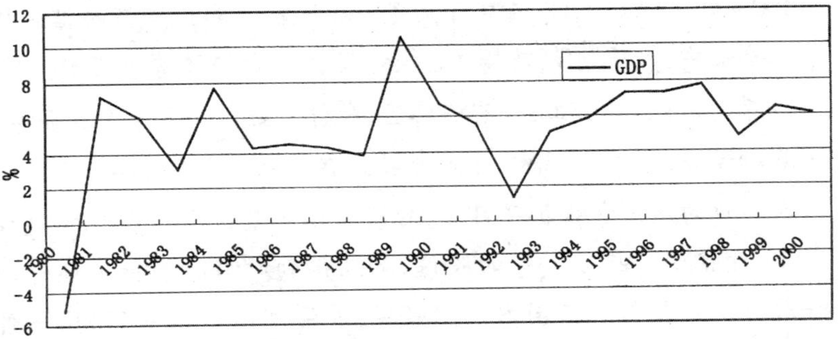

图 8-8　印度 1980—2000 年均 GDP 增长率

印度20世纪90年代的经济自由化主要从两个方面展开：一是放松产业管制，取消了大型企业的投资许可证制度和产业进入限制，也取消了公共部门对许多产业的垄断，允许外商直接投资在无需审批的条件下掌握51%的股权。二是逐渐放开外贸领域。消减关税、逐步放松对服务部门的管制。在商品贸易自由化方面，印度虽然在1991年7月取消了所有中间品和资本品的进口许可证。但是，对消费品部门的控制仍然没有放松，直到2001年4月1日以后，在世界贸易组织其他国家的压力下，那些限制已经大多取消，只有肥料、谷物、食用油、石油产品和某些特殊商品还受到进口许可证的限制。在服务贸易自由化方面，政府改变了传统上对服务部门采取的积极干预政策，放开许多国家垄断行业的管制，例如保险业、银行业、电信部门。1994年允许私人和外资参与移动电话的基本业务和增值业务。由于技术变革的加速，1999年又通过了新的电信政策。在移动电话、传呼和卫星电话业务中，外资可以获得49%的股份，但需要电信部门的批准。在某些互联网服务领域，外资可以获得

100%的股权。另外，在电子商务、软件、电子和出口型的信息技术产业中，外资可以获得100%的股权。政府还建立了许多出口导向区、出口加工区、经济特区、软件工业园和电子工业园等。基础设施部门也开始对外资开放。在公路、道路、桥梁、隧道以及港口的建设和维护项目中，外资可以独资经营。在机场建设中，外资可以占有74%的股份，如果得到政府特别批准还可以获得全部股份。在国内航空领域，外资可以占40%股份，海外的印度人可以占100%。只有铁路还不允许私人进入。从1991年开始，政府试图把私人和外国资本引入能源工业，2003年通过《电力法案》，取代了在1910年、1948年和1998年开始实行的规定。该法案借鉴了电信行业的经验，制定了全新的能源产业发展框架，计划在发电和配送电领域都引入私人和外国投资，和公共企业展开竞争。1997年12月7日，印度议会通过了《保险监管和发展局法案》，建立了监管机构，打开了产业进入的大门。如果取得了监管局颁发的许可证，外资也可以占有26%的股份。

这段时期的经济自由化取得了比较好的绩效：相当出色的金融业，其银行体系坏账很少，金融市场相当开放而且有很多优秀的金融人才，信息产业增长迅速，成为经济增长的推动力，企业的治理和盈利能力也颇具有竞争优势。但是，20世纪90年代印度经济有一个最令人失望的方面，就是工业部门的增长减速，1981—1991年，工业部门的年增长率为6.8%，1991—2001年为6.4%。工业部门效率低下的主要原因源于管制太多：相对僵化的劳动法；工业企业把很多服务外包出去，这使得部分工业产值的增长计入到了服务业中；由于对小型企业的保护、电力的短缺,许多大企业不愿意进入某些产业领域;还有,庞大的政府财政赤字对私人投资产生了挤出效应。另外,还有基础设施相对比较差,两极分化严重,贫困人口和文盲人数众多,官僚机构腐败丛生等负面经济绩效。

资料来源:①丹尼·罗德里克、阿尔温德·苏布拉马尼扬:“印度经济增长转变之谜”,载于《比较》(14),2004;②阿尔温德、帕纳加里亚:“印度20世纪80年代和90年代的经济增长和改革”,载于《比较》(14),2004。

对于中国渐进式转轨取得的成功,使得一些激进式转轨的倡导者感到困惑。为了解释为何中国取得了较快的经济增长,而实施激进式转轨的东欧国家和前苏联地区却经历了转轨初期的经济大幅下降,他们提出了初始条件是我国可以成功实施渐进式转轨的关键的观点,认为中国经济转轨的“起点”与东欧和前苏联地区有很大不同,因而中国的经验不能在东欧和前苏联地区复制。其所谓的不同“起点”是指中国在转轨前夕经济的计划程度要远远低于东欧和前苏联地区,因此中国经济转轨的成功并不能说明渐进式转轨的成功,也不能说明渐进式转轨的普遍适用性,而只能表明中国改革的起点有利于经济的增长(萨克斯、胡永泰,1994)。但这是否就能说明东欧和前苏联地区选择激进式转轨仍是他们的正确选择呢,是否能说明中国的渐进式转轨道路对中国经济增长所起的作用就微乎其微呢,这似乎还是很值得怀疑。中国经济虽然在改革前计划程度较低,为其体制外改革或增量改革创造了条件,但否认中国在改革策略选择上的实践性和稳健性对于中国转轨成就的巨大贡献是片面和错误的。许多非洲国家的改革与发展的起点相比较中国而言更低,但所取得的绩效却十分不尽人意。中国在转轨实践中创造性地运用"猫论"和"摸论"对中国经济的深入把握以及在此基础上运用了确切可行的渐进式的转轨策略,对于中国宏观经济的稳定和中国经济的增长无疑是起到了至关重要的作用。

对于在第一阶段转轨,渐进式转轨国家取得了明显高于激进式转轨国家的绩效的现实,一种合理、深层的解释是:激进模式代表的转轨国家,一般希望通过对旧体制的彻底放弃,以加速生成新体制,但自主增长的市场制度无法在短期内建立起来,因此在次序上所选择的是先"破"后"立"的策略。但前后脱节的"制度真空"使旧体制遗产归属于新生的寡头组织,资源配置畸形导致经济持续衰退和负增长,供给短缺的矛盾更加尖锐(见专栏 8 - 11)。由于旧体制留下的资源性遗产已经私有化,政府手中再无可调度的资源,只有借助外援刺激以校正新体制偏差,等待经济缓慢复苏。

渐进模式起步的转轨国家实际上是尽量避免直接触动深层次的产权关系变动,把着眼点放在培植竞争的客观环境,因而选择了价格改革为突破口,在次序上所选择的是"破"前先"立"的策略。中国运用适宜的转轨速度和次序培育了良好的竞争客观环境。以 1978—1984 年的路径安排为例,中国的经济转轨是在"计划的边界"上展开,呈现着散点式、外围试探式渐进突破的特点,而且在城市进行的其他改革,尤其是以城市为依托的市场培育和非国有资本的培育也都呈现着散点式推进的特点,并逐渐产生了示范作用和以点带面的效果,形成良好的市场竞争环境。表 8 - 8 所展示的"城市经济体制改革散点式启动过程",清晰地标志着这样一个必备条件正在逐步形成中:左侧系列——对外开放及非国有制经济成分成长——8 种新的经济形式将与扩大企业自主权后的全民、集体所有制企业一道,在

专栏 8－11

俄罗斯 1992—2000 年的“制度真空”描述

所谓俄罗斯在经济转轨过程中出现的“制度真空”，并不意味着俄罗斯在 1992 年以后的社会经济生活中不存在制度安排，而是明示的制度规则和行为规范和隐意的行为规范之间存在巨大差距，甚至相互矛盾。它们相互抵消、相互消耗，不能得到明确地遵守。过渡时期，当明示合同和隐意合同的机制都很薄弱，同时，国家的司法能力有限，机构变化频繁，影子利率高，并且缺乏远见，影响了隐性制度的有效性。

俄罗斯的私有化企业实质上被企业领导人和企业职工等内部人控制，在这种“内部人控制”的企业治理结构下，产业结构重组实际上不可能发生，使得大量国家资产游离于政府控制之外，大大削弱了政府的经济能力。金融工业垄断集团的组建以及在这一政策作用下新诞生的金融工业寡头与政府的勾结或对政府政策的牵制，进一步削弱了政府政策的独立性。一种无效率的产权结构和一个低效率、弱能力的政府体制结构，构成了俄罗斯在 1992—2000 年间“制度真空”的结构特征。除了 1992—1993 年俄罗斯是出于摧毁旧的计划经济体制阶段，市场制度建设由于激烈的政治斗争的影响还未能启动，“制度真空”问题严重之外，从 1993 年 10 月到 2000 年初，俄罗斯的转轨政策不断调整，制度结构也随转轨的进展而不断变化，但依然表现出非效率特征。

宪法秩序，随着政治自由化改革的完成和新宪法的颁布和实施，俄罗斯已经明确确立了资本主义宪法精神。但实质上，新宪法确立是“有自由但没有民主”的总统集权宪法秩序。叶利钦的总统权力几乎可以不受约束,加上他过于沉溺政治权术和个人权威,导致他经常做出一些出人意料的,对于社会来讲具有随意性的政治行为,严重削弱了人们进行市场交易的稳定预期。

制度规则设置在1993年之后很快成型,但依法行政和按国家颁布的规则行事,仍存在较大难度。制度规则的无效率或无能力(如政府干预经济的能力)严重影响了政治领袖人物政治意志的贯彻,也影响着社会合同的执行。

企业制度安排层次,形式上的私有化和实际上的企业重组滞后,意味着企业经营机制并没有发生根本性变化。这种“制度真空”不但没有明显促进资源配置效率的提高,反而延迟了俄罗斯经济的复苏。

资料来源:根据徐坡岭:《俄罗斯经济转型轨迹研究——论俄罗斯经济转型的经济政治过程》,经济科学出版社,2002年,第128—134页。

自主经营、自负盈亏基础上,建立起公平竞争的“对手”关系;右侧系列——计划边界上的市场因素加入——计划管制范围逐渐缩小后,伴随着市场软、硬件环境日益完善,各竞争主体间彼此让渡使用价值和实现价值的过程将更加灵活、方便。这一时期的商品购销活动的持续发展和空前繁荣,为上述分析提供了有力证据。1978年中国城乡集贸市场的集市总个数为33302个(当时城市集市个数为零),到1984年发展到56500个,其中城市集市个数为6144个;1978年集市贸易成交额为125亿元,到1984年增加到470亿元,其中城市80.3亿元。活跃于商品流通领域的集体商业个数和从业人员,1984年分别比1978年增长61.8%和1.3倍;个体经营者从边界逐步向核心推进的路径安排,造就了多种经济成分生龙活虎的源泉。市场主体多元化不只是互相竞争，而且彼此之间还会出现劳动力、资源、资金、技术等多形式、多渠道、多途径的融合与渗透，无疑对于进一步激活资本（在技术范畴内的功能）并提高其运行质量，都是大为有利的。这样，政府手中握有绝对优势资源可以控制市场化的进程，对避免衰退迅速建立增长起点有利，但与此同时也把产权改革等难题留到下一阶段。但填平旧体制留下的供给缺口后，在经济社会矛盾较为缓和的条件下，决策者可以较为从容地考虑后续的改革任务，其回旋余地较大。这样，第一阶段的各方的成功与失败就不会那么让人感到困惑了。

表 8-8　城市经济体制改革散点式启动过程

对外开放及非国有制经济成分成长	计划边界上的市场因素加入
1979.7 在深圳、珠海、汕头、厦门划出部分地区试办特区，作为吸收外资的一种特殊方式，叫出口特区。	1979.3.16 商业部、财政部印发《商业部系统利润留成试行办法》。
1979.7 五届人大二次会议通过《中华人民共和国中外合资经营法》。	1979.11.21 国家物价总局发出《关于修订物资协作管理办法的通知》，将原由国家计委、经委审批协作的 23 种重要物资减为 5 种：煤炭、焦炭、生铁、木材、水泥。
1979.全国各省、市、自治区新批准开业的个体工商户 10 万户，总数达到 25 万户。	1980.4.1 工商行政管理总局发出关于进一步发展城乡集贸市场的通知。
1980.5 中共中央、国务院发文将“出口特区”改为“经济特区”。	1980.7.1 全国性贸易货栈——郑州贸易中心站开业。
1980.8.26 五届人大常委会第十五次会议批准《广东省经济特区条例》（福建省参照执行）。	1980.10.17 国务院发布《关于发展和保护社会主义竞争的暂行规定》。

1980.9.19 中国人民银行发出《关于积极支持个体工商户适当发展的通知》。	1981.8.8 国务院批转《关于工业品生产资料市场管理暂行规定》，允许一部分工业品生产资料进入市场自由购销。
1981.1.24 新华社报道，中国除了原有的全民和集体所有制之外，目前陆续出现了以下 8 种新的经济形式：全民企业和集体企业合营、全民企业和私人合营、集体企业和私人合营、中外合营、华侨和港澳工商业者经营、外资经营、个体经营、私人集资经营。	1982.4.10 国务院发出《关于在工业品销售中禁止封锁的通知》。
1981.7.7 国务院发出《关于城镇非农业个体经济若干政策性规定》，指出：对个体经济的任何歧视、乱加干涉或者采取消极态度，都是不利于社会主义经济发展的。	1982.9.16 国务院批转国家物价局等部门《关于逐步放开小商品价格实行市场调节的报告》，规定第一批放开价格的小商品共 6 类 160 种。
1982.1 中国国际信托投资公司在日本发行 100 亿日元私募公司债券期限为 12 年——这是中国首次在国际金融市场上发行债券。	1983.9.1 国务院批转物价局报告，规定第二批放开价格的小商品共 350 种。
1983.4 中共中央、国务院批转《关于加快海南岛开发建设问题的纪要》，授予海南行政区人民政府对外经济活动方面较大自主权。	1984.1.10 全国第一个大型的工业品贸易中心——重庆工业品贸易中心开业。
1983.4.13 国务院发布《城镇劳动者合作经营若干规定》。	1984.5.23 全国第一家科技市场——天津市常设科技市场开业。
1983.4.14 国务院发布《关于城镇集体经济若干政策问题的暂行规定》。	1984.7.14 国务院批准商业部《关于当前城市商业体制改革若干问题的报告》。

1984.2.25 国务院发出《关于合作商业组织和个人贩运农副产品若干问题的决定》,指出:贩运农副产品不受行政区划和路途远近的限制,可以出县、出省,可以利用机动车船。	1984.10.6 经国务院批准,国家物价局发出《关于全部放开小商品价格的通知》。
1984.5.4 中共中央、国务院批转《沿海部分城市座谈会纪要》,进一步开放 14 个沿海港口城市;厦门特区扩大到全岛,实行自由港的某些政策。	

资料来源:吕炜:《资本挑战体制》,经济科学出版社,2000 年,第 92—100 页。

第九章　机制创新与政策驾驭

经济转轨的整体过程是一个主观与客观辩证统一的过程,其实质是主观在客观的约束条件下推动转轨进程。客观约束是任何一个经济转轨国家所面临的基础性制约,尽管制约每个经济转轨国家的客观约束不同。从经济过渡的历史看,始于20世纪后期的许多国家由传统计划经济体制向市场经济体制的转轨过程属于一种改革演进的过程或称作自觉选择的过程,即一种民众或政府主观推动的社会体制转变的过程,其与经济过渡的自然演进过程相对应。这种主观推动的经济过渡是一种在自觉研究制定的社会改革方案的基础上对有明确目标的过渡经济行为进行调节,但这种调节必须以经济过渡自然演进过程所暗含的基本规律为前提和保障,这些基本规律也构成了主观行动的客观约束。因此主观意愿不能违背客观发展因素的作用以及总体演进的规律,而主观行动所能做的只是在尊重客观约束的基础上通过对实施手段和演变速度的选择对经济过渡过程施加相应的影响。

经济转轨是由体制转轨和发展转型两个子过程构成的一个复合过程,而经济转轨过程客观特性表现出的这两个具体子过程也就最终成为了政策驾驭经济转轨这一主观过程的客观约束,即政策驾驭必须以合理解决体制转轨和发展转型两个转轨基本问题作为自己选择和行动的准则。就体制转轨而言是一种“逆向调整”的过程,目前处于经济转轨的前社会主义国家除了前苏联等少数国家外都是在工业化程度极低、产业发展落后以及商品化程度低的情况下建立起来的,这种人为跨越商品经济阶段直接进入计划经济体制的行为违背了经济史的一般发展规律,从而造成了经济发展阶段和经济体制的时空错位,并作为更深层次的原因导致了转轨经济形态的长期性。因此体制转轨便是一种经济体制"逆向调整"主动适应经济发展阶段的过程,即市场化的过程。而就经济转型而言则是一种"顺向增长"的过程,表明经济的发展阶段不是静态的等待经济体制的"逆向调整"与之适应,而是在顺向发展中与经济体制一起寻求两者的相互契合,在完成经济体制转轨的同时实现经济的快速发展。而主观驾驭的实质就是主要通过政府驾驭政策,尽可能使带有"逆生"特征而出现在体制转轨过程中的市场化运行机制转化为"顺向增长"方式,这种政策驾驭的具体表现形式就是在由基础性制约而选择的转轨路径下的具体实践,即机制创新。

具体来讲,机制创新并不是一个笼统的、泛泛的概念,而是需要涉及各项转轨领域及各个要素和产品市场的机制内部的实实在在的机制创新实践,并且通过对各领域与各市场的效率推进作用,最终实现转轨绩效的整体增进。可以讲,机制创新是整个转轨过程中具有行动意义的核心,如果说路径选择好比眼睛一样用来辨别转轨前进的方向,那么机制创新就好比双脚向着我们所选择的方向迈步前进。为清楚地展现政府的政策驾驭与机制创新能力对转轨进展的推动作用,我们可以将机制创新能力引入传统的生产函数[①] 之中,使其成

① 传统生产函数一般假设完全市场经济的制度背景,并且视为外生,因此并不将其作为影响经济结果的考察变量。而经济转轨时期,体制处于转变的不稳定时期,并且转轨主体可以在客观约束下驾驭转轨的进程,因而经济转轨时期的生产函数除了考察传统劳动、资本、技术变量外,更应重点考察制度和机制创新变量对经济结果的影响。

为影响最终产量的一个重要变量,以考察机制创新因素在经济转轨时期对经济绩效的影响。假设生产函数为:$Q = F(L, K, \cdots, T)$。其中 L 表示劳动,K 代表资本,T 代表技术水准,Q 代表在一定技术条件下,任何一组特定投入所能产生的最大产量。这是传统意义上的生产函数形式,产量只由劳动、资本和技术变量决定。现在我们将生产函数置于转轨经济运行的背景下来考察,引入制度和机制创新因素,并将条件设定为要素投入和技术水准不变,具体考察机制与制度变量对最终生产函数的影响。则我们简化后可表示为:$Q_t = F(L_t, K_t, \cdots, T_t, P_t)$,用来表示经济转轨时期的投入与产出之间的效率关系,即在一定制度和机制创新条件下,所有的劳动、资本和技术的任意组合所能产生的最大产出结果。其中,L_t、K_t、T_t 分别表示转轨过程中第 t 年所投入的劳动、资本和所具有的技术水准,而 P_t 则表示转轨过程中第 t 年的机制创新参数。由于我们假定了要素投入和技术水准不变,则 Q_t 的变动就取决于 P_t,而这种变动并不是像要素投入组合变动一样使得产出在原有生产可能性曲线上移动,而是由较低的生产可能性曲线向较高的生产可能性曲线移动,从而使经济绩效得到改善。

第一节　机制创新的需求

一、启动经济转轨需要机制创新

原社会主义国家经济在转轨前期已深深陷入短缺、停滞状态,在计划经济体制下,需求与供给脱节,经济结构严重失衡,经济运行乏力,增长缓慢。已然决定选择转轨的国家,需要寻找到合适的转轨突破点,并以适当的创新机制来推动转轨进程的启动,这是所有转轨国家面临的首要问题。转轨突破点和初始创新机制的选择需要有相当的准确性和可操作性,若机制创新过大、过快则可能导致旧的经济体制的迅速崩溃,而新体制一时又难以建立,从而使得经济运行出现断层,导致经济衰退和社会动荡;相反,若机制创新所触及旧体制运行的根基过小或未能为新体制提供足够的生存空间,则会由于起不到打破旧体制,建立新体制的目的,从而难以有效启动转轨。当然,对于创新机制和转轨突破点的选择也反映了各国政府对于转轨路径的选择和理解,最终启动转轨进程的机制创新要在已经做出的路径选择下进行。从经济体制的"逆向调整"带来发展水平的"顺向增长"的角度看,中国政府在转轨初期所选择的机制创新——"计划放权、财政让利"和在计划外发展市场经济的"双轨制",与俄罗斯的转轨初期所选择的彻底打破旧体制、迅速私有化和市场化,是两种完全不同的启动转轨的机制创新。中国在转轨进程初期的机制创新经验充分验证了启动经济转轨需要机制创新。

中国在转轨初期面临着与许多原社会主义国家相同的资本稀缺和短缺经济的困扰,抛开政治体制的差异,单从经济运行的表象来看,一方面人民自愿提供的储蓄能力极为有限,导致了资本形成不足和投资过低,从而无法实现基本的生产效率,导致了产出和收入的进一步低下;另一方面也是由于人民较为贫困,消费和购买能力低下导致了投资需求不足,并进一步导致产出和收入低下。

这种现象正是美国经济学家、发展经济学早期代表人物 R.纳克斯在分析发展中国家经济发展缓慢以及长期难以摆脱困境的原因时,所提出的"贫困的恶性循环论"和"资本决定论"。通过两个循环的图形可以更为清楚地展示这一理论(见图 9-1)。左边表示的是由于低收入而导致的储蓄能力过小,以致资金匮乏再导致生产效率低下,最终进一步出现低收入的资本供给不足的恶性循环。右边所表示的是由于低收入导致了公众消费和购买能力有限,以致投资引诱不足,从而又造成了投资量过小和生产效率低下的问题,最终又进一步导致了低收入的需求不足的恶性循环。而两个循环则相交于一个交汇点——低收入。在此,低收入既是供给、消费不足的原因,又是供给、消费不足的结果。

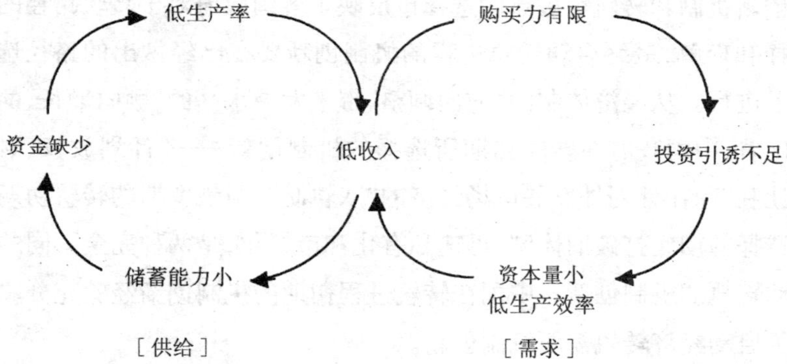

图 9-1 纳克斯贫困的恶性循环示意图

对于这一问题如何解决,纳克斯主要从如何解决发展中国家资本缺乏的角度提出了摆脱两个恶性循环的关键是注入资本,具体途径一是依靠外援;二是强迫储蓄。纳克斯提出的贫困恶性循环的解决办法是关注于解决资本的短缺,从而再次强调了资本的决定作用。纳克斯提出的解决方法可以称之为"反贫困恶性循环的资本注入解救论"。可以看出资本的注入正是一针见血的指出了贫困恶性循环的症结所在,能够在一个特定的时期为经济增长带来活力,克服供给和需求不足的双重恶性循环。并且,在特定时期,资本注入的方法可能也是唯一的选择，除此之外别无他法。但是，纳克斯的资本注入解决方法是暗含一个假设前提的，那就是市场机制的存在，即在发展中的市场经济国家有可能通过依靠外援或强迫储蓄的方法来达到启动自愿储蓄和提高消费能力，最终促进经济进入良性循环和持续增长。但在计划经济体制国家，这种外来的资本注入或持续的强迫储蓄并不能将经济带入良性循环。以中国为例，改革开放前的中国经济所走过的历程正是按照“反贫困恶性循环的资本注入解救”的方法来发展我们的经济的。在外部依靠苏联的援助，内部实行高度集中的计划经济体制下的高积累，即纳克斯所阐述的“强迫储蓄”的资本注入意义。但结果却是经济实力从国家的方面大大加强了，但却由于计划体制的弊端出现了严重的短缺经济，公众的境况改变不大，生产效率低下，资本匮乏与消费不足仍然严重存在。因此，纳克斯的通过资本注入的方法没能解决中国的经济恶性循环的问题。参见图 9 - 2，人均 GDP 增长率在正向增长和负向增长之间不规则波动，可见改革开放之前的中国经济增长的不健康状态。

究其原因，一方面外援的资本注入不可能是长期的，也不可靠；

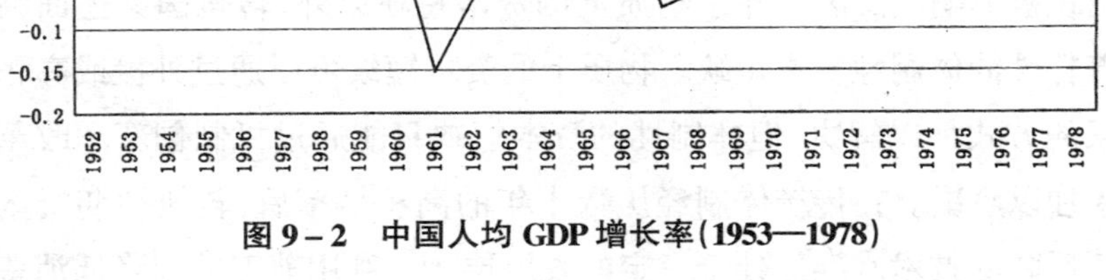

图 9 - 2　中国人均 GDP 增长率(1953—1978)

另一方面由于计划经济体制下的赶超战略使得经济片面和失衡发展,短缺经济盛行使得强迫储蓄带来的经济收益没能分给广大的公众,自发储蓄和提升消费力依然难以启动。可见,资本注入只能是经济发展的外在推动力,虽然能在一定时期有效地推动经济的迅速发展,但其毕竟是外在动力,由于没能触及建立“自愿储蓄”这一“反贫困恶性循环的资本注入解救”的核心,因而不能为经济带来长期增长的内在动力机制。

突破经济的供给与需求不足的恶性循环,最为核心的方法是建立起“自愿储蓄”的资本动员机制,为经济进入良性运行提供一个内在的、持续的动力,而不是通过强化“强迫储蓄”这一外力来推动经济发展。通过外援或强迫储蓄的方式来使经济进入良性发展的道路,不如让经济运行机制本身产生供给和需求两旺的增长发展的持续动力。所以,从根本上打破纳克斯贫困恶性循环的关键不是资本的注入,而是提高居民和企业的收入水平来启动自愿储蓄和提升居民消费能力。但是,转轨国家在转轨初期不仅仅面临资本短缺所带来的经济恶性循环的问题,同时还面临着一个重要的体制问题,即市场机制的缺失。资源配置低效率的旧体制是造成资本稀缺以及导致经济陷入恶性循环的原因之一。

在计划体制下,企业的生产经营权掌握在计划部门手中,运营面临预算的“软约束”,没有追逐利润的欲望,不能也无法对市场信号做出积极的响应。因此除了物质上的资本短缺以外,转轨国家还面临着特殊的体制性资本短缺。物质上的资本短缺可以通过外援或高积累的方式加以解决,但体制性的资本短缺只能通过机制创新和改革来加以解决。在传统体制经历数十年的高积累率后,转轨初期资本所反映的技术水准已处于一定的发展层次。利用剪刀差和降低消费率，以超常速度优先发展重工业的发展战略，给原社会主义国家造成了一系列的结构失衡，但在此畸形的推进过程中，工业化也确实加快了步伐，在一些方面奠定了相当的物质基础，林毅夫(1994)对此进行了经典论述(见专栏9-1)。因此，此时的资本短缺更多的是反映在体制层面上，经济的停滞和短缺盛行也主要是由于体制性的稀缺所造成的。

鉴于此，为了寻找启动转轨的突破口，转轨国家必须利用机制上的创新来缓和资本稀缺，通过改革造成体制性资本稀缺的旧体制，在体制内挖掘潜在资本注入经济运行肌体之中，并保证无论旧体制是否被打破，新的市场经济体制必须能够逐渐发展、确立，从而启动体制"逆向调整"和经济发展"顺向增长"的转轨进程。这就必然要求政府既要寻找体制内的潜在资本，即还没有被挖掘到的资本，同时又要为潜在资本转换成新资本并在经济体制中能够顺利运行而为新的市场经济体制提供生存、发展的空间。

中国政府所选择的以"计划放权、财政让利"和在计划外发展市场经济的"双轨制"作为启动转轨进程机制创新的突破口，正是通过机制创新来缓和物质资本稀缺的道路。政府提前垫支了转轨的成本，使得企业和家庭在这场变革中都获得了收益，因而转轨所遇到的阻力被减少到了最小。这样通过体制上的"逆向调整"，松动计划体制对经济的束缚，同时让利于民、让利于企业，有效地解决了资本稀缺的经济恶性循环，带来了经济发展的"顺向增长"。通过图9-3，我们可以更为清楚地看出中国在转轨初期是如何通过机制创新来解救中国经济的贫困恶性循环，同时成功启动中国的体制"逆向调整"和经济发展顺向增长的转轨进程的。

专栏 9-1

重工业优先增长发展战略与传统经济体制的形成

中华人民共和国成立后，选择了以优先发展重工业为目标的发展战略。这取决于当时国际、国内的政治、经济环境，但是，当时中国处于"一穷二白"的经济状况，缺乏发展诸如重工业等资本密集型产业的客观环境。解决这一办法就是进行机制"创新"，培育重工业可以在中国当时的经济状态下可以得到优先增长的环境。中国政府为了人为地压低重工业发展的成本，降低重工业资本形成的门槛，即压低资本、外汇、能源、原材料、农产品和劳动的价格，实施了对经济资源进行集中的计划配置和管理的办法，并实行工商业的国有化和农业的集体化直至人民公社化，以及一系列剥夺企业自主权的微观经营机制。这相应地也形成了传统计划经济体制的三大特征：扭曲产品和要素价格的宏观政策环境，高度集中的资源计划配置制度和毫无自主权的微观经营机制。但是，重工业优先增长发展战略也给中国带来了"一五"时期的较高经济增长，当时集中力量进行的以苏联帮助设计的156个建设项目为中心、由694个重要建设项目组成的工业建设，构成了中国社会主义工业化的初步基础。而且，1950年爆发的"朝鲜战争"，以及以美国为代表的西方资本主义国家对中国实行的政治上孤立、经济上封锁和制裁的措施，切断了正常的国际经济交往和贸易，这都使得中国迫切需要建立比较完备、自成体系的工业结构，而重工业的赶超发展是中国在当时国际政治、经济、军事格局中发挥作用的关键。

资料来源：林毅夫等：《中国的奇迹：发展战略与经济改革》，上海三联书店、上海人民出版社，1994年，第28—61页。

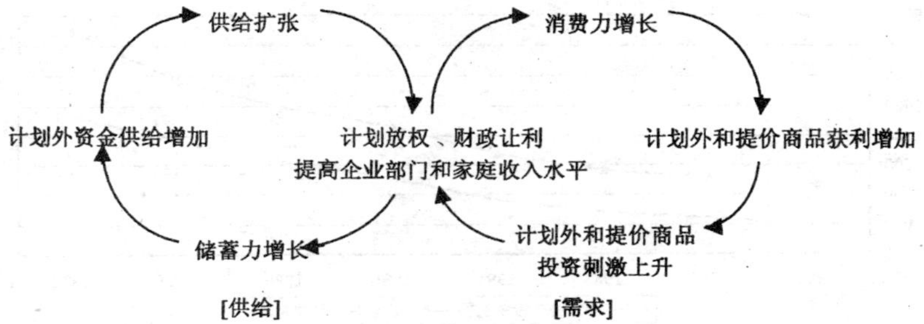

图 9－3　反贫困循环创新机制的图形描述

图 9－3 是根据中国改革开放初始阶段的经济运行情况所归纳的循环模型。左边的圆环为供给转旺的循环圈，右边的圆环为需求转旺的循环圈，共同交汇于“计划放权、财政让利，提高企业部门和家庭收入水平”这个发动点。由这个发动点出发，向左的供给循环，首先引致储蓄力增长；向右的需求循环，首先引致消费力增长。与交汇点的改变相配套，向左的供给循环圈里，同时实行了投资体制的改革；向右的循环圈里，则同时实行了投资品和消费品的价格改革。这两项改革对两个循环产生的直接效果是，前者提高了资本积累的效率，后者刺激了投资增长。由此产生了供给与需求双双转旺的第一次回归效应。随之，第二次从交汇点的发动，对于供给循环和需求循环的推动力，显然会高于第一次发动的推动力。如此循环往复，就形成了起始点和回归点都不断垫高的螺旋上升过程。从图 9－4 可以看到，1981—1988 年的中国固定资产投资总额和社会商品零售总额呈稳步上升状态。

值得指出的是，“计划放权、财政让利”和在计划外发展市场经济的“双轨制”虽然能够有效打破纳克斯贫困恶性循环，成功的启动转轨进程，但这种由政府让利、补贴推动经济发展的模式难以长久维

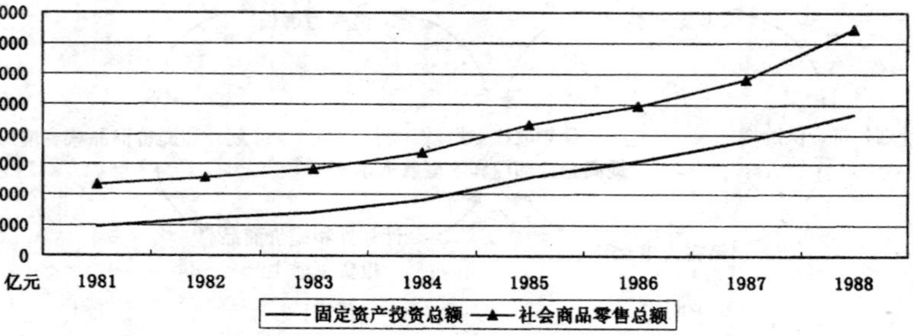

图 9-4 1981—1988 年中国投资和消费

系,更难以最终实现经济转轨。随着经济发展、补贴额度不断增加,在政府财力增长缓慢的情况下,必然要求机制创新的适时更新。以继续维持积极经济发展水平的持续"顺向增长",继续推动经济体制的"逆向调整"。

二、持续转轨需要机制的持续更新

特定的机制创新所能产生推进转轨进展和促进经济发展的效能依赖于当时的经济要素和经济条件。在初期启动转轨时,由于体制内尚有许多潜在的利益可供挖掘,机制创新可以暂时不必考虑经济转轨中设计损害某些利益集团利益的转轨措施,最初的转轨进程成为一种各方都受益的"帕累托"式转轨。但是,随着经济转轨的深入,经济环境和体制条件的不断变化,改革越来越渗入旧体制的内核,原有的以新体制在边界上发展修补和渗入旧体制的改革已逐渐转变成为新旧体制激烈的二元摩擦,原有机制创新对转轨推进和经济发展所能产生的正面效力会逐渐减少,最终由于自身运行成本过高而成为机制运行的障碍,后续的机制创新所要面临的战略层面和现实层面的问题会更加艰巨和困难。那么,作为由计划体制向市场体制转轨的过程而言，必须坚持“与时俱进”的机制创新与处于过渡状态、不断变革的转轨经济体制相适应才能将这一过程不断持续下去。

例如，“放权让利”机制的成功在于中国改革开放的初始阶段，有两个特殊的条件被政府成功地加以利用。一是供给的严重短缺，许多基本消费品都还处于凭票限量供应的短缺状态；二是设备的严重闲置，计划体制将需求与供给人为割裂，造成了大量资产设备的闲置。由于改革开放初始阶段的居民消费，集中在食品和日用品领域，因此，财政让利，分利于民所扩张的有效需求和储蓄，使闲置的生产能力在短期内迅速动员起来，巨大的市场容量使简单的高投入就能产生规模效益、产生高增长。但是随着总量的迅速膨胀，靠市场容量扩张的增长逐渐放缓，而市场化结构性不均衡的内在矛盾越来越突出，企业机制转换迟缓，对需求变动反映不及时，特别是这些年来收入分配方面两极分化的加大，客观上由收入断层—消费断层而最终导致了需求上的断层，也使得储蓄大幅增加和投资动力不足同时出现，原有的储蓄—投资转化机制出现障碍，并制约了经济增长。根据中国人民银行与西南财经大学联合课题组的统计分析[①]，国内1978—2000年储蓄转化率为0.9694，其中1981—1990年为0.9842，1991—2000年为0.9455，1991—2000年的平均储蓄转化率比1981—1990年下降了2.39个百分点。

最初的通过“放权让利”政策来启动、推进经济增长的体制难以维持的另一个重要原因是，连续十多年的放权让利，政府花钱买稳定、促改革的成本支付，已使得财政宏观调控能力持续削弱，既无力

---

① 阙紫康：《中国金融结构调整问题研究》，深圳证券交易所综合研究所研究报告，2003。

进一步支撑既有机制的运行,同时财政宏观调控能力弱化带来的负面效应也在不断积累之中,财政赤字在1978—1993年间表现出不断扩大的趋势(见图9-5)。自1978年以来,中国财政支出保持了较高的增长速度,财政收支差额也由最初1978年的结余10.17亿元上升为1995年的赤字581.52亿元,同时用于维系价格双轨制的价格补贴支出也由1978年的11.14元上升为了1995年的364.89亿元。

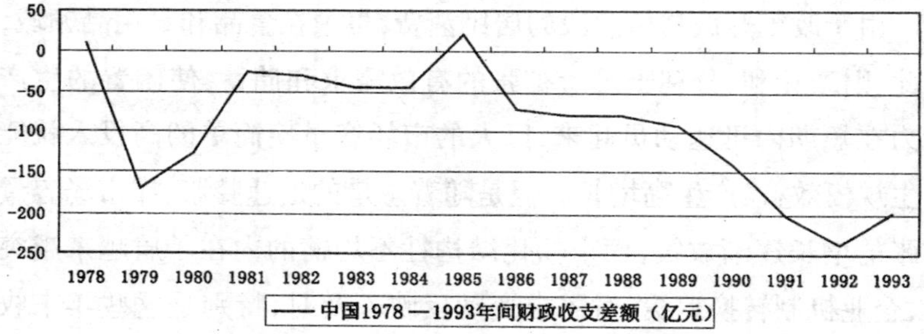

图9-5　中国1978—1993年间财政收支差额(亿元)

注:本图数据包括国外债务部分。
资料来源:《中国财政年鉴》(2000)。

"放权让利"机制在转轨中后期遇到的困境同时也在经济体系引发了问题。一是国有企业运行乏力,处境日益艰难。"放权让利"政策对国有企业发展的推动力已十分有限,在没有制度性变革的条件下,仅靠外部资本注入已不能激发其活力,更不能从根本上解决其低效率问题。例如,国有企业产权难以明晰,与职工签订的终身契约难以解除以减轻发展负担等。这些都严重制约了国有企业效率的提高,致使亏损企业逐年增多(见表9-1)。

二是贫富差距不断拉大,社会不稳定因素增多。由于转轨初期中国采取了不平衡的发展战略,致使增量改革所带来的收益不能较

表 9－1　国有独立核算工业企业在改革中的效益变动情况

年份	亏损企业亏损总额（亿元）（A）	盈利企业盈利总额（亿元）（B）	净利润（亿元）（B－A）	亏损率（A/B）
1978	42.06	550.86	508.8	0.0764
1979	36.38	599.18	562.8	0.0607
1980	34.3	619.7	585.4	0.0553
1981	45.96	625.66	579.7	0.0735
1982	47.57	645.29	597.72	0.0737
1983	32.11	673.01	640.9	0.0477
1984	26.61	732.81	706.2	0.0363
1985	32.44	770.64	738.2	0.0421
1986	54.49	744.39	689.9	0.0732
1987	61.04	848.04	787	0.072
1988	81.92	973.82	891.9	0.0841
1989	180.19	923.2	743.01	0.1952
1990	348.76	736.87	388.11	0.4733
1991	367	769.17	402.17	0.4771
1992	369.27	904.37	535.1	0.4083

资料来源：《中国统计年鉴》(1996)。

为平均的分配到不同的利益群体手中，某些行业、阶层和地域的人获得了改革所带来的大部分收益，而另一部分人则在改革中受益甚少，从而造成了收入断层，以及贫富差距的不断拉大，再加上体制性的改革所造成的消费约束，对经济的进一步发展形成了瓶颈和阻滞。见表 9－2，城乡人均收入比值和农村内部基尼系数呈逐渐扩大趋势。

根据世界银行的测算，中国全国居民基尼系数从1980年的0.33扩大到1988年的0.38，2003年已扩大至0.458，有的地区已经达到0.467①。

在供给方面，由于收入断层、贫富差距拉大，加之医疗、教育和住

表9－2　中国主要年份城乡居民人均收入及其差距

年份	农村居民人均收入	城镇居民人均收入	城乡人均收入比值	农村居民基尼系数	城镇居民基尼系数
1990	686.3	1510.2	2.2005	0.3099	0.226
1991	708.6	1700.6	2.3999	0.3072	0.214
1992	784	2026.6	2.5849	0.3134	0.234
1993	921.6	2577.4	2.7967	0.3292	0.257
1994	1221	3496.2	2.8634	0.321	0.273
1995	1577.7	4283	2.7147	0.3415	0.265
1996	1926.1	4838.9	2.5123	0.3229	0.264
1997	2090.1	5160.3	2.4689	0.3285	0.282
1998	2162	5425.1	2.5093	0.3369	0.291
1999	2220.3	5854	2.6366	0.3361	0.301
2000	2253.4	6280	2.7869	0.3536	0.314
2001	2366.4	6859.6	2.8987	0.3603	0.328
2002	2475.6	7702.8	3.1115	0.3646	0.226

资料来源：《中国统计年鉴》(2003)；城镇居民基尼系数来源于黄继东："从基尼系数看我国居民收入的差距"，《西南民族大学学报(人文社科版)》，2003(10)；《中国农业年鉴2004》。

① 李培林、朱庆芳等：《中国小康社会》，社会科学文献出版社，2003年。

房等原有福利制度的改革,政府逐渐解除了与职工的这种终身契约,居民因对预期消费的过度担忧而导致了储蓄的过度增加,银行闲置资金大量出现,造成了金融风险的加大,并且造成了产品市场的相对过剩。企业和农业效益降低,低收入者的收入增长更加受到限制,造成了贫富差距进一步拉大。在需求方面,由于收入断层、贫富差距拉大和体制性的消费约束,造成了消费力严重不足,高收入者和低收入者之间出现了较大跨度的消费断层,如在城市家电市场基本饱和的情况下,农村家电市场却始终难以启动,见表9－3,1989年中国农村和城市对彩色电视机的消费悬殊。

表9－3　中国主要年份居民家庭平均每百户年底耐用消费品拥有量统计

年份	每百户彩色电视机拥有量(部/百户)		每百户家用电脑拥有量(部/百户)		居民家庭文教娱乐支出比重(%)	
	城镇	农村	城镇	农村	城镇	农村
1989	51.5	3.6	–	–	11.1	5.7
1997	100.5	27.3	2.6	–	10.7	9.2
2002	126.4	60.5	20.6	1.1	15	11.5
2003	130.5	67.8	27.8	1.4	14.4	12.1

资料来源:《中国统计年鉴》(2003)。

在此种条件下,民间投资严重不足,通货紧缩盛行和失业、半失业人员大幅增加,最终又回到了贫富差距和消费的体制性约束上,见图9－6。这一阶段经济发展顺向增长乏力是由于体制"逆向调整"的速度和方式所致。过渡时期的体制"逆向调整"开始触及社会利益结构,而不仅仅是对增量收益如何分配的问题。体制转轨逐渐涉及和深入旧体制的内核,而这也正是经济转轨活动所必需完成的一项艰巨任务,经济发展暂时的失速和各群体利益结构的激烈碰撞是转轨活动所必须承担的成本。

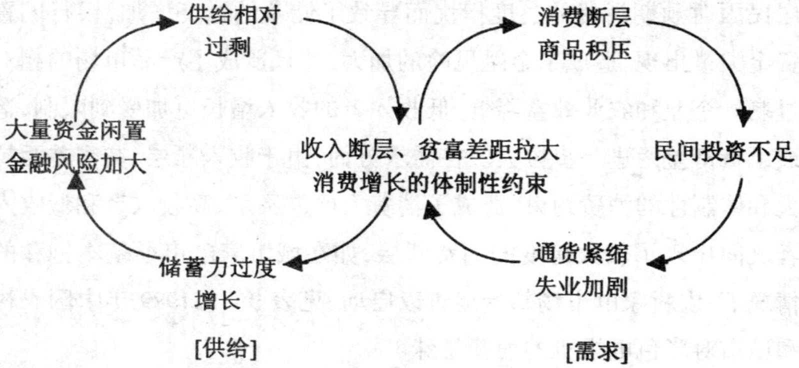

图 9-6 20 世纪 90 年代中后期经济运行乏力的循环示意图

上述问题自 1992 年以来逐渐在经济运行中显现出来,并逐渐成为经济进一步增长的束缚,对经济的持续稳定发展带来了极大的威胁,适时推进机制创新以延续转轨进程变得尤为紧迫。鉴于此,解决由于经济的二元结构和体制性消费约束而带来的经济发展受阻的问题,从以下几个方面再次展开(参见图 9-7)。

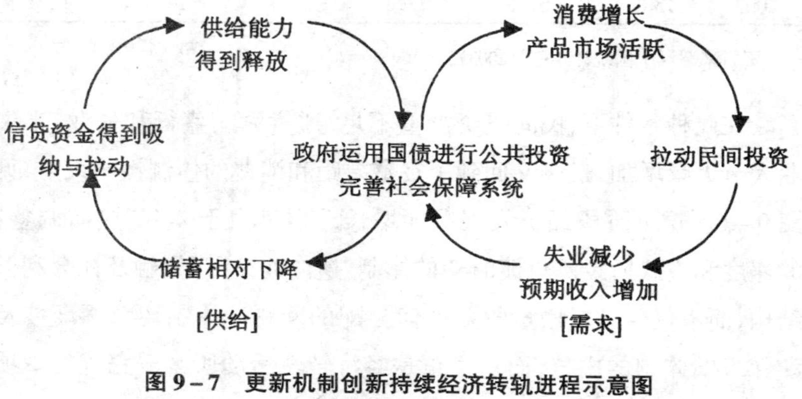

图 9-7 更新机制创新持续经济转轨进程示意图

首先，正视由于渐进转轨的非均衡发展战略所带来的经济结构性失衡问题。由于城乡二元结构和贫富差距所形成的转型二元结构并存，致使中国经济发展结构性失衡问题严重，由收入断层引致了消费断层，最终成为了经济持续发展的巨大障碍。因此，着手从体制上解决贫富差距不断拉大的问题是至为重要的。完善政府在二次分配中促进公平的职能，建立高效、有序的公共财政体系也是保证经济顺利发展和社会环境稳定的必然选择。

其次，解决体制性消费约束问题，压抑消费的一方面是受到预期收入不明朗的影响；另一方面是由于医疗、住房、教育和养老等福利制度的改革所致。尤其是医疗、住房和教育像三座大山一样严重地压抑了居民的现期消费，从而造成了储蓄额的大幅上升。由于消费受到压抑，致使民间投资又难以有效启动，而储蓄额又不断升高，因此就出现了储蓄—投资转化机制出现障碍。因此有效解决和完善社会保障体系对于转轨进程的顺利完成是最为根本的保证，这既是体制“逆向调整”的必要过程，也是促进经济发展顺向推进的必要手段。但建立完善的社会保障体系是一个复杂而系统的工程，不可能在短期内完成，因此解决体制性消费约束问题是有效解决经济运行失速的根本的、长期的解决路径。但改善体制性障碍的长期性与经济发展所面临的紧迫性就形成了一对尖锐的矛盾。面对现实的经济问题必须要有一个解决经济失衡问题的短期的解决办法——政府公共投资吸纳剩余储蓄启动经济循环。

第三，充分发挥政府的经济职能，通过政府的公共资金运作打通储蓄—投资转化机制的障碍。20 世纪 90 年代中后期民间消费不足，导致私人投资引诱不足，致使储蓄额过高而民间投资难以启动，导致了经济循环不畅。虽然这一问题的根本原因是由于体制性约束造成的，但从根本上解决体制问题不是一朝一夕所能完成的。因此，在体制性约束在短期内难以有效解决的情况下，又要防止经济的突然失速产生社会动荡，此时政府必须运用其经济职能，积极通过国债形式吸纳滞留的信贷资金，在通过公共投资的形式将过剩的储蓄力转化为有效投资，从而启动经济的良性循环。但通过公共投资来推动经济发展的方法终究难以有效解决体制上的问题，一是公共投资的效率问题。依赖政府强制推动或政府导向的投资机制有时不能保证资金的有效使用。从而导致资金使用效率低下。例如，政府对公共工程的投资欠缺公开、公正、公平的方式，造成了巨大的经济损失，也滋生了严重的腐败，间接导致了公共工程质量不高，浪费惊人，在一定程度上给公共工程招投标体制的效果和公共品的生产效率打上一个折扣。二是由于政府职能也正处于转轨进程中，由政府导向的资源配置机制可能在某些领域排斥了市场的作用，信息在传递过程由于时滞及其他的利益阻隔而失真，又不能即时得到矫正，导致资金配置的失当与资源的浪费。三是尚在经济转轨过程中的国有企业将会因为政府的公共投资，其资金流动、重组和融合发展受到限制。因此，在依靠政府公共经济行为的同时，要加快体制性的创新与完善。

通过以上分析，经济转轨进程的启动和持续都需要机制创新来加以推动，这种机制创新的本质就是通过经济体制“逆向调整”来为经济发展的“顺向转型”创造生长的空间。每一轮的机制创新都是依据当时的经济条件和体制条件来做出的。随着转轨的深入，上一轮机制创新所依赖的经济因素逐渐改变时，就需要有新一轮的适应现时要求的机制创新来补充，相应具有一些明显的不同特征。一是相对于初始的机制创新应更为了精准性和可操作性。二是由于所要触及的转轨问题会更为艰巨和困难，增加了新一轮机制创新的难度，同时，曾经的机制创新为新的机制创新积累更多经验和对转轨活动会有更深的认知程度，带来了便利条件。

第二节　机制创新的供给

机制创新的供给是指在经济转轨过程中为了突破原有经济运行机制导致的资源配置低效率、激励机制欠缺以及调整收入分配而提供和实施的新机制，主要由经济转轨进程中的经济主体来“生产”和“提供”。推进经济转轨进程的创新机制的供给是在实行该机制过程中获得的成本和效益的基础上决定的，但根据供给者在进行机制创新时所考虑的成本和效益的不同，比如，偏好关注社会成本和社会效益还是个别成本和个别效益时所提供的机制必然存在差别。只有当从机制创新中获得的社会效益大于社会成本与个别效益大于个别成本同时出现时，也就是说，只有当创新的机制的社会潜在净效益大于原有经济运行机制的社会净效益，新机制的个别潜在净效益也大于原有运行机制的个别净效益，才会出现创新机制的供给，供给者才会采取行动，放弃旧的运行机制而选择新机制。机制创新供给者一般包括政府、利益集团和民众。

一、政府是机制创新的主要供给主体

从计划经济体制向市场机制的经济转轨过程，无论是从旧体制的边界突破还是进攻旧体制的核心，都会出现不同程度的新旧体制之间的摩擦，不同经济主体的政治、经济、文化价值观相互碰撞。在这种情况下，需要机制创新供给者能够在各种摩擦中保持对于转轨进程的有效控制，才能顺利推进经济转轨的进程。因而，在机制持续

创新过程中,政府成为经济转轨活动的主体,政府智慧对于转轨活动的成败至关重要,机制创新是真正考验政府智慧的一项政府活动。通过政府的具体政策措施及驾驭经济活动的能力的体现,不断对经济体制实施"逆向调整",以启动和维持经济发展"顺向转型",最终实现经济体制和经济发展在相互调整中的契合。经济转轨过程的多次机制创新活动主要是政府主导的,政府具有作为机制创新供给主体的能力。

(一)政府作为机制创新供给主体的能力

1.财政控制能力

经济转轨进程的开始需要有一个初始的推动力来启动,而启动转轨的资本从何而来呢?这个推动力应由谁来提供?这是由转轨初期的客观条件所决定的。任何通过现有体制内挖掘潜在资本启动转轨进程的改革措施都必然会产生既有权益结构的调整,即一部分权力或利益从这一群体转移到另一群体,或从某一产业部门转移到另一产业部门。在一国国民收入总额一定的情况下,新体制的驱动和驾驭,需要对经济中各个利益主体进行重新调整、加强基础设施建设、推行市场经济原则、培育市场经济发挥作用的竞争环境、弥合由于体制变动一部分人民遭受的损失,这些都是机制创新的运行成本和实施成本。而在经济转轨之初,除了政府具有控制全国财政以优先支付改革成本的能力之外,企业和家庭两大部门均不具备这种能力。中国在改革开放以前经历了二十多年的高积累,在优先发展重工业的战略指导下,国家实力虽获得了巨大的提高,但作为公众的广大人民却从中获益甚少,企业也是始终作为完成国家生产计划的一个车间单位,并不具备独立的经济地位。从家庭部门看,从 1957 年至改革发动前的 1977 年,20 年间城镇居民人均可支配收入仅由 235

元增加到 316 元,年均增长不到 4 元;农村人均纯收入仅由 73 元增加到 133.6 元,年均增长不到 3 元。从企业部门看,它们的生产经营权掌握在计划部门手中,既无追逐利润的欲望,也没有面向市场需求组织生产经营的条件。可见,当时只有政府具备在转轨初期通过弥补既得利益受损来启动转轨的能力。

在第二阶段转轨中,政府拥有的财政能力仍然是能够持续机制创新的基本前提。由于转轨从瓦解传统的资源配置方式开始,即对政府配置资源范围和能力的摧毁是每个转轨国家初期的通行做法。这一过程往往会导致财政能力的急剧下降,使政府在驾驭经济的过程中常常有能力发现问题而无力加以解决。而在新体制形成过程中,由于种种原因,又往往不能尽快解决转轨新阶段的责任下放等问题。那么,能够同时承受处理传统体制欠账和新体制欠账的双重压力的经济主体仍然只有政府,即通过实现政府职能的转换,建立与市场体制要求相配套的财政支持体系,有效地推进转轨。

2.强制能力

经济转轨本质上是一种以强制性为主、诱致性为辅的经济体制变迁过程。转轨经济体在改革之初,处于一种"时空错位"的经济发展状态,如果按照经济史的自然发展规律,这些国家从与经济发展状态不相匹配的计划经济体制回归到与之相匹配的市场经济体制将需要花费长久的时间,这在世界经济逐渐一体化的时代,无疑会使得这些经济不发达国家的人民遭受极大的痛苦。本着提高一国的综合国力的宗旨,必然需要转轨经济体政府合法使用强制性手段包括命令和法律进行改革路径安排,创新经济运行机制,保护本国经济利益,以求经济起飞。这里实际上暗含了政府有激励和能力去设计和强制推行由诱致性制度变迁过程所不能提供的、适当的制度安排的假定。

政府合法性的强制能力或者权力,可以决定强制性机制的数量、结构和实施的速度,也决定由政府主导的机制创新比个人或集团进行的机制创新具有低成本高效益的特征。一方面,政府强制能力能够更直接地将各个资源的使用权集中到所确定的转轨目标轨道,当确定或要实现转轨过程中的某一目标时,通过计划、规则、行政、法律等方式,具有规模效应、约束力强,在整个社会上来进行地区协调、产业均衡、人财力的调配,在组织成本、实施成本、监督成本上都比个人或集团因搭便车而产生的机制创新具有优势,最终确保机制快速有效运转。另一方面,政府强制力是正式规则制定和实施的有效保证,并且这种正式规则通过影响和培育非正式规则而使资源的配置实现统一的经济增长目标。当然,经济的良性运行说到底需要微观经济主体的积极配合,在政府强制推行改革命令和法律时,也要充分考虑民意取向。

以中国为例,其经济转轨过程的各个阶段和相关的政策文件完全契合。1978 年 12 月,十一届三中全会的胜利召开拉开了中国经济体制改革的序幕,开始了以计划经济为主、市场调节为辅的经济运行;1984 年 10 月中共中央十二届三中全会做出了改革重点转向城市的决定,标志着中国当时的经济运行体制特征是实施有计划的商品经济,其间 1988 年 9 月 30 日召开的党的十三届三中全会,做出了治理经济过热、整顿经济秩序、控制物价上涨幅度的决策,这是充分考虑了当时由于价格改革引起的人们的恐慌心理和通货膨胀预期的民意取向,而进行的经济运行机制调整;1992 年初邓小平南方谈话和当年 9 月份召开的十四大,中国明确了社会主义市场经济体制的建设目标;2002 年的十六大的召开,意味着中国的经济转轨进入了社会主义市场经济体制完善的进程。

3. 文化导向能力

利益集团、民众对经济改革的认知将对经济转轨能否顺利进行产生重要影响。个人对某一事物的认知建立于遗传基因与后天环境的基础上，而后天环境对认知的影响取决于文化与个人的社会交往。按照马克思主义的观点，文化包括思想道德、科学技术、价值观念、精神产品等各种文化知识和理念，它是人类文明进步的结晶，是推动社会前进的精神动力和智力支持。文化无疑是经济转轨进行顺利与否的一个重要因素。制度本身可以被看成迅捷变革制度（政治）和缓慢演进制度（文化）相互作用的产物[①]。是否认识和接受先进文化，是否拥有和创造先进文化，是否代表和引导先进文化的前进方向，决定着一个政党、国家和民族的素质、能力、精神风貌和兴衰。显而易见，利益集团和家庭对于社会的文化导向能力远不及政府。政府能够整合社会资源，从传统文化中找到向现代社会转变的连接点，重新构建“民族主体文化”，促进社会中各个经济主体对于经济转轨的认知、认同，提高转轨收益，降低转轨成本，最终完成转轨。

中国领导人江泽民在 2000 年 2 月提出了“三个代表”的思想：“总结我们党七十多年的历史，可以得出一个重要结论，这就是：我们党所以赢得人民的拥护，是因为我们党在革命、建设、改革的各个时期，总是代表着中国先进生产力的发展要求，代表着中国先进文化的前进方向，代表着中国最广大人民的根本利益，并通过制定正确的路

---

① 罗兰将制度分为迅捷变革的制度与缓慢演进的制度。缓慢演进的制度的典型就是“文化”，它包括价值观、信仰和社会规则等。而政治制度则是迅捷变革制度的代表，它不一定经常变化，但变化起来可能非常迅速——有时甚至在一夜之间发生。他认为迅捷变革的制度与缓慢演进的制度之间的相互作用能够解释制度变迁的为什么发生，怎样发生及何时发生。参见热若尔·罗兰“理解制度变迁：迅捷变革的制度与缓慢演进的制度”，《南大商学评论》第 5 辑，2005。

线方针政策，为实现国家和人民的根本利益而不懈奋斗。"其中的"代表着中国先进文化的前进方向"明晰地表明了中国政府在文化导向上的能力，也从另一方面说明了文化建设对于经济转轨顺利前进的重要性。另外，政府拥有例如中央电视台、人民日报等中国文化传播的重要媒体，这些媒体在中国老百姓心目中建立了权威和不可动摇的地位，成为政府有效进行文化导向的工具，而频频出现在各大媒体的"流行词"则在一定程度上体现了经济个体对于当前经济运行状态的意向，例如，专栏9－2从侧面反映了经济转轨过程中人们的精神面貌、意识形态以及对事物认知能力的变化，而专栏9－3中列出的2004年经济十大流行词，其所涉及的经济领域仍然在一定程度上成为2005年经济关注的焦点。

专栏9－2

改革开放以来的"流行词"

改革开放以来的语言变化是全方位的，既有为适应新事物而新造的词语，又有外语的影响，也有社会风气造成的类推现象，还有港台语言和地方方言的影响。例如反映新事物的"香波、摩丝、果茶、果奶、时装表、情侣装、度假村、写字楼、连锁店、微波炉、移动电话"等都带着浓郁的时代气息。但这类词语的生命力却是由他们所代表的事物的生命力所决定的，像20世纪90年代初期颇为盛行的"矿泉壶"，现在的小学生已不知为何物了。

像本世纪初期一样，人们也不惜用一些突现自己惊讶心情的词素冠在新事物上，如"高消费、高技术、高科技、高知识、高效率、高品位、高风险、高投资、大制作、大片、超市、超前、超豪华、超一流、超高速”等等。但另一方面,伴随着现代技术崇拜心理的是现代人本精神的回归,这反映在标志个人感受的概念在生活中逐渐增多,如用“感”字作词尾的词就有“成就感、失落感、时代感、生硬感、使命感、陌生感、安定感、孤独感、刺痛感、动感”等等。

新的社会现象毫无遗漏地反映在词语上。金融上的风险意识深入人心,于是有了“风险贷款、风险抵押、风险机制、风险企业、风险意识、风险资本”等;服务业的开展,使人们仿照“导游”造出了“导读、导购、导医”等;教育事业的多层面开展导致了“普教、高教、职教、成人教育”;离婚率的增加导致了“单亲家庭、单亲子女”等词汇的出现。

就最一般的文体分类意义上讲,一方面是口语词汇尽量往生动、可感的方向发展,另一方面是书面语尽量往郑重、规范方向发展。像口语里的“酷、帅、涩、猛、火、绿、菜”无不语出惊人;光用“宰”构成的词就有“宰人、宰一刀、宰秤、宰客、宰手、宰家、宰爷、挨宰、狠宰、暴宰”等。而在书面语中,事物的工程化成为人们追求的时尚;“菜篮子工程、希望工程、安居工程、零点工程、再就业工程、送温暖工程、夕阳工程、五个一工程、绿色食品工程、星火计划、火炬计划、燎原计划”等等,折射出系统化的追求和理性的心态。

资料来源:《中国青年》2004年2月16日。

专栏9-3

2004年十大经济流行词

(1)CPI。2004年4月居民消费价格总水平(CPI)同比上涨3.8%,让市场吓了一跳,但更让人吃惊的还在后头,5月份上升

4.4%,7月上涨5.3%,8月份升幅同样为5.3%,保持了7年来的历史高位,9月份再涨5.2%。作为衡量通货膨胀的一个重要指标,CPI的波动成为了上至官员学者、下至普通百姓关注的焦点。

(2)1300点。沪综指1300点被视为5年铁底。2004年下半年股票市场就围绕1300点进行了一场旷日持久的保卫战。9月9日1300点被击穿,但指数在该点位以下只持续了3天就迅速反弹,重回1300点以上。9日以后,大盘数次试探1300这个点位,并于17日收于其下。而2005年的沪综指至今徘徊在1100点。

(3)宏观调控。宏观调控是2004年中国宏观经济运行的主旋律。面对着物价持续上涨、固定资产投资增长过猛,煤电油运全面趋紧的情况,国家严加管理土地政策,坚决把住土地供给闸门,采取了诸如依法处置江苏铁本钢铁有限公司违规建设钢铁项目等措施;同时,中国人民银行相继调整存款准备金率,并促进信贷结构优化,有效控制了信贷风险。

(4)中小企业板。2004年6月25日新合成等8家公司在深圳证券交易所挂牌上市,具有里程碑意义的中小企业板块在深交所正式开盘。中小企业板块的设立,为广大中小企业提供了一个融资平台,同时又通过阶段性的安排保障了创业板市场建设这一长期目标的最终实现,在考虑解决问题的现实针对性的同时,为长期目标的实现预留了空间。

(5)整体上市。2004年4月,第一百货和华联商厦同时公布了吸收合并方案,百联集团整体上市正式启航;此外,TCL集团通过换股吸收合并旗下A股上市公司TCL通讯,同时进行IPO,实现了集团整体上市;武钢股份通过向大股东定向增发用以收购武钢集团的资产实现了变相“整体上市”,整体上市的“种子选手”还有很多。整体上市或集团上市成为了2004年中国证券市场的热门词汇。

(6)以股抵债。2004年7月,为解决控股股东侵占上市公司资金问题,中国证监会和国资委同意进行“以股抵债”试点。电广传媒率先推出“以股抵债”方案,华北制药的抵债方案也获得了国资委的批准,以股抵债能否真正解决大股东欠款问题是市场的普遍期待。

(7)创新。创新是2004年下半年券商和基金公司的重点工作。11月中信证券、中金公司和光大证券成为证监会首批创新试点证券公司,其筹备的创新产品达到了几十种,而随着LOF和ETF的相继面市,基金的创新也达到了一个新的高度。

(8)房价泡沫。2004年,关于房地产“泡沫”的争论成为房地产市场一个贯穿始终的话题。在商品房销售旺盛的前提下,房价一直居高不下,空置时间长的房屋面积比重也增大。一方面是需求旺盛,一方面符合百姓购买力的经济适用房供应比例却在下降。

(9)升值。海外市场对人民币一直有比较强的升值预期,甚至携巨资豪赌人民币升值,并频频以各种手段向中国政府施加压力。

(10)国九条。2004年2月2日“国九条”出台。“国九条”的出台,标志着中国证券市场十多年来“摸着石头过河”时代的结束,基金经理们从各个角度向投资者描绘着“后国九条时代”的辉煌,几乎到了言必称“国九条”的程度。“国九条”指明了路线图,但制度性建设并不等同于救市。

资料来源:《证券时报》2004年12月21日,http://finance.sina.com.cn。

（二）创新机制需要政府的驾驭

图9-8描述了政策驾驭在经济体制"逆向调整"与经济发展"顺向增长"共生过程中的位置和重要性。横轴代表的是经济体制自然演进的趋势，纵轴表示经济发展的水平，经济发展与经济体制的一般规律表现为向右上方倾斜的曲线，表明经济发展水平与经济体制不断相互契合共同实现各自的发展与演进。要想顺利地完成这项包含两个重要目标的经济社会领域的系统而巨大的工程，没有政府的政策驾驭是难以有效而顺畅地推进的。这种政策的驾驭主要体现在对原有机制破除、创新体制启动转轨进程、不断为转轨进程注入活力，通过市场化运行机制的逐步积累，进而最终推动转轨过程产生质的飞跃、新体制逐步取代旧体制的过程。因此在这一渐进过程中必然蕴含着不断的机制创新和新体制自身持续更新的过程。每一轮的经济体制上的"逆向性"的机制创新能够在本质上为经济运行的"顺向性"发展创造空间。随着经济转轨进程的推进，上一轮的机制创新所依赖的各种经济要素逐渐改变时，该创新机制对经济发展的推动作

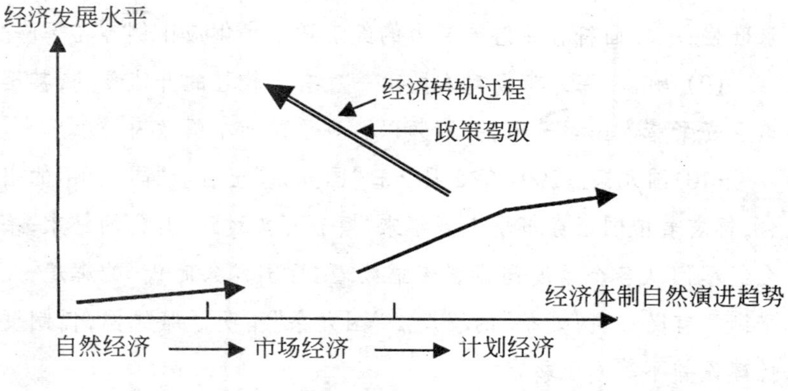

图9-8　经济转轨过程的体制"逆向调整"与发展"顺向转型"示意图

用也将逐渐丧失，最终还可能成为下一阶段转轨进程的阻滞。因此，适时更新创新机制，使之不断地启动新的转轨阶段并推动经济增长尤为重要。毫无疑问，在新体制不确立、不健全或不能完备运行的阶段，即转轨过程中，这种创新机制的持续更新需要政府不同程度的参与甚至主导来完成，而不同的政府机制创新能力对推动转轨的进展有着不同的效果。

（三）政府自身职能转变也构成机制创新供给的一部分

从经济史的发展角度来看，政府与市场的适宜结合是一条经济持续稳定发展和繁荣昌盛之路（盛洪，1994）。政府和市场是资源配置的两种方式，关于"看得见的手"和"看不见的手"哪个起主要作用的争论从亚当·斯密时代就开始了，在经济实践不断地修正经济理论的过程中，政府职能在成熟市场经济中的扮演角色也随之变化。总的来讲，市场经济体制作为一种资源配置机制，是经济发展的工具和手段，手段与目标并非总是协调一致的，尤其是在当手段的作用与目标发生偏差甚至背离时，就需要政府对其进行调控。转轨经济运行不仅存在市场经济本身所固有并随其发展而发展的缺陷，也存在着大量转轨过程特有的市场失灵。

转轨经济中的市场失灵可以从两个角度来观察：

1. 一般层次上的市场失灵。一般层次的"市场失灵"是指成熟市场经济体制下市场运行所存在的缺陷。从西方国家的实践来看包括两个层次：一个层次是以亚当·斯密为代表的古典主义的，主要是指涉及国家安全、公共秩序与法律、公共工程与设施以及公共服务等的"市场失灵"；一个层次是1929—1933年大萧条后的凯恩斯主义的，主要是指涉及市场经济的外部性、垄断、分配不公、经济波动、信息不对称等的"市场失灵"。这些缺陷所导致的市场机制运行出现负效率、两极分化、盲目竞争与浪费、对环境的破坏等市场经济成本必然使得市场经济不能正常、有效运转。

2. 转轨经济特有的市场失灵。除了一般性的"市场失灵"外，不同的转轨国家还要考虑转轨进展、经济发展水平和市场发育水平相联系的特殊性的一面。转轨经济下的特有的市场失灵源于尚不完善的市场经济体制。主要包括：(1)市场本身应具有的资源配置功能不能有效发挥。这是由于受经济发展水平和市场成长阶段的限制，市场结构和市场功能还残缺不全，各种市场尤其是要素市场缺乏良好的组织，市场信息不灵敏、不准确，不能及时正确地反映产品、劳务和资源的真实成本。对于这种性质的缺陷总体上要通过市场本身的发展来消除，但在转轨过程中政府需要通过公共政策进行一定程度的弥补和替代、促进市场发育(如明晰产权、加强法制建设等)。这是必须兼顾好的市场—政府的动态关系。(2)政府应该退出尚未退出导致的市场缺陷。主要是指政府对市场干预过多或不适当干预所造成的市场扭曲，这是转轨经济特有的现象。在从计划体制向市场体制转轨过程中，政府从传统职能的退出不是一次性完成的，而是一个渐进的过程。在政府退出与市场进入的过渡状态，传统的"政府缺陷"仍然发生作用，配置的冲突和扭曲会普遍存在，如诸侯经济、行政性垄断、双轨制、按隶属关系划分的财政体制等。这些缺陷的消除将取决于改革进程。(3)转轨过程中由于改革战略的失误、试错、纠错而产生的市场失灵。如激进改革战略失误所造成的经济衰退、资源配置低效、大量非法经济行为、经济社会政治动荡等，这种失灵的代价巨大，并且必然伴随一个重新强化政府和培育市场的过程。另一类是由于有限理性或认知能力不足而在"边学边干"中试错的成本，以及对经济运行的影响。(4)在转轨本身的发生、发展上的失灵。市场不可能在计划体制下自发产生，不可能自发地设定转轨的路径，也不可能自发地推动转轨向前演进。政府必须始终对体制转轨秩序进行控制和调节。政府是新制度的供给者，通过逐步制定和完善一系列符合市场经济的规则来组织市场，完成制度变迁，软弱的政府不可能完成推进市场化进程的任务。(5)制度属性对市场的约束。市场调节作用的发挥必须在国家法律、法规和计划指导下进行，必须考虑特殊的政治制度。引导非公有制主体在追逐利润目标的同时兼顾社会福利目标，消除经济运行的盲目无政府状态和保证社会资源的配置效率，要通过利益机制和制度约束来实现。

无论哪种市场失灵都需要相应的政府的自身职能转变进行纠正，市场经济的发展要求决定了政府职能的边界，而且，新制度取代旧制度在经济社会中履行职能的过程非常漫长，需要政府的不断参与和驾驭，因此政府本身的职能转变(见专栏 9－4)就是对经济变革的一种机制创新供给。政府的最佳职能不仅仅是体现在经济方面，更重要的是体现在如何协调经济活动和政治目标的一致(维托·坦齐，2005)。市场经济体的政府需要良好的管理制度来实现其职责。管理者的目的不能偏离这些体制，否则政府就很容易成为经济活动的傀儡，最终被一些人利用以谋求自己的利益，导致腐败大量滋生。制约腐败问题的体制不会自动地实现和生成，它们需要通过创造和持续改革来对国家经济生活进行管理。转轨经济中政府自身职能转变的政策范围包括对冲突的控制(体制冲突、利益冲突)、对发展战略的控制、对经济的保护、对变革路径的选择、对受损者的补贴、对宏观经济的稳定等。总体上是在资源配置方式的替代过程中对制度进行设计、确立目标、安排步骤，由此对经济运行、社会稳定等方面的影响加以控制和管理。

专栏 9-4

政府职能转变的涵义

政府职能转变,狭义地说,就是指政府领导和管理经济工作的方式、方法的改革。广义地说,政府职能转变是指政府职权和作用、功能的变化、转换和发展,它包括以下几个方面:

(1)政府管理权限的改变,由“无限权力政府”向“有限权力政府”的转变,由“全能政府”变为“必要权力政府”;

(2)政府管理方式的转变,由单一行政管理向经济、法律、行政相结合的管理转变;

(3)政府管理能力的转换,由单一的权力能力向权力能力和权威能力相统一转变;

(4)政府管理观念的变革,由面向计划经济的观念转为面向市场经济的观念,由“政府管理总能取得最好的结果”的观念转向“政府管理不一定能取得最好的,但能避免最坏的”新观念。

资料来源:中国政府机构改革备忘录,《第七次革命 1998》,北京,经济日报出版社,1998,第 276 页。

就中国而言,政府在主导经济转轨的过程中,其本身一直在进行机制创新(见专栏 9-5),一方面是更好地推动经济转轨、调控经济运行,不断提升根据体制演进和经济运行的变化进行创新的能力;另一方面作为经济转轨的一个重要组成部分,适时改革自身,以保持与整个体制的同步性和一定的运转效率。随着 1978 年以来经济转轨的向前推进,政府本身的职能也发生了转变:从横向来看,由原来的单一的行政管理为主转向经济、法律和行政手段综合并举;由原来的直接管理为主转为间接管理为主;由原来的经营性管理转换为服务

专栏 9-5

构建公共财政体系的相关政策

1998 年全国财政工作会议上，财政部长项怀诚明确提出公共财政的要求，宣布深化财政体制改革的主导目标是逐步建立完整的公共财政体制。

1999 年九届人大二次会议上，项怀诚部长在《关于 1998 年中央和地方预算执行情况及 1999 年中央和地方预算草案的报告》中指出“转变财政职能，优化支出结构，建立公共财政的基本框架。社会主义市场经济条件下的财政职能，主要体现在保证社会公共需要，优化资源配置，调控宏观经济运行，促进公平分配，协调地区经济社会发展等方面。我国现行财政职能是从计划经济体制下演变而来的，具有比较明显的体制转轨时期过渡性特征，同建立社会主义市场经济体制的要求相比，还有很多不相适应的地方，必须结合政府机构改革和职能转变对现行支出结构进行调整和优化，逐步建立公共财政的基本框架”。

2000 年党的十五届五中全会通过的《中共中央关于制定国民经济和社会发展第十个五年计划的建议》，明确提出“逐步建立适应社会主义市场经济要求的公共财政框架”。

2002 年党的十六届三中全会的“决定”进一步提出了财政管理体制的改革目标，要健全公共财政体制，明确各级政府的财政支出责任。这一观点意味着中国财政制度的安排将发生根本性变化，发展市场经济需要相应的公共财政制度配合已经成为共识。

资料来源：相关政策文件。

性管理；由原来搞项目审批、分钱、分物、分人，转向利用经济手段搞规划、协调、引导、监督、服务。从纵向来看，按精简、统一、效能的原则，改革现有的行政机构；把干部管理制度转变为公务员制度，为政府职能的转变和实施做好制度保证；按"革命化、年轻化、知识化、专业化"的标准，提高经济管理者的素质。进入完善社会主义市场经济体制转轨阶段，对于政府机制提出了新的创新要求：(1)从"机制创新供给者"转向"机制创新需求者"，以"完善政府社会管理和公共服务职能"，"切实把政府经济管理职能转到主要为市场主体服务和创造良好发展环境上来"为目标①。(2)从"以培育市场经济体制"的机制创新目标转向"驾驭市场经济体制"的机制创新目标。进入经济转轨中后期，政府机制创新的主要任务是弥补成熟市场经济与生俱来的市场失灵，发挥"看得见的手"的作用，与"看不见的手"相得益彰。(3)从"强制性"机制创新手段转向"诱致性"机制创新手段。在过去的经济转轨过程中，政府主要采取了强制性的机制创新，通过颁布一系列的命令、法律、规则和政策文件等行政性方式推动转轨，大多是在正式制度领域展开的，也获得了一定的绩效。但当经济转轨深入到非正式制度领域，诸如统筹城乡发展、统筹区域发展、统筹经济社会发展、统筹人与自然的和谐发展、统筹国内发展和对外开放"五个统筹"等执行弹性加大，同时又无法硬性规定的改革领域，则应更多地采取"诱致性"机制创新，引导民众的认知、价值观念、道德观念和意识形态。

---

① 《中共中央关于完善社会主义市场经济体制若干问题的决定》。

二、机制创新的其他供给主体

机制创新虽然是政府主导的,但是在一定条件下,还有其他的供给主体,例如,利益集团和民众在某些领域的处于个人成本和个人收益的考虑进行的机制创新,也有可能产生“蝴蝶效应”,对经济转轨全局产生重大影响。本部分以经济转轨中的实践案例为主,对于机制创新中的其他供给主体给予佐证。其中俄罗斯工业和企业家联合会在俄罗斯经济转轨制度建设中的角色扮演以及农民在中国家庭联产承包责任制中发挥的作用最具有特色和代表性。

(一)俄罗斯工业和企业家联合会在俄罗斯经济转轨制度建设中的角色扮演

俄罗斯寡头(见表 9-4),是指俄罗斯的产业大亨,控制足够多的资源以致能够影响国家政治的商人。有些学者认为,寡头是 1999 年以来俄罗斯经济复苏和制度变革的发动机(Boone 和 Rodionov, 2002;Aslund,2004)。寡头作为一类独特的选民在俄罗斯官僚体系中具有一定的制衡力量,一方面,他们有意愿和能力去游说俄罗斯政府发展市场制度,另一方面,寡头由于手中拥有的巨大资源,也是能在俄罗斯国内投资和重建工业体系的重要力量。但是也有其他学者认为,寡头在掠夺俄罗斯国家资产后,并没有进行私有产权和现代公司的构建,而是将这些资产输出国外,虚空了俄罗斯的国家经济实力,损害了俄罗斯经济的健康发展。

俄罗斯工业和企业家联合会(RUSSIAN FEDERATION LEAGUE OF INDUSTRIALIST AND ENTERPRIENEURS)被戏称为“金融寡头联盟”,2000 年由俄罗斯寡头企业接管,并使它从一个中等规模的制造业企业的经理协会转变成大型集团的代表性游说团体。俄罗斯工业

表 9－4 俄罗斯寡头

高级合伙人	控股公司 主要的产业部门	就业人数 （千人） 占样本%	销售额 （十亿卢布） 占样本%	财富 （亿美元）
奥列格·德里帕斯卡	Base Element/RusAL 铝、汽车	169(3.9%)	65(1.3%)	45
罗曼·阿布拉莫维奇	Millhouse/Sibneft 石油	169(3.9%)	203(3.9%)	125
弗拉基米尔·卡达尼科夫	AutoVAZ 汽车	167(3.9%)	112(2.2%)	8
谢尔盖·波波夫	MDM 煤炭、管道、化学	143(3.3%)	70(1.4%)	29
安德烈·梅尔尼琴科 德米特里·普姆皮安斯基 瓦吉特·阿列克佩罗夫	Lukoil 石油	137(3.2%)	475(9.2%)	56
阿列克谢·莫尔达索夫	Severstal 钢铁、汽车	122(2.8%)	78(1.5%)	45
弗拉基米尔·波塔宁 米哈伊尔·普罗霍罗夫	Interros/Norilsk Nickel 有色金属	112(2.6%)	137(2.6%)	108
亚历山大·阿布拉莫夫	Evrazholding 钢铁	101(2.3%)	52(1.0%)	24
列恩·布拉瓦尼克 维克托·拉什尼科夫	Access-Renova/TNK-BP 石油、铝	94(2.2%)	121(2.3%)	94
米哈伊尔·霍多尔科夫斯基	Menatep/Yukos 石油	93(2.2%)	149(2.9%)	244
伊斯坎德尔·马哈茂多夫	UGMK 有色金属	75(1.7%)	33(0.6%)	21
弗拉基米尔·波格丹诺夫	Surgutneftegaz 石油	65(1.5%)	163(3.1%)	22
维克托·拉什尼科夫	Magnitogorsk Steel 钢铁	57(1.3%)	57(1.1%)	13

伊戈尔·久津	Mechel 钢铁、煤炭	54(1.3%)	31(0.6%)	11
弗拉基米尔·利辛	Novolipetsk Steel 钢铁	47(1.1%)	39(0.8%)	48
扎哈尔·斯穆什金	IlimPulpEnterprises 纸浆	42(1.0%)	20(0.4%)	10
鲍里斯·津加列维奇 米哈伊尔·津加列维奇 沙法加特·塔哈蒂诺夫	Tatneft 石油	41(1.0%)	41(0.8%)	29
米哈伊尔·弗里曼	Alfa/TNK-BP 石油	38(0.9%)	107(2.1%)	52
鲍里斯·伊万尼什依里	Metalloinvest 矿石	36(0.8%)	15(0.3%)	88
卡哈·本杜基茨	United Machinery 工程	35(0.8%)	10(0.2%)	3
弗拉基米尔·叶夫图申科夫	Sistema/MTS 电信	20(0.5%)	27(0.5%)	21
戴维·亚科巴什依里 米哈伊尔·杜比宁 谢尔盖·普拉斯季宁	WimmBillDann 奶制品/果汁	13(0.3%)	20(0.4%)	2
总计		1831 (42.4%)	2026 (39.1%)	1098

资料来源:就业人数和销售额来自世界银行(2004)、古里耶夫和拉辛斯基(2004)。括号中的百分比表示世界银行样本中就业人数/销售额的比例,如上文指出,该样本在俄罗斯经济中占相当大的份额。表中的财富数据是作者根据2004年的《福布斯》杂志和股票市场数据计算而来的2004年春寡头拥有的股票市值,其中包括世界银行研究项目所确认的所有合伙人的股权。表中列出了各个商业集团的大股东、控股公司或旗舰资产的名称以及一到两个主要部门。如果一个集团中有几个人拥有相等或相近股权,我们就同时列出这几个人。我们根据样本中的就业人数对寡头进行了排序,这一排序与实际情况可能有所出入,因为样本并不是同比例地覆盖不同寡头的资产。就业人口和销售额来自于2001年官方提供的公司层面的数据。汇率为1美元=29卢布。

转引自:谢尔盖·古里耶夫、安德烈·拉辛斯基:"俄罗斯资本主义中寡头的角色",载于《比较》(18),中信出版社,2005年。

和企业家联合会下属多个任务组,每个任务组负责一个专门的改革项目:税制改革、产业政策、国际贸易、土地改革、司法改革、铁路改革、国际关系以及其他很多方面的改革。俄罗斯工业和企业家联合会的领导者定期会见普京总统商讨经济政策、政府改革以及其他战略问题,为政府和议会提供法律变革方面的"建议",在某些时候还起草并促使通过了一系列重要的法律。

由于俄罗斯工业和企业家联合会进行机制创新时考虑的成本、收益与整体社会的成本收益并不完全一致,其所倡导的各项活动在强度和效果上差别很大。俄罗斯工业和企业家联合会成功地推动了降低税率、开放经常项目和资本项目以及推进土地改革等方面的改革。在推动行政改革方面也取得了一定的进展。然而,俄罗斯工业和企业家联合会在推进银行业改革以及建立一个强有力的促进市场竞争的机构方面就不那么积极了,这种运作恰好反映了俄罗斯寡头在经济转轨过程中的利益心态。例如,俄罗斯工业和企业家联合会成员在俄罗斯加入 WTO 的问题上就未能达成一致意见。钢铁出口商倾向于加入 WTO,而在汽车、保险和银行等保护性部门拥有股权的寡头则强烈反对加入。因为一部分寡头需要推迟加入 WTO 的时间以利于他们完成对俄罗斯企业的兼并活动,在此之后他们就会支持加入 WTO,因为加入 WTO 有利于他们更方便地将资产出售给外国投资者。

寡头与政府之间的博弈,2003 年普京对于尤科斯石油公司的制裁变得明朗化。普京通过"政治反垄断"约束寡头的政治影响力,"尤科斯事件"(专栏 9-6)起到了杀一儆百的功效。使得寡头们认识到违反约定的风险,因此在未来他们将不大可能涉足国家政治,也意味着在未来,即使寡头仍然具有强大的经济实力,但是在政治上他们将变得无足轻重。

总体来讲,寡头作为一种有权力的内部人,试图设计经济转轨过程中的制度,一方面利用自己的政治影响力通过再分配的手段掠夺其他经济主体的利益,另一方面乐于建立私有产权制度,保护合同实施以及建设法治,阻止新进入者瓜分自己的既得利益。

专栏9-6

尤科斯事件

普京在2000年7月28日与寡头领导的初次见面会上,与他们约定:只要寡头坚持纳税且不利用他们的政治影响力(至少不反对),那么普京将会保护他们的产权且防止重新私有化。2003年米哈伊尔·霍多尔科夫斯基,作为尤科斯石油公司的大股东,公开批评普京政府的腐败(《莫斯科时报》,2003),并且还支持反对派和独立媒体。从2003年6月19日开始,尤科斯公司遭遇不断的指控,众多的人员被拘捕,同年10月25日,时任尤科斯公司总裁的在新西伯利亚机场被俄联邦安全局人员扣押,他被指控诈骗及逃税。2004年4月,也就是霍氏被收押的半年后,俄税务机关和司法机关开始全面清查尤科斯石油公司。在政府的强大压力下,霍氏于2004年7月7日通过律师表示,为"防止公司破产以及避免损害尤科斯所有工人和持股人的利益",他愿意把他持有尤科斯公司44%的股票全部交给尤科斯公司,希望公司可以把他的股份卖出,用卖股票的钱来交税款和还贷。2004年6月17日,普京总统向媒体表示:"俄罗斯政府和经济管理部门无意让尤科斯这样的公司破产。政府将尽最大努力防止尤科斯石油公司崩溃。"2004年

12月19日尤科斯核心资产"尤甘斯克石油天然气公司"被拍卖。俄罗斯尤科斯石油公司2005年5月24日发表声明宣布，该公司改组成立了从事石油勘探和开采的"尤科斯EP公司"和负责石油加工销售的"尤科斯RM公司"。在近2年的过程中，约有30人牵涉进尤科斯案件，他们或被指控拘捕，或被国际通缉。俄罗斯莫斯科地方法院于2005年5月31日判处俄尤科斯石油公司前总裁霍多尔科夫斯基和尤科斯公司另一重要股东列别杰夫各9年监禁。

"尤科斯事件"可能会使寡头们如履薄冰。假定政府官员腐败依旧，尤科斯事件表明讨价还价的砝码已从寡头转向了官员。虽然，直接没收寡头的财产可能只是个威胁，但是官员会以收取回扣、接受为其特别重视的项目提供捐赠以及直接受贿等方式，狠狠地挤占寡头的现金流。这将进一步侵蚀寡头的财产并削弱其投资动机。为了维持经济持续增长，政府必须约束手下官员的寻租行为。

(二)中国民众提供的机制创新

一般而言，自发产生的机制创新所费时间极长，并且如果没有当局政府的政策支持，一般都会付之东流，例如，中国在清朝末年的资本主义萌芽，由于种种因素而被扼杀了。在中国经济转轨过程中，民众自发的"包产到户"由于得到当地政府的支持，并且由于这种机制创新给农业带来了良好效果，最终通过政策以家庭联产承包制的形式在全国推广开来，并成为中国经济转轨过程中农业改革领域的一块重要基石。

1977年，安徽省固镇县曹老集公社刘台生产队搞起了"不动碾子"作物上的有限包产到户。1977年11月，安徽省委还制定了《当前农村经济政策几个问题的规定(试行草案)》,文件强调要尊重生产队的自主权、真正贯彻按劳分配、减轻农民负担、鼓励社员发展家庭副业和开放自由贸易等。随后又制定了一些对农村经济进一步放宽的政策。党在农村的政策逐步有了松动和调整,联产承包制的兴起有了外部的、客观的有利条件。在政策的鼓舞下,安徽肥西县南山公社首先带头搞包产到户,并很快扩展。1978年春,来安县烟陈公社魏郢生产队兴起了包产到组,当年还在全椒、芜湖等地1200多个生产队中出现不同类型的承包制。1978年12月16日,安徽省凤阳县梨园公社小岗生产队18户农民,以农村传统的"签字画押"的方式,甘冒杀头坐牢的风险秘密搞起了以"大包干"为典型代表的责任制,并永远载入新中国的史册。随后,类似的一系列事件由于得到了当时部分决策层领导人的支持,特别是当时安徽省的省、地、县和社的一部分负责干部冒了很大的风险支持农民群众的这一举动,"包产到户"这一适合中国国情的家庭经营制度才如决堤洪水一般迅速向全国蔓延。到1982年,全国农村各种形式的家庭联产承包责任制的比例已占到90%以上。

小岗农民决定冒险

1978年春夏之交,安徽遇到了百年不遇的大旱,全省农业大幅度减产。秋后大批衣衫褴褛的灾民离家出走,到外地乞讨,大片土地眼看着将被撂荒。时值秋收秋种季节,时不等人。9月1日,安徽省委召开紧急会议,研究对策。经过激烈的争论,省委最终做出了"借地种麦"的决定,规定凡是集体无法耕种的土地借给农民种麦种菜,鼓励多开荒,谁种谁收,国家不征统购粮。于是,不少生产队把麦子、油菜包到户去种,结果加快了进度,抓住了季节。群众和不少干部都看到了承包的好处,这样便诱发了包产到户。

1978年冬,凤阳县梨园公社一个最穷的小岗生产队实行了包干到组,将20户人家分成4个包干组,后又分成8个包干组,每组二三户,但存在矛盾。一天夜里,生产队召开社员大会,讨论解决矛盾的办法,讨论来讨论去,到天亮时也没提出解决的好办法。社员都说:这样干不好,干脆包干到户干。生产队副队长严宏昌说:如果大家能答应我两个条件,我就同意包干到户。第一,夏秋二季每户打的头场粮食就要把国家的公粮和集体提留交齐,谁也不能装孬种;第二,我们是明组暗户,不准对上级和外队人讲。有位老农民说:我再加个第三条,今后如果队长因为让我们包干到户犯法坐班房,他家的农活由我们全队包下来,小孩由全队养到18岁。大家都说行,并纷纷在保证书上按了手印或盖了图章。于是,开始抓阄分牲畜、农具,丈量土地,一个早晨就全部分好了。

但是,小岗农民冒险分田的秘密没过几天就被公社知道了,硬让他们并到组里干,不并就不发给种子、肥料和耕牛贷款。但小岗人硬顶着不干,就这样僵持了一段时间。4月,县委书记陈庭元下来检查工作,公社干部汇报了小岗生产队群众自发分田单干,搞"资本主义"的问题。陈庭元听后说:小岗已经穷"垮"掉了,还能搞什么资本主义?已经分到户了,就让他们干到秋后再说吧!就这样,农村实行责任制首先在安徽省由部分农民自发搞了起来。

1979年底,小岗生产队获得了大丰收,全年粮食产量由原来的3万多斤提高到12万多斤。这个从合作化以来从未向国家交过公粮的穷队,这一年向国家交公粮65000斤,油料20000多斤,生猪35头,人均口粮800多斤,人均分配收入200多元,一年就变成了当地的"冒尖村"。

几乎与此同时,安徽肥西县南公社的一些农村,也自发地悄悄搞起了包产到户,包产到户以其增产增收的好处冲破了某些干部的怀疑和阻挠,逐步扩展并推广到其他县,凤阳县、无为县等地区也出现了农民自发改变经营方式的现象。从1978年到1979年,除安徽省外,四川、贵州、甘肃、广东、河南等省的一些穷队,为了改变落后面貌,也相继实行了包产到组和包产到户的办法。

资料来源:于洋:《经济转轨:中国的理论与实践》第68—70页,中国财政经济出版社,2000年。

另外,学者对于中国的市场化进程的研究也构成了自发机制创新的动力和源泉。事实上,伴随着中国的市场化进程,一直存在着对中国市场化改革的过渡过程的研究。这一研究可以分为两个阶段。第一个阶段贯穿整个20世纪80年代;第二个始于1990年。在第一个阶段,研究者并不是专门地有意识地研究中国改革的过渡过程的问题,更多的是参与到"如何推进改革"的理论研究和对策研究中,有关这方面的观点和理论散见于有关改革的讨论和给政府的对策报告中。在第二阶段,中国市场化改革的结果已经逐渐显露出来,一些经济学者开始有意识地将中国改革的过渡过程作为自己的研究对象,并且发表了一些可以称之为"中国的过渡经济学"的论文(盛洪,1996)。中国以及其他国家经济转轨的方方面面的研究在一定程度上提供了机制创新的方向和实施方案。

第三节 机制创新在政府驾驭下的实际构建

机制创新的实际构建，简单来讲，就是怎样从效率较低的旧制度安排转变为效率较高的新制度安排。前苏联、东欧和中国虽然具有相似的初始条件，“都曾经推行过赶超型的发展战略，并在此前提下形成了扭曲的产品和价格的宏观政策环境、高度集中的资源计划配置机制和毫无自主权、缺乏激励的微观经营机制。”（林毅夫等，1993，1994）由于各国国情包括初始条件、部门特征、民俗等，千差万别，即使每个国家都持相同的制度改革原则，进行改革的实际计划在任何时候仍会不同，这也是对经济转轨的机制创新并不能给出详细实践性方案的一个原因。本书这里重点描述合理而且必须的一般方法和要点。

科尔奈（2003）为十个东欧国家的卫生部门改革献计献策，给出了九项具有普遍意义的指导原则（见专栏 9－7）。可以看出，科尔奈主要从公平性（一致性、竞争性）、激励性（个人自主权、有效激励）、环境培育（政府的新角色、透明性）、渐进性（方案的时间要求）以及可持续性（和谐增长、可持续融资）五个方面对于福利部门的机制创新进行了原则约束。通过借鉴科尔奈对于福利部门改革的原则归纳，以及参考世界各国转轨经济体进行改革的经验和教训，一般而言，机制创新的主要功能是在现实与经济规律之间进行适宜的“纠偏”。例如，在稳定与速度之间纠偏；在短缺和过度投资之间纠偏；在计划与市场之间纠偏，并逐渐偏向市场；中央政府和地方政府之间的利益纠偏；民众和政府之间的利益纠偏。创新机制的实施效果与纠偏的适宜程度有很大的关系。

专栏 9 – 7

福利部门改革的九项原则

(1)个人自主权:要推进的改革必须增加个人在福利服务领域的决策范围,减少政府的决策范围。

(2)一致性:帮助受苦的人、困境中的人和处于劣势的人。

(3)竞争性:不应该存在国家所有、控制和一种垄断,应允许在不同的所有制形式和协调机制之间存在竞争。

(4)有效激励:必须建立鼓励效率的所有制和控制形式。

(5)政府的新角色:政府在福利部门的主要功能必须是提供法律框架、监管非国有机构,并最终提供最后的救助与保险。政府有责任保证每一公民享有获得基本教育和医疗保险的权力。

(6)透明性:居民必须明确国家提供的福利服务与对此进行融资的税负之间的联系。改革必须通过公开的、公众知晓的讨论然后再行实施。政治家和政治党派必须宣布其福利部门政策是什么以及如何进行融资。

(7)方案的时间要求:必须留出时间,让福利部门的新机构得到发展,让公众学会适应。

(8)和谐增长:用于直接促进快速增长的投资资源与用于经营和发展福利部门的资源之间存在和谐的比例。

(9)可持续融资:政府预算必须有能力为履行政府义务提供持续融资。

资料来源:亚诺什·科尔奈、翁笙和:《转轨中的福利、选择和一致性:东欧国家卫生部门改革》,中信出版社,2003 年。

(一)“纠偏”的制约因素

1.初始起点的客观约束和主观意识形态对机制创新的绩效有一定影响

俄罗斯、东欧和中国在经济转轨之初虽然都处于传统计划经济体制下,但是,不只是总体经济计划的程度不同,各个具体领域或者机制创新应用部门的固有特征、初始条件都会对后来的行动形成制约。而且,不仅转轨经济的客观条件会对机制创新纠偏能力形成约束,原有的意识形态也从主观上形成刚性约束。人们对长期以来形成的关于经济社会的原有意识形态具有一定的依赖性,随着经济社会发展的不如意,新旧意识形态之间的缝隙在增长。强制推行新的经济体制,并改变原来的意识形态,虽然是为了经济和社会更好地发展,但也很可能伤害一部分人的既得利益。政府在创造新的经济体制时,就不得不考虑要在一定程度上维持旧的无效率的制度安排,对原有的意识形态在一定程度上进行妥协。另一方面,由于经济转轨对于人们来说是一种未知事物,从经济史和世界其他国家所可借鉴的经验也是有限的,社会科学知识不足、机制创新供给者的有限理性都增加了认识、了解经济转轨以及设计、建立机制所需信息的复杂性。例如20世纪50年代初期,许多不发达国家采用了苏联式的中央计划体制,实际上,由于社会科学知识储备的束缚,很难证明这种体制在当时是否能够发挥资源最优配置功效。但是处于当时所能选择机制的考虑,以及那个时代占统治地位的社会思想对全面的政府计划的诱发和塑造,这些国家还是选择了传统的计划经济体制,与当时流行的社会知识似乎并无多大的直接关系。

2.利益集团的制衡

创新机制必然涉及方方面面的利益关系的变化,而实施更新的机制的中央政府也需要地方政府和各种利益集团的支持，以按照中央的意图执行经济体制改革。地方政府本身也具有“经济人”的一些特征，也会对本身的行为进行成本—利益分析。例如，在中国 1978 年改革之前的行政性分权时代，许多措施得以实施都是建立在中央与地方之间的讨价还价和博弈基础上的。那么，中央政府制定和实施的机制创新就需要“纠偏”中央与地方之间的集权和分权关系，考虑到如何建立对地方政府的激励机制。如果创新机制没有考虑到制衡的额外利润被官僚自利的可能性，新的制度安排就会成为滋生腐败的温床。这一点，在俄罗斯表现得比较明显，在该国证券私有化过程中，民众拥有的国家资产所剩无几。在东欧，改革建议一般来自于委员会，其政策建议的最后决定以及付诸实施阶段都反映了委员会成员之间的观点和政治妥协。

3.具体部门转轨政策对总体思路的适应性

转轨国家现阶段的市场机制还只是框架性的，由于体制背景问题，实践中的具体部门政策实施所依赖的体制环境、经济运行环境，以及其实施后所推动的体制环境、经济运行环境的改善，都具有自身的特殊性。具体部门政策的设计要想更有效率，必须首先适应这些特殊性。

经济转轨从根本上讲，是针对传统体制的无效率经济运行进行市场化路径的重新安排，以调整各种经济系统的结果和要求。这种变化是全方位的，包括路径安排与经济的关系以及创新机制作用于经济的方式。现有的具体部门转轨政策的安排，需要重新审视转轨政策运行的环境，把体制性问题纳入考虑体系，否则，按照成熟市场经济体制下的规则去制定实施往往会显得力不从心。即在具体部门改革的取向问题上，充分考虑如何形成有助于推动旧体制向新体制转轨的运行机制，以把转轨经济的体制性约束转化为体制性激励。

总体来看，具体部门的公共政策取向既不是完全市场化的，也不能过多陷于过渡性做法，而是需要兼顾两个方面：一方面，根据完善社会主义市场经济体制的要求，具体部门公共政策要致力于最优配置资源，建立市场化的公共政策的基本框架，使政府提供公共产品与服务、调节经济运行等职能得到保障。另一方面，在"布新"的同时，在维持社会稳定和经济健康增长的前提下继续"除旧"，仍是转轨的一项重要任务，具体部门的公共政策要在支付转轨成本、改革攻坚方面承担很多过渡性的职责。这些职责需要具体政策来协调和统筹。在实际的操作上，这就既要求公共政策安排具有前瞻性，同时又必须将过渡性应对措施融入政策设计中。

4.纠偏标准的模糊

创新机制设计的最终目标应该定位为相对福利还是绝对福利是一个值得争论的问题。"帕累托改进"是一个适宜的标准，但是，从心理学角度考虑，人们希冀自己与自己在所处人群的其他人之间福利的相对差距达到最大。假如某种制度安排给自己带来的害处(如个人收入的减少)小于给其他人造成的损失，那么这种制度安排也极有可能出现。然而，一旦人们意识到中性制度变迁已经无法继续扩大和缩小业已存在的差距，新制度安排的创新机能也就失去了效力。

(二)"纠偏"工具

政府作为一个有限理性的机制创新的主要供给者，虽然受到认知理论的限制，即使充分考虑了特定部门特征、国际经验教训、主要起始条件以及制约后来行动出发点的历史路径，供给机制创新仍然可能存在不足和不完美，但对于处于落后经济发展状态的一个民族走出“恶性循环”，政府对政策的驾驭始终是不可或缺的。“没有一个国家不是在明智政府的积极刺激下取得经济进步的，……另一方面，经济生活中也存在着这么多由政府弄出来的祸害，以致很容易就训诫政府参与经济生活一事写上满满的一页。”(Lewis,1955)①这实际上说明政府驾驭也是一柄“双刃剑”。提高政府的驾驭能力，合理确定政府在实行创新机制过程中所采取的步骤和具体措施，是机制创新进行适宜“纠偏”的主要和重要工具。所谓的明智政府可能是“在于政府如何引导个人激励”，在任何情况下，个人总是在寻找使他自己获得好处的机会。然而，为了一个经济的发展，有必要冒超越一般情况下的风险去建立一种鼓励个人生动活泼地寻求并创造新的可获利的生产收入流的系统，和一种允许用时间、努力和金钱进行投资并让个人收获他应得好处的系统②(Lodge George C,1986)。

在体制转轨过程中，政府的主要职责是作为新制度的供给者，通过对体制转轨秩序的控制和调节，逐步制定和完善一系列符合市场经济的规则来组织市场，完成制度变迁。因此研究如何平稳、持续、快速推进转轨，应是这一时期最大的机制创新目标。由此延伸出来的对国情民意的判断、对体制转轨目标的确定、对改革步骤的安排、对各项政策的预见和把握、对矛盾与冲突控制和化解的能力、对相关政策之间的统筹和协调等，也自然成为政府供给和驾驭创新机制的主要内容。

随着市场经济体制基本框架的建立，转轨进入中后期，政府政策

---

① Lewis, W Arthur, 1955, The Theory go Economic Growth, London: George Allen & Urwin, p. 376.

② Lodge, George C., 1986, The New American Ideology, New York: New York University Press.

的关注点将逐步转向如何创新和驾驭机制以完善新经济体制。关于第二阶段转轨的驾驭，有四项政策原则需要坚持：一是加快完善市场制度，建立健全各项法律法规，从体制上使转轨过程中的费用能够与收益更好地对应起来，减少新的未偿费用的发生和向政府的转嫁；二是有计划地摊销前期累积的未偿付的转轨成本，防止其导致某些领域的矛盾激化、运行受阻，或者导致最终结算压力过大，转轨过程延长；三是从战略上设计和矫正不合理的发展思路，防止坏的市场体制和发展模式固化，转轨的整体绩效递减；四是增强政府驾驭经济社会发展的能力，增强财政的调控能力，及时疏导运行中的障碍，及时校正改革与发展中的偏差。

另外，纠偏速度应以渐进为主，在本书的前面已经论述比较充分，这里不再赘述。若要全面观察机制创新在经济转轨过程中如何构建、政府驾驭如何运作，应该充分从实践中吸取经验和教训。

（三）实践中的机制创新案例

中国经济转轨机制创新[①] 从总体来看，主要是计划与市场两种经济运行机制并存，努力在稳定性、自由化之间权衡。如价格双轨制、国有经济与非国有经济并存、按劳分配和按要素分配多种分配方式并存等。从体制外来看，对部分经济领域和空间领域进行市场化改革试点先行，先从传统体制比较薄弱的经济领域开始，例如，改革是从沿海地区逐渐向内陆扩散的，从农村向城市逐渐转移的。特许改革或者试点的成功案例能够对人们起到一种示范作用，说服人们、减少反对改革的阻力，相应地降低转轨成本，这也是符合行为学原理

① 参考 Naughton, 1994, "What is distinctive about China's economic transition? State Enterprise Reform and Overall System Transformation", Journal of Comparative Economics, 18；盛洪："关于中国市场化改革的过渡过程的研究"，《经济研究》，1996.1。

的(见专栏9-8)。从体制内来看,一是实行增量改革[①](林毅夫等,1994),例如,粮食的计划销售价格通过多次小幅度的调整,最后当其

专栏9-8

行为学的五条基本原则

根据汪丁丁的归纳:(1)回报原则。在任一场合下,那些更能经常给行为主体带来回报的行为,更有可能被行为主体重复。(2)激励原则。那些曾经给行为主体带来回报的行为激励行为主体以后的行为——即其本身不带来回报但与带来回报的行为联系着的行为——最可能被行为主体重复。(3)那些曾经其中在一切行为的一切可想象的后果中,与对行为主体更有价值的那些后果联系着的那些行为,更有可能被行为主体重复,也称为价值原则。(4)边际价值递减原则。如果某一类回报比其他回报更经常地出现,那么这类回报对这一行为主体的价值就会随着回报的出现次数而逐渐降低。(5)非理性原则。低于预期水平的回报或高于预期水平的惩罚可以激怒行为主体,导致"过火"行为,"过火"行为的价值随行为主体被激怒的程度而上升;高于预期的回报或者低于预期的惩罚,可以让行为主体感到高兴,并且因此而把相关行为的后果的价值向上调整。

资料来源:汪丁丁:《制度分析基础讲义I:自然与制度》,上海人民出版社,2005年

① 但是,这个理论却难以解释前苏联的渐进改革(1985—1989)为什么失败,为什么当前俄罗斯也采取了增量主义的改革方式,形成了经济中国有部门与非国有部门并存的"两部门结构"却没有成功地实现经济的增长(张军,1997,《"双轨制"经济学:中国的经济改革(1978—1992)》,上海三联书店、上海人民出版社)。

接近市场价格时再放开。同样,农村土地承包制是从农民到社区,从社区到地方,从地方到中央,一级一级实现了合法化(周其仁,1994);二是补偿改革,国家通过弥补既得利益者在改革中的损失来降低改革成本。例如,在逐步提高对城市居民供应的农副产品的价格的同时,对城市居民进行相应的补贴;外汇额度交易在用计划权利与计划义务"对冲"之间逐渐消亡。

案例1:针对价格改革的机制创新——计划权利和计划义务对冲

(1)背景

中国的1984年将经济转轨的工作中心转移到城市后,对于价格和企业两者改革的顺序进行了激烈的争论。1984年12月份发生的通货膨胀使得中国领导人在价格改革上比较慎重。1985年3月25日《世界经济导报》报道:1985年3月6日至13日在武汉召开全国城市经济体制改革试点工作座谈会上,一种意见认为,现在消费基金总额已使市场一个时期内难以平衡,因此必须"倒扣"一部分回来。经济学家在当时针对价格改革的次序问题主要有两种观点:一些学者认为价格改革涉及利益冲突,必须要慎重行事,如"企业、地方的既得利益格局和现有的价格体系、生产结构密切相关,价格的一升一降涉及千家万户。完全不顾及价格调整带来的利益格局的变动,很难行得通"。(华生等,1985),"解决好收入分配问题,价格改革才可能实施下去"(楼继伟、周小川,1985),"先实行双轨价格,旧价格旧办法,新价格新办法,最后建立全新的替代价格制度"(张维迎,1985);另一些学者如宋承先(1985)则认为"应该继续坚持价格改革,否则一方面会对整体经济的前进产生不利的消极作用,将经历两个阶段，两个步骤。所谓消费基金总额‘失控’的看法的错误在于：以偏概全，把十分个别的特殊的现象夸大为代表宏观的总体。因此1984年出现的通胀，除了违法乱纪以外，应不是很严重的；至于对市场造成的冲击，更是微不足道的，为此惊慌失措，是完全不必要的。……当前的价格改革仅仅是价格结构的调整，而不是全面涨价，仅仅是调整某些商品的价格，使之达到供需均衡和边际成本等于边际价格。对于高价格，应该一方面以货币工资提高的形式补贴物价上涨，另一方面通过提高存款利率和贷款利率来减少消费需求和投资需求以抑制总需求，但主要是压缩计划外投资，同时，运用发行公债的方法弥补财政赤字。”

1986年提出了“价税财联动”方案，即计划价格体系与相应的财政政策相匹配（包括对不同行业和企业的“政策性亏损”、补贴和利税指标），同时又要调节税收结构和财政结构，其目的在于对体制内的计划定价体系进行全面改革，但由于有些领导人和重要部门的反对，以及经过当时的决策咨询机构（主要是体改所）的研究，认为难度很大，建议改为“生产资料价格改革”，后来觉得还有难度，就改为钢铁价格改革，这一方案最后虎头蛇尾，无疾而终（盛洪，2002）。但是，由于价格双轨制导致的价格体系的扭曲以及“腐败”问题严重化，1988年，政府还是接受了“放开价格，管住宏观”的建议，“价格闯关”开始，但由于民众挤兑存款和抢购商品的风潮，而告流产。1989年开始了三年治理整顿时期，价格改革的速度似乎停止了，但是实际上，随着指令性计划和统配物资的范围的缩小，计划价格的比重在迅速下降（郭树清，1990）。1995年，由市场决定的价格在社会商品零售总额中的比重已高达88.8%。

(2)创新机制

盛洪(2002)对此的解释为:中国政府提供了“计划权利和计划义务对冲”的创新机制,即采取计划权利的交易。比如,一个汽车制造厂既有用计划低价购买钢材的计划权利,又有用计划低价销售汽车的计划义务。那么,“对冲”就是用“低价买钢材”的计划权利抵消掉“低价卖汽车”的计划义务。用“对冲”在计划权利与计划义务之间“纠偏”,不仅可以改善因国有经济与非国有经济的分割而造成的扭曲的资源配置,而且可以一劳永逸地消除计划权利和计划义务。

“对冲”机制创新的机理如下:

1)当对现有产权仍然维持原有产权界定规则,而对新增资产适用新的规则时,由于没有形成对任何人的损害,并且,采取按市场规则进行的交易是自愿的,是一种“帕累托改进”。

2)一般而言,计划权利的取消可以有“买断”、“资本化”等形式,但这两种形式不足以用来解释整个计划价格体系的消亡,“对冲”应该是这三种形式中交易费用较低的一种,其无需使用货币现金,节约了融资的交易成本;给交易双方带来了选择的自由空间,降低了交易费用(盛洪,1991)。

3)一个经济个体,放弃他的计划权利就会得到补偿;而如果不想在履行计划义务,就可以用货币“买出”。当经济个体就时间有限的计划权利(如 1 年)进行交易时,他们只是获得了这一交易的生产者剩余和消费者剩余;当他们就永久性的计划权利进行交易时,他们就永久地消除了这种权利,在旧体制逐渐消亡的过程中,培育新体制的利益冲突就会降低。

4)外汇额度交易:一个计划权利交易的案例(盛洪,1996)。

外汇额度即按照官方汇率购买外汇的权利，由于受管制的官方汇率低于市场汇率，二者之间的差价就构成了外汇额度本身的市场价格，企业可以合法地在官方设立的外汇交易中心买卖外汇额度，由此形成了市场汇率和外汇额度的价格。由于有了这一价格，外汇汇率市场化的潜在受损者，即可按照官方汇率购买外汇的企业，事实上已视市场汇率为自己持有外汇的机会成本，这里实际上是一种明晰产权的表现形式，因为如果它直接使用按官方汇率购买的外汇，就损失了在外汇调剂中心出售外汇额度的收入。当政府进行将官方汇率并轨到市场汇率的改革时，这些企业就不觉得有什么损失。

但是，两种汇率之差会导致分配不公和成为腐败现象的“温床”。人们可以在场内按官方汇率成交，在场外私下按双方商定的价格进行补偿支付。

案例2：俄罗斯新经济政策的经验分析

苏联是人类历史上第一个社会主义国家，它存在的整个历史为我们留下了无尽的经验和教训。俄罗斯学者对新经济政策这一改革的分析，有助于丰富分析经济转轨机制创新的经验。

20世纪20年代列宁采取了机制创新——合作社，实际上是一种新的激励机制，构造了让劳动者事实上既是做工者又是主人的前景，以求把个人利益同整体利益结合起来，发展当时的经济。马克思主义者一直把取消商品生产作为社会主义的出发点。列宁在新经济政策初期，提出城乡之间的经济联系应当是直接的商品(产品)交换。然而，现实中，并没有出现产品交换，也没有出现商品交换，只有原始的买卖。产品交换变成了商品买卖，于是出现了学习做买卖、进行货币计算，建立金融——银行体系的任务，简单地说就是利用商品生产范畴的任务。由此列宁对社会主义的看法开始发生改变。并由此提出了建设社会主义应当是“不能直接凭热情，而要借助于伟大革命所产生的热情，靠个人利益，靠同个人利益的结合，靠经济核算……”①，这里与斯密的经济学思想有异曲同工之妙，只是斯密认为放任经济，经济自身会自然而然地达到利益的统一，而在社会主义国家，由于原有的计划体制，不得不通过机制创新来培育发挥客观经济规律或者市场经济的环境。

新经济政策的实施使苏俄经济很快得到了恢复和发展，然而它并没有像列宁设想的那样成为一个人认真地和长期地实行的政策。原因有以下几种：(1)俄罗斯学者中最常见的一种观点认为是斯大林终止了这一政策。(2)自20世纪90年代以来，俄罗斯学者在重新考察和研究了苏维埃俄国，经济改革必须有相应的政治制度作保证。但是在实行新经济政策的过程中政治体制的变革未能与经济改革同步进行，政治制度不能适应经济改革深化的需要则是新经济政策夭折的直接原因。(3)向新经济政策的转变是在农民、工人和知识分子普遍不满情绪的巨大压力下实现的，而不是修改执政党的政治意识形态原则的结果。

资料来源：王丽华主编：《历史性突破——俄罗斯学者论新经济政策》，人民出版社，2005年。

---

① 《列宁全集》第42卷，人民出版社，1987年，第2版，第176页。

案例3:东欧国家的医疗体制改革情况

(1)医疗体制改革的初始条件

1)民意。公众的观点在优先考虑哪些方法或者它们的结合上存在着广泛的差异。这些观点上的差异可以通过前面提到过的匈牙利民意测验的结果来说明。从表9-5中可以看到,对于医院服务提供混合结构的机制拥有最高的民意,为44.1%。

表9-5 制度选择:匈牙利支持国家、市场和混合型解决方案的回答分布(%)

选择	出资给		
	高等教育	医院服务	养老金
	回答分布(%)		
集中化国家解决方案	42.1	35.5	21.4
混合结构	43.5	44.1	56.6
市场解决方案	12.1	17.9	18.5
无法决定	2.2	2.5	3.5
总计	100	100	100

注释:TARKI研究所1996年进行了一项调查,目的是了解匈牙利人对福利服务与税收的关系的知识以及对各种制度选择的偏好问题。样本规模大约是1000人。就表中三个选择而言,第一个代表的是现状,即国家或半国有机构出资和经营的服务。第三个选择代表一种分散化且在很大程度上属于私有福利部门。第二个选择同多支柱制度安排结合在一起。混合结构应该不止一个,但受时间限制,调查只能如此。

转引自:亚诺什·科尔奈、翁笙和著:《转轨中的福利、选择和一致性——东欧国家卫生部门改革》,中信出版社2003年。

2)现状或者困境。表9-6显示东欧国家20世纪90年代在改革卫生部门前比较糟糕的健康状况,其中只有捷克共和国和斯洛文尼亚的健康指标接近欧盟国家。

表9-6 东欧国家1990—1997年的婴儿死亡率、预期寿命和原始死亡率[1]

国家	婴儿死亡率(每1000个出生婴儿死亡人数)			预期寿命			原始死亡率,每1000人		
	1990	1994	1997	1990	1994	1997	1990	1994	1997
阿尔巴尼亚	30.9[2]	32.9	—	72.6	73.0	—	5.5[2]	5.3[4]	—
保加利亚	14.8	16.3	14.4[6]	71.5	70.8	72.8[6]	12.1	13.2	14.7
克罗地亚	10.7	10.2	8.2	72.6	73.2	72.6	10.9	10.4	11.4
捷克共和国	10.8	8.0	6.1	71.5	73.2	74.1	12.5	11.4	10.9
匈牙利	14.8	11.6	9.9	69.4	69.5	70.8	14.4	14.3	13.7
马其顿	31.6	22.5	15.7[5]	71.8[3]	71.9	72.5	7.7[2]	8.1	8.3
波兰	16.0	15.1	12.2	71.0	71.8	72.4	10.2	10.0	10.0[5]
罗马尼亚	26.9	23.9	22.0	69.8	69.4	69.1	10.7	11.7	12.4
斯洛伐克	12.0	11.2	8.8[6]	71.1	72.5	—	10.2	9.6	9.8[5]
斯洛文尼亚	8.3	6.5	5.2	74.1	74.2	75.3	9.4	9.7	9.6
OECD平均	7.9	6.2	5.9	—	—	—	7.6	7.1	7.1
男性				72.6	73.5	74.5			
女性				79.0	79.7	80.6			

注释:1 原始死亡率是指没有根据人口构成的差异进行调整的死亡率,例如人口的性别构成和年龄构成。OECD国家平均死亡率是根据年龄调整的死亡率数据,因此同东欧国家的数据不能直接进行比较。2 1989年。3 1991年。4 1993年。5 1996年。6 1998年。

资料来源:中央统计办公室(1998);OECD(1998b,1999b);斯洛文尼亚统计办公室(1998);世界卫生组织(1998,1999b);中央统计局(1999):国家统计研究所(1999a,1999b);斯洛伐克统计办公室和VEDA(1999c)。

转引自:亚诺什·科尔奈、翁笙和著:《转轨中的福利、选择和一致性——东欧国家卫生部门改革》,中信出版社2003.5。

(2)政府对机制创新的供给——支付制度

20世纪90年代后期的东欧国家医疗卫生部门改革，或多或少的采取了德国模式[①]。在原有计划经济体制下，所有的公民都有权利获得免费的医疗服务(由国家规定)。但是，根据法律规定，病人无权用钱购买额外的服务[②]。制度改革开始后，一部分国家取消了部分免费服务(例如，牙科服务)，开始区分在社会保险机制下可以免费获得的基础服务和可以用钱购买的附加服务，另一部分则停止一些完全免费的服务，引入了共同支付制度，减少国家预算出资的医疗服务的比例，来补充社会保险。共同支付制度的主体结构主要有国家预算、强制社会保险、自愿保险和病人直接付费(见表9-7)。

中央政府依旧是大型投资项目的主要资金来源，继续向公共医疗服务部门(例如防疫和胸透)出资。并继续支持或大量补贴大型专业化全国性机构(如癌症研究和移植机构)、许多医疗研究和医疗培训机构。资助非集中化的地区性组织：上层(省、

① 德国的医疗保障体系是分散化的社会保险制度，强制性的社会保险由上千家“疾病基金”管理，注重从供方入手，控制医疗费用的增长。(1)医疗费用实行总额预算。德国政府在宏观上实行医疗保险费用预算制，每年度给出医疗支出总预算及各类医生协会费用预算，特别是在医院照顾、药品供应、贵重设备等方面，严格控制预算。(2)对医生实行按“点数”付费制度。总费用移交医学会后，各医学会按“点数”付费给医生。在此制度下，每一单项服务被规定为若干“点”，某一类医疗费用预算除以某一协会的所有医生在一年中的“点数”的总和，就是每一“点”的点值，如果每个医生都追求“点数”而提供过量服务的话，到年终他们就会发现“点值”下降了，其“点数”服务的增加与其收入增加不成正比。(3)医生、医院与病人之间没有现金流通，医生的报酬由疾病基金支付。但是，由于医疗供给者协会利益与政府利益往往不一致，容易引起纠纷。另外，在实际操作中，如何测算每一“点”的值，也还需要进一步探索。

② 在大多数社会主义国家，宪法规定公民有权获得医疗保健服务。在保加利亚和波兰这两个国家，宪法规定免费的医疗保健服务是公民的权利。在前捷克斯洛伐克，也有相同的法律规定。

表9-7 东欧国家20世纪90年代后期存在病人直接付费的医疗领域

国家	药品	门诊服务	住院服务
阿尔巴尼亚	存在,不同的支付种类平均25%[1]	不存在	不存在
保加利亚	存在,对于所有的门诊服务和医院的手术	在非推荐的情况下是可以评估的,计划:每次看病为最低工资的1%	在非推荐的情况下是可评估的,计划:最低日工资的2%,每年最多20天
捷克共和国	存在,不同的支付种类平均10%	不存在,但一或两个牙医治疗的主要费用例外	是,在慢性住院治疗的机构和额外的宾馆服务
克罗地亚	存在,可以评估	10%	是,可以评估
匈牙利	存在,不同的支付种类平均30%	在非推荐的情况下是可评估的	存在,在慢性住院治疗的机构和额外的宾馆服务
马其顿	20%	20%	10%
波兰	存在,不同的支付种类	不存在	不存在
罗马尼亚	存在,可以评估	不存在	不存在
斯洛伐克	存在,不同的支付种类	不存在	不存在
斯洛文尼亚	存在,不同的支付种类	家庭医生0—25% 牙医0—85% 其他门诊服务0—85%	5%—15%

注释:1 大多数国家对医药都采取一种不同的补贴制度。共同支付可能因为药品类型的不同以及病人的社会地位不同而有所不同。一些费用必须全部由病人支付,一些可以获得国家一定数额的补贴。

资料来源:Chen 和 Mastilica(1998);NERA(1998a);PHARE(1998,附录);Ventsislav Voikov(保加利亚)的私人谈话。

县)或基层(镇、村)的地方政府。这也导致了一些所有权的转移,但是,这个过程是相互矛盾的。虽然增加了地方政府机构为居民提供保健服务的责任以及它们进行干预的权利,但是它们却无法获得这样做所需要的相应的资金来源,导致了中央政府和地方政府的卫生部门之间的关系非常紧张。当由于客观因素导致医疗保险金额不足时,国家可为保证医疗保险事业的正常进行提供必要的补助。

强制保险构成了包括健康保险基金在内的社会保险基金的主要来源。有权享受公费医疗的人员必须加入医疗保险。投保人从工资中,或从开始经营活动之日起按规定定期缴纳医疗保险金。在职职工,包括职业军人、警察、消防人员等的医疗保险金,由职工本人和所在单位平均分担。领取退休金者的医疗保险金视实际收入而定,有的由社会保险公司全包,有的则由本人和社会保险公司均摊。失业者的医疗保险金由劳动局支付,在失业保障制度实施后,则由失业保障基金负担。领取固定社会救济者的医疗保险金由社会福利部门负责。农民个体经营者和私人业主的医疗保险金按规定定期由本人缴纳。东欧各国雇主和员工之间的分摊比例见表9-8。社会保险支付了大部分的服务成本,自愿保险和病人直接付费占的比重很小,但是,病人应该为其享受的服务提供部分开支的原则已经被普遍实行了。

尽管我们认识到了机制创新对于经济转轨进程的正向效应,但我们不能忽视行动与结果之间的过程性,必须深入到机制创新与所带来的转轨绩效之间的因果关系内部来考察机制创新推动转轨进程的作用原理。因为经济转轨过程是一个复杂而漫长的系统置换过程,不可能一蹴而就。不同的转轨阶段需要不同的机制与制度与之相匹配,转轨初期正确机制创新选择的依据是转轨初期的客观约束,但随着经济转轨进程的推进,上一轮的机制创新所依赖的各种经济要素逐渐改变时,该创新机制对经济发展的推动作用也将逐渐丧失,最终还可能成为下一阶段转轨进程的阻滞。因此不断地适时更新创新机制,使之不断地启动新的转轨阶段并推动经济增长尤为重要。

表 9－8 东欧 20 世纪 90 年代末期保健开支的规模及其在雇主和员工之间的分摊比例

国家	规模（占收入的百分比）	在雇主和员工之间的分配百分比
阿尔巴尼亚	3.4	50:50
保加利亚[1]	6.0	50:50
克罗地亚	16.0	50:50
捷克共和国	13.5	66:33
匈牙利[1]	14.0	79:21[3]
马其顿	3.6	100:0
波兰[1]	7.5	0:100
罗马尼亚[1]	14.0	50:50
斯洛伐克	13.7	66:33
斯洛文尼亚[2]	12.8	50:50

注释：1 从 1999 年开始。2 在 1992 年保健开支的规模从 18％稳步下降。3 在匈牙利，雇主每个月为其员工向健康保险基金支付一定数额的保险金。2000 年的支付数额为平均工资的 5％。

资料来源：Saltman 和 Figueras（1997）；NERA（1999）；WHO（1999a，1999b，1999c）。

转引自：亚诺什·科尔奈、翁笙和著：《转轨中的福利、选择和一致性——东欧国家卫生部门改革》，中信出版社 2003.5。

机制创新除了启动转轨进程之外，还必须不断地进行自身更新，以担负持续推进转轨的任务。

第十章 绩效评价与费用结算

面对中国经济改革所走过的历程与转轨现状，有些人将目光聚焦在中国所取得的辉煌成就，认为中国的经济转轨已基本取得了决定性的胜利，中国经济形势一片大好；有些人则更多的关注于中国经济改革辉煌成就下的隐患。“仁者见仁，智者见智”，每个人都能为自己的论点找到充足的论据。中国的改革过程毕竟是在摸索中前行，有好的方面也有不尽人意的方面，对任何一点局部的放大都可能成为影响全局的重要方面。面对背负着众多问题高速前行的中国经济，究竟如何评价已经走过的转轨历程，是一个重要而且现实的问题。在本篇开始提出的客观约束下的经济转轨主观过程螺旋上升循环的三个相互依存、共生的因素中，绩效评价处于单个循环的最后一个环节，既是对上一阶段转轨活动绩效的回顾性评价，也是下一步路径选择和机制创新需要校正和纠偏的依据，以确保转轨活动进展的方向不偏离最终的转轨目标。因此，绩效评价一方面涉及对前一阶段转轨活动成败、优劣的认定，另一方面也关系到下一阶段转轨策略思路上是否应该有所调整。

转轨过程是一个符合经济史一般原理的客观过程，历史、社会和经济条件约束体现了这一客观性的存在；同时，转轨过程又是一个一国政府和民众参与的主观见之于客观的过程，路径选择、政策驾驭和机制创新，以及本节所要讨论的绩效评价等都体现了这种主观能动性的存在。绩效评价虽是主观行为,但却必须使用客观的分析工具与方法,因此绩效评价既具有主观性,又具有客观性,也是联系转轨过程主观特性与客观特性的一条纽带。从这个意义上讲,经济转轨活动中主观过程的政策驾驭与制度创新是否符合和体现了转轨时期的客观要求,重要的判定条件就是通过对转轨时期收益与费用的比较来体现,通过一定的价值原则来进行转轨过程的绩效评价。

第一节 转轨新阶段要求新的转轨绩效评价模式

一、经济转轨固有的绩效评价模式

在经济转轨主观选择过程中,对所要采取的和已经采取的具体转轨活动进行评价是人们对转轨活动进行选择和价值判断的过程和依据。在前面所提到的经济转轨主观过程螺旋上升循环图示中,更清楚地显示了每轮的绩效评价都是基于上一轮已有转轨实践而作用和指导于下一轮转轨进程。绩效评价在转轨活动中的承上启下特性,决定了其必然要见证转轨活动的阶段性和过程性,对转轨过程中的各阶段分别予以评价和认定。

但绩效评价模式并不是人们天生具备、一成不变的固定思维定式,而是与众多社会科学一样需要在不断地认识、实践和总结中形成、固化和升华,最终实现对转轨全过程和各阶段转轨性质客观、清晰的分析与认定。从而在转轨过程中的具有转折意义的关键点上,提出与客观实际相对应的转轨整体方略和具体策略,尽力达到转轨路径与客观条件的契合,以保证转轨进程始终向着最终目标的方向行进。

实践中,转轨过程的绩效评价思想与模式并未被理论界明确提出过,但是相关分析实际上一直在进行,并且主流的共识一直在发生转变。从“华盛顿共识”到“后华盛顿共识”,再到“北京共识”,这些“共识”在变迁表象上是人们对不同转轨路径模式认可的转变,而其背后实质是人们关于绩效评价模式的转变历程。如“华盛顿共识”和“后华盛顿共识”强调以是否达到预设指标体系来评价转轨的成效,导致了实践中路径选择上的激进式转轨;而“北京共识”强调以自身实践为依据,重视转轨的发展绩效,因而在实践中选择了渐进式转轨的路径模式。两种不同的评价模式导致了不同的路径选择,并最终导致了不同的转轨绩效。

对于转轨过程的绩效评价思想与模式最初的思考方式是:计划体制低效率运行所导致的供给普遍短缺已经令人无法忍受,既然市场体制已被证明更有利于增加产出和福利,转轨必然会体现为绩效的改善。如果未来的绩效增进是可知的,转轨过程经历的时间越短越能节省成本、减少痛苦。因此西方主流派大都倾向于采取激进的转轨方式,而不看好渐进的制度变革。波兰等适合采取激进方式的国家已经印证了其好的方面。但是缺陷也是显而易见:其一,转轨完成后才能进行绩效的验证,在此之前只能是一种设想,整个转轨过程不得不以成熟体制作为样本、以转轨本身作为目的;其二,激变本身的巨大不确定性被置于无关紧要的位置,必然忽视或低估过程中的成本付出和社会动荡。如果转轨设计一方面对未来的绩效改善预期过高,一方面又对过程中的绩效损失和不可控性估计过低,很容易与经济社会实践层面的客观要求脱节。说明人们对于转轨绩效最初的思考是通过简单比较转轨前后两点的收益状况而假定了转轨收益的可获得性,忽视了转轨的过程性和收益的不确定性。因此在评判转轨绩效的标准上也就相应地忽视了转轨收益的考虑,而是将转轨活动本身作为了唯一评判标准,将转轨收益的获得当作转轨活动本身的必然结果。

与上述思想不同的是,中国政府从一开始就把改革开放作为手段,提出了三步走的发展战略;改革绩效不以私有产权实现程度评价,而以发展绩效来体现。比如1992年对确立社会主义市场经济体制目标的阐述是,"计划经济不等于社会主义,资本主义也有计划;市场经济不等于资本主义,社会主义也有市场。计划和市场都是经济手段。"被同时强调的中国特色是,"社会主义的本质,是解放生产力,发展生产力,消灭剥削,消除两极分化,最终达到共同富裕。"邓小平将这两个方面同时提出,告诫当政者"就是要对大家讲这个道理"①。允许和提倡一部分地区和一部分人先富起来的第一阶段目标,与消灭剥削,消除两极分化,达到共同富裕的第二阶段目标之间如何实现恰当的转换?如何把握阶段性的变化?如何选择可行的实施路径?始终是"1978—2020"转轨过程中重大而尖锐的理论课题和实践课题。其中的中心环节,正是绩效评价思想及模式的界定问题。通过以上中国关于改革目的和手段的指导思想可以看出,中国最初对于转轨的评价标准不是拘泥于计划经济向市场经济的过渡,而是将发展和共同富裕作为根本目的,得出体制也需要转换的诉求则是由于发展的需要而提出的。因此在各国所选择的路径模式和其评价模式的关系上,与其说是以俄罗斯为代表的激进式转轨国家选择了以转轨活动本身为评判标准,而以中国为代表的渐进式转轨国家选择了

① 《邓小平文选》第三卷,人民出版社1993年,第373页。

以发展绩效和民生作为评价转轨绩效的标准，不如说是他们不同的绩效评价模式作为主动因素导致了不同路径模式。

相对于只是关注转轨指标高低来评价转轨进展的西方学者而言，中国学者根据本国国情和渐进改革的实践回馈，在转轨绩效评价思想的研究方面，有两大理论贡献值得关注。一是注重转轨过程中控制成本与扩大收益的研究，即绩效评价的方法创新。中国学者的可贵之处在于重视转轨的过程研究，认识到转轨过程中两种制度的安排除了对立的一面以外，还有可兼容的一面①，对立与兼容都是转轨可以利用的方面，也是成本—收益分析方法的基础和实践路径的依赖。中国的实践使传统的成本—收益分析由没有过程的时点概念转向针对转轨经济过程中累积效应的研究，从而证明至少在短期内适宜的路径选择与次序优化是存在的。转轨过程中实施成本与摩擦成本的区分②、转轨过程中的成本最小化原则③、转轨过程中收益的存在④ 都体现了这种研究的深化。二是注重转轨过程中改革与发展关系的研究，即绩效评价的思路创新。成本—收益方法被用于转轨过程的绩效考察时，研究者发现节约成本和扩大收益的原因并不仅仅来自于转轨，同时还受到传统社会经济结构的约束。转轨过程中的利益冲突，都隐含着发展水平对转轨速度、路径的制约。将改革与发展结合起来，不孤立地设计经济体制改革的目标模式，不按照常规实施对变革中经济的宏观调控，而是同时考虑到经济发展的阶段

---

① 盛洪："中国的过渡经济学"，载盛洪主编《中国的过渡经济学》，上海三联书店，1994年，第7—8页。

② 樊纲："两种改革成本与两种改革方式"，载《经济研究》1993年第11期。

③ 盛洪："中国的过渡经济学"，载盛洪主编《中国的过渡经济学》，上海三联书店，1994年，第8—9页。

④ 冯舜华等：《经济转轨的国际比较》，经济科学出版社，2001年，第10—20页。

和条件，成为转轨时期绩效评价思想的重大创新。转轨过程“非均衡经济[①]”的定义、“转型发展理论[②]”的提出，以及以体制转轨为约束条件对增长方式转型的研究[③]，都体现了这方面的贡献。

但是，随着中国经济“一枝独秀”式的快速增长，以及世界上来自正面的“21世纪是中国的世纪”和来自负面的“中国威胁论”等各种声音，使得我们一度开始更多地醉心于我们所取得的成就，而忽视了经济高速增长下的各种正在潜伏、积累中的危机。而这种思想在学术上的反映就是绩效评价研究的创新没有持续下去，没有更多地考虑在获得收益的同时如何控制成本。成本—收益的分析方法除了用于解释局部和短期问题，没有随着实践的演进应用于转轨全过程的考察，导致对中国经济转轨两阶段的评价始终存在很大的分歧。

一些学者认为中国第一阶段的增长实际上是将大量成本和问题推迟到了第二阶段，一些根本性的改革被延迟，经济改革的成果被夸大，例如有的学者认为中国的20世纪90年代以来的经济增长出现了“宏观好、微观不好”的局面（见专栏10-1）。

因此未来改革的不确定性很大，政府负债沉重，准财政赤字积累的速度将远远快于产出增长的速度。转型发展的研究思想在实际应用中也主要是分别强调两个方面，缺乏关于二者内在联系的研究，更没有考虑从这一类特殊经济体、特殊经济形态的角度来考察约束条件下的体制转轨与发展转型的动态过程，预见转轨时期结束的种种政策安排。由于中国的经济一直保持快速增长，这些思想方法上的停滞或变化在较长时间里并未引起太多关注，理论和认识上的误区

---

① 厉以宁：《非均衡的中国经济》，广东经济出版社，1999年，第1、6页。

② 厉以宁：《转型发展论》，同心出版社，1996年，第1—2页。

③ 周振华：《增长转型》，上海人民出版社，1997年，第3—4页。

专栏 10－1

中国的企业转轨绩效

中国经济在 20 世纪 90 年代以来持续出现“宏观好、微观不好”的局面，即在企业效益低下的情况下 GDP 高速增长。易纲、林明(2003)对此的解释为：第一，国有企业的行为方式是费用最大化，导致经济流量(GDP)高速增长、个人收入超分配、资源向非国有部门漏出、国有企业利润低等结果。因此，国有企业的利润低下并不妨碍 GDP 的高速增长。但这种增长模式成本极高，其直接后果是形成巨大的银行不良资产。第二，以毛利润率相比较，国有工业企业要明显好于非国有工业企业；但是，如果以剔除了相关费用的净利润率相比较，非国有工业企业反而要好于国有工业企业。第三，在 1997 年亚洲金融危机的警醒下，中国在 1998 年开始严格银行贷款标准，它启动了中国经济增长模式的转变，表现在宏观上就是中国的 GDP 增长率略低和增长质量提高。在此期间，非国有企业日益壮大，为平稳进行产权改革提供了经济基础。第四，积极的财政政策，作为短期至多是中期的对策，是弥补 GDP 增长缺口的次优选择。但要从根本上解决问题必须靠改革，其重点一是明晰产权；二是完善税收制度，适当降低税率并加强征管。

资料来源：易纲、林明：“理解中国经济增长”，《中国社会科学》，2003(2)。

也由此产生，突出地表现为将体制上的不尽如人意之处笼统地归咎于市场机制的不完善，需要通过加快推进市场化来解决；将经济结构、社会结构中的不尽如人意之处笼统地归咎于发展阶段落后，需要通过加快推进工业化、城市化来解决。并且根据发达经济的历史经验，在某一水平、某一阶段必然会存在这样那样的一些问题，只要忍耐一时之苦、越过了某一曲线情况便会自动缓解。进一步的结论就是加速推进得越快忍受痛苦的时间就越短。一方面，理论上越来越倾向于单兵独进，忽视成本核算；另一方面，简单地将经济和社会成本过大归于体制改革尚未得到实际的最优解。指标片面化、加速推进、一蹴而就成为评价绩效的简化原则。

二、转轨的阶段性变化需求新的绩效评价模式

绩效评价模式转变的观点，是基于转轨过程的阶段性和增长方式的变化做出的判断：在“过程中经济”的非平衡运动和连续性运动中，随着体制转换的进展和发展水平的进展，在新旧体制之间、传统社会与现代社会之间必然存在着具有转折点意义的若干标志，形成不同的阶段特征、阶段目标和评价标准。转轨过程中如果当期行为产生的未偿费用累积过大，可能会在转轨过程中直接导致经济运行效率的降低和阻碍经济运行，使政府不得不以牺牲经济增长为代价对部分费用进行处置，或对绩效评价模式进行矫正。

在经历了第一阶段的转轨实践后，我们可以看出无论以俄罗斯为主的激进式转轨国家以转轨本身作为评价转轨的标准，还是以中国为主的渐进式转轨国家注重过程性、效益性的转轨评价体系，都是转轨活动主观过程循环体系中第一层次时期的评价模式。而在转轨进程已然经历了明显的转折后，所需评价的时间跨度更大，领域更加广泛全面，内容也更为丰富，因此评价模式也应在客观经济条件发生改变的基础上随之上升到更高层次，比以往更为全面、系统和复杂，更加深入转轨过程内部，客观地评价转轨所取得的成就及所付出的

成本。当然，理论界对于转轨成本有不同的看法（见专栏 10－2）。张军（2002）把中国的经济转轨、增长与工业化联系起来，给出了转轨后中国经济增长可持续性的概念框架和经验描述，认为中国在 20 世纪 90 年代中后期以及 21 世纪初期所表现出来的经济增长下降趋势可以由转轨前期过渡的工业化过程来解释。事实上，更为深刻的原因是，转轨时期的经济运行同时承担着经济体制转轨和经济发展阶段转型的任务，具有"转轨—转型"的双重内涵。转轨的长期目标是要建立一种能使生活水平长期得以提高的繁荣的市场经济。将经济体制的转轨与发展阶段的转型同时作为这一特殊经济形态的考察对象，以此建立对经济运行进行绩效评价的总体原则。

专栏 10－2

关于转轨成本概念的讨论

王跃生（1997）在"不同改革方式下的改革成本与收益"一文中，综述了转轨成本概念。

1. 狭义和广义的改革成本。狭义的改革成本即国民收入的损失。一项制度变迁带来了社会成员的紧张不安或收入分配差距的急剧扩大，带来消费者的不满和抱怨，带来社会动荡等等。但只要这种不满、抱怨或动荡没有造成国民收入的实际损失，就可以不算作改革的成本。只有当国民收入因此而受到损失，才把损失额计入改革成本（樊纲，1993）。对改革成本的广义理解既包括上述国民收入的损失，也包括诸如社会成员的抱怨、消极怠工、社会动乱、战争等造成的社会成员利益和福利的损失（盛洪，1994）。

2. 从体制创新过程角度观察，把体制创新成本划分为三类

(刘世锦,1993)。(1)“创新准备阶段成本”,包括接受、传递有关体制非均衡和创新潜在收益信息的费用,创新集团的组织费用,创新方案设计、比较和选择的费用;(2)“体制过渡阶段成本”,包括新旧体制摩擦引起的费用,利益受损者对创新不合作与抵制所引起的费用;(3)“新体制完善阶段成本”,包括确立保障新体制合法性的法律制度的费用,规范新体制组织及其运行方式的费用。其中体制过渡阶段成本具有所占比重较大、不确定的特征,他同时指出追求创新成本的最小化,重点在于如何有效地降低体制过渡阶段的成本。

3. 从成本发生原因及特点的角度,将转轨成本区分为“实施成本”和“摩擦成本”(樊纲,1993)。实施成本是指制度变迁过程开始之后一切由“信息不完全”、“知识不完全”和“制度预期不稳定”所造成的经济效率损失,是完成旧体制下各种经济组织的结构、功能以及规范组织间关系的各种正式和非正式制度、规则、习惯等向新制度过渡所必需的设计、创新、磨合过程所造成的经济损失,即实施新制度的交易成本;而摩擦成本被理解为由于制度变迁的非帕累托性质造成的利益(经济利益和非经济利益)重新分配而带来的社会上某些利益集团的抵触和反对所引起的经济损失,是非经济领域的混乱、摩擦、动荡影响到生产过程所引起的损失(樊纲,1993)。

类似地还可以把改革成本区分为“事前成本”和“事后成本”(高海燕,1995)。

资料来源:王跃升:“不同改革方式下的改革成本与收益”,1997(3);刘世锦:“经济体制创新的条件、过程和成本——兼论中国经济改革的若干问题”,《经济研究》,1993(3)。

关于转轨时期绩效的研究，不能局限于以多大代价把计划化的指标降低了多少、市场化指标提高了多少，还要考察制度变革对经济的激励效果，考察发展阶段转型的实现程度。关于市场化进程测度的研究成果在20世纪90年代以陈宗胜(1999)的《中国经济体制市场化进程研究》最有代表性，在这之前，卢中原、胡鞍钢(1993)，江晓薇、宋红旭(1995)以及中国原国家计委课题组(1996)分别选取不同的指标测度了中国市场化程度，但是对于其指标体系选取的指标的全面性、科学性似乎缺乏一定的认同。陈宗胜(1999)采用五种思路测算了中国经济体制总体市场化进程，结果表明中国经济的总体市场化程度已经达到60%左右。张曙光和赵农(2000)对该研究进行了评析，认为其主要贡献在于提出了一套测度市场化的指标和方法，并对中国经济市场化的程度进行了实际的测度，给出了中国市场化程度的测定值。但是，对于其测度方法和测度的结果持保留意见，指出该研究存在定义市场化范围不够清晰、涵盖的市场化内容不够全面(例如产权保护、政府规制等均未包括)、借鉴的国际经验不足等缺陷。樊纲、王小鲁(2001)对中国2000年的市场化指数进行了分析和测算，试图从政府与市场的关系、非国有经济的发展、产品市场的发育程度、要素市场的发育程度，以及市场中介组织发育和法律制度环境五个方面评价各省市区的市场化相对程度，以求建立一套能够基本上使用客观指标进行度量的，既可在地区之间进行比较，又可以按时间顺序持续测度的指标体系，以较为客观地反映各地区的市场化改革的深度和广度。但是，其研究方式和研究方法主要是选取一定的指标和进行指数分析，得到的结果为各省在各个领域的市场化的得分和排名，事实上，各省之间的市场化程度差别是显而易见的，而每年的《中国统计年鉴》业已有效、明显地标注了他们之间的经济发展差距。且不谈对于各省市场化程度评分和排名的研究方法是否规范化和科学化，单就这些研究内容似乎只是在证明大家已经知道的事实，是一拍脑袋就能想出来的结论。舒元、王曦(2002)对经济转型量化问题进行了基础性探讨，认为应该建立涵盖不同转轨范围的指标体系，例如经济市场化指标体系、经济自由化指标体系、经济增长相关指标体系、经济发展相关指标体系、国家竞争力指标体系等。

有关建立经济转轨量化的指标体系的研究至今尚未达成一致，即便是测算中国具体的市场化进程指数，也遭到一些人的置疑。在设计经济转轨量化指标中，明显的缺陷是过于强调经济增长、忽略了发展的重要地位，有着目标(指发展)与手段(指经济体制)倒置的嫌疑。而事实上，体制转换过程中对利益冲突的处理、对经济失衡的驾驭、对环境资源的保护、对国际贸易关系的协调、对经济社会安全的保障、对社会公平的矫正等，都应与 GDP 增长同时被纳入绩效的评价范围。(见专栏 10－3)

专栏 10－3

绿色 GDP

“绿色 GDP”是指通过改革现行的国民经济核算体系，对环境资源进行核算，从扣除环境资源成本和对环境资源的保护服务费用的 GDP 数值，是一种量化可持续发展的经济指标。1993 年，联合国有关统计机构正式出版的《综合环境与经济核算手册》中，提出了生态国内产出 EDP 的概念，从国内生产总值中同时扣除生产资本消耗和自然资本消耗，得到经环境调整的国内生产净值，也称绿色国内生产净值。世界银行在 1997 年推出了“绿色 GDP 国民经济核算体系”,用以衡量各国扣除了自然资产(包括环境)损失之后的真实国民财富。绿色GDP指的是绿色国内生产总值,英文的缩写是GGDP,是扣除经济活动中投入的环境成本后的国内生产总值,那么,绿色GDP(GGDP)=EDP+自然资本的消耗。

党的十六届三中全会提出了以人为本的科学发展观,追求人与自然的协调和可持续的发展。其中一个主要原因是改革开放以来,中国虽然创造了GDP年均增长超过8%的世界奇迹,然而中国的经济高速增长始终是一种粗放型的经济增长方式:2003年,我国GDP总值不足世界的1/30,但原油消耗却达2.5亿吨,消耗量居世界第二位;煤消耗15.8亿吨,占世界消耗量的1/3;钢材消耗2.7亿吨,占世界消耗量的1/4,比美、日、英、法等国家总和还多;水泥消耗8.4亿吨,占世界消耗量的55%。作为对传统GDP的修正,绿色GDP指标体系更能真实的反映经济绩效。

20世纪90年代提出绿色GDP概念到当前绿色GDP成为中国政府部门和研究机构关注热点,表明中国社会经济发展即将进入一个绿色GDP时代。经济学家萧灼基于2005年12月10日,在“第三届中国竞争力论坛”上表示,传统GDP存在不能准确反映经济的增长、不能准确反映增长过程成本及财富分配的三大缺陷,将GDP作为考察官员政绩的唯一指标并不适合。而对于应否采取近年来呼声日盛的绿色GDP指标,他认为绿色GDP应该提倡,但由于其涉及资源价格问题,因此目前尚难于操作。

中国在出现经济奇迹的同时,传统社会主义下的公平也受到了挑战。例如,居民之间、城乡之间的收入差距以及沿海和内陆省份之间的发展不平衡都在迅速、不断加剧,使得中国面临着收入分配难题;从计划经济时代继承下来的居住控制制度——户籍制度,在城市与乡村居民之间制造了一种类似种姓制度的隔膜。虽然,随着“农民工”的浪潮,农民已经重新开始并加速向城市移民,但是他们依然被城市的很多公共服务排斥在外,例如教育、住房、医疗和福利等。另外,中国在农村贫困之外,还出现了城市贫困,这与城市里失业和下岗人员比例急剧上升密不可分。

经济转型的代价——城市贫困

20世纪90年代后期,随着中国企业改革的深化和亚洲金融危机的影响,中国城镇经济进入了艰难时期,部分城镇居民也为此付出了代价。这包括失业下岗人员的大量出现,城镇贫困人口的增多,居民收入差距的扩大,等等。这里所谓的“城市贫困”概念,指的是广义的一个普通城市劳动者因失业或低工资无法依靠本人劳动能力维持其在城市内基本生活水平的状况,而不考虑其他条件相同时,这个城市贫困者迁移到农村后就不再贫困的情形。

中国城市在传统计划经济体制下至少积累着三类失业和低工资就业的动能:

1.剥夺农民的城市就业所代表的失业和低工资就业;

2.禁止农民生产工业产品所保证的城市就业者的失业和低工资就业;

3.禁止农民进入城市劳动市场所保证的城市就业者的失业和低工资就业。

计划经济体制赋予城市的特权:禁止农民进城就业和禁止现代产业雇佣农民,把这三类原本应该在城市产生的失业和低工资转嫁到了农村。随着中国20世纪70年代末开始的改革，农产品价格的上升，农民家庭生产决策权的扩大，城市人口全部就业政策的停止，“乡镇企业”的大量兴办，农产品竞争把低劳动生产率的城市企业逼到了破产的境地。到了20世纪90年代初，政府从财政上再也无法维持城市亏损企业和城市劳动力在职闲置，30年的计划经济强制压抑着的中国城市失业问题终于公开暴露——大批工人正式被解雇。与此同时，城市普通劳动力的工资至少在相对水平上明显下降。伴随着失业和工资下降，城市贫困问题也一下子暴露出来，并且迅速加剧。所以，正是计划经济下所积聚的巨大的失业和贫困潜能，造就了中国城市贫困问题暴露的突发性和恶化的快速性。在中国经济跨入21世纪，城乡人口地域流动的政治限制被消除，剥夺农民所保证和由禁止农民亦工亦农所保证的城市就业，基本上不复存在。但是，城市人口和乡村人口在城市就业的平等地位还有待进一步实现，显然，城市朝劳动市场平等方向上跨出的每一步都会造成新的城市失业和贫困。因此，到现在的21世纪初期，尽管中国城市失业和贫困已经十分严重，但由过去的计划经济遗留下来的特别是“城市特权”所掩盖着的贫困和失业，还在积蓄着进一步爆发的能量。中国在最近的未来，可能将面对比现在更为严重的城市贫困问题。

薛进军、魏众(2003)对中国城市的失业、贫困和收入分配差距作了经验分析。他们使用来自1988年、1995年和1999年城市住户收入抽样调查数据，分析了城市收入差距、贫困和失业率的变化，表10-1列出了6个省份的数据比较，显示城市失业率不断上升，在1995—1999年期间，江苏省的失业率有所下降，但是所有省份的总体失业率从9.5%上升到11.6%。四川失业率上升了130%,辽宁为21%,北京为50%。很明显,这些数字远远高于官方的登记失业率(2004年为4.3%),反映出失业问题的严重性;收入差距有所扩大,基尼系数从1988年的0.185上升到1999年的0.256,2003年为0.49,1988—1999年期间增加的百分比为38%。城市贫困逐渐加重,城市贫困率从1988年的3.6%增加到1999年的5.7%,1988—1999年期间增加的百分比为71.6%。

表10-1 收入差距、贫困和失业率的变化

省市	城市失业率(%)				基尼系数				城市贫困率(%)			
	1988	1995	1999	变化率(1995—1999)	1988	1995	1999	变化率(1995—1999)	1988	1995	1999	变化率(1995—1999)
北京	-	4.2	6.3	49.6	0.186	0.247	0.246	-0.4	0.13	0.11	0.16	45.5
辽宁	-	10.6	12.8	20.6	0.145	0.201	0.248	23.6	0.46	4.11	5.23	27.3
江苏	-	11.8	7.5	-36.5	0.162	0.219	0.243	11.2	0.43	0.25	0.59	136.0
河南	-	15.1	15.3	1.5	0.194	0.243	0.260	6.8	7.29	7.50	9.11	21.5
四川	-	6.3	14.4	128.2	-	0.207	0.280	35.5	-	2.80	7.26	159.3
甘肃	-	12.0	13.2	10.5	0.215	0.236	0.260	10.0	9.88	15.1	6.71	-55.5
平均	-	9.5	11.6	22.3	0.180	0.225	0.256	13.6	3.64	4.98	6.71	34.8

资料来源:1988年、1995年、1999年抽样调查。根据李实、[日]佐藤宏主编:《经济转型的代价——中国城市失业、贫困、收入差距的经验分析》,中国财政经济出版社,2004年。

而在实践过程中,体制结构转换与经济社会结构转型非同步所产生的利益激荡和社会机遇不能公平分配,更是一直普遍存在的问题。董晓媛(2002)采集了山东、江苏两省农村的39个民营化企业和6个政府所有企业以及超过1000名工人(主要是生产工人,也包括一些技术、销售和中层管理人员)的数据,实证分析了民营化前后按收入回归估计的股权、人力资本特征和地区因素促成的收入流的基尼系数的份额，得出的结果表明乡镇企业的民营化导致了在短短三年间员工收入不平等程度骤然上升，其中股份所有权的不平等分配是民营化后收入不平等上升的重要原因，民营化后，收入不平等上升41.4%，有9.1%是由于股份所有权的不平等分配导致的。虽然，这篇文章所选取的样本有限，但是，在一定程度上表明由于社会机遇的不同将会导致社会不公正的深化。蔡昉、孟昕(2004)分析了中国养老保障体系的历史欠账问题，以往运行的现收现付养老保险制度造成了中国养老保障资金的巨额"空账"，据相关数据表明，中国养老保险个人账户空账已达6000亿元。2005年12月3日国务院颁发的《关于完善企业职工基本养老保险制度的决定》明确提出逐步做实个人账户的改革，自2006年起，个人养老金账户的规模将由本人缴费工资的11%调整为8%，单位缴费不再划入个人账户。这意味着社会养老保障将会实行养老金积累方式从社会统筹向个人积累方式的转变(中国养老保障体系变迁可参见专栏10-4)之前的"空账"则成为中国转轨前期遗留下来的"转轨成本"，而中国人口的老龄化特征又使得解决该"转轨成本"问题迫在眉睫。

专栏 10-4

中国养老保障体系的变迁过程

中国养老保障体系的变迁过程可以大致分为三个阶段：

(1)中国传统的养老保障体系，具有全面统筹的特征。它以企业(单位)为载体，企业(单位)按照国家有关规定提取和发放养老金，并对退休人员实行管理；养老金的筹集为现收现付制，养老金多少取决于工龄的长短和退休前的工资高低。由于传统计划经济体制下,国家对企业实行财务上的统收统支,包盈保亏,因此社会保障资金的积累和支出全部是国家的责任。

(2)伴随着20世纪70年代末开始的经济转轨,特别是利润分成和利改税的国有企业改革以后,中国养老保障体系体现出区域性统筹的特点。由于国有企业实际上要自行积累和支出职工养老资金,许多养老负担重或者经营状况不佳的企业就无法承担养老负担。而且,非国有经济没有纳入养老保障体系。

(3)社会统筹和个人账户相结合的养老保障制度的不断完善。1991年颁布的《关于企业职工养老保险制度改革的决定》,致使到1996年为止,大多数国有企业职工、70%—80%的集体企业职工,以及1/3的非公有企业职工已经加入到了退休金制度中,全国大约有8000万职工向退休金基金缴费。经过这一阶段的试验,1997年,国务院正式颁布了《关于建立统一的企业职工基本养老保险制度的决定》,决定建立统一的社会统筹和个人账户相结合的城镇职工养老保障制度。2000年国务院印发了《关于完善城镇社会保障体系的试点方案》,决定2001年先在辽宁全省和其他各省(自治区、直辖市)确定的部分市进行试点,着眼于解决养老保险制度改革中的转轨成本问题,重点是缩小个人账户规模,加强个人账户基金管理,由空账变为实账。此后,实施了针对做实个人账户成为养老保障体系改革的重点。2005年11月15日,中国劳动和社会保障部和财政部颁发了《关于扩大做实企业职工基本养老保险个人账户试点有关问题的通知》,强调坚持做实个人账户原则,在东北三省试点的基础上,扩大做实个人账户试点。2005年12月3日国务院颁发的《关于完善企业职工基本养老保险制度的决定》明确提出逐步做实个人账户的改革,指出做实个人账户,积累基本养老保险基金,是应对人口老龄化的重要举措,也是实现企业职工基本养老保险制度可持续发展的重要保证,要继续抓好做实个人账户试点工作。

资料来源:根据相关政策文件和蔡昉、孟昕:"人口转变、体制转轨与养老保障模式的可持续性",(载《比较》(10),2004)编写。

中国养老保障体系的历史欠账

步入21世纪,中国的人口老龄化[①]特征和尚处于变革中的社会保障体系,对养老保障提出了严峻的挑战。中国20世纪70年代实行的计划生育政策使得中国的人口发展呈现出从"高出生率、高死亡率和高自然增长率"到"低出生率、低死亡率和低自然增长率"的转变。相伴随的是老年人口比例迅速提高,由此引发了养老负担加重的经济社会发展问题。与此同时,中国的社会保障体制尚待转变,政府亟待降低社会保障引致的转轨成本,而家庭和个人对于社会保障的认识、承担能力的不足,尤其是现收现付的制度,都导致中国养老保障体系的脆弱性。现收现付制度是用当代劳动者缴纳的养老费支付退休劳动者的养老待遇,当年提取,当年支付完毕,不做任何积累。也就是说,收现

① 国际上对于老龄化社会的通常划分是,当一个国家或地区60岁以上老年人口占人口总数的10%,或65岁以上老年人口占人口总数的7%。中国2000年第五次人口普查时,年龄在65岁及以上人口占全部人口的比例达到7%。而且,关于中国人口未来趋势的各种预测也都表明,例如国家计划生育委员会2000年的《人口政策前瞻性研究》课题报告,指出中国老年人口(60岁及以上)比例进一步提高,并在2010年前后开始迅速提高。

在年轻人的钱给现在的老年人用。随着人口老龄化的加剧，中国的现收现付制度已经导致了养老保障体系表现出一定的脆弱性，例如巨大的养老保障资金的缺口，转轨成本承担者空缺等。

通过个人账户制实行养老金部分积累，对新参加工作的职工来说固然没有问题，而已退休的职工和在实施个人账户制度以前参见工作的在职职工，却存在积累不足的问题。他们通过现收现付制对上一代退休职工的养老做出了贡献，此外还有一部分劳动贡献通过低工资的"预先扣除"，转化为当期政府收入并凝固在国有资产中，却来不及对自己的个人账户做出积累。因此，开始实现社会统筹与个人账户相结合的养老保障制度后，他们的个人账户中有一部分是"空账"，养老保险基金实际累计额小于职工个人账户记账额，其差额并将持续扩大。参见表10－2，如果没有财政的补贴、挤用个人账户资金，2002年养老保险基金支出大于收入的数额为291.5亿元，2003年养老统筹基金支出大于收入的数额为78亿元，2004年情势有所好转，养老

表10－2　全国基本养老保险基金收支情况　　（单位：亿元）

年代	总收入	征缴收入	财政补贴	总支出	滚存结余	总支出－征缴收入
2004	4258	3585	614	3502	2975	－83
2003	3680	3044	530	3122	2207	78
2002	3171.5	2551.4	408.2（中央财政）	2842.9	1608	291.5

资料来源：中国劳动和社会保障部：《劳动和社会保障事业发展统计公报》(2002、2003、2004年度)。

保险基金征缴收入大于总支出。但是,由于以往累积的养老保险资金缺口在短期内不能弥合。如果养老保障基金“空账”的转轨成本承担者无法明确的话,必将难以为继。

资料来源:根据蔡昉、孟昕:“人口转变、体制转轨与养老保障模式的可持续性”(载于《比较》(10),2004),相关内容编写。

扣除过程中的城市贫困、养老保障资金缺口等类似代价之后,普通民众究竟从这场急剧而壮观的变革中分享了多少绩效,转轨究竟是为了获得一个体制还是体制带来的增长与福利,仍然是令人困惑的难题。2004 年 3 月 5 日,政府工作报告提出转变经济发展模式的要求:重新调整发展战略,强调均衡性、可持续性和以人为本;加强社会保障;解决农村财政问题;抑制腐败和滥用政府权力的问题;制定实现“小康社会”的时间表。在这次政府明确提出“以人为本”的科学发展观,即反对狭义地注重 GDP 增长,而强调社会的全面发展,实现更均衡、更协调的增长。表明了一系列促进和谐发展的政策倾向,比如:通过对农业部门的倾斜政策以矫正城乡不平等的现状,也就是向农业、农村和农民提供优惠措施的“三农”政策。为了支持这些政策,财政部还准备出台相应的“把公共财政拓展到村”,以改进对农村的公共服务。目前,很多学者也正在研究衡量“小康社会”指标体系,其中将包括教育水平、清洁用水和医疗服务等社会经济指数,与某些国际组织正在采用的“人类发展指数”非常接近。政策制定者应该分析和评估不同的转型路径,对于一系列价值观都要协调,以此实现和谐社会。

转型并不仅仅只包括经济的转型,还包括了生活方式、文化的转型，政治、法律制度的转型等等多个方面，其目标是要创建一个和谐社会。

——科尔奈，2005

总体而言，以俄罗斯为主的激进式转轨国家在转轨初期对转轨活动的评判模式多是以转轨活动本身所取得的进展为标准，而中国为主的渐进式转轨国家则更多地关注发展绩效，关注民生的改善，两种评价模式导致了不同的路径选择和机制创新方式。最初的评判转轨活动的标准与价值取向，在某种程度上决定了两种转轨模式在第一阶段转轨活动所取得绩效水平的差异，以及转轨活动的成败。各国的转轨实践已证实，新一阶段转轨开始之际，以一种相对更为科学、客观的评价模式来评判过去转轨的成败，分析当前经济体制和经济发展的现实条件，并以最终转轨目标的实现为核心，校正和重塑转轨的路径选择模式以及机制创新方式，对最终转轨绩效的实现是至关重要的。本书提出了经济发展绩效和体制转型绩效双重考察标准，以民生为转轨的基本目的，以民意为转轨路径选择的基本导向，作为转轨绩效评价的核心。

第二节　最终费用结算的转轨绩效评价模式

一、最终费用结算思想的提出

在关于转轨绩效评价思想与原则分析的基础上，我们根据转轨阶段的转变进一步提出以最终费用结算作为绩效评价模式转变方向的观点。这一观点的提出是基于两个判断：

一是基于转轨过程的阶段性和增长方式的变化，在“过程中经济”的非平衡运动和连续性运动中，随着体制转换的进展和发展水平的进展，在新旧体制之间、传统社会与现代社会之间必然存在着具有转折点意义的若干标志，形成不同的阶段特征、阶段目标和评价标准。从中国的实践检验来看，有两个转折性标志尤其重要：一个是告别旧体制、确立新体制的转折点，标志着转轨进程的重大跃升；另一个是建设新体制任务接近完成的转折点，标志着转轨进程的基本结束。经济转轨过程迈过转折点后，中国经济社会发展将面临重大变化，绩效评价模式也需要进行相应的调整。

二是基于不同的转轨思路使得转轨过程中发生的收益、费用在时间、空间、主体上并不完全对应，导致费用发生时间与受益期间的不对应。众所周知，会计学通过确定不同的会计基础来反映这种不对应，以准确记录和核算企业的经营状况，比如在权责发生制下通过递延、待摊、预提等方式来处理已发生费用和未偿费用的问题，以正确评价当期的盈利，并用于指导和调整下期的经营思路。对转轨过程的评价，也需要以一定的绩效评价思想和模式为基础，处理各种跨期的费用、历史欠账以及其他待处理事项。如前所述，不同的绩效评价思想和模式形成对转轨过程及阶段的不同评价结果，并且，极大地影响着决策者在转轨过程中的判断、政策和行动，影响其对发展道路的设计，对转轨目标与结果的预见。因此，当转轨经历转折性变化之后，正确认识和及时清偿这些费用，调整第一阶段的绩效评价模式及与之对应的发展思路，引入未偿费用和最终费用结算的概念，以转轨过程的最终费用结算对转轨绩效进行校正和再评价，以最终费用结算的思想对各转轨阶段的收益、费用在转轨全过程内进行统筹考虑和清算是十分重要的。

常用的几种绩效评价模式①

1.欧洲复兴与开发银行(EBRD)对经济转轨的绩效评价方法

为反映转轨经济体的改革进展状况,EBRD编制了改革进展指数IRP,包含经济自由化和制度创新的几个关键方面:企业、市场与贸易、金融体制和法律体系。IRP的指标体系构造如下:(1)私营经济产出占GDP的比重;(2)企业(包括大企业私有化、小企业私有化和企业重组三项);(3)市场与交换(包括价格自由化、贸易与外汇体制和竞争政策三项);(4)金融体制(包括银行改革与利率自由化、证券市场与非银行金融机构两项);(5)法律改革(投资法律规则的拓展度和有效性)。

总的来讲,IRP是对大范围结构改革的进展进行衡量的合成指标,主要衡量与评估制度结构调整的进展度,偏重于确定市场化程度。但是,没有对于经济社会发展程度给予充分考虑,只关注了体制转轨的绩效,而忽视了经济转型的绩效。而且,IRP是由各项具体指标简单加总而来的,并没有考虑各项在总指标中所占的权重,在准确反映出不同领域的制度变革对整个市场经济体制建设的影响程度有所欠缺。

2.世界银行对经济转轨的绩效评价方法

世界银行的《1996年世界发展报告:从计划到市场》对经济

---

① 其中方法1、2、3参考了景维民:《转型经济学》,南开大学出版社,2003年,第224—227页。

转轨绩效采取分类评价模式,转轨经济绩效分成自由化、产权与企业改革、机构和社会改革三个类别来评估。自由化程度的测算主要涉及:国内物价和市场、外贸和货币可兑换性、对新企业准入的开放程度;产权与企业改革的测算主要涉及:私营部门产出占 GDP 的比重、大企业私有化、小企业私有化、农田私有化和住房私有化;机构和社会政策方面的测算主要涉及:法律和立法机构、金融部门、政府作用和管理、社会政策。世界银行对经济转轨的评价指标体系比较具有代表性,基本涵盖市场经济体制的各个方面,但是其中最大的不足在于缺少一个对转轨经济体总体评估的指标。

3.国际货币基金组织(IMF)对经济转轨的绩效评价方法

IMF 在定期发布的《世界经济展望》中都有专门的章节对转型国家的市场经济体制建设和整体经济运行进行论述。虽然 IMF 没有对转轨国家进行专门评价,但它综合了其他机构的指标以及自己的研究成果对转型国家的经济绩效进行了综合评估,并且将转型国家划分为“相对领先的转轨国家”和“相对落后的转轨国家”来对各国的经济转轨绩效进行比较。另外,IMF 的评价体系也注重了经济转轨的经济效果,把经济增长率、通货膨胀率、国内生产总值变动情况作为衡量经济转轨绩效的重要指标。

4.从人类发展指数看转型国家的发展状况

表 10-3 列出了主要年份的中国、俄罗斯、东欧入盟 8 国主要年份的人类发展指数(HDI)。

5.国务院发展研究中心发展战略和区域经济研究部“十一.五”计划基本思路课题组完成的全面小康社会评价指标体系(见

表 10–3 中国、俄罗斯、入盟 8 国人类发展指数(HDI)比较

国家	1975	1980	1985	1990	1995	2000	2002	2002 年排名
斯洛文尼亚	–	–	–	–	0.852	0.883	0.895	27
捷克	–	–	–	–	0.843	0.856	0.868	32
爱沙尼亚	–	–	–	0.817	0.796	0.839	0.853	36
波兰	–	–	–	0.802	0.816	0.843	0.850	37
匈牙利	0.777	0.793	0.807	0.807	0.810	0.837	0.848	38
立陶宛	–	–	–	0.823	0.789	0.829	0.842	41
斯洛伐克	–	–	–	–	–	–	0.842	42
拉脱维亚	–	0.795	0.807	0.807	0.765	0.808	0.823	50
俄罗斯	–	–	–	0.813	0.771	–	0.795	57
中国	0.523	0.557	0.593	0.627	0.683	0.721	0.745	94

资料来源:www.undp.org。

转引自:亚诺什·科尔奈:“大转型”,载于《比较》总第 17 期,中信出版社,2005。

表 10–4)。其根据全面建设小康社会的内涵及其目标确定的原则,选取了包括经济、社会、环境和制度四个方面的 16 项指标。

最终费用结算是指以转轨过程为存续期间,对期间内各种未偿费用的最终清算。未偿费用是指一个转轨阶段结束时已发生的应付而未付的费用。这些定义与转轨过程的绩效评价相对应,是对转轨的阶段性绩效评价和最终绩效评价的扣除。体制转轨与发展转型是转轨时期的双重任务,但转轨时期以转轨的开始与完成为区间,是一个特定的过程,经济社会发展则是人类生活的一个一般过程,不会因转轨完成而结束。在转轨时期,转轨会发生成本,转型会发生成本,

表 10-4 全面小康社会评价指标(以 2000 年不变价格计算)

项目	序号	指标名称	2000	2002	2020
经济	1	人均 GDP(元)	7086	8184	25000
	2	非农产业就业比重(%)	50	50	60
	3	恩格尔系数			
		农村	49.1	46.2	40
		城市	39.4	37.7	30
		最低收入 1/5 人口			50
	4	居民收入(元)			
		城镇	6280.0	7702.8	20000
		农村	2253.4	2475.06	8000
社会	5	基尼系数	0.45		0.4
	6	社会基本保险覆盖率(%)			100
	7	6 岁及 6 岁以上人口的平均受教育年限	7.62	7.73	10
	8	出生时预期寿命(岁)	71.4		75
	9	犯罪率(起/万人)	28.5	33.76	15
	10	文教体卫增加值比重(%)	3.6		10
	11	日均消费性支出≤5 元的人口比重			0
环境	12	能源利用效率(元/千克标准煤)	6.8	7.1	20.0
	13	安全卫生水普及率(%)	75		100
	14	环境污染综合指数			
制度	15	廉政建设——全国检察机关直接立案数与国家机关和社会就业人数之比(起/万人)	41	41	10
	16	政策管理能力——非正常死亡率(%)	15	16	5

资料来源:《中国统计年鉴》、《中国人口统计年鉴》、世界银行《世界发展报告》(系列);国务院发展研究中心发展战略和区域经济研究部研究课题组报告。

二者之间关系的处理也会产生成本。转轨时期的总成本可以因转轨路径、政策安排的不同而得到控制，但成本一旦发生就具有客观性，不会因为转轨阶段的转换而消失，期间内被推迟、忽略、隐藏的成本都会以累积、转移的方式在后续的转轨过程中或转轨结束时反映出来，成为必须最终结清的费用，从而对转轨的最终绩效评价产生矫正作用，或者直接在过程中对转轨的效率产生影响。

运用上述的最终费用结算的绩效评价模式对中国转轨实践进行考察，可以让我们更为清楚、客观地认识和判断中国转轨实践所取得的真实绩效。可以发现，中国在第一阶段转轨时期获得了大量的收益，但与之相对应的成本却没有全部在当期进行清算，而是在随后的转轨进程中不断积累，并最终拖住了中国转轨进程的顺利推进。

中国在转轨过程发动前，处于计划体制下的原社会主义的人民，尽管生活改善未尽如人意，但低消费、高积累的增长机制却留下了巨额的固定资产。转轨过程发动后，僵化的价格形成机制和经济组织结构秩序稍微有所松动，潜在的人的要素与闲置的物的要素相结合，就能释放出巨大的生产力，从供给普遍短缺的阴影里走出来并不格外困难。这一时期的增长绩效往往与计划约束因素从根本上解体，按市场配置资源的基本框架初步形成相一致，我们将其定义为转轨过程二阶段增长分析模型之第一阶段增长，简称"回顾性增长"。

如果不考虑转轨过程中不断付出的代价在全社会各经济主体之间的公平分担问题，不考虑费用未及时偿付而向下期转化、累积的问题，不考虑这些矛盾对未来增长潜力的约束、对未来发展趋向的误导问题，那么转入简称为"前瞻性增长"的第二阶段增长后，只要不发生异常情况，持续性吸引外部资金和技术用以支持 GDP 较长时间的增长，以及保持较高速度的增长，将不会比过去更困难。因为当今世界技术存量已经相当可观、发达经济体资本沉淀过多,市场化配置既然已经生成,经济的各个部分既然充满活力,兼以自身经济实力显著增强,粗放的增长理应具有更为强劲的需求。但中国在完成第一阶段转轨增长后,由于受到未偿费用拖累,未能顺利地转向第二阶段。在第一阶段以打破计划体制、建立市场体制,结束短缺经济、解决温饱问题为目标的发展过程中,为了摆脱“穷社会主义”的困扰,或许不可避免地会发生不顾一切地追求经济高速增长的集体行动趋向。虽然以发展绩效作为评判转轨的标准,但过度地依赖经济增长的速度,而没有协调、综合的考虑经济增长、社会发展程度和资源可持续性等方面的问题。因此在获得经济超常增长的同时,这一过程中发生的大量费用却未在当期进行清算,各种结构性失衡无法及时进行矫正。在连续的政策取向和行动偏好作用下,这些费用作为未偿费用被累积并向转轨中后期转移,政府成为最终结算责任的承担者。近几年,我们在应付日益增加的社会危机和资源矛盾的过程中,已经越来越明显地感受到了这种趋势。因此在经济转轨向第二阶段转折的过程中,并没有直接顺利地进入第二阶段,而是出现了1998—2004年长达7年的一个过渡期,使转折点延迟为一个转折阶段。转折阶段的突出特征是:体制转轨与发展转型的进展都不明显,政策的重点集中于应付实际经济运行中出现的诸多问题。这一阶段从时间起止上看,好像是一个从实施积极财政政策到经济开始新一轮增长的调控过程,是经济运行方面的问题。但隐藏于背后的却是20世纪90年代中期以来经济体制、运行机制发生深刻变化,实际经济运行、政策判断、思想观念之间出现不同步,甚至碰撞的过程。

二、最终费用结算的优化组合模型

前面讨论了最终费用结算绩效评价模式的基本思想以及运用这一思想对中国转轨实践所取得的绩效进行了再认识。本部分将在此实践的基础上提升、总结，提出最终费用结算的优化组合模型，以期从中国转轨实践的分析中总结出通用、一般的规律与认识。

虽然经济总量指标被称作“20世纪最伟大的发明之一”，离开了它们“宏观经济学就会在杂乱无章的数据海洋中漂泊”[①]。但早在1993年时，统计学领域就开始指出，总量指标只是SNA（国民经济核算体系）工作的一小部分，“SNA的目标在于对复杂的经济提供一个简明而且有完整和详细的描绘，所以总量计算既不是国民经济核算的唯一目的，也不是主要目的。”[②] 而在以往更多的时期，人们似乎更多地关注了这个总量指标，造成了盲目追求总量增长的态势。因此在探讨转轨过程中最终费用结算的一般经济学原理，采取把总量分解、细化为三个比例关系复合的决定经济运行的概念模型，至少可以认为是在进行避免GDP指标被片面强调的一种努力。优化的增长模式理论告诉我们，速度的增长任何时候都是重要的，不包含任何负绩效，在这个世界上是根本不可能存在的。因此，笼统地将妨碍经济—社会结构良性运行的体制问题，归咎于对GDP的崇拜是不恰当的。我们将最终费用结算引入GDP增长的分析中，目的在于：(1)应当尽可能做到从眼前看，在扣减负绩效之后，真实的GDP仍然是正

---

① 保罗·萨缪尔森、威廉·诺德豪斯：《经济学》中译本，北京经济学院出版社，1996年，第766—767页。

② 联合国：《国民经济核算体系(1993)》中译本，中国统计出版社，1994年，第2页、第169页。

的绩效;(2)从未来趋势看,估计下一个可争取到的绩效,也会是一个正的绩效,即目前的绩效获取方式并不过分妨碍未来绩效获得的可靠性。

为了进一步分析转轨过程中最终费用结算产生的原因及其经济学含义,分解、细化总量指标,可以一般经济理论为基础,建立优化组合模型进行解释。转轨过程的最终费用结算是建立在国民经济综合平衡基础上的一种分析工具。以一国的体制结构和技术结构相对稳定为隐含前提,设 X 代表人力资源状况,y 代表自然资源状况,z 代表一国以外可利用的资源状况。设 m 为现有资源条件下的最优产出值,m“映射”到空间坐标系不同平面上的点 a、b、c,分别代表了 m 值所要求的不同资源之间配置的生产可能性曲线上的点,这是关于产出的最优绩效决定与评价的一般模型。而政策制定的次序则是反向的,即由各种资源配置的生产可能性曲线确定不同平面上的点,从而确定空间中的 m 点(见图 10-1)。

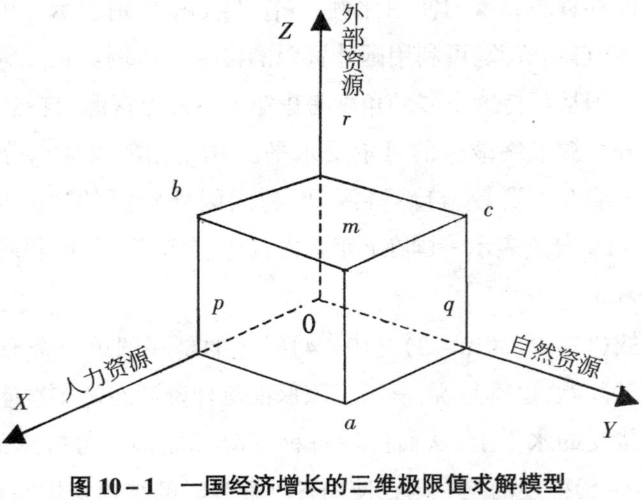

图 10-1 一国经济增长的三维极限值求解模型

相应地我们可以根据上述的分析进一步建立一个简单的动态模型,主要包括用来选择资源配置的目标函数和资源使用的约束方程。最优产出的目标函数可以用公式(10－1)描述:

$$\max M = \max f(X_t, Y_t, Z_t) \tag{10-1}$$

其中函数 $f(X_t, Y_t, Z_t)$代表一国将要素转化为产出的体制结构和技术结构,X_t, Y_t, Z_t 分别代表一国在 t 年所拥有的人力资源、自然资源和可利用的国外资源数量。资源使用的约束条件可以用公式(10－2),公式(10－3),公式(10－4)来表示:

$$X_t^{\&} = k_{1t}X_t - w_{1t}X_t \geqslant L_{1t} \tag{10-2}$$

$$Y_t^{\&} = k_{2t}Y_t - w_{2t}Y_t \geqslant L_{2t} \tag{10-3}$$

$$Z_t^{\&} = k_{3t}Z_t - w_{3t}Z_t \geqslant L_{3t} \tag{10-4}$$

$$\frac{MP_{Xt}}{P_{1t}} = \frac{MP_{Yt}}{P_{2t}} = \frac{MP_{Zt}}{P_{3t}} \tag{10-5}$$

其中 w_{1t}、w_{2t}、w_{3t}分别代表一国在 t 年对人力资源、自然资源、可利用国外资源数量的使用比例。k_{1t}、k_{2t}、k_{3t}分别表示一国在 t 年人力资本、自然资源、可利用国外资源的再生产比例。L_{1t}、L_{2t}、L_{3t}分别表示一国从可持续发展的角度考虑第 t 年人力资源、自然资源、可利用国外资源最终减少的可承受水平。MP_{Xt}、MP_{Yt}、MP_{Zt}分别表示一国在 t 年人力资源、自然资源、可利用国外资源的边际生产量。P_{1t}、P_{2t}、P_{3t}分别表示一国在 t 年人力资源、自然资源、可利用国外资源的成本。

公式(10－2)、(10－3)、(10－4)描述的是一国单个资源的可持续使用的问题,也就是说,一国应该保证每种资源在每年被使用的量处在可接受的水平上,从而促使每种资源都能得到可持续的使用。公式(10－5)描述的是一国在使用各种资源时的结构安排问题,也就是为每种资源支付的每单位成本都能取得相同的边际产量，从而实现资源的配置效率。联立公式（10－2）（10－3）、（10－4）、（10－5）采用适当的优化方法，可得到经济学意义上的最优解。同时模型的分析还可以由三维扩展到多维，同时每一种资源内部的结构与水平也可以建立次一级的多维分析。如人力资源中的不平等状况、教育状况、健康状况等。在全面、合理的配置条件下，收益与成本是对应的，绩效是真实的。

但是，转轨时期的经济是在体制和技术不稳定的条件下运行，作为一种“过程中经济”，非均衡和动态不确定性是其突出特征，客观上造成变量之间的关系难以确定和及时调整。此外，作为政府推进的转轨过程，服从于一定目标和价值判断的行为会导致对某些比例关系的人为扭曲、放纵或忽视，使实际产出偏离最优值。

我们用比较静态的方法来分析其中一种现象发生的过程：

1．为了讨论方便，我们设定产出目标为 $M=f(a,b,c)$（这里 a，b，c 代表不同的资源），由于多种原因（即放弃了一些资源配置的均衡要求），$M_1=f(a,b,c_1)>M=f(a,b,c)$，并且该国在两个产出水平上使用的 a 和 b 两种资源都相同，只有在资源 c 的使用上存在差别 $c_1 \geqslant c$，但很显然的是，由于 M_1 放弃了一些资源配置的均衡要求，其在经济上并不具有可持续性，“看不见的手”最终会重新配置 M_1 状态下的资源配置，使其达到另一个新的均衡状态，不妨将其设为 M_2（由于转轨使经济基础已经发生了变化，可以认为 $M_2 \neq M_1$）；其中设初始状态为 T_0 时刻，转轨目标实现状态为 T_1 时刻，整个转轨对经济的影响持续到 $T_1+\Delta T$ 时刻，也就是说达到另一个新的均衡的时刻（一般来说，$T_2 \geqslant T_1$）。

2．在实际的资源配置中，由于部分资源状况并不支持这样的产出要求,导致 X、Y、Z 空间结构的失衡。短期的超常增长必然建立在对某些资源的过度闲置、对另一些资源的过度消耗上,实际的产出以更大的成本为代价,资源矛盾开始积累,而绩效评价中对一些被放弃的均衡要求并不予考虑,即将对部分资源过度消耗或过度依赖产生的费用和负外部性排除在外,没有全部从当期绩效中扣除,造成收益期与费用支付期的不同步。在本模型中,未偿费用由两部分构成。一部分是从 T_0 到 T_1 时刻的摩擦成本(或称效率损失)。经济的增长就是以资源 c 的过度消耗或过度依赖支持的,在这种资源配置条件下,将导致公式(10-5)的失衡,也就是该国各种资源的组合配置出现缺乏效率的变动,由于这种变动人为因素很大,会造成严重的结构摩擦,使经济增长不得不依靠一种扭曲的资源配置作支撑;另一方面,也可能会导致公式(10-4)的失衡,也就是导致该国某种资源被掠夺性地使用,这将削弱经济在中长期发展中的可持续性,同时也会产生负外部性。一般而言,这段时间的摩擦成本与调整的时间长短相关。另一部分是从 T_1 到 $T_1+\Delta T$ 时刻的优化成本(或称治理成本),即经济系统由人为造成的状态 M_1 恢复到新的均衡状态 M_2 所付出的各种成本。一般而言,ΔT 取决于在 T_1 时刻经济失衡的严重程度和当时所采取的制度。用下式来表示期间内发生的未偿费用:

$$C(t,T_1)=\begin{cases}C_1(t) & T_0\leqslant t\leqslant T_1\\ C_2(t) & T_1\leqslant t\leqslant T_1+\Delta T\end{cases}\tag{10-6}$$

3.上面使用的是比较静态分析,也就是没有考虑时间变量对经济的影响情况,但实际上产出水平由 M 过渡到 M_1 是一个渐进的过程,并且在过程中资源配置变动所带来的成本尽管可能会出现转轨时期上的不同步,但也是必须加以考虑的。用公式(10-7)来大体表示这种成本关系:

$$C_T = C_{T_1} + \int_{T_0}^{T_1+\Delta T} C(t, T_1)\,dt \qquad (10-7)$$

$$C_{T1} = P_{1T_1}a + P_{2T_1}b + P_{3T_1}c - P_{1T_0}a - P_{2T_0}b - P_{3T_0}c$$

其中，C_T 表示整个转轨过程的总成本，即最终费用；C_{T_1} 表示达到 T_1 时刻后由于相对资源成本变化所发生的成本，即 T_1 时刻的成本，其与前期未偿费用的累积相加后得出总成本。

由于收益期与费用支付期的不同步，不仅使不同阶段的绩效评价存在被夸大或低估的问题，更为重要的是由于当期评价不准确，必然导致政策判断和预见力的下降，出现将短期目标长期化、对潜在风险估计不足等问题。

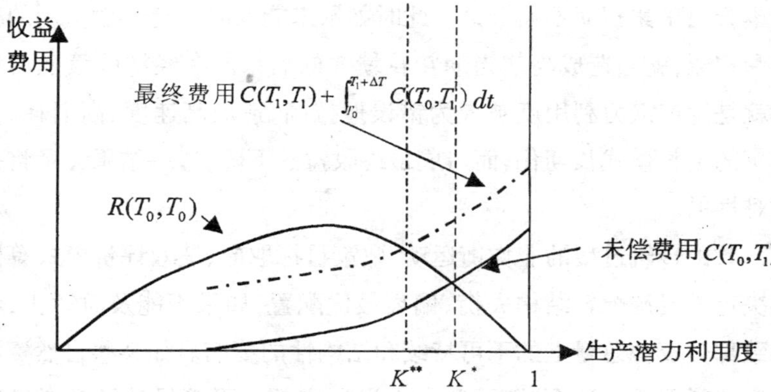

图 10－2　跨期收益、费用结算的生产潜力利用图

结合图 10－2 我们来做以下分析，其中 $R(T_0, T_0)$ 表示转轨活动期间所获得的收益，括号内的两个时间变量分别表示这一收益在 T_0 时刻发生或者获得，并且在 T_0 时刻被观察到。$C(T_0, T_1)$ 表示转轨活动期间内发生的未偿费用，即上述的 $C(t, T_1)$，同样括号内的两个时间变量分别表示这一成本发生在 T_0，但在 T_1 时刻才能被观察到或

者在经济运行中被体现出来。$C(T_1,T_1)+\int_{T_0}^{T_1+\Delta T}C(T_0,T_1)dt$ 即是转轨活动的总成本或最终费用，包括 T_1 时刻的成本和 T_0 时刻未偿费用在 T_1 时刻的累积两部分。K 表示最佳生产潜力利用度[①]，理论上最优的 K 值应为 1，此时所有资源都得到了配置和使用。但现实中由于信息延滞、要素流动摩擦等因素的制约，任何经济的现实生产点都不可能在生产可能性边界上，因此最优的 K 值会略小于 1。如果收益和费用同期发生并同期结算，那么最优的生产潜力利用度就应为 K^*，此时收益的获得与成本的上升相等，收益达到最大。但费用如果未能在当期结算，而是成为未偿费用，那么相对应的在最终费用结算期成本会由于累积而不断上升。此时如果未能及时察觉未偿费用的存在和积累，就会造成高估当期转轨绩效的后果。在经济政策上的反映就是生产潜力利用度被人为错误地拉高，造成高速度、高消耗、低效率的增长模式长期化，而造成最终收益的下降，这一结果无疑将是灾难性的。

4. 由转轨过程的非均衡运动、政策目标取向、绩效评价模式等因素决定的资源配置结构失衡、偏离最优配置，如果不能及时矫正，将导致部分资源总量上的不可持续和结构性的萎缩。如某些自然资源过度消耗形成的资源“瓶颈”、人力资源内部不平等导致社会激励因素的下降、总体消费力不足。这些问题会以未偿费用的形式积累下来并产生持续影响，一方面使该种资源承受更大的压力，如旧的社会契约解除不当或延迟，造成个人住房、社会保障等方面的预期支出上

---

① 参见陈宗胜：《双重过渡经济学》，天津教育出版社，2005 年，第 186—189 页。

升,导致消费的自发性收缩;另一方面则使资源之间的代偿[①] 行为普遍发生,一种资源供给效率的不足常常需要另一种资源更大量的消耗来进行替代、补偿,如国内需求不足导致增长过多依靠外部资源。最终费用的存在就像一个附着在国民经济肌体上的"漏斗"一样,不断地累积着转轨过程中的各种未偿费用,同时也对现存的资源总量与结构产生挤压作用,使经济运行与结构逐渐发生改变。

模型的思想还可以由经济增长进一步扩展,建立一国发展的三维优化组合模型。即用经济、社会、自然构建三维空间结构,从经济增长能力、社会发展水平、自然承载能力三个方面的状况,求解一国发展的优化组合 M。这时候一国的政治制度、文化传统、历史沿革、价值观念等非经济因素也囊括其中,形成全面、协调、可持续的评价体系。转轨—转型的作用会影响、扩散到各个领域的各个层面,此时的最终费用成为一个广义的概念,国家、民族、精神、道德等也成为考察的重要方面,结构失衡也在一个更广泛的意义上使用。比如我们经常谈到的重视经济增长、忽视社会发展所造成的一条腿长、一条腿短的"跛行"问题。由于经济建设是中心,经济增长对其他领域的改善作用也更为明显,而物质满足后,其他领域的发展又明显对经济进一步增长产生制约作用。因此在一国发展的模型中,将经济、社会、伦理等角度综合起来进行评价是十分重要的。

以中国为例,1998 年之后政府对于经济转轨的绩效评价模式已经相应有所改变。这是因为,1998 年之前的中国经济转轨阶段中,虽然取得了经济高速增长、解决了温饱问题,也为此付出了相应的代

---

① 代偿是医学用语,指当某个器官的组织发生病变时,由原器官的健全部分或其他器官来代替补偿它的功能。参见《汉语大词典》,上海辞书出版社,1986 年。

价,积累了大量的未偿费用。这些未偿费用的累积引发了日益严重的结构性失衡,并伴随市场化进程的深化而加剧,最终形成了对经济运行的制约。这也构成了20世纪90年代中后期中国市场经济体制刚刚建立,经济就面临失速的体制原因。中国政府在1998年后推行的积极财政政策实质是试图补偿在这之前发生的部分费用,对其进行结算。积极财政政策实际上具有"积极偿债政策"的性质(见表10-5)。中国1998—2004年的转轨阶段,已经对于转轨前期的未偿费用进行了部分清算,但这之后的经济转轨历程仍需从绩效和最终费用的角度考虑。因此,政府进行政策安排时有以下原则是应该强调和坚持的:(1)加快完善市场制度,建立健全各项法律法规,从体制上使转轨过程中的费用能够与收益更好地对应起来,减少新的未偿费用的发生和向政府的转嫁。(2)有计划地摊销前期累积的未偿费用,防止其导致某些领域的矛盾激化、运行受阻,或者导致最终结算压力过大,转轨过程延长。(3)从战略上设计和矫正不合理的发展思路,防止坏的市场体制和发展模式固化,转轨的整体绩效递减。一旦已经建立的市场体制无法实现经济社会的协调发展,无法获得预期的效率,改革将不得不重头再来。(4)增强政府驾驭经济社会发展的能力,增强财政的调控能力,及时疏导运行中的障碍,及时校正改革与发展中的偏差。

分析至此,关于转轨过程的最终费用结算可以做进一步的概括:最终费用结算是"转轨—转型"经济在运行过程中发生的未偿费用,在转轨中后期或转轨完成时需要最终结清,以形成对转轨过程绩效的正确评价。因此它是对传统绩效评价模型的完善,更有着政策指南的意义。从费用发生的原因看,有的是转轨引致的,如体制转换必然涉及解除旧的社会契约;有的是转型引致的,如粗放经济增长模式

表 10－5　中国转轨前期递延的未偿费用分类及清偿方式

序号	未偿费用的性质	相应的财政支出安排
1	解除旧体制过程中的欠账	国债还本付息支出，社会保障体系的历史欠账，补充银行资本金，处置不良资产，国有企业的解困支出
2	建立新体制过程中的欠账	科技教育卫生等事业发展支出，与公共、福利相关的支出
3	应对因未偿费用导致的环境与社会矛盾	生态建设与环境治理成本，老工业基地的调整与改造支出，西部开发支出
4	应对因未偿费用导致的经济效率损失	建设国债，预算内基本建设支出、其他政府性投资
5	应对因未偿费用导致的各种突发事件	突发性公共事件与应急性的支出

过程中对环境、生态的破坏；有的则是二者共同引致的，如改革次序和发展步骤可能会在打破平均主义的过程中导致“二元结构”的进一步恶化。这些方面的发生有一定的必然性，但驾驭和处理这些过程的方式决定着费用的大小。

从费用转移的原因来看，转轨过程中的费用转化为未偿费用、再转化为最终费用，其原因，一是打破传统体制过程中形成的欠账。旧体制社会契约的解除主要依靠旧体制遗留下来的资产来偿付。但是由于旧体制遗产处置不当，如重视程度不够、延迟支付以及过多向个人转移等原因，都会导致差额的出现，如果费用大于收益形成挂账，并向第二阶段转移；二是建立新体制过程中形成的欠账。新体制形成过程中的不完善运行会导致矛盾的增加和激化，另外市场机制会要求公共产品和公共服务的相应提供作保障。如果政府财政汲取能力不足，或者因为政府职能转换等原因限制了能力的发挥，新体制的要求得不到满足,既会影响体制的运行效率,也必然形成欠账的积累。这些未偿费用或者在今后的转轨过程中支付,或通过延长转轨过程支付,其对当期和最终绩效的影响是始终存在的。

关于最终费用结算的绩效评价模式可以总结如下:(1)转轨时期的绩效评价应建立在“转轨—转型”的认知基础上。(2)绩效评价模式的转变是由转轨过程的阶段性变化所决定的,基本方向是由单纯的GDP指标向更全面的经济指标转变,由单纯的经济增长向经济、社会、自然和谐发展转变。这也说明经过前期的经济转轨,经济体制和发展水平都已有了一定进步,有基础、有能力以人为本来考虑和设计经济社会全面发展战略。(3)最终费用结算是由于转轨过程中当期费用发生未偿行为而产生的,这些费用的性质和未偿的原因可以从多个角度来描述,但核心都与转轨的设计、政策安排以及政府能力有关。最终费用是对转轨绩效的备抵因素,无论转轨过程中的绩效评价指标如何,费用都会客观存在并向下期递延。但合理的评价体系有利于在过程中消化费用,减轻最终结算的压力。此外,未偿费用累积过大时,可能会在转轨过程中直接导致经济运行效率的降低或阻碍经济运行,使政府不得不以牺牲经济增长为代价对部分费用进行处置,或对绩效评价模式进行校正。(4)转轨过程中保持强大的财政能力是政府驾驭改革与发展的基本前提。由于转轨从瓦解传统的资源配置方式开始,对政府配置资源范围和能力的摧毁是每个转轨经济体初期的通行做法。这一过程往往会导致财政能力的急剧下降,使政府在驾驭经济的过程中常常有能力发现问题而无力加以解决。而在新体制形成过程中,由于种种原因,又往往不能尽快实现政府职能的转换,建立与市场体制要求相配套的财政支持体系。这就必然导致在转轨的第二阶段,财政同时承受处理传统体制欠账和新体制欠账的双重压力，隐性债务、或有债务的风险骤然加剧。(5)就中国的经济转轨进入中后期的案例而言，中国的转轨经济会进入一个利益纷争多元化、法制建设滞后突出、政策约束明显乏力的时期。强势地区、行业、群体中的某些集团的利益诉求，日益演化为促使GDP增长走向异化的力量。为了防止新增的外部负效应持续性转化为新增未偿费用，增加政府的结算压力，除了提出和倡导新的发展观之外，更需要从转变绩效评价模式出发，制定相关法规，进行逆向约束。(6)到转轨结束时，对于转轨过程的评价应该包括三个方面：一是是否建立了一个好的市场经济体制；二是是否确立了一种好的经济社会发展模式；三是是否为未来的经济社会发展奠定了一个好的现实基础。中国目前转轨的实践进展已经提示我们，将转轨作为一个完整过程来考察，将转轨的目标、绩效的评价、费用的结算、政策的选择联系起来，从全局、从转轨完成后的经济社会考虑，既是一个重要的方法论的转变，更是一项十分重要的现实任务。

本书在前面几章对转轨过程作为一个符合经济史的一般规律的客观过程和其本身由于经济结构的多二元性以及非平衡性而表现出的过程复合性的客观分析基础之上，着重对转轨过程所具有的主观特性进行了详细探讨。认为转轨过程的主观活动特性与其客观特性一致，也具有明显的连续性、长期性和阶段性。通过考察转轨主观活动的核心内容以及过程性，提炼出了路径选择、机制创新和绩效评价三个相互依存、共生的转轨主观过程核心内容，并且以此构建了经济转轨客观约束下的主观过程循环图。各核心内容中，路径选择好似人的双眼以辨明前进的道路与方向，机制创新好似人的双脚在选定的道路上迈步前行，而绩效评价则好似人的大脑以评价过去和审视将来。三个因素各司其职，对于转轨进程向着正确方向顺利推进至关重要。

在承认经济转轨过程长期性、阶段性的基础上，上述转轨主观活动循环过程的核心思想体现为转轨主体驾驭转轨客观过程的"实践性"，经济转轨过程实质可以看作实践→认识→再实践→再认识的循环反复上升的过程，在转轨中学习总结，并以此指导下一步实践。随着转轨过程的深入，转轨主体对于转轨过程的认识也会随之深化，同时也随之体现在路径选择模式的修正、完善，机制创新方式的替换、更新，绩效评价模式的转换、改进等具体行为方式上。转轨主观性的核心是强调转轨经济体要按照自己的国情，走适合自己的发展之路，而不拘泥于某一种模式或共识，其思想的精髓在于转轨活动的"实践性"和"务实性"，这种思想精髓体现在转轨主观活动循环过程图当中。例如，中国始终以发展作为第一要务，而将转轨活动看作发展的手段，并没有本末倒置的以转轨本身作为转轨活动的目的。而这种"实践性"和"务实性"也体现在转轨主观过程的各个具体环节上，各环节的选择、实施或判断都在深层次上体现出了这种"实践性"和"务实性"。

结束语

一、现有研究的特点与不足

这一章作为总结,我们将对前面分析所沿用的基本框架的特点、不足以及可能的扩展作进一步的阐述。在前面所有章节的分析中,即使是从不同的角度对转轨过程进行经济分析,它们也都具有如下的共同特点:

一是注重关于转轨的方法论的研究。其逻辑关系以经济转轨过程观为理论基础,从横向和纵向两个角度剖析了经济转轨过程的客观性,并由此论证了经济转轨是一个特殊的客观过程,具有不同于一般经济制度变迁的二重任务性以及非平衡性、阶段性和二元性的特征。转轨所要实现的经济社会效果、转轨过程中经济社会的深刻变化、转轨不同阶段所面对的不同问题,都体现了这种客观性。转轨又是由一国政府和民众参与的主观过程,转轨思想的确定、路径的选择、政策的设计、过程的驾驭,都体现了这种主观能动性。主观行动的后果是否遵循客观规律,需要主观见之于客观的分析工具与方法作依据,对动态的过程进行评价、校正和前瞻。主观对客观的驾驭能力必然是建立在对"转轨—转型"双重任务的认知基础上的,可以通过转轨时期收益与费用的比较来体现,通过一定的价值原则来进行绩效评价。当然,不同的转轨思路使得转轨过程中发生的收益、费用在时间、空间、主体上并不完全对应，导致费用发生时间与受益期间的不对应。不同的绩效评价思想和模式形成对转轨过程及阶段的不同评价结果，必然极大地影响着决策者在转轨过程中的判断、政策和行动，影响其对发展道路的设计、对转轨目标与结果的预见。因此对于转轨过程的评价，需要以一定的绩效评价思想和模式为基础，来处理各种跨期费用、历史欠账以及其他待处理事情。绩效评价之后，政府会依据已有转轨所体现的客观性和转轨路径的效率，运用路径选择、机制创新与绩效评价三个主观性工具对转轨过程再次驾驭，做出关于下一阶段转轨的速度、次序的路径决策，依此次序循环前进，直至转轨终点。

上述逻辑关系，也是本书的主要创新所在，试图构建一个有关经济体制改革和政策创新的理论模式或者完整地提出一套转轨经济学理论框架，从转轨经济的实际运行来解释经济增长的原因，考察和解释转轨的历史。关于转轨经济学的理论框架，有的学者将其表述为经济体制目标模式的选择，各国对转轨速度方案的选择或者经济体制转轨与经济发展、经济稳定的关系；也有的将主题表述为转轨时期关于经济发展和体制运行的一般规律的研究。本书在过程论的基础上，界定经济转轨的属性，明确以经济体制转轨为中心环节，包含经济、政治、文化诸方面的全方位社会发展的多重转型目标，对经济转轨过程中的相关问题进行了系统性阐述。这种将转轨的客观过程性、发展全面性与演进的阶段性结合起来的理论框架，是对转轨过程进行经济分析的基本前提。

二是注重方法论的实践基础。将关于经济转轨的传统分析工具与方法改进的论述，建立在中国转轨过程的实践基础上，是本书的另一创新点。转轨国家的各自不同的初始条件、改革速度在决定经济转轨的绩效上都有着不同的影响力,只有把转轨分析建立在以中国经济转轨为个案的基础上,分析中国式经济转轨路径的条件或者说中国为什么能够实行这种改革方式,改革最终能否成功,这样才能把握对经济转轨的分析在何种程度上具有普遍意义,从而寻找到更具有一般意义的转轨经济运行的规律、思维框架。中国经济转轨的实践动因源于如何更好地解决民生问题,这一动因成为推动转轨进程和评价转轨绩效的参照系,贯穿转轨过程始终。中国转轨的最终目标,是建立社会主义市场经济体制,但是,迄今的转轨实践证明,这个目标不可能一步到位,而是一个渐进的制度形成过程。从中国各地区、各部门、各领域发展和改革均不平衡的实际出发,注重体制外改革和体制内改革相结合,局部突进与整体渐进相结合,积极稳妥、渐次逼近转轨终点。因此,中国的转轨实践对于转轨过程的分析方法具有十分重要的政策指导作用,适应能力、路径选择、创新能力等指标的引入,有利于解释中国转轨实践过程中经济增长的某种逻辑。这样做的意义在于尝试基于中国的转轨实践总结可以用于分析的一般性方法,使得关于转轨过程的经济分析更具普适意义。

关于转轨的研究源于转轨国家经济实际发展状况与预期的巨大背离,这样看来,从20世纪社会主义国家开始转轨算起,转轨经济学的发展时间大约为五六十年,并不长,关于转轨研究的方法论尚处于探索阶段。同时,目前还没有哪个转轨国家率先完成转轨,这意味着,许多关于转轨的理论分析还无法得到转轨实践的证实,本书虽然基于当前的转轨实践对研究转轨的方法论作了改进,但是仍然存在一定的不足。主要有:

从理论角度看,对转轨经济学理论基础的争议较多,比较经济体制学、制度变迁理论、制度发展经济学等都是当前用来分析经济转轨的主要工具。分析这些理论在经济转轨中应用的特点和局限性,统一理论基础是建立转轨经济学的一大难题。本书所探索的方法论立足于实践的归纳和创新,这仅仅是抛砖引玉,还不完善,还需要对这些理论进行更好的兼收并蓄,进一步发展。

从实践角度看,一方面主要是对中国的经济转轨展开分析,与俄罗斯和东欧等经济转轨国家的比较研究较少,阐述的是基于中国实践的一种经济转轨观。另一方面是无法对转轨的不确定过程展开研究,如转轨终点的判断,还只是思想上、规范性的分析。

二、进一步研究的方向

在本书对主要以中国为个案的转轨过程的经济分析中,有一些我们正在面临和即将面临的矛盾与课题并未展开讨论,有的即使展开讨论了,也只是停留在现象层次或进行多侧面的探讨,未作原理性的归纳,这主要是由于在搜集资料和写作过程中感到目前尚不具备作理论抽象的条件。这些课题主要有:

一是国内经济的自身发展。在中国完善市场经济体制阶段,国内各个经济领域多重目标转轨的优先次序、速度、路径选择及其相互配套措施如何安排问题。有的学者已经对此提出了"平行推进"概念框架来分析制度变革的路径[①]。笔者认为,当计划与市场体制之争已经尘埃落定,进入转轨中后期的体制改革应该注意以下问题:首先是用已有的市场经济分析框架不能解决当前特殊体制下的特殊问题;政府调控行为存在进一步理性化的问题。在体制转轨过程中,政

① 樊纲,胡永泰:"'循序渐进'还是'平行推进'——论体制转轨最优路径的理论与政策",载于《经济研究》,2005(1)。

府始终充当既要引导改革又要改革自身的双重角色，正确处理好二者的关系是把握和推进转轨进程的关键。特别在体制转轨的中后期，市场运作的特征越来越占主导地位，经济运行逐渐形成较为完善的系统，政府的调控有可能进入一个“不知所措”的混沌期，以前那种按既定目标出台政策的方式失灵，新的手段与方式又未经检验，受到市场判断力的限制。保证政策的出台适应市场规律，使政府对一项政策出台后的市场影响力具有提前判断的政策持续创新问题就尤为重要。其次，新经济增长机制启动点的找寻。在本书第九章探讨了中国二十多年经济转轨过程中经济增长的特征，并将这一阶段反贫困循环的启动点归结为由体制转轨推动的“计划放权·财政让利—提高家庭部门收入水平”、“积极财政·国债—政府公共投资拉动”两次政策创新，并且指出，这样一种增长机制由于财政的承受力问题和经济运行的失衡已逐渐趋于极限。最后是关于最终费用、绩效评价的实证分析。在本书第十章主要论述了转轨过程中绩效评价的内容、作用和地位等问题，但是，具体运用不同的数据集合反复论证现有转轨结果的成本—收益问题，还需进一步研究。

二是与国际经济的博弈。在经济全球化趋势加强的背景下，国际经济运行的基本规则使得传统计划经济体制国家必须通过经济转轨才有可能融入其中，分享更大的利益。经济学规律告诉我们，随着市场经济的高度发达，资本积累会逐步超越一国的限制，寻求更大地区、更大规模资源配置合理性所带来的利益增长，带来总体效率的进一步提高，同时使进出口成为各国经济增长的重要组成力量。这样的国际化过程会对非市场规则、非市场经济地区参与国际活动形成强大的排斥力和同化力。中国作为一个发展阶段处于工业化过程中、转轨进程处在市场化中途的经济体，在世界经济竞争中占据主动的关键在于为有效的吸纳开放型资源进行适当的制度设计和制度安排,并将其纳入体制转轨的设计中,以寻求在国际经济中与其他国家的比较发展中的优势、经济控制力和影响力。

三是关于转轨的方法论、基本工具的进一步创新。作为转轨手段的市场经济不是一个机械性的、确定的、静态的建筑工程,而是一个整体的、历史的和动态的复杂系统。研究对象的变化,需要研究方法、研究工具的不断创新。随着转轨经济体进入经济体制改革的不同阶段,经济理论所面临的基本问题是不同的。不同的经济体制阶段,在理论上提出了特殊的要求,比如,转轨所要实现的经济社会效果和转轨过程中经济社会的深刻变化都会在不同阶段发生变化,这必然要求在一般转轨经济理论基础上发展起一些特殊的理论模型与理论工具,以利于政策分析。

显然,在经济转轨中后期,我们面临的任务是艰巨而复杂的,需要大量贴近中国转轨事实、具有前瞻性和可操作性的转轨经济理论作指导,探讨转轨的目标与转轨的过程、约束内的选择和对约束的选择之间的相互关系。

参 考 文 献

1. D.Gale Johnson:《中国城乡如何缩小收入差距》,《中国改革报》,2001 年 4 月 30 日。
2. Daron Acemoglu and Simon Johnson(2003),"Unbundling Institutions",NBER Working Paper 9934.
3. Eric Maskin, Yingyi Qian, Chenggang Xu,"Incentives, Information, and Organizational Form",The Review of Economic Studies, Vol.67, No.2(Apr.,2000), p.359 - 378.
4. Grzegorz W.Kolodko, Ten Years of Postsocialist Transition: the Lessons for Policy Reforms, The world Bank Development Economics Research Group, 1998, p.13.
5. Grzegorz W.Kolodko, Ten Years of Postsocialist Transition: the Lessons for Policy Reforms, The world Bank Development Economics Research Group, 1998, p.20.
6. Joshua Cooper Ramo, 2004, The Beijing Consensus, Foreign Policy Centre, May.
7. Kolodko. Grzegorz W,"Ten years of Postsocialist Transition: the Lessons for Policy Reforms",The world Bank Development Economics Research group, 1998.
8. Kornai. Janos, Transformational Recession: A General Phenomenon Examined through the Example of Hungary's Development. Economie Appliquee, 46(2), 1993, pp. 181 - 227.
9. Kornai. Janos, What the Change of System from Socialism to Capitalism Does and Does Not Mean. Journal of Economic Perspectives. volume 14. Number 1. Winter, 2000.
10. Koseph Stiglitz, More Instrument and Broader Goals: Moving Toward the Post-Washington Consensus, The 1998 WIDER Annual Lecture (Helsinki, Finland).
11. Lewis, W. Arthur, 1955, The Theory og Economic Growth, London: George Allen & Urwin, p.376.
12. Lodge, George C., 1986, The New American Ideology, New York: New York University Press.

13. Milanovic, Branko. 1998. Income, Inequality and Poverty during the Transiton from Planned to Market Economy. Washington, D. C.; The World Bank.

14. Naughton, 1994, "What is distinctive about China's economic transition? State Enterprise Reform and Overall System Transformation", Journal of Comparative Economics, 18.

15. Rafael La Porta, Florencio Lopez-de-Silanes, Andrei Shleifer, Robert W. Vishny, "Law and Finance", The Journal of Policical Economy, Volume 106(Dec., 1998), 1113 - 1155.

16. Sachs and Pistor, "Introduction: Progress, Pitfalls, Scenarios, and Lost Opportunities", in J. Sachs and K. Pistor, eds, The Rule of Law and Economic Reform in Russia, Westview Press, p. 3 - 5, 1997.

17. Saltman 和 Figueras(1997); NERA(1999); WHO(1999a, 1999b, 1999c)。

18. Solow, R. M., 1956, "A Contribution to the Theory of Economic Growth." Quarterly Journal of Economics, (70), November, 65 - 94.

19. Stiglitz, Koseph, More Instrument and Broader Goals: Moving Toward the Post-Washinton Consensus, The 1998 WIDER Annual Lecture(Helsinki, Finland), 1998.

20. T. W. Swan, 1956, "Economic Growth and Capital Accumulation", Economic Record, (66), November, 334 - 361.

21. Williamson, John, What Washington Means by Policy Reform, In John Williamson, editor, Latin American Adjustment: How Much Has Happened? Wsahington, D. C.: Institute for International Economics, 1990.

22. Williamson, John, The Washington Consensus Revisited. In Louis Emmerij(de.). Economic and Social Development into the XXI Century. Wsahington, D. C.: Inter-American Development Bank, 1997.

23. Yingyi Qian and Chenggang Xu, "Why China's Economic Reforms Differ: The M-Form Hierarchy and Entry/Expansion of the Non-state Sector", The Economics of Transition, 1(2): 135 - 170, June, 1993.

24. Yingyi, Qian, 1999, The Institutional Foundations of China's Market Transition, Annual Bank Conference on Development Economics, Washington, D. C., April28 - 30. p. 3 - 4, 20 - 21, 45.

25.《邓小平文选》第三卷，人民出版社，1993 年。

26.《汉语大词典》，上海，上海辞书出版社，1986 年。

27.《经济全球化 亚洲与中国:二十一世纪论坛2000年会议文集》,北京,中国文史出版社,2001年。
28.《经济研究》编辑部:《中国经济理论问题争鸣》(1990—1999),北京,中国财政经济出版社,2002年。
29.《列宁选集》第2卷,北京,人民出版社,1995年。
30.《毛泽东著作选读》(下册),人民出版社,1986年。
31.《全面建设小康社会 开创中国特色社会主义事业新局面——在中国共产党第十六次全国代表大会上的报告》,北京,人民出版社,2002年。
32.《证券时报》,2004年12月21日,http://finance.sina.com.cn。
33.《中国统计摘要1999》,北京,中国统计出版社,1999年。
34.【比】热若尔·罗兰:《转型与经济学》,中译本,张帆等译,北京,北京大学出版社,2002年。
35.【波】格泽戈尔兹·W.科勒德克:《从休克到治疗/后社会主义转轨的政治经济》,上海远东出版社,2000年,第254页。
36.【俄】A.布兹加林、B.拉达耶夫:《俄罗斯过渡时期经济学》,北京,中国经济出版社,1999年。
37.【美】丹尼尔·耶金:《石油风云》,上海译文出版社,1992年。
38.【俄】弗·阿·莫雷日涅可夫:《反危机的私有化经济政策》,莫斯科,1999年。
39.【俄】格·阿·阿尔巴托夫:《苏联政治内幕:知情者的见证》,北京,新华出版社,1998年。
40.【俄】普京:"千年之交的俄罗斯",【俄】《独立报》,1999年12月30日。
41.【俄】谢尔盖·古里耶夫、安德烈·拉辛斯基:"俄罗斯资本主义中寡头的角色",载于《比较》(18),中信出版社,2005年。
42.【美】W.W.罗斯托:《经济成长的阶段——非共产党宣言》(中译本),北京,中国社会科学出版社,2001年。
43.【美】保罗·萨缪尔森、威廉·诺德豪斯:《经济学》中译本,北京,北京经济学院出版社,1996年。
44.【美】戴尔·古德主编:《康普顿百科全书》(技术与经济卷),中译本,北京,中国商务印书馆、美国康普顿知识出版社,2001年。
45.【美】丹尼·罗德里克、阿尔温德·苏布拉马尼扬:"印度经济增长转变之谜",载于《比较》(14),中信出版社,2004年。

46.【美】丹尼尔·贝尔:《后工业社会的来临——对社会预测的一项探索》,中译本,北京,新华出版社,1997 年。
47.【美】丹尼尔·耶金、约瑟夫·斯坦尼斯罗:《制高点:重建现代世界的政府与市场之争》,北京,外文出版社,2000 年。
48.【美】道格拉斯·C.诺斯:《制度、制度变迁和经济绩效》,中译本,上海,上海人民出版社,上海三联书店出版,1994 年。
49.【美】道格拉斯·C.诺斯:《经济史中的结构与变迁》,中译本,上海,上海三联书店、上海人民出版社,2002 年。
50.【美】罗格纳·纳克斯:《不发达国家的资本形成》,北京,商务印书馆,1986 年。
51.【美】罗纳德·I.麦金农:《经济市场化的次序——向市场经济过渡时期的金融控制》,周庭煜,尹翔硕,陈中亚译,上海,上海三联书店、上海人民出版社,1997 年。
52.【美】尼古拉斯·拉迪:《中国未完成的经济改革》,隆国强等译,北京,中国发展出版社,1999 年。
53.【美】斯蒂格利茨:"中国第二步改革战略",《人民日报》1998 年 11 月 13 日。
54.【美】威廉·N.邓恩:《公共政策分析导论》,中国人民大学出版社,2002 年。
55.【美】维托·坦齐:"经济转轨与政府的角色转变",载《转轨通讯》,2005(4)。
56.【美】西蒙·库兹涅茨:《现代经济增长》,北京,北京经济学院出版社,1991 年。
57.【美】伊曼纽尔·沃勒斯坦:《现代世界体系》(第二卷),中译本,北京,高等教育出版社,2000 年。
58.【美】约瑟夫·斯蒂格利茨:"关于转轨的几个建议",载于《经济社会体制比较》,1997(2)。
59.【美】约瑟夫·斯蒂格利茨:"中外经济体制转轨比较",载于《经济学动态》,2001 年第 5 期。
60.【南】亚历山大·巴伊特:"社会主义经济改革的范围",载于《经济社会体制比较》,1990(4)。
61.【日】大野健一:"通向市场经济的路径选择和政府的作用——90 年代日本的主流发展观",载于《经济社会体制比较》,1999(4)。
62.【日】加藤弘之:"中国经济的双重转型及其特点",载于《经济学动态》,2003(8)。
63.【苏】阿·阿夫托尔哈诺夫:《勃列日涅夫的力量和弱点》,北京,新华出版社,1981 年。

64.【苏】布哈林:《过渡时期经济学》,北京,三联书店,1981 年。
65.【苏】米·谢·戈尔巴乔夫:《改革与新思维》,北京,世界知识出版社,1988 年。
66.【匈】科尔内·达尼尔:“匈牙利经济学家眼中的中国经济改革”,载于《经济社会体制比较》,1987(5)。
67.【匈】亚诺什·科尔奈、翁笙和:《转轨中的福利、选择和一致性——东欧国家卫生部门改革》,中信出版社,2003 年。
68.【匈】亚诺什·科尔奈:“大转型”,载于《比较》总第 17 期,中信出版社,2005 年。
69.【意】卡洛·M.奇波拉:《欧洲经济史》,中译本,第 4 卷上册,北京,商务印书馆,1998 年。
70.【英】安格斯·麦迪森:《中国经济的长远未来》,中译本,新华出版社,1999 年。
71.【英】安格斯·麦迪森:《世界经济千年史》,中译本,北京,北京大学出版社,2003 年。
72.【英】弗里德里希·奥古斯特·冯·哈耶克:《个人主义与经济秩序》,北京,北京经济学院出版社,1989 年。
73.【英】罗伯特·杜普莱西斯:《早期欧洲现代资本主义的形成过程》(中译本),沈阳,辽宁教育出版社,2001 年。
74.【英】马丁·沃尔夫:“为什么中国的高增长率可以再持续 20 年”,【英】《金融时报》,2003 年 12 月 9 日文章,转载于《参考消息》,2003 年 12 月 20 日。
75.常修泽、高明华:“市场化,我们走了多远”,载于《人民日报》,1988 年 12 月 21 日。
76.陈甬军:“过渡经济的本质与中国经济改革的走向”,载于《中国经济问题》,2000(6)。
77.陈宗胜:《改革、发展与收入分配》,上海,复旦大学出版社,1999 年。
78.陈宗胜:《双重过渡经济学》,天津,天津教育出版社,2005 年。
79.程恩富:《中国海派经济论坛(1998)》,上海,上海财经大学出版社,1998 年。
80.樊纲、胡永泰:“‘循序渐进’还是‘平行推进’?——论体制转轨最优路径的理论与政策”,载于《经济研究》,2005(1)。
81.樊纲、王小鲁、朱恒鹏:“中国各地区市场化相对进程报告”,载于《经济研究》,2003(3)。
82.樊纲:《渐进改革的政治经济学分析》,上海,上海远东出版社,1997 年。
83.樊纲:“两种改革成本与两种改革方式”,载于《经济研究》,1993(11)。

84. 樊纲："论改革过程"(1991)，载于《中国的过渡经济学》，盛洪主编，上海，上海三联书店与上海人民出版社，1994年。
85. 樊纲：《现代三大经济理论体系的比较与综合》，上海，上海三联书店，1994年。
86. 冯舜华等：《经济转轨的国际比较》，北京，经济科学出版社，2001年。
87. 顾建光：《公共政策分析学》，上海，上海人民出版社，2004年。
88. 郭连成：《俄罗斯经济转轨与转轨时期经济论》，北京，商务印书馆，2005年。
89. 郭连成："经济全球化与转轨国家经济联动效应论"，载于《新华文摘》，2002(3)。
90. 郭树清："国民经济运行机制的转变与改革战略的选择"，载于《经济研究》，1990(11)。
91. 郭增麟："加紧向西方靠拢的波兰、捷克、匈牙利"，载于《欧亚社会发展研究》，1999(1)。
92. 国务院发展研究中心课题组："我国工业化进入新阶段"，载于《经济日报》，2003年12月1日。
93. 洪银兴："在经济稳定中实现转型——经济转型理论评析"，载于《经济社会体制比较》，1997(5)。
94. 胡健："俄罗斯转轨过程中的经济绩效分析"，载于《东亚论坛》，2002(2)。
95. 胡鞍钢："文化大革命时期(一)(1966—1976年)"，载于中国科学院、清华大学国情研究中心主办的《国情报告》，2004(52)。
96. 胡汝银："中国改革的政治经济学"，载于《经济发展研究》，1992(4)。
97. 华生、蒋跃、何家成、高粱和张少杰："论具有中国特色的价格改革道路"，"腾飞的构想"，1985；重印于《中国：发展与改革 1984—1985 首卷》，北京，中共党史资料出版社，1987年。
98. 江晓薇、宋红旭："中国市场经济度的探索"，载于《管理世界》，1995(6)。
99. 金雁、秦晖：《十年沧桑：东欧诸国的经济社会转轨与思想变迁》，上海，上海三联书店，2004年。
100. 景维民：《过渡经济论：目标、道路与制度》，天津，天津人民出版社，2000年。
101. 剧锦文："世界经济大转轨中的转轨经济学"，载于《经济学消息报》，1997年1月31日。
102. 厉以宁：《非均衡的中国经济》，广州，广东经济出版社，1999年。
103. 厉以宁：《转型发展理论》，北京，同心出版社，1996年。

104.联合国:《国民经济核算体系(1993)》,中译本,北京,中国统计出版社,1994年。
105.联合课题组:《中国国家竞争力报告(1997)》,北京,中国人民大学出版社,1998年。
106.林毅夫、蔡昉和李周:"论中国经济改革的渐进式道路",载于《经济研究》,1993(9)。
107.林毅夫:"关于制度变迁的经济学理论:诱致性变迁与强制性变迁",载于《财产权力与制度变迁——产权学派与新制度学派译文集》,上海,上海三联书店、上海人民出版社,2003年。
108.林毅夫等:"为什么中国经济改革取得了成功:对其他改革中经济的含义",载于《经济社会体制比较》,1995(4)。
109.林毅夫等:《中国的奇迹:发展战略与经济改革》,上海三联书店、上海人民出版社,1994年。
110.刘美珣、【俄】列乌斯基·亚历山大·伊万诺维奇主编:《中国与俄罗斯:两种改革道路》,清华大学出版社,2004年。
111.刘世锦:"经济体制创新的条件、过程和成本——兼论中国经济改革的若干问题",载于《经济研究》,1993(3)。
112.刘为民、洪望云:"经济转轨期政府与市场的博弈及制度创新",载于《湖北大学学报》,1999(2)。
113.楼继伟、周小川:"论我国价格体系改革方向及其有关的模型方法",载于《经济研究》,1984(4);重印于《中国:发展与改革 1984—1985》首卷,中共党史资料出版社,1987年。
114.卢中原、胡鞍钢:"市场化改革对我国经济运行的影响",载于《经济研究》,1993(3)。
115.吕炜:"基于中国经济转轨实践的分析方法研究——兼作对"北京共识"合理逻辑的一种解释",载于《经济研究》,2005(2)。
116.吕炜:"进入'后短缺时期'的中国经济",载于《财经问题研究》,2001(3)。
117.吕炜:"经济转轨的过程与效率问题",北京,经济科学出版社,2002年。
118.吕炜:《论改革过程中的机制创新与创新机制的持续更新》,载于《财贸经济》,2002(9)。
119.吕炜:"完善体制阶段的最终费用结算分析与绩效评判模式的转变——从一般性理论到中国样本的实证研究",载于《经济研究参考》,2005(34)。

120.吕炜:“应着力研究如何驾驭好市场经济体制”,载于《光明日报》,2002年10月8日。
121.吕炜:“中国经济转轨实践的理论命题”,载于《中国社会科学》,2003(4)。
122.吕炜:“转轨过程的最终费用结算与绩效评价”,载于《中国社会科学》,2005(1)。
123.吕炜:“转轨经济的基本特征与研究方法探讨”,载于《经济研究参考》,2001(84)。
124.吕炜:《资本挑战体制——关于中国经济转轨原理的一种解析》,北京,经济科学出版社,2000年。
125.马洪、孙尚清主编,陈万里等编著,《市场经济300年》,北京,中国发展出版社,1995年。
126.马洪、王怀超:《中国改革全书总论卷》(1978—1991),大连,大连出版社,1992年。
127.马克思:《〈政治经济学批判〉 序言》,载于《马克思恩格斯选集》第1卷,人民出版社,1976年。
128.毛增余:“约瑟夫·斯蒂格利茨经济体制转型理论评价”,载于《经济学动态》,2001(12)。
129.苗壮:“制度变迁中的改革战略选择问题”,载于《经济研究》,1992(10)。
130.阙紫康:《中国金融结构调整问题研究》,深圳证券交易所综合研究所研究报告,2003年。
131.人民网 www.people.com.cn。
132.盛洪:“关于中国市场化改革的过渡过程的研究”,载于《经济研究》,1996(1)。
133.盛洪:“外汇额度的交易:一个计划权利交易的案例”,载于《中国制度变迁案例研究》第1集,上海,上海人民出版社,1996年。
134.盛洪:“寻求改革的稳定形式”,载于《经济研究》,1991(1)。
135.盛洪:《中国的过渡经济学》,上海,上海三联书店、上海人民出版社,1994年。
136.世界银行:《中国:推动公平的经济增长》,北京:清华大学出版社,2003年;World Bank. China Country Economic Memorandum: Promoting Growth with Equity, NW: Washington, DC.
137.舒元、王曦:“中国经济转型的量化指标体系:构造原则和方法”,载于《管理世界》,2002(4)。
138.宋健主编:《现代科学技术基础知识》,北京,科学出版社、中共中央党校出版社,1994 年。
139.苏星:《邓小平社会主义市场经济理论与中国经济体系转轨》,人民出版社,2002 年。
140.谭崇台主编:《发展经济学的新发展》,武汉,武汉大学出版社,2002 年。
141.汪丁丁:《制度分析基础讲义Ⅰ:自然与制度》,上海,上海人民出版社,2005 年。
142.王韧:"路径依赖与中国利用外资的调整对策",《改革》,2005(11)。
143.王国刚:"对今年一季度经济形势的若干评析",载于《金融时报》,2000 年 5 月 13 日。
144.王丽华主编:《历史性突破——俄罗斯学者论新经济政策》,北京,人民出版社,2005 年。
145.王跃升:"不同改革方式下的改革成本与收益",载于《经济研究》,1997(3)。
146.吴金勇:"重思产权改革",载于《商务周刊》,2005 年 11 月 21 日。
147.吴敬琏:《计划经济还是市场经济》,北京,中国经济出版社,1992 年。
148.徐坡岭:《俄罗斯经济转型轨迹研究——论俄罗斯经济转型的经济政治过程》,北京,经济科学出版社,2002 年。
149.杨超:《唯物辩证法的若干问题》,北京,人民出版社,1980 年。
150.姚钢等:《发展·变革·反思:中国体制改革的进程和趋势研究》,北京,中国人民大学出版社,1992 年。
151.易宪容:《现代合约经济学导论》,北京,中国社会科学出版社,1998 年。
152.于洋:《经济转轨:中国的理论与实践》第 68—70 页,中国财政经济出版社,2000 年。
153.于洋等:《中国经济改革与发展:政策与绩效》,大连,东北财经大学出版社,2005 年。
154.约翰·D.海主编:《微观经济学前沿问题》,中译本,北京,中国税务出版社、北京腾图电子出版社,2000 年。
155.张军、王爱民:"转型经济中改革的基础、速度与经济绩效的关系",载于《江西财经大学学报》,2000(6)。
156.张军:《"双轨制"经济学:中国的经济改革(1978—1992)》,上海,上海三联书店、上海人民出版社,1997 年。

157.张军:《制度、组织与中国的经济改革》,上海,上海财经大学出版社,2004年。
158.张军:“资本形成、工业化与经济增长”,载于《经济研究》,2002(6)。
159.张颖:“关于东欧国家私有化问题的探讨:概念、目的和形式”,载于《东欧中亚研究》,1995(6)。
160.张秋华等编:《“拉普”资料汇编》上册,北京,中国社会科学出版社,1981年。
161.张曙光、赵农:“市场化及其测度——兼评‘中国经济体制市场化进程研究’”,载于《经济研究》,2000(10)。
162.张维迎:“关于价格改革中以‘放’为主的思路”,载于《经济研究参考资料》,1985(6)。
163.张问敏、钟培华:“社会主义市场经济理论”,载于《中国经济理论问题争鸣》,北京,中国财政经济出版社,2002年。
164.张旭昆:“制度演化的突变与渐进——兼论次序比速度更重要”,载于《制度经济学研究》第四辑,北京,经济科学出版社,2004年。
165.张卓元主编:《论争与发展:中国经济理论》,昆明,云南人民出版社,1999年。
166.张卓元主编:《政治经济学百科全书》,北京,经济科学出版社,1998年。
167.赵德馨:《中华人民共和国经济史(1967—1984)》,郑州,河南人民出版社,1989年。
168.中国现代化战略研究课题组、中国科学院中国现代化研究中心:《中国现代化报告2005——经济现代化研究》,北京,北京大学出版社,2005年。
169.钟笑寒:第四届转型经济学国际会议(1999年)提交的论文《渐近改革和激进改革:可持续观点》(*Gradual Reform or Radical Reform: Sustainable View*)。
170.周冰等:“经济体制转型方式及其决定”,载于《中国社会科学》,2005(1)。
171.周其仁:“中国农村改革:国家和所有权关系的变化”,载于《中国社会科学季刊》1994年秋季卷。
172.周振华:《增长转型》,上海,上海人民出版社,1997年。
173.朱奕:“收入差距正过分拉大”,载于《人民政协报》,2001年3月4日。
174.邹薇、庄子银:“中国改革过程的性质、特征与动态优化”,载于《经济研究》,1995(9)。

后　记

本书的写作是为了系统研究发生于20世纪后期的社会主义国家从计划经济体制向市场经济体制转轨的过程,从各国的教训和经验中归纳总结经济体制转轨过程中带有共性和规律性的内容。其中中国自1978年以来的改革开放实践、前苏联和中东欧国家的转轨实践是展开这一研究的主要线索。这种研究,既有助于我们更加全面系统地认识已经发生的过程,有助于我们规划正在进行而又尚未完成的过程,同时也将有助于丰富和完善现有的经济学理论体系,从中认识到中国及其他国家实践的贡献。

以研究大纲的形式建立框架并出版,除了突出其研究的系统性和理论创新性以外,还希望借此增强其普适性和教学参考价值。已有的关于转轨或转型研究的教材,或者以西方经济学为体系,移植某些转轨国家的实践内容,或者主要以现象性地描述转轨国家的实践为内容,都带有明显的缺陷。经济学对市场经济和计划经济体制的运行机理一向是不乏完善的理论描述的,但是对于从一种体制向另一种体制过渡的研究却尚待完善,转轨经济体的实践正是对这一待完善领域的一种现实挑战。本书将中国经济体制改革的连续演进、中国实践与中东欧国家实践的动态比较、各种学术观点与政策观点的交锋结合起来,注重纵向与横向的完整性,从具体的实践过程中归纳总结必然发生的事件、共同面临的问题、政策驾驭的方法等,旨在形成一本真正以转轨国家实践为研究对象和体系的转轨经济学。

全书的创新之处主要体现在两个方面:一是注重经济转轨的方法论的研究。试图建构一个有关经济体制改革和政策创新的理论模式或者完整地提出一套转轨经济学理论,从转轨经济的实际运行来解释经济增长的原因,考察和解释转轨的历史。其逻辑关系以经济转轨过程观为理论基础,提出经济转轨是一个特殊的客观过程,具有不同于一般经济制度变迁的二重任务性以及非平衡性、阶段性和二元性的特征。转轨所要实现的经济社会效果、转轨过程中经济社会的深刻变化、转轨不同阶段所面对的不同问题,都体现了这种客观性。转轨又是由一国政府和民众参与的主观过程,转轨思想的确定、路径的选择、政策的设计、过程的驾驭,都体现了这种主观能动性。主观行动的后果是否遵循客观规律,需要主观见之于客观的分析工具与方法作依据,对动态的过程进行评价、校正和前瞻。主观对客观的驾驭能力建立在对"转轨—转型"双重任务的认知基础上,可以通过转轨时期收益与费用的比较来体现,通过一定的价值原则来进行绩效评价。政府依据已有转轨所体现的客观性和转轨路径的效率,运用路径选择、机制创新与绩效评价三个主观性工具对转轨过程再次驾驭,做出关于下一阶段转轨速度、次序的路径决策,循环前进,直至转轨完成。

关于转轨经济学的理论框架,有的学者将其表述为经济体制目标模式的选择,各国对转轨速度方案的选择或者经济体制转轨与经济发展、经济稳定的关系;也有的将主题表述为转轨时期关于经济发展和体制运行的一般规律的研究。本书在过程论的基础上界定经济转轨的属性,明确以经济体制转轨为中心环节,包含经济、政治、文化诸方面的全方位社会发展的多重转型目标,对经济转轨过程中的相关问题进行了系统性阐述。这种将转轨的客观过程性、发展全面性与演进的阶段性结合起来的理论框架,是对转轨过程进行经济分析的基本前提。

二是注重方法论的实践基础。将关于经济转轨的传统分析工具与方法改进的论述,建立于中国转轨过程的实践基础上,是本书的另一创新点。转轨国家各自不同的初始条件、改革速度在决定经济转轨的绩效上都有着不同的影响力。只有把转轨分析建立在以中国经济转轨为个案的基础上,分析中国式经济转轨路径的条件或者说中国为什么能够实行这种改革方式并取得成功,才能理解对经济转轨的分析在何种程度上具有普遍意义,从而寻找到更具有一般意义的转轨经济运行的规律、思维框架。中国经济转轨的实践动因源于如何更好地解决民生问题,这一动因成为推动转轨进程和评价转轨绩效的参照系,贯穿转轨过程始终。中国转轨的最终目标,是建立社会主义市场经济体制,但是,迄今为止的转轨实践证明,这个目标不可能一步到位,而必然是一个渐进的制度形成过程。从中国各地区、各部门、各领域发展和改革均不平衡的实际出发,注重体制外改革和体制内改革相结合,局部突进与整体渐进相结合,积极稳妥、渐次逼近转轨终点。因此,中国的转轨实践对于转轨过程的分析方法具有十分重要的政策指导作用,适应能力、路径选择、创新能力等指标的引入,有利于解释中国转轨实践过程中经济增长的某种逻辑。这样做的意义在于尝试基于中国的转轨实践总结可以用于分析的一般性方法,使得关于转轨过程的经济分析更具普适性。

这一课题的顺利完成及出版,要特别感谢课题组的一批青年研究骨干,他们分别是赵佳佳博士、刘畅博士、潘永东博士、王伟同博士、王强硕士。他们承担了资料收集、整理、综述等大量基础性工作,并花了大量精力对我近十年来在这一领域的研究成果进行梳理和归纳。正是在这些工作的基础上，我们在两年多的时间里才有机会从框架的讨论起步而最终构筑起这样一座大厦。在这一过程中，冯文成副教授、庞明川副研究员多次参加了课题讨论，并为教学提供了很好的建议和示范。在此，我作为课题组负责人为他们的积极参与和无私付出感到骄傲，同时也将本书的出版视为团队精神的结晶。当然，支撑我们完成这项研究的更重要背景，是中国近三十年来特立独行的伟大实践以及伴随这一过程而不断涌现的本土化研究成果。他们是哺育我们成长的营养，也是我们这个时代之所以引人注目的理由。

作 者

2006年7月东财烛光园